UNA REFLEXIÓN TEOLÓGICA SOBRE EL SERMÓN DE NUESTRO SEÑOR EN LA MONTAÑA DE JUAN WESLEY

En honor y memoria
de L. Elbert Wethington
Reflexiones y comentario
por Rev. Mark W. Wethington, Ph.D.

Una reflexión teológica sobre el sermón de Nuestro Señor
en la montaña de Juan Wesley

ISBN: 978-1-955761-22-2

Para información y más recursos en español, comunicarse con:
El Instituto de Estudios Wesleyanos
www.estudioswesleyanos.org
instituto@estudioswesleyanos.org

Para información general, comunicarse con:
The Wesley Heritage Foundation, Inc.
www.wesleyheritage.org
hello@wesleyheritage.org

Diseño de portada: Ana Lilia Fernández Arriaga
Imagen de portada: Freepik

Este libro está dedicado a honrar a mis padres
L. Elbert y Lois Wethington; y a mi esposa, Beth,
mi compañera de matrimonio, vida y ministerio; y a
nuestros hijos y nietos. Ellos llenan mi vida de gozo.

Expresamos nuestra profunda gratitud a la Junta del Proyecto *Wesley Works* por el permiso para usar el texto de la excelente Edición Bicentenaria para su inclusión en este libro.

L. Elbert Wethington

Elbert y Lois Wethington al cumplir
70 años de matrimonio

Con este estimulante volumen de reflexión teológica, Mark Wethington honra la importante contribución de su padre, el presidente fundador de la Wesley Heritage Foundation, a la tradición wesleyana. Con "un lenguaje sencillo para personas sencillas", los lectores serán nutridos, probablemente se verán perturbados y, sin duda, retados a llevar las buenas nuevas de nuestra redención en Cristo a un mundo tan listo, pero igual de resistente, para este evangelio como lo estaba en los días de Wesley. Estas reflexiones brindan la resiliencia teológica que sostuvo a nuestros primeros antepasados metodistas y que se necesita más que nunca en una iglesia que con demasiada frecuencia es moldeada por el mundo y no por el mensaje que Wesley y sus predicadores proclamaron sin temor.

Dr. David L. Watson

Acerca del Autor

Mark W. Wethington nació en Durham, Carolina del Norte. A los cinco meses de edad, sus padres, Lewis Elbert y Lois Wethington, lo llevaron a él y a sus dos hermanos mayores a las Islas Filipinas, donde sirvieron como misioneros de la Junta de Misiones de la Iglesia Metodista de 1954 a 1963. Su vida como HM (hijo de misionero) en Asia fue una gran influencia que marcó el resto de su vida.

Al regresar a Pensilvania en 1963, asistió a escuelas públicas y se graduó en su último año en 1972 de la Escuela Secundaria Annville-Cleona. Recibió su diploma de Bachillerato en Filosofía y Religión en 1975 de la Universidad Americana (*American University*) en Washington DC, y su Maestría en Divinidad en 1978 de la Universidad de Duke (*Duke University*), Durham, Carolina del Norte. Después de un año de estudios de doctorado en la Universidad de Bonn, Alemania, completó su doctorado (Ph.D.) en la Universidad de Duke (*Duke University*) en 1983. De 1982 a 2005 se desempeñó como pastor local de iglesias Metodistas Unidas en Carolina del Norte, mientras también enseñaba a tiempo parcial durante quince años como profesor adjunto en la Escuela de Divinidades de Duke. En 2005, el Dr. Wethington se convirtió en el segundo presidente de la *Wesley Heritage Foundation, Inc.* (WHF), sucediendo a su padre en este cargo.

Desde el momento de la fundación de WHF en 1990, el Dr. Wethington trabajó en estrecha colaboración con su padre, L. Elbert Wethington, en el desarrollo del proyecto primordial para el cual se estableció inicialmente la Fundación; a saber, la traducción, publicación y distribución de las *Obras de Wesley* en español.

Después de que se completó este proyecto y con la segunda jubilación de Elbert Wethington en 2005, Mark Wethington amplió el ministerio de WHF para incluir la traducción de más recursos de la tradición wesleyana, así como la realización de consultas para la educación teológica en América Latina. También contribuyó en el establecimiento del Instituto de Estudios Wesleyanos, que es la presencia de la WHF en América Latina.

El Dr. Wethington vive con su esposa, Beth, en Warrenton, Carolina del Norte. Continúa el trabajo de la WHF y también sirve como pastor de medio tiempo en la Iglesia Cristiana Antioch en Lake Gaston, Carolina del Norte. Beth ha sido una compañera sólida en el trabajo de la WHF, y en la iglesia y la comunidad. Comparten seis hijos y cuatro nietos. Es un gozo y un privilegio especial para él publicar este libro en memoria de su padre y en honor a ambos progenitores queridos.

Acerca del traductor

El Dr. Oscar Aguilar es costarricense y tiene una maestría en Biblia-Teología de la Universidad Nazarena y un doctorado del Seminario Teológico Asbury, Wilmore, Kentucky. Es Rector de la Universidad Metodista de Costa Rica y miembro de la facultad del Seminario Evangélico Metodista de Costa Rica. Se desempeña como traductor para varios proyectos de la Wesley Heritage Foundation y el Instituto de Estudios Wesleyanos.

Contenido

Prefacio

"Sin pobreza de espíritu no puede haber abundancia de Dios"
Arzobispo Oscar Romero

Escribo estas reflexiones teológicas sobre los trece sermones de Juan Wesley titulados *Sobre el sermón de nuestro Señor en la montaña*, en honor y en memoria de mi padre, el reverendo Dr.L. Elbert Wethington.

Debido a la pobreza de espíritu de mi padre, su vida y ministerio tuvieron abundancia de Dios. Así como Juan Wesley lo entendió claramente, la "pobreza de espíritu" es el don de la humildad que sabe que somos salvos no por nuestros propios méritos sino solo por la gracia de Dios a través de Jesucristo. Con el gozo de acoger la plenitud de la vida eterna, mi padre murió el 3 de marzo de 2019 a la edad de 96 años. Fue sobre todo un discípulo de Jesucristo, y uno que eligió vivir ese discipulado principalmente dentro de la tradición wesleyana. Fue un ministro metodista unido ordenado, un esposo muy fiel y amoroso, un padre ejemplar, profesor de teología cristiana y religiones mundiales, y un valiente testigo de la compasión y la justicia de Dios.

Elegí honrar a mi padre, quien fue un querido amigo, compañero de trabajo en la fe y mentor espiritual, al reflexionar en los sermones de Juan Wesley sobre el *Sermón de nuestro Señor en la montaña*. Elegí estos trece sermones de Juan Wesley porque mi padre dio testimonio del Sermón de la montaña a través de su vida y ministerio, y abrazó el avivamiento espiritual y las enseñanzas

i

teológicas de Juan y Carlos Wesley como expresiones manifiestas de las buenas nuevas de Jesús el Cristo.

Mis comentarios sobre los sermones incluirán referencias a la vida de mi padre porque la iglesia de Jesucristo necesita las historias de este tipo de testigos. Sus estudiantes a lo largo de los años, sus colegas, amigos y familiares dan testimonio de cómo mi padre vivió el Sermón de la montaña de Jesús. Esto incluye los años de infancia y juventud de mi padre en Carolina del Norte; su labor misionera en las islas Filipinas; su carrera académica en Filipinas, Carolina del Norte y Pensilvania; y sus diversos compromisos en el ministerio a favor de las causas de los pobres y oprimidos, y los discriminados por su color, credo, raza u orientación sexual.

Animo e invito a quienes leen estas páginas y que aprenden sobre la vida de mi padre a través de los sermones y comentarios de Wesley, a que piensen en las personas que, en su propia vida, han sido testigos influyentes e importantes de Cristo. Esos testigos son muchos y necesitamos compartirlos entre nosotros y hablar sobre ellos. Son parte de esa gran compañía de santos que han "peleado la buena batalla y han acabado la carrera y que ahora descansan de sus labores; y sus obras los siguen".

En los últimos años de su vida, mi padre se enfrentó a la progresión de la demencia vascular, una enfermedad del envejecimiento que le robó su mente brillante y, finalmente, su fuerza física. Mi madre, Lois, mi familia y amigos, y el Hospicio Duke cuidaron amorosa, gentil y compasivamente a mi padre durante sus últimos años de vida. Especialmente mi madre fue incansable en su amorosa compasión por su esposo. Mi padre y mi madre vivieron juntos la última parte de sus vidas en la Villa de Retiro Croasdaile en Durham, Carolina del Norte, EE. UU. Mi padre y mi madre, quien todavía vive en el momento de escribir este artículo, disfrutaron juntos 73 años de matrimonio cristiano.

Mi padre murió como vivió: con gentileza, amabilidad y valor; nunca disminuyó en su fe y confianza en Cristo. Unos quince años antes de su muerte, escribió en su instrucción de voluntad médica, de su puño y letra, estas palabras: "Como discípulo de Cristo, acepto la muerte como una porción bendita del propósito de Dios en la creación. La prolongación artificial del proceso de muerte es inconsistente con el diseño de Dios. La muerte cristiana no es sumisión a un destino inevitable, sino la anticipación confiada de compartir la resurrección de Cristo en la nueva creación de Dios y el gozo eterno de la comunidad de Dios".

Durante sus últimos tres años de vida, pasando por aspectos de la enfermedad que le provocaron pérdida de memoria, ansiedad, depresión e incluso algo de paranoia, el "diablo" trató de convencer a mi padre de que cuestionara su fe en Dios (¡ah, Job!). Sin embargo, en todo momento y en todas las formas, a lo largo de sus años de decadencia y acercamiento a la muerte, por la gracia de Dios, mi padre "derrotó al diablo" y dio testimonio de su fuerte carácter cristiano.

El 3 de marzo (2019), alrededor de las 5 p.m., mi padre recibió el sacramento de la Santa Comunión solo unos minutos antes de morir y si hubiera podido hablar en ese momento, ciertamente habría citado las palabras que su mentor teológico y espiritual, Juan Wesley, pronunció en su lecho de muerte: "Lo mejor es que Dios está con nosotros". La vida de mi padre fue rica con una abundancia de la pobreza de espíritu de nuestro Señor.

Mi padre tenía la gracia de Dios tan profundamente arraigada en su corazón, alma y mente que, incluso cuando las fuerzas de la demencia intentaron vencerlo con dudas, temores, paranoias, agitación o enojo, estas fuerzas negativas fueron conquistadas por la gracia de Dios en su interior, y mi padre se mantuvo fiel a su humildad en Cristo, a su pobreza de espíritu. Incluso cuando tenía problemas para estar de pie, intentaba levantarse de la silla y saludar a las personas cuando entraban en la habitación. En la mesa del comedor, cuando le daban su comida primero, intentaba dársela al auxiliar de enfermería que estaba allí para ayudarlo. En medio de su propia enfermedad horrible, siempre me preguntaba cómo estaba y cómo estaban mi esposa y mis hijos con una increíble pasión y amor por Cristo, por el cual constantemente estaba entregando su propia vida en preferencia por los demás. A menudo me decía a mí mismo que cuando llegara el momento de que mi padre hiciera fila para entrar a las "puertas" del cielo, tendría problemas para entrar solo porque seguiría invitando a los que estaban en la fila detrás de él para que se adelantaran.

Elbert Wethington no vivió para sí mismo, sino que, como Cristo realmente vivió en él, vivió su vida para los demás. El Sermón de nuestro Señor en la montaña fue claramente una guía importante en la vida de mi padre. El Sermón de la montaña dio forma y dirigió la vida de mi padre desde su propia experiencia personal de la fe justificadora hasta una vida de santidad.

Le invito a leer los Apéndices de este libro antes de profundizar en los sermones de Wesley y mi comentario sobre ellos. El Apéndice 1 es el obituario de mi padre impreso en el periódico de Durham. El Apéndice 2 es el sermón que prediqué el 9 de marzo de 2019, con motivo del servicio de Muerte y Resurrección de mi padre, celebrado en la Capilla de la Villa de Retiro Croasdaile en Durham, Carolina del Norte. El Apéndice 3 es mi sermón favorito de mi padre, que es parte de mi primer recuerdo de la predicación de mi padre. Cada vez que estábamos juntos en el automóvil viajando a otra iglesia en Filipinas, donde mi padre iba a predicar, le hacía la pregunta: "¿Vas a predicar 'Teología para bebés'?"

Después de los capítulos introductorios de este libro, hay siete homenajes escritos en honor y memoria de mi padre. Son homenajes de sus antiguos alumnos, colegas y de su esposa, una nieta y una nuera. Estos homenajes capturan el corazón de la vida y el ministerio de mi padre. El homenaje de su esposa, mi madre, es el más largo pero muy importante de incluir; porque aparte de Dios, su esposa era quien mejor lo conocía. Ofrezco estos homenajes para que quienes no lo conocían puedan conocerlo un poco mejor a través del testimonio de otros.

Mark Wesley Wethington, Ph.D.

Presidente

Wesley Heritage Foundation, Inc.

Enero 2020

Presentación

En 1987, la *Wesley Heritage Foundation*, Inc. (en adelante WHF) recibió el permiso por parte del Proyecto *Wesley Works* (el Comité del Bicentenario de las Obras de Wesley en inglés) para traducir una parte de las obras de Wesley al español. Desde finales de la década de 1980 hasta la década de 1990, la WHF utilizó varios traductores para realizar el ministerio de traducción, con el profesor Justo González como Editor General. Personas como Mortimer Arias, José Pacheco, Frank Baker, Raimundo Valenzuela y Richard Heitzenrater sirvieron como parte del Consejo Editorial y como consultores. Estas personas fueron y son teólogos y académicos wesleyanos muy respetados que han contribuido enormemente a la comprensión de la vida, ministerio y teología de Juan y Carlos Wesley.

El resultado final de este trabajo fue *Obras de Wesley* en catorce volúmenes de tapa dura, impreso por Providence Press en Franklin, Tennessee (EE. UU.). Tuve el gozo de trabajar junto con mis padres, L. Elbert y Lois Wethington, cuando adoptaron este proyecto en su jubilación. Contribuyeron generosamente a su costo y guiaron la traducción, publicación y distribución. El Dr. Elbert Wethington se desempeñó como primer presidente de WHF, ocupando este cargo desde 1986 hasta 2005, momento en el que me convertí en el segundo presidente. Anteriormente yo había servido como pastor metodista unido en Carolina del Norte, como miembro adjunto de la facultad en la Escuela de Divinidades de la Universidad de Duke en Durham, Carolina del Norte, y dirigí una iniciativa de alianza mutua entre la Conferencia de Carolina del Norte de la Iglesia Metodista Unida y la Iglesia Metodista del Perú . Después de veintinueve años en estas diversas ocupaciones, asumí el liderazgo de la WHF a tiempo completo.

A lo largo de sus más de treinta años de ministerio, la WHF ha recibido permiso del Proyecto *Wesley Works* para usar sus versiones editadas de las Obras de Wesley en inglés. En un caso, hemos publicado este trabajo en español antes de su lanzamiento en inglés. Estamos agradecidos con la Junta del Proyecto *Wesley Works* por su continuo apoyo a nuestro ministerio de proporcionar recursos esenciales de Wesley a los hispanohablantes. Nuestros proyectos han llegado a iglesias de la tradición wesleyana en toda América, así como a España, incluidas aquellas de la Iglesia Metodista Unida, la Iglesia Wesleyana, la Iglesia del Nazareno, los Metodistas Libres, Pentecostales y otros. Las *Obras de Wesley* y otros recursos esenciales de Wesley en español han tenido un impacto muy importante en la iglesia de la familia wesleyana, y afirmamos que es principalmente la gracia de Dios la que nos ha guiado y sostenido a lo largo de estos años y ha hecho que sea posible este ministerio.

Juan Wesley y su hermano menor Carlos, fueron ordenados como sacerdotes en la Iglesia de Inglaterra, Juan en 1728 y Carlos en 1735. Juan y Carlos se convirtieron en los líderes principales de un movimiento de avivamiento dentro de la Iglesia de Inglaterra, un avivamiento que tenía muy poco que ver con enfrentamiento doctrinal, sin más con enseñanzas prácticas sobre cómo vivir una vida santa en respuesta al don de la gracia salvadora de Dios. Por esta razón, el movimiento de avivamiento despertó el interés y el seguimiento de las personas "sencillas", es decir, aquellos que formaban parte de las clases económicas bajas y medias de Inglaterra, que sentían que las "altas esferas" de la Iglesia de Inglaterra tenían poca preocupación por ellos. El avivamiento ganó mayor impulso cuando el 1 de abril de 1739, Juan Wesley comenzó la predicación en los "campos"; es decir, cuando se le prohibió predicar en los púlpitos de las iglesias, en parte debido a su "entusiasmo" santo, comenzó a predicar a los mineros en el lugar donde trabajaban, a la "gente común" en el mercado y en otros lugares donde miles se reunían para escucharlo. Los mensajes de Wesley trajeron una visión alentadora para la vida cristiana y de esta manera dio esperanza a las "masas".

Wesley llegó a ser un evangelista popular, que ofrecía *métodos* de disciplina para la vida diaria con énfasis en las prácticas de piedad personal y actos de misericordia. Este movimiento *metodista* se conectó a través de la formación de sociedades religiosas y con "reuniones de clase" para la oración, el estudio, el cuidado mutuo y los ministerios hacia los pobres, las viudas y los encarcelados. En el movimiento emergente, la "gente común" encontró aceptación y un nuevo sentido de dignidad. Durante el resto de su vida, Wesley guió y gobernó el movimiento metodista hasta su muerte en 1791 a la edad de 88 años. A lo largo de todo este tiempo, Wesley entendió este movimiento como la obra providencial de Dios, de la misma manera en que también entendió toda la vida y el ministerio cristiano como la guía poderosa y misericordiosa del Espíritu Santo de Dios.

A medida que el movimiento crecía, Juan Wesley vio la necesidad de proporcionar pautas teológicas para el pueblo llamado metodista y determinó que una colección de sus sermones serviría mejor para este propósito. Quizás parte de la razón por la que Wesley decidió que los sermones servirían como la mejor guía teológica para el movimiento, fue porque la predicación se convirtió en la actividad preeminente que definió su vocación como ministro. En una de sus anotaciones en el diario, Wesley escribió: "¡De hecho, vivo predicando!" Por lo tanto, recopiló y ordenó sus sermones en diferentes momentos a lo largo de los años de su carrera y llamó a la colección *Sermones para varias ocasiones*. Si bien consideró su predicación propiamente dicha como una forma de invitar a las personas a las buenas nuevas de Cristo, vio el sermón escrito como una oportunidad para la reflexión continua y el fomento del pueblo llamado metodista. Ciertamente, sus sermones escritos también provocaron cambios de opinión.

En 1746, Juan Wesley publicó su primera serie de *Sermones para varias ocasiones*. Esta edición incluyó cuarenta y cuatro sermones, con trece de esos sermones que son una serie titulada *Sobre el Sermón de nuestro Señor en la montaña*. En el Prefacio a esta colección de sermones, Wesley escribió que estos cuarenta y cuatro sermones "abarcan y enseñan" lo que él ve como "lo esencial de la verdadera religión". Él creía que estos sermones contienen las "verdades que son necesarias para la felicidad presente y futura".

Además, dejó en claro que quería ofrecer estos "elementos esenciales" de una manera que fuera "sencilla" para la gente común, evitando el uso de "especulaciones filosóficas" o "razonamientos intrincados" o "incluso la demostración de conocimiento". No quería presentar nada que fuera difícil de entender para las personas, mediante el uso de lenguaje aprendido o términos técnicos como los que usan las instituciones de educación superior. En cambio, deseaba expresar en estos sermones los sentimientos de su corazón.

Además, Wesley afirma que lo que ha escrito en estos sermones es lo que ha encontrado en la Biblia "sobre el camino al cielo" y "cómo llegar a salvo en esa costa feliz". Reconoció que todos en la fe cristiana podrían no estar de acuerdo con todo lo que tiene que decir. Y señala la importancia de considerar la verdad juntos. Más importante aún, enfatiza, que el amor "aún mezclado con opiniones erróneas" es preferible "antes que la verdad sin el amor". Él pregunta, "si morimos sin amor, ¿de qué nos servirá el conocimiento?"

El mensaje subyacente en la mayoría de los sermones de Wesley fue la salvación por fe, precedida por el arrepentimiento y seguida por el crecimiento en la santidad (amor perfecto). Wesley sabía que lo que la gente quería escuchar no eran las ideas superfluas de la academia, sino más bien, cómo vivir una buena vida cristiana y cómo encontrar la felicidad a través de una santidad semejante a la de Cristo. Es por eso que el libro de la Biblia favorito de Wesley era el Evangelio de Mateo y, en particular, el Sermón de la montaña de Jesús (Mateo capítulos 5-7). Algunos eruditos de Wesley presentan evidencia de que Juan Wesley predicó por primera vez en 1725 y que el primer o el segundo sermón que predicó se basó en Mateo 6:33 ("Mas buscad primeramente el reino de Dios y su justicia, y todas estas cosas os serán añadidas". Además, cuando Wesley comenzó su predicación de campo en 1739 (en el mercado y otras áreas abiertas que no fueran desde un púlpito), comenzó exponiendo el Sermón de la montaña de nuestro Señor. En el comentario introductorio en la Edición Bicentenaria de *Sobre el Sermón de nuestro Señor en la montaña*, se señala que entre 1739 y 1746 Juan Wesley predicó más de cien sermones basados en textos del Sermón de la Montaña.

Wesley consideraba el Sermón de nuestro Señor en la montaña como el principal resumen de la ética cristiana. En su colección de sermones, hay trece sermones que presenta Wesley que se centran en Mateo 5-7 y hay pocas dudas de que Wesley consideró estos trece sermones como la pieza central de su colección de sermones. Su serie de sermones *Sobre el Sermón de nuestro Señor en la montaña* reflexiona sobre la vida santa como fruto de la fe justificadora, que para Wesley era "lo esencial de la religión". Con frecuencia en su predicación, e indudablemente en estos sermones sobre Mateo 5-7, Juan Wesley deja en claro que la meta constante de la vida cristiana es el amor perfecto o la santificación (santidad). Y además, que el principal medio de perfección cristiana es el Espíritu Santo.

Para Wesley, es la presencia espiritual íntima del Espíritu Santo en nuestras vidas ("religión del corazón") lo que despierta nuestra conciencia, nos lleva al arrepentimiento, nos da la seguridad de la fe salvadora y forma nuestros corazones y mentes en la semejanza de Cristo (esto último descrito por Wesley como amor perfecto, santidad, santificación, perfección cristiana o vida santa). Su comprensión de la vida santa era una vida despojada de orgullo espiritual (pobreza de espíritu en Mateo 5:3) y llena del amor a Dios (santidad interior) y al prójimo (santidad exterior). Para Juan Wesley, el Sermón de la montaña fue la suma de las enseñanzas de nuestro Señor.

Juan Wesley presentó sus trece sermones *Sobre el sermón de nuestro Señor en la montaña* de la siguiente manera:

Primer discurso: Mateo 5:1-4
Segundo discurso: Mateo 5:5-7
Tercer discurso: Mateo 5:8-12
Cuarto discurso: Mateo 5:13-16
Quinto discurso: Mateo 5:17-20
Sexto discurso: Mateo 6:1-15
Sétimo discurso: Mateo 6:16-18
Octavo discurso: Mateo 6:19-23
Noveno discurso: Mateo 6:24-34
Décimo discurso: Mateo 7:1-12
Undécimo discurso: Mateo 7:13-14
Duodécimo discurso: Mateo 7:15-20
Decimotercer discurso: Mateo 7:21-27

Las *Obras de Wesley* en inglés ofrecen este resumen de cada uno de los discursos:

Primer discurso: Dedicado a las bienaventuranzas una y dos

Segundo discurso: Dedicado a las bienaventuranzas tres, cuatro y cinco; con un himno al amor basado en 1 Corintios 13

Tercer discurso: Dedicado al resto de las bienaventuranzas

Cuarto discurso: Aborda el cristianismo como una "religión social" en la que la santidad interior (nuestro amor a Dios) estimula hacia la santidad exterior (amor al prójimo)

Quinto discurso: Equilibra la ley y el evangelio

Sexto discurso: Aborda la pureza y la santidad de intención (incluyendo las obras de piedad y misericordia)

Sétimo discurso: Aborda el ayuno

Octavo discurso: Denuncia la avaricia y la acumulación de excedentes

Noveno discurso: Aborda el compromiso mutuamente exclusivo con Dios y Mamón

Décimo discurso: Aborda el juicio, el celo intemperante, el descuido de la oración y el descuido de la caridad como obstáculos para la vida santa.

Undécimo discurso: Aborda las influencias nocivas del mal ejemplo y los malos consejos con los que el mundo nos engaña.

Duodécimo discurso: Aborda los falsos profetas y predicadores no edificantes (sin embargo, también nuestro deber de asistir a la iglesia para los medios de gracia a pesar de tales situaciones)

Decimotercer discurso: Se centra en la parábola de las casas construidas sobre arena y roca

Después de cada uno de los siguientes trece sermones, ofreceré una breve reflexión. Al igual que Wesley intentó hacerlo, también evitaré el lenguaje superfluo de la academia. En mi comentario, simplemente intentaré resumir el enfoque central del sermón.

En cada una de las reflexiones incluiré un testimonio de la vida de Lewis Elbert Wethington. Las vidas cristianas son testimonios muy importantes para la comunidad de fe en general. Dos mil años de miles y miles de ejemplos cristianos nunca es suficiente. "Cuando los santos marchen ya", hay muchos que estarán en ese número y cuanto más sepamos acerca de cada una de estas vidas, más se enriquecerá la comunión de los santos. Oro para que la vida y el ministerio de mi padre se sumen a este número, de manera que tanto los que lo conocieron como los que nunca lo conocieron, encuentren un estímulo para su propia fidelidad como seguidores de Jesucristo. Como dije en el Prefacio, que este libro sea una invitación para que usted cuente las historias de los santos que han influido en tu vida como testigos fieles de Jesucristo.

Al llamarnos a la perfección, Jesús nos llama a crecer y madurar. Sabía que incluso sus discípulos le fallarían, pero, siendo perfecto como su Padre, Jesús nunca se dio por vencido con sus discípulos. Es por eso que tenemos el Sermón de la montaña: para alentarnos a crecer en nuestro llamado, un llamado a la perfección que viene a cada uno de nosotros en nuestro bautismo. Le invito a reflexionar sobre el Sermón de la montaña con un sincero deseo de ser transformado por él. La perfección puede estar muy lejos para muchos de nosotros, pero al escribir este comentario descubrí el gozo de creer en la afirmación que Pablo hizo a los filipenses: "estando persuadido de esto, que el que comenzó en vosotros la buena obra, la perfeccionará hasta el día de Jesucristo" (1:6).

Mark Wesley Wethington, Ph.D. Presidente
Wesley Heritage Foundation, Inc. Enero 2020

Introducción

El 28 de julio de 1757, tras un largo día de trabajo, Juan Wesley escribió en su diario: «Prediqué a mediodía en Woodseats, y por la noche en Sheffield. ¡Para mí la vida es predicar!» Si hoy se conoce a Wesley como fundador del metodismo y de toda la tradición wesleyana, en su tiempo se le conoció sobre todo como predicador. Y como predicador el propio Wesley se concibió siempre a sí mismo. Empero su predicación no fue siempre igualmente exitosa. Según él mismo dijo, «entre el año 1725 y el 1729, prediqué mucho, pero vi pocos resultados». Fue a partir de 1734, «al hablar más de la fe en Cristo, que vi más frutos de mi predicación» Por último, a partir de 1738, «hablando constantemente de Jesucristo, ... la Palabra de Dios se extendió como fuego en paja seca.»1 Como es bien sabido, el año 1738 marca la fecha de la experiencia de la capilla en la calle Aldersgate, cuando Wesley dice haber sentido en su corazón «un ardor extraño». Indudablemente, buena parte de los nuevos resultados de su predicación se debió a la paz y seguridad que esa experiencia le proporcionó. Pero también es importante recordar que el año siguiente, 1739, marca el comienzo de la predicación de Wesley al aire libre. A ello le había invitado Jorge Whitefield, un antiguo compañero del «Club santo» de Oxford, quien llevaba algún tiempo predicando a campo abierto a los mineros y los pobres de Bristol y sus alrededores. El propio Wesley no había mostrado gran entusiasmo hacia tal predicación, pues, según él mismo decía, hasta poco antes se había preocupado tanto «por la decencia y el orden, que casi pareciera que salvar almas era pecado, a menos que se hiciera en la iglesia».

Cuando por fin Wesley se decidió a seguir el ejemplo de Whitefield, los resultados le asombraron. Las multitudes que acudían a escuchar el mensaje eran enormes. Muchos se convertían, confesaban sus pecados, y formaban grupos de oración y de ayuda mutua. Un par de semanas más tarde, hubo experiencias más extraordinarias, como la de una joven que comenzó a gritar «como si estuviera en agonía mortal», hasta que en respuesta a la oración de Wesley y de la congregación Dios «de dio un canto nuevo de gratitud». Lo mismo sucedió en la misma ocasión con otras dos mujeres y un hombre. Esto convenció a Wesley de que le había sido concedido un «ministerio extraordinario», paralelo al «ministerio ordinario» de los sacerdotes que continuaban oficiando y predicando en las parroquias anglicanas. Al tratar sobre todo esto, debemos cuidar de no malinterpretar el espíritu de Wesley y su teología. Wesley no pensaba que su ministerio fuese en modo alguno superior al de sus colegas que permanecían en las parroquias. Al contrario, el mismo hecho de ser «extraordinario» quería decir que su ministerio tenía el propósito de apoyar el de la iglesia como institución. Esto era tanto más así por cuanto Wesley siempre creyó que el centro del culto cristiano es la comunión, medio de gracia de que los cristianos deben hacer uso con tanta frecuencia como les sea posible. Puesto que la comunión se celebraba normalmente en las iglesias por lo menos todos los domingos, y a veces con mayor frecuencia, Wesley estaba convencido de que quienes acudían a sus prédicas a campo abierto debían participar de la vida sacramental de sus parroquias. Tal era el ministerio ordinario, normal. El suyo era un ministerio extraordinario, como una ayuda de emergencia especialmente dirigida a los pobres y marginados que no participaban de la vida ordinaria de la iglesia.

Por otra parte, Wesley se percataba de que en buena medida el éxito de su predicación a campo abierto se debía a que estaba alcanzando sectores de la población a quienes la iglesia como institución prácticamente había abandonado. Sus mayores éxitos en los primeros años del movimiento metodista tuvieron lugar entre los pobres. Y hacia el fin de sus días el propio Wesley hablaba con añoranza de los tiempos en que los metodistas eran generalmente «pobres y mejores». En todo caso, el movimiento creció rápidamente. Aunque al principio el propio Wesley tenía dudas acerca de tal proceder, a la postre buena parte de la labor de predicar en los campos y las «sociedades» metodistas quedó en manos de laicos, primero varones y a la postre también mujeres.

Esto planteaba la cuestión de cómo asegurarse de que tales predicadores enseñaran la «recta doctrina», sin desviarse de ella. En tiempos de la reina Isabel, más de cien años antes, la Iglesia de Inglaterra se había enfrentado a una situación semejante, pues muchos de sus sacerdotes, con todo y ser ordenados, carecían de los conocimientos teológicos más básicos. Muchos otros, aunque habían estudiado teología, no conocían a fondo las doctrinas de la Iglesia de Inglaterra, sobre todo en aquello en que diferían de la de Roma. Por ello se decidió publicar una colección de *Homilías*, es decir, de sermones, que tales pastores pudieran leer en sus iglesias, en lugar de predicar ellos mismos. Wesley hizo uso de este ejemplo, aunque lo modificó. En respuesta a la necesidad de ayudar a los predicadores y maestros metodistas, publicó sus sermones, aunque no con el propósito de que fueran leídos en lugar de la predicación a viva voz, sino más bien para que sirvieran de ejemplo y guía a los predicadores menos duchos en cuestiones de teología. Así, en 1746 Wesley publicó su primer volumen de sermones, al que siguieron otros en 1748, 1750 y 1760. En 1763, en vista de la necesidad de aclarar quién tenía y quien no tenía el derecho de predicar, Wesley preparó un documento modelo para sus lugares de predicación. En ese documento se estipulaba que tendrían derecho a predicar en las premisas quienes fuesen nombrados por la Conferencia y «no prediquen doctrinas distintas de las que se contienen en los Notas sobre el Nuevo Testamento de Wesley, y en sus cuatro volúmenes de sermones». Fue así que surgió la frase «Standard sermons» o «Sermones normativos», es decir, sermones que han de servir como norma doctrinal. Empero no existe unanimidad acerca de cuántos de los sermones de Wesley pertenecen a tal categoría, pues el propio Wesley, al reeditar sus primeros cuatro volúmenes de sermones, añadió otros en diversas reediciones, de modo que algunos llaman «normativos» solamente a los cuarenta y tres sermones que formaban parte de la colección original, y otros incluyen hasta cincuenta y tres. La colección más difundida en América Latina, traducción de Primitivo Rodríguez--sobre la cual volveremos más adelante--incluye cincuenta y dos: todos los que forman parte de la colección más amplia, excepto el número 53: «A la muerte de Whitefield». En la colección de *Obras de Wesley*, que publicamos en catorce volúmenes hace algunos años, incluimos los cincuenta y tres, más otros que ilustran varios elementos de la predicación y la enseñanza de Wesley.

El hecho de que, al enfrentarse a la necesidad de establecer reglas doctrinales, Wesley acudiera a sus sermones, nos dice bastante acerca de su teología y su actitud hacia las doctrinas. Wesley estaba convencido de que la ortodoxia era de suma importancia. Le parecía necesario cuidar de que en las reuniones y cultos metodistas no se enseñase otra cosa que la sana doctrina. Pero al mismo tiempo temía que una confesión de fe, o una exposición sistemática de sus enseñanzas, llegaran a tornarse en una camisa de fuerza que le quitara al metodismo su espontaneidad y su énfasis en la experiencia cristiana.

Por ello, en lugar de insistir en una fórmula doctrinal, o de tratar de resumir la doctrina cristiana en un tratado de teología, les ofreció a sus seguidores una colección de sermones. En ellos se puede leer todo lo esencial de la doctrina de Wesley; pero no se le puede sistematizar de tal modo que se ahogue la espontaneidad. Además, para Wesley la función más importante de la teología está en la predicación, y en dirigir a los creyentes en su vida de obediencia a Dios. Por ello ofrece sus sermones, no porque no pudiera hacer teología sistemática, sino porque estaba convencido de que es en la predicación que la teología toma cuerpo y viene a afectar y a servir la vida de la iglesia.

Quienquiera lea los sermones de Wesley, rápidamente se percatará de que para él la predicación es ante todo exposición y aclaración del texto bíblico. El propio Wesley se daba con orgullo el título de *homo unius libri* --hombre de un solo libro-- con lo cual quería decir, no que no leyese otros libros, sino que la Biblia era el libro que le daba forma y sustancia a su vida y su predicación. Por ello le parecía de suma importancia que sus predicadores aprendieran a interpretar la Biblia correctamente, y con ese propósito les ofreció varias directrices. De ellas, la primera y más importante es que todo creyente ha de adentrarse en la Biblia, y permitirle a esta que se adentre en su vida, de tal modo que la Biblia le dé forma a su vida, pensamiento, y hasta lenguaje. Wesley estaba convencido de que para interpretar la Biblia correctamente no bastaba con acercarse a un texto, por muy buena intención y muy buenos instrumentos de interpretación que se tuviese. Había que apropiarse de la Biblia de tal modo que quien se acercase a interpretarla lo hiciera ya desde un punto de vista informado por la Biblia misma. En el caso del propio Wesley, esto llega al punto de que frecuentemente se hace difícil distinguir su lenguaje del de la Biblia. Cualquier persona que lea sus sermones con un conocimiento del texto sagrado, se percatará inmediatamente de que las alusiones bíblicas son prácticamente innumerables. A veces se trata de varias oraciones, y a veces de unas pocas palabras, que Wesley va entretejiendo para expresar sus propios pensamientos.

El segundo principio fundamental es que la Biblia ha de leerse en su totalidad, como una sola unidad. Esto no quiere decir que no haya diferencias entre sus diversas partes. Pero su mensaje es siempre el mismo, y por tanto los textos más difíciles han de interpretarse a la luz de los más fáciles, y ningún texto ha de interpretarse de tal modo que contradiga el mensaje de la Biblia misma.

En tercer lugar, repetidamente encontramos a Wesley recomendándoles a sus predicadores que escojan textos cuyo sentido sea claro. El propósito de la predicación no es elucidar pasajes oscuros, ni meterse en profundidades teológicas, sino comunicar el mensaje de la Biblia, llamando a los oyentes al arrepentimiento y la obediencia. Por ello, es mejor predicar sobre pasajes cuyo sentido no esté sujeto a grandes dudas, y emplearlos para comunicar el mensaje de la Biblia.

Por las mismas razones, en cuarto lugar, Wesley repetidamente les advierte a sus predicadores de los peligros de la interpretación excesivamente alegórica o espiritualizada. El texto bíblico ha de tomarse, siempre que sea posible, en su sentido literal, y se recurrirá a la alegoría solamente en aquellos casos en que el sentido literal contradiga el mensaje de la Biblia, del amor de Dios.

En quinto lugar, Wesley procura evitar el tono moralista de mucha predicación cristiana, que parece limitarse a decirles a los oyentes lo que deberían hacer. Por ello insiste en que los mandatos de Dios son también promesas. Dios no nos manda hacer algo sin al mismo tiempo prometernos la gracia necesaria para hacerlo. Luego, al predicar sobre los mandamientos no se debe hablar solamente de lo que se requiere de nosotros, sino también de la magnificencia de la gracia de Dios, que siempre nos es dada en la medida necesaria para cumplir lo que se nos manda.

En sexto lugar, y por último, hay que aclarar que, aunque Wesley siempre insistió en la autoridad suprema de las Escrituras, también se mostró cuidadoso de no estimular la interpretación excesivamente privada. La iglesia y la tradición bien pueden equivocarse, y en tal caso la Biblia está ahí para corregir el error. Pero esto no quiere decir que cada creyente deba ir por su cuenta a buscar interpretaciones novedosas o personales. A pesar de todos sus errores, la iglesia y la tradición cristiana siguen siendo un buen guía en la interpretación de la Biblia--un guía menos inclinado al error que el intérprete privado y solitario.

Al leer sus sermones, es importante recordar que Wesley no leía sus sermones desde el púlpito, ni recomendaba que se hiciera tal cosa. Desde los días en que predicaba en Oxford, mucho antes de la experiencia de Aldersgate, Wesley predicaba sin tener un manuscrito delante. En esto seguía una larga tradición dentro de Iglesia de Inglaterra, de famosos predicadores que insistían en que la predicación debía ser a viva voz, y no leída. Esto no quería decir, por otra parte, que la predicación fuese improvisada. Al contrario, tenemos noticias de sermones en los que Wesley trabajó durante varias semanas. En tales casos, sí escribía el sermón;

pero no con el propósito de leerlo desde el púlpito, sino de organizar sus ideas. Si, después de predicarlo, o en el acto mismo de la predicación, le venían a la mente otras ideas u otros modos de organizar parte del material, Wesley no vacilaba en incorporar tales innovaciones a su manuscrito, que por tanto podía ir desarrollándose con el correr del tiempo. Es por esto que de algunos de los sermones de Wesley hay más de una versión. Aunque las variantes son casi siempre de escasa importancia, sí les plantean a los editores la difícil cuestión de cuál de ellas emplear.

Además del proceso mismo de preparar el sermón, la otra razón que impulsó a Wesley a escribir sus sermones fue la necesidad de ofrecerles a sus seguidores material de lectura sobre el cual reflexionar, y a sus predicadores ejemplos que emular. Por tal razón, Wesley distinguía entre el propósito del sermón predicado, que es invitar a los oyentes a creer y obedecer, y el del sermón escrito, que es invitar a los lectores a reflexionar y crecer. Aunque no ha de haber contradicción entre ambos, el sermón predicado hace su impacto a través del oído, sin que quien lo escucha pueda volver a un punto anterior para oírlo de nuevo, mientras el sermón leído apela más al intelecto, pues quien lo lee puede voltear la página hacia detrás para reflexionar detenidamente sobre algún punto. Empero los dos son el mismo sermón, con la consecuencia de que un buen sermón predicado debe ser lo suficientemente ordenado y consecuente para que se le pueda examinar como texto escrito, y que todo sermón escrito ha de ser una proclamación del evangelio con tanto vigor como la que se hace de viva voz. Lo que esto quiere decir es que los sermones que se leerán a continuación no son ni manuscritos que Wesley leyó ni notas taquigráficas tomadas por algún oyente. Son más bien textos que el mismo Wesley escribió, algunos como preparación para sus sermones, otros poniendo sobre el papel lo que de hecho había predicado, y otros combinando ambos procedimientos. En cuanto al estilo del lenguaje mismo, Wesley siempre fue defensor de lo que tanto él como sus contemporáneos llamaban «estilo llano» --*plain style*. Había otros oradores que buscaban la elocuencia, las frases rebuscadas y sonoras, los ritmos imponentes, y las citas eruditas. Wesley, por el contrario, se contentaba con emplear lenguaje sencillo--lenguaje, como hemos indicado más arriba, frecuentemente tomado de la Biblia misma. Quien lea sus sermones no encontrará en ellos elocuencia, en el sentido común de la palabra. Cualquier elocuencia que en ellos haya, proviene de la firme convicción de Wesley, que se respira en cada una de sus líneas, y del orden cuidadoso con que va exponiendo sus ideas y argumentos. El «estilo llano», sin embargo, no quería decir que no fuera necesario buscar las mejores expresiones o palabras. Tales expresiones sí debían buscarse, y Wesley lo hacía de continuo. Lo que no hacía era hacer gala de su erudición citando a cada paso sus fuentes.

Veamos algo de esto. En primer lugar, esto se manifiesta en el modo en que Wesley utiliza y cita la Biblia. Aunque, como los lectores verán, escasamente hay un párrafo de sus sermones que no contenga va-

rias alusiones bíblicas, Wesley no hace gala de su erudición bíblica dando a cada paso las referencias de los
textos que emplea. Tal parece haber pensado que
aquellos de sus lectores que conocían la Biblia recono-
cerían sus alusiones a diversos textos, y que quienes
no la conocieran no ganarían nada con una retahíla de
referencias bíblicas (como algunos hacen hoy). Lo
mismo es cierto del estudio detallado del texto que
indudablemente se encuentra tras buena parte de sus
sermones. Wesley conocía el griego lo suficientemente
bien como para leer el Nuevo Testamento en el lenguaje original, tanto para el estudio como para la devoción privada. (Su conocimiento del hebreo era mucho menos extenso.) Frecuentemente nos percatamos
de que el texto del Nuevo Testamento que cita es su
propia traducción. Empero no da indicaciones de ello
excepto cuando quiere recalcar algún punto que el
griego aclara. En tal caso, sin alardes, sencillamente da
el griego y explica lo que quiere decir

El «estilo llano» también lleva a Wesley a ocultar
buena parte de la erudición que se encuentra tras sus
sermones. Wesley fue siempre ávido lector, sobre todo
de temas teológicos y de patrística, y frecuentemente
se encuentran en sus sermones ecos de los escritos de
los antiguos «padres de la iglesia», así como de los
reformadores y de los teólogos anglicanos de tiempos
del propio Wesley. Pero rara vez nos dice Wesley que
tal o cual idea proviene de algún autor antiguo, o que
está citando alguna obra clásica o moderna. Esto no se
debía únicamente a modestia, ni tampoco a una teoría
sobre el «estilo llano», sino que tenía también bases

teológicas. Wesley estaba convencido de que toda verdadera sabiduría y belleza provienen de Dios, y que por tanto deben incorporarse al mensaje cristiano. Pero estaba también convencido del amor de Dios hacia el pueblo común. En consecuencia, creía que era posible y hasta necesario expresar esa sabiduría y esa belleza en términos tales que ese pueblo común pudiera recibirlas y apreciarlas. Luego, iba constantemente acumulando un depósito de ideas y frases que luego compartía desde el púlpito o en sus escritos, sin sentirse obligado a declarar a cada paso de qué obra o autor las había tomado.

En los catorce volúmenes de *Obras de Wesley* incluimos tres tomos de sermones, en los cuales publicaremos todos los sermones que el propio Wesley propuso como norma doctrinal para sus predicadores (los llamados «Sermones normativos»), así como varios otros que son de valor para quien desee alcanzar una visión más completa de la predicación de Wesley. En la selección de estos últimos sermones, en vista de la imposibilidad de incluir todos los sermones de Wesley, nos dejamos guiar por el principio de escoger aquellos sermones que más directamente se relacionan con temas que atañen a la vida de la iglesia de habla hispana, tanto en América Latina como en España y los Estados Unidos.

Antes de seguir adelante, empero, debemos rendir homenaje al Rdo. Primitivo Rodríguez, primer traductor al castellano de los sermones de Wesley. Rodríguez era sobrino del padre católico Manuel Aguas, una de las principales figuras en la fundación de la Iglesia Mexicana de Jesús-- movimiento de protesta dentro de la Iglesia Católica Romana que por fin se constituyó en iglesia independiente y estableció nexos con la Iglesia Episcopal de los Estados Unidos. Como candidato al sacerdocio de la Iglesia Mexicana de Jesús, Rodríguez estudió teología en Harvard, y luego regresó a México, donde trabajaba cuando la Iglesia Metodista Episcopal del Sur lo contrató para que se ocupara de sus publicaciones en castellano.

Radicado a partir de entonces en Nashville, Rodríguez se dedicó a la traducción y publicación de materiales en español. Entre esos materiales se contaban los cincuenta y dos sermones normativos (los llamados «Standard Sermons») de Wesley. Esa versión, que Rodríguez completó en 1892, es la que hasta ahora han utilizado los lectores de habla castellana. En la preparación de las *Obras de Wesley*, los traductores tuvieron disponible el trabajo de Primitivo Rodríguez. Cuando les pareció que la traducción de Rodríguez era exacta y feliz, conservaron parte de ella. Luego, cuando ahora una vez más se lanzan a la circulación pública los sermones de Wesley — en este caso, los sermones referentes al Sermón del Monte — es justo y digno que nombremos a nuestro antepasado en la fe y en los estudios wesleyanos Primitivo Rodríguez.

Pero también es justo y digno que recordemos y agradezcamos el ministerio de otro antepasado en esos estudios y en la tarea de su difusión, particularmente entre el público de habla hispana. Me refiero al Dr. L. Elbert Wethington. Trabajador y estudioso incansable, Wethington nació en Carolina del Norte en el año 1922 — justamente treinta años después de la publicación de aquella antigua traducción por Primitivo Rodríguez. Su fructífera carrera le llevó a la Universidad de Duke, en la ciudad de Durham, donde primero se graduó de la Escuela de Teología, después obtuvo su doctorado, y más tarde fue profesor. De allí pasó al profesorado y al trabajo misionero, en parte en su nativa Carolina del Norte, pero particularmente en las Filipinas, junto a su esposa Lois. Mucho había hecho ya, y había alcanzado la edad de jubilación, cuando, en una visita al Perú, la Iglesia Metodista de ese país le hizo ver la necesidad de tener tos escritos de Wesley en nuestra lengua. Tomando aquello como un llamado a Macedonia, el Dr. Wethington y su esposa tomaron una cantidad substancial de sus propios fondos de jubilación y con ella iniciaron la Wesley Heritage Foundation (WHF), una organización sin fines de lucro dedicada a la difusión del pensamiento de Wesley, con énfasis particular en Iberoamérica. Fue la WHF la que promovió y costeó la publicación de las *Obras de Wesley*, en catorce tomos. La primera edición se agotó rápidamente, y a partir de entonces la WFH ha continuado publicando no solamente eses *Obras* y porciones de ellas, sino también otros materiales para difundir el conocimiento de la teología e historia wesleyanas. El Dr. Wethington fue a morar con el Señor en el año 2019, y su esposa Lois le sobrevive. Muchos le recordarán en Carolina del Norte, en las Filipinas y en otros ámbitos por su labor docente y por otros aspectos de su ministerio. Pero entre los países de herencia hispana se le recordará como heredero y continuador, no solamente de la obra de Wesley, sino también en cierto sentido de la de Primitivo Rodríguez.

Pero, como sucede con toda buena causa, la historia no termina ahí. Lo que ahora publica la WHF combina los sermones de Wesley acerca del Sermón del Monte con una serie de meditaciones y comentarios obra del Dr. MarkWethington, hijo del Dr. Elbert, pastor metodista en Carolina del Norte y actualmente presidente de la WHF. Así continúa la larga e ininterrumpida cadena de testigos que nos conectan con Wesley y los orígenes del movimiento metodista, y dos de cuyos eslabones de particular importancia para el pueblo hispano son Primitivo Rodríguez y Elbert Wethington. ¡Al Señor sea la gloria!

Justo L. González
Editor General
Obras de Wesley
Febrero, 2020

Homenaje al Dr. L. Elbert Wethington
Tutor y Verdadero Amigo
Daniel C. Arichea, Jr.
Obispo jubilado, Iglesia Metodista Unida de Filipinas
Diciembre 2019

Era junio de 1954. El año académico acaba de comenzar. Yo era un estudiante de segundo año en el Seminario Teológico Unión en Manila, Filipinas. Estábamos en la capilla y se estaba presentando un nuevo misionero. Su nombre: L. Elbert Wethington. No recuerdo su sermón, pero me dejó una gran impresión: he aquí un misionero a quien podemos entender, profundo, sí, pero fácil de comprender y apreciar. Pronto tendríamos más de esa experiencia ya que asistiríamos a nuestro primer curso con él. El curso se titulaba "Historia del pensamiento cristiano". Esperábamos que fuera difícil y lo fue. Pero a medida que avanzaba el curso, comenzamos a apreciarlo más, ya que nos convertimos en participantes activos en el desarrollo del pensamiento cristiano desde sus raíces bíblicas hasta las siguientes generaciones de pensadores cristianos.

Esa fue mi primera experiencia con el Dr. Wethington. Tenía solo un curso con nosotros, pero tenía varios cursos con otros grupos. Y antes de darnos cuenta, el Dr. Wethington se había convertido en el tema principal de las conversaciones de los estudiantes. Se daba a entender, pero tenía grandes expectativas. Sus asignaciones eran ridículamente excesivas. Demasiados libros para leer; demasiados trabajos escritos; demasiados exámenes para los cuales prepararse. De hecho, un estudiante organizó un retiro grupal de sus clases en protesta. Con todo eso sucediendo, la sonrisa característica del Dr. Wethington nunca desapareció.

¡Qué influencia de un solo hombre! En poco tiempo, el seminario comenzó a cambiar. Otros miembros de la facultad comenzaron a tomar su enseñanza más en serio, exigiendo a los estudiantes mucho más que nunca. Inconscientemente o no, los estándares académicos comenzaron a mejorar mucho más allá de las expectativas de la facultad y los estudiantes. Dos o tres años después de que los Wethington llegaran a Filipinas, se realizó una evaluación de acreditación del Seminario Teológico Unión, que condujo a mejoras adicionales de la biblioteca y otras instalaciones.

Una parte importante de la cambiante atmósfera académica fue la habilitación de los filipinos para formar parte del programa del seminario. Cuando el Dr. Wethington se unió a la facultad, los estadounidenses superaban en número a los filipinos en una proporción de 3 a 1. Por lo tanto, había una necesidad urgente de que los filipinos recibieran más capacitación para poder calificar para incorporarse a la facultad del seminario. Esta fue, de hecho, una preocupación principal del Dr. Wethington. Gracias a su influencia, muchos de sus estudiantes fueron aceptados en los programas de posgrado de varias universidades y seminarios estadounidenses. Mencionaré algunos:

Emerito Nacpil, clase de 1956, quien llegó a ser presidente del Seminario Teológico Unión y en 1980 fue elegido obispo de la Iglesia Metodista

Unida: fue a la Universidad Drew para obtener su doctorado (Ph.D.) en teología sistemática.

Levi Oracion, clase de 1958, quien llegó a ser Decano del Seminario Teológico Unión: fue a la Universidad de Chicago para obtener su doctorado (Ph.D.) en teología sistemática.

Feliciano Carino, clase de 1956, quien llegó a ser Secretario General de la Federación Mundial de Estudiantes Cristianos: fue a la Universidad de Princeton para obtener su doctorado (Ph.D.) en ética cristiana.

Mariano Apilado, clase de 1961, quien llegó a ser Presidente del Seminario Teológico Unión: fue a la Universidad de Vanderbilt para obtener su doctorado (Ph.D.) en historia de la iglesia.

En cuanto a mí, un día en 1957, el Dr. Wethington me llamó a su oficina, y antes de que pudiera sentarme, me preguntó: "¿Le gustaría ir a Duke el año que viene?" ¡Y eso comenzó mi conexión con Duke! Ruth y yo nos casamos allí y nos graduamos juntos en 1965, Ruth con una maestría y yo con un doctorado (Ph.D.) en estudios bíblicos. También debo mencionar que nuestra primera hija, Miriam, nació allá, y dos de nuestros hijos y uno de nuestros nietos también estudiaron allá.

Después de jubilarme del episcopado, serví como obispo en residencia en *Duke Divinity School* durante 8 años. Y durante esos años, los Wethington, Elbert y Lois, vivían en Durham. Cada viernes por la noche, los visitaba, cenaba con ellos y me quedaba allí, a veces hasta la medianoche, mientras hablamos de preocupaciones comunes, especialmente de la iglesia en

Filipinas. Algunas noches incluso pasé la noche en su casa. Debo mencionar que una de las cosas más memorables de mis visitas era escuchar las oraciones del Dr. Wethington.

¡Pero mi historia se está alargando! Sin embargo, debo mencionar otro incidente. Antes de partir hacia Duke en 1958, el Dr. Wethington nos invitó a mis padres y a mí a cenar con ellos en su casa de Manila. Mientras comíamos, el Dr. Wethington se volvió hacia mi madre y le dijo con un brillo en los ojos: "Danny ha prometido escribirte una carta al menos una vez por semana". Mi madre estaba tan agradecida que le dio gracias profusamente al Dr. Wethington. Por supuesto, nunca hice tal promesa. Pero fui fiel a esa promesa no hecha; durante los dos años de mi primera estancia en Duke, escribí a mi madre cada semana sin falta.

Se podría preguntar: ¿Cómo puede una persona tener tanta influencia en tantas personas y en toda una institución? ¿Cómo podría una vida afectar tantas vidas? Excelencia académica, por supuesto. Pero mucho más. Una auténtica preocupación por los estudiantes. El Dr. Wethington era un verdadero amigo de los seminaristas. Su hogar, que estaba a poca distancia del seminario, siempre estaba abierto para nosotros. La mayoría de nosotros conocía a los niños Wethington. Los conocíamos por sus nombres: Olin, Joyce, Mark.

Sin embargo, la amistad con los estudiantes no comprometió ni socavó los estándares. El lema era integridad y la integridad nunca estuvo sujeta a compromisos. Puedo citar muchos ejemplos, pero solo mencionaré uno. Eso fue en 1961. Era el miembro más nuevo y más joven de la facultad. Nos reunimos para considerar a los candidatos para graduación. Dos de ellos eran asesorados por el Dr. Wethington. Habían cumplido todos los requisitos académicos. Sin embargo, había un problema: no presentaron sus tesis a tiempo. El Dr. Wethington informó esto a la facultad y agregó que no podía recomendar a los dos estudiantes para la graduación, esto a pesar del hecho de que sus familias ya estaban en el campus para los ensayos de graduación esa semana. Hubo una acalorada discusión en la reunión de la facultad, con algunos argumentos en favor de clemencia y el Dr. Wethington argumentando por no comprometer las reglas. Finalmente, el presidente, el Dr. Benjamin I. Guansing, pidió una votación secreta y me designó, siendo el más joven, para contar las boletas. Así lo hicimos y la votación fue de 6 a favor y 6 en contra. El presidente solicitó otra votación, pero se obtuvo el mismo resultado. El presidente tuvo que romper el empate y mantuvo la posición del Dr. Wethington.

¿Qué pasó con los dos estudiantes? Recibieron sus títulos al año siguiente. Por lo que puedo decir, no tuvieron resentimientos contra el Dr. Wethington; de hecho, su respeto por él creció mucho más y se hicieron amigos cercanos.

El Dr. Wethington se fue de licencia en 1958, enseñó en Duke (me inscribí en uno de sus cursos); y luego regresó a Filipinas para un segundo mandato. La gente puede preguntarse por qué no regresó para un tercer mandato y más. Pero no estoy sorprendido. ¿Por qué?

Un día, estaba hablando con él en su oficina del seminario. Había una Biblia sobre su escritorio y la abrí distraídamente. Vi un trozo de papel insertado entre las páginas de la Biblia y en él estaba escrito: "Un misionero que no trabaja para buscar su reemplazo, no está haciendo bien su trabajo". ¿Necesito decir mas?

Al rendir homenaje al Dr. Wethington, también debo incluir a los otros misioneros que se han sacrificado, trabajado y ministrado en nuestro país. Estoy seguro de que los misioneros en Filipinas y en otros lugares, trabajaron en situaciones que no eran exactamente fáciles o cómodas. Debería saberlo y mi esposa Ruth también debería saberlo, ya que después de haber estado fuera de Filipinas durante 23 años, y luego regresar a vivir y trabajar allí, extrañamos las comodidades y los servicios que estaban disponibles para nosotros en un lugar como Hong Kong, donde vivimos durante ocho años. Estoy seguro de que a pesar de las casas misioneras inusualmente hermosas, los misioneros aún experimentaban todo tipo de incomodidades e inconveniencias. Y había que tener en cuenta la cultura. Es fácil vivir con algunos filipinos, pero hay otros cuya especialidad es crear problemas para todos en la iglesia, particularmente para los misioneros. Incluso yo podría haber sido una de esas personas en algún momento. Sin embargo, a pesar de esto, los misioneros perseveraron con su compromiso de servir a la iglesia filipina.

Termino este homenaje con esta nota. En un artículo que escribió el Dr. Wethington, señaló que debajo de mi foto de graduación en el Seminario Teológico Unión, estaba el versículo de Filipinas 4:13, "To-do lo puedo en Cristo que me fortalece". Luego mencionó que ese mismo versículo estaba debajo de su imagen cuando se graduó de Duke. Hay otros versículos de la Escritura que son apropiados para él, como por ejemplo Mateo 5:6, que la *Good News Translation* presenta de esta manera: "Felices son aquellos cuyo mayor deseo es hacer lo que Dios requiere, Dios los satisfará plenamente". ¿Qué requiere Dios?

Amor a Dios, la dimensión ascendente; amor por los demás, la dimensión externa; amor por uno mismo, la dimensión interna. He visto en el Dr. Wethington un equilibrio saludable entre estas tres dimensiones.

Echaremos de menos al Dr. L. Elbert Wethington. Pero seguiremos recordándolo: su erudición, su espiritualidad genuina y su genuina preocupación por los demás.

Homenaje a Ninong Elbert
Loida Bautista Rifareal
Estudiante y Secretaria, Filipinas
Noviembre 2019

Conocí al Dr. Lewis Elbert Wethington en 1961, cuando era estudiante del Seminario Teológico Unión en Manila. Fue mi profesor de teología y uno de los profesores más inteligentes y disciplinados que he tenido. Su profundo conocimiento de la teología y la doctrina de la iglesia, que compartió desinteresadamente con sus estudiantes, fue una contribución invaluable para que nos convirtiéramos en futuros pastores y predicadores.

Me convertí en la secretaria estudiantil del Dr. Wethington durante mi época como estudiante en el Seminario Teológico Unión. No tenía experiencia previa con el trabajo de secretaria, pero hice mi mejor esfuerzo para tomar notas y escribir mensajes, cartas y documentos. Me sorprendió que el Dr. Wethington encontrara mi trabajo aceptable, señalando solo algunos errores. Cuando cometía una equivocación, nunca me hacía sentir mal por eso. Trabajar con y para él fue una experiencia de aprendizaje humilde.

Fue mientras trabajaba en su oficina que conocí a su hermosa familia: su encantadora esposa de voz suave, Lois, y sus hijos bien educados, su hija Joyce y sus hijos Olin y Mark, que estaban estudiando en ese momento y que solían venir a la oficina después de la escuela.

Desarrollé una estrecha relación personal con el Dr. Wethington durante mis últimos dos años como estudiante de seminario. Conoció a mi futuro esposo y le confié que mi padre, el reverendo Ignacio P. Bautista, no estaba de acuerdo con nuestros planes de matrimonio, ya que aún me quedaban dos años antes de terminar mi tesis. Le aseguró a mi padre que obtendría mi título de Bachillerato en Teología, convenciéndolo para que nos permitiera casarnos. Debido al papel del Dr. Wethington tuvo en nuestro matrimonio, mi esposo y yo le pedimos que fuera uno de nuestros padrinos en nuestra boda en abril de 1962. Fue entonces cuando comencé a llamarlo "Ninong", padrino en filipino.

Pero Ninong Elbert no fue solo un padrino, ¡se convirtió en un verdadero padre para mí! Fue un hombre en el que pude llorar cuando supe que, contrario a nuestros planes, quedé embarazada después de nuestra boda. La situación empeoró para mí porque en junio de 1962, a los pocos meses de mi embarazo, el Seminario Teológico Unión se trasladó a sus nuevas instalaciones en Dasmariñas, Cavite, a 40 kilómetros de nuestra casa en Sta. Ana, Manila. Ninong se encargó de traerme desde Sta. Ana todos los lunes por la mañana y llevarme a Dasmariñas para mis clases de lunes a viernes, y luego llevarme de regreso a casa el sábado.

A medida que creció el papel de Ninong en mi vida personal, se aseguró de que también pasáramos tiempo fuera del seminario. Conocí más sobre su familia cuando Ninong nos invitó a mí y a mi esposo a cenar en su casa en Bel-Air, Makati. Estaba interesado en mi desarrollo, no solo mental y espiritual, sino también en físico. Me animó a aprender a nadar y una vez me invitó al Club de Polo de Manila para enseñarme a nadar.

Ninong se mantuvo en contacto incluso después de que la familia finalmente regresara a los Estados Unidos en 1963. A través de los años, continuamos comunicándonos como lo harían los amigos. Prometió que algún día me llevaría a su casa en Carolina del Norte. A pesar de la distancia que nos separaba, Ninong nunca olvidó mi cumpleaños: cada año desde que se fueron, se aseguraba de que yo recibiera un regalo de cumpleaños de su parte. Me lo enviaba por correo o por medio de amigos filipinos que iban a visitarlo a los Estados Unidos, o a través de familiares que visitaban Manila.

Ninong finalmente tuvo la oportunidad de cumplir la promesa que me hizo, cuando fui a los Estados Unidos en 2005 a visitar a mi padre enfermo en California. Me compró un boleto de ida y vuelta y organizó mi viaje a Durham. Ya tenía más de ochenta años, pero fue al aeropuerto junto con Ninang Lois para darme la bienvenida. ¡Nunca me sentí tan especial!

Me quedé con Ninong y Ninang en su casa durante una semana. A pesar de su edad, todavía tenían la energía para llevarme por los alrededores de Durham. Me llevaron a la Universidad de Duke, donde ambos estudiaron y donde Ninong enseñó durante muchos años. ¡También me llevaron a la capilla de la universidad donde se casaron! En casa, Ninang Lois preparaba deliciosas comidas y postres, y se aseguraron de que me sintiera como en casa. Teníamos devocionales matutinos juntos, compartiendo historias y fotos familiares. También nos divertíamos visitando la acogedora cabaña de Mark cerca del lago. ¡Fue realmente un gran gozo y una bendición tener la oportunidad de pasar estos preciosos momentos con ellos!

Diez años después, recibiría mi último regalo de cumpleaños de Ninong. Me llegó cuando Olin visitó Manila en 2015. No mucho después de la visita de Olin, supe por medio de Mark que Ninong ya estaba sufriendo de demencia y ya no podía reconocer a su propia esposa y familia. No podría expresar la tristeza que sentí al escuchar esta noticia. Me rompió el corazón pensar que una persona inteligente como Ninong, que había compartido desinteresadamente su conocimiento y su vida como maestro y ministro de Dios, fuera despojado de su rica memoria.

¡Nunca tuve un amigo como Ninong! Es el hombre más atento y amable que he conocido: sencillo, humilde, cariñoso, un esposo, padre y siervo fiel y devoto a Dios.

¡Ninong, estarás siempre en mi corazón! Dios me bendijo al traerte a mi vida, como mi amigo y segundo padre. Gracias por hacerme sentir tan especial y por amarme como a tu propia hija. ¡Nunca te olvidaré!
—Loida

Homenaje al Dr. L. Elbert Wethington
Voorhis "Andy" Cantrell
Profesor jubilado, Lebanon Valley College
Noviembre 2019

Había terminado el trabajo para obtener un Doctorado (Ph.D.) en Literatura Bíblica en la Universidad de Boston, cuando recibí una llamada telefónica del Dr. Elbert Wethington invitándome a venir a *Lebanon Valley College* para una entrevista de trabajo en el departamento de religión. Tuvo que informarme dónde estaba localizado el *Lebanon Valley College* y acepté con gusto la invitación. No sabía que me establecería en el *Lebanon Valley* y que residiría allí más tiempo que en cualquier otro lugar durante mi vida. Desde el momento en que llegué al aeropuerto para la entrevista, sentí la cálida amistad del Dr. Wethington, quien pronto se convirtió en "Elbert", y de su familia. *Lebanon Valley College* era una pequeña universidad afiliada a la Iglesia de los Hermanos Unidos, ahora Metodista Unida, con aproximadamente treinta jóvenes, entre hombres y mujeres, como estudiantes de religión. El departamento ofreció cursos sólidos que ayudaron a preparar a los jóvenes para su futura educación y ministerio.

La entrevista salió bien y me ofrecieron un puesto en el departamento por un año durante la ausencia sabática de otro miembro. Enseñaría el curso de este profesor que se ausentaría, más dos en literatura bíblica, todos cursos nuevos para mí que requirieron horas de preparación. Como el Departamento ahora estaba compuesto solo por Elbert y yo, además de un capellán que enseñaba un curso, tuve una relación de trabajo muy estrecha con Elbert. Fue comprensivo, alentador y solidario en todos los sentidos.

Pudo discernir de mi expediente académico del seminario, que había tenido solo un año de estudio del idioma griego. Mi asignación de cursos requería que yo enseñara griego de segundo año. Estuve solo una lección por delante de los estudiantes durante todo el año. Nunca hubo una pregunta de Elbert sobre mi capacidad para enseñar el curso, solo estímulo y apoyo.

Como departamento, nos unimos en equipo para enseñar dos cursos "Introductorios", dividiendo entre los tres profesores la conferencia semanal para todos los estudiantes inscritos en el curso. Mi primera conferencia con Elbert en la audiencia fue intimidante para mí. Mis sentimientos fueron innecesarios, porque siempre tenía palabras para elogiar mis esfuerzos.

Cuando terminó el año, el Dr. Troutman regresó de su año sabático y mi puesto desapareció. La Universidad decidió expandir el departamento para tener un tercer puesto y me ofrecieron el trabajo. Obviamente lo acepté con gusto, principalmente por la cálida amistad que yo y mi familia habíamos sentido con la familia Wethington, y por el fuerte apoyo que me habían brindado en mis esfuerzos por enseñar cursos nuevos y difíciles. Fue fácil en los años siguientes firmar un contrato para continuar enseñando en *Lebanon Valley College* debido al alto nivel académico ofrecido por Elbert, su amor y amistad por los estudiantes, las especializaciones y los colegas de nuestro departamento, y por el fuerte apoyo recibido por el trabajo que estábamos haciendo con los cursos.

Cuando llegamos a Annville, necesitaba alojamiento para una familia de cinco, yo, mi esposa y tres hijos pequeños. Elbert encontró un apartamento con suficientes dormitorios, en Main St., cerca de *Lebanon Valley College*. Nuestra lavadora y secadora tuvieron que colocarse en una habitación grande con una puerta exterior. Una vez mi esposa estaba lavando la ropa cuando un hombre abrió la puerta exterior, asomó la cabeza y gritó: "¡Fink!" Fue una gran sorpresa que me pusieran un nombre al lavar la ropa. ¡El edificio había albergado en algún momento a la Panadería Fink y la gente todavía venía a comprar pan después de que la panadería había cerrado! No nos quejamos con Elbert sobre la elección de un departamento para nosotros.

Disfruté veinticuatro años enseñando en *Lebanon Valley College*, treinta y dos viviendo en Annville, pero muchos más de amistad continua con la familia Wethington, incluso después de que Elbert y Lois regresaron a Durham, Carolina del Norte. Siempre daré gracias a Dios por la profunda fe cristiana vivida por los Wethington y el amor a Cristo que siempre fluyó de sus corazones a los demás.

Homenaje al Rev. Dr. L. Elbert Wethington
Rev. Lorelei M. Bach
Pastora Metodista Unida Jubilada
Noviembre 2019

Cuando pienso en mi relación de cincuenta y dos años con el Rev. Dr. L. Elbert Wethington, podría parafrasear a Shakespeare y decir: "¿De qué modo te conozco? Déjame contar las formas". ¡Aunque la cita original de Shakespeare también se aplicaría!

Conocí a Elbert cuando era estudiante de primer año de Psicología en Lebanon Valley College en septiembre de 1967. En esos días, en esta universidad Metodista Unida, todos los estudiantes debían tomar el curso Religión 101, que se daba en el gran salón de conferencias del edificio de la Capilla. Elbert era el profesor que enseñaba este curso, así que primero conocí a Elbert como un conferencista brillante, imponente, aunque temible. ¡Era tan brillante que me resultaba difícil seguir sus conferencias y comprenderlas por completo!

Poco más de un año después, sentí un llamado al ministerio cristiano, que surgió de la nada, ya que era una cristiana bastante joven y mujer. Conversé esto con Elbert y rápidamente lo conocí como un ferviente defensor, ya que cambié mi especialidad a Religión. Durante mi tiempo restante como estudiante en Lebanon Valley College, trabajé como Asistente en el Departamento de Religión. Así que ahora conocía a Elbert como mi jefe. A través de estas diversas formas de conocer a Elbert, también conocí a su querida esposa, Lois, y los tres nos hicimos muy amigos.

También conocí a Elbert como co-oficiante en mi boda con un compañero de clase del Seminario y porque me había transferido a la Conferencia Anual del Este de Pensilvania de la Iglesia Metodista Unida. Pronto conocí a Elbert como patrocinador de mi ordenación como presbítero, una de las primeras mujeres en hacer esto. Esto nos hizo pastores colegas en la misma Conferencia Anual. Estoy muy orgulloso de decir que he conocido a Elbert de muchas maneras y más. Aunque la distancia geográfica nos separaría durante los últimos 37 años de haberlo conocido, Elbert y Lois a menudo estaban en mis pensamientos y oraciones.

Literalmente estaba creciendo en Lebanon Valley College y durante la Guerra de Vietnam, bajo la atenta mirada de Elbert. Desde el principio pude reconocer que, además de todo lo demás que él era y todas las otras formas en que llegaría a conocerlo, Elbert fue un pacificador según el ejemplo de nuestro Señor compartido en sus Bienaventuranzas. Un hombre de profunda fe, honor y servicio a su Señor, la vida de Elbert encarnó no solo esta bienaventuranza, sino también las demás. Su testimonio, durante todos los días de sus 96 años de vida, ejemplificando estas palabras del sermón de nuestro Señor, ¡realmente impactó mi vida y la de muchas otras personas en todo el mundo!

Homenaje a Elbert Wethington
Mi suegro
Beth B. Wethington
Marzo 2020

Conocí a Elbert Wethington por primera vez como el padre del chico lindo que se sentaba a mi lado en cuarto grado.

Siempre fue cortés conmigo (nuestras familias se conocían periféricamente) y escuchaba atentamente los sermones que predicaba cuando sustituía al pastor en la iglesia a la que asistía. Esos sermones eran técnicos y muy elevados teológicamente para mi. No tengo dudas de que eran ricos en un contenido que en ese momento estaba más allá de mí. Años más tarde se convirtió en mi suegro cuando me casé con ese chico lindo en el tiempo de Dios y llegué a conocerlo de una manera más personal.

Siempre educador, papá Wethington pronto se dedicó a iluminarme en cuanto a la tradición wesleyana. No entendí completamente su explicación de la evolución cristiana desde la gracia preveniente hasta la justificación y la santificación.

Pero sus palabras fueron tan claramente enfatizadas por su vida, que el significado pronto se hizo claro. Papá me recibió sin reservas en la familia y se esforzó en elogiar mi "destreza" en la cocina y la habilidad para armar rompecabezas.

Encontró pequeñas formas que me hicieron sentir valorada. Cuando ceremoniosamente dio la bienvenida a mis hijos a la familia, mi gratitud se desbordó. Entendió la importancia de los gestos que trascienden los gestos, que agregan significado a la relación y la vida ordinaria.

Conocí a Elbert Wethington mejor en los años en que dejó de ser él mismo, en los años malvados en los que la demencia se desarrolló. Pero tal vez estos años separaron a la persona exterior de la persona interior. La persona interior, el verdadero Elbert, nunca perdió la capacidad de orar con fuerza y seguridad. La persona interior deambulaba por los pasillos (con nosotros siguiéndolo para resguardar lo que

asumimos era su seguridad) hasta que encontraba la capilla, a la que entraba y se arrodillaba ante el altar en oración. Este Elbert interior, como sabía que su cognición estaba fallando, quiso comprarle a su esposa un regalo, un suéter. Fue un privilegio participar en esta búsqueda de la prenda adecuada para la esposa que él conocía y amaba tan bien. Era generoso, amoroso, franco en sus opiniones y siempre dedicado a Dios. Papá Wethington vivió una vida de bendita seguridad, confiando en la vida y en la muerte que todo estaría bien para quienes pusieran su confianza en Dios.

Homenaje a mi abuelo
Rebekah A. Wethington
Pronunciado en su funeral
Marzo 2019

Mi dulce abuelito, Elbert Wethington, vivió una larga y maravillosa vida y tengo tantos recuerdos atesorados de él. Cuando era niña, lo recordaba especialmente como un maestro increíble, predicador y, por supuesto, un hombre de familia. Me enseñó muchas cosas, pero uno de mis mejores recuerdos es cuando salía a pasear con él. Siempre que iba de visita lo primero que quería hacer era mostrarme su patio trasero. Tenía un lugar designado para mí que había llamado "El Jardín de Bekah". Y cada vez que venía a visitarme, caminaba por mi jardín; señalaba las diferentes flores y plantas que él había sembrado.

Mi abuelo siempre amó la naturaleza y esa era una de las muchas cosas que admiraba de él. También me enseñó, al igual que mi padre, los valores de ser una cristiana fuerte. Como mencioné antes, nos gustaba dar paseos juntos. Durante mis visitas con abuelito y abuelita cuando crecía, abuelito a menudo me preguntaba, a veces durante todo el día, "oye, Bekah" o "niña", como me llamaba con cariño, "¿qué tal si caminamos juntos?" A medida que abuelito envejecía y yo me hacía mayor, nuestras caminatas juntos se volvieron menos frecuentes, como es el caso desafortunadamente cuando los hijos crecen y sus vidas se vuelven más ocupadas.

Después de graduarme de la universidad en 2015, tomé la decisión de mudarme a Durham. Fue alrededor de esa época cuando la salud mental de abuelito comenzó a declinar. Como vivía a solo unos minutos de él y abuelita, los visitaba cada vez que podía, y mi abuelo y yo comenzamos a caminar juntos de nuevo. En los días que no había salido la mayor parte del tiempo, me acercaba a él y le preguntaba: "Hola, abuelo, ¿qué tal si caminamos juntos?" Caminamos por los pasillos de Croasdaile, hablando aquí y allá, y en los días en que era un tiempo agradable, salíamos a caminar alrededor de ese hermoso estanque, y nuevamente señalaba diferentes flores y árboles que veía en nuestras caminatas. A veces le hacía preguntas sobre ellas, a las que él sabía inmediatamente la respuesta, y otras veces simplemente caminábamos y nos sentábamos en un banco en silencio, disfrutando de la compañía mutua.

Era un padre maravilloso, un abuelo maravilloso y un amigo maravilloso para muchos. Era fuerte de corazón y siempre estaba lleno de energía y entusiasmo por la vida. Lo extrañaré. Echaré de menos caminar y hablar con él. Pero sé que ahora está sonriendo en el cielo, en paz, caminando y hablando con Dios.

Homenaje a mi esposo, Lewis Elbert Wethington
Lois Ruppenthal Wethington
Esposa de Elbert por 73 años Enero 2020

Lewis Elbert Wethington nació el 1 de junio de 1922 en el condado de Onslow, Carolina del Norte. Era hijo de Claud W. Wethington y Ola Riggs y el quinto de los hijos. Elbert fue dotado por Dios con una mente brillante y una energía ilimitada.

Su padre decidió no ser agricultor, como los demás miembros de su familia, por lo que se mudó a Durham, Carolina del Norte, para buscar otro trabajo. Elbert tenía seis meses de edad en ese momento. Después de un par de mudanzas en Durham, la familia se estableció en Pike Street, que estaba fuera de los límites de la ciudad, donde no hubo electricidad ni agua en la casa durante muchos años. El padre de Elbert reparaba los zapatos de los niños y la ropa se compartía de hermanos mayores a menores.

Elbert fue muy trabajador desde una edad muy temprana. ¡A los nueve años limpió cien ladrillos por veinte centavos! Solía encender el fuego de la casa para que hubiese calor en las mañanas y se tomaba su tiempo para ordeñar la vaca de la familia. Muchas veces después del horario escolar se quedaba para ayudar al conserje a barrer los pisos con una escoba aceitosa de aserrín y leer el medidor de luz. De los doce a los quince años de edad, Elbert trabajó en un camión de leche entregando leche temprano por la mañana en las entradas de las casas; ganando de veinticinco a treinta y cinco centavos por día. Para cuando tenía entre quince y dieciocho años, entregaba el periódico matutino de la ciudad en las casas y trabajaba a tiempo parcial en una tienda de comestibles. Su naturaleza laboriosa fue evidente a lo largo de su vida.

Cerca de la casa familiar en Pike Street estaba el bosque Duke, donde Elbert disfrutaba mucho jugando en los árboles, recogiendo zarzamoras e identificando muchas plantas. A lo largo de su vida disfrutó de tener un césped y un jardín de flores y azaleas en su patio. Le gustaban las películas de vaqueros y Tarzán. Sin embargo, la juventud y la infancia no fueron tan divertidas porque tuvo las enfermedades comunes de la infancia, incluida la escarlatina, y una quemadura grave a los seis años.

Uno de los momentos más destacados de su juventud fue una visita a sus abuelos Riggs y el tío Danny durante tres semanas en una granja en el condado de Onslow. Sin embargo, debido a un caballo asustado y un clavo que sobresalía del granero, recibió una lesión en la pierna que le dio una cicatriz de "identificación", como la llamó.

Elbert no solo estaba lleno de vida, sino que también tenía ganas de aprender. Cuando estaba en la escuela primaria, le pedía a su maestro que le permitiera recitar poesía que había aprendido por su cuenta y que quería compartir.

Sus días en la escuela secundaria estaban llenos de actividades. Un año le pidieron que sirviera como capellán de su clase. Participó en la Sociedad Literaria Walter Hines Page, el Club de Fotografía, el Club de Estudio de la Naturaleza, el Club Monograma, la obra teatral de la clase de último año, la orquesta escolar y el equipo de lucha libre. Ganó el campeonato estatal de lucha libre de Carolina del Norte en su categoría de peso.

Fue en la orquesta de la escuela secundaria donde conocí a Elbert, que tocaba el corno francés. Yo tocaba el violín, ¡que era un violín barato y difícil de afinar! Al ver mi problema, ¡Elbert me ayudaba a afinarlo a pesar de que no era un instrumento de su especialidad! Varias veces lo vi salir rápidamente de la clase de orquesta y correr hacia otro estudiante que había comenzado a tener una crisis epiléptica y necesitaba protección para no lastimarse. Estas cualidades de estar siempre alerta y en disposición para ayudar a otros parecían estar arraigadas en Elbert a lo largo de su vida.

Elbert creció asistiendo y uniéndose con su familia a la Iglesia Bautista Lakewood. Fue muy activo en los grupos juveniles de la iglesia y en una oportunidad tomó la iniciativa de invitar a un grupo juvenil cercano de una iglesia negra. Esto era algo que estaba muy "fuera de lugar" en el Sur segregado, pero Elbert no tenía prejuicios racistas y creía firmemente en la igualdad de todas las personas.

En su adolescencia se unió a los *Boy Scouts* y alcanzó el rango de *Eagle Scout* el verano anterior a su último año en la Escuela Secundaria Durham. Se convirtió en el segundo *Eagle Scout* en Durham. Hubo momentos en su vida en los que descubrió que el entrenamiento que había recibido en los *Scouts* era muy útil para ayudar a alguien.

Elbert recibió su licencia como predicador en octubre de 1941 y fue ordenado posteriormente en octubre de 1945 en la Iglesia Bautista Lakewood. Hacia el final de su último año en la escuela secundaria, 1941, su pastor, el Rev. T. Collins lo llevó a Wake Forest College en Wake Forest, Carolina del Norte, para inscribirlo en el semestre de otoño. En la universidad mostró un alto estándar de carácter. Además, estaba muy motivado para estudiar. Tenía un amor natural por el aprendizaje y las calificaciones eran de interés secundario.

Mientras estuvo en el Wake Forest College sirvió como presidente del Consejo de la Unión de Estudiantes Bautistas un año, recibió membresía honoraria en *Who's Who in America Universities* (Quién es quién en las universidades estadounidenses), recibió la medalla A.D. Ward por haber obtenido el primer lugar en oratoria de 1944 y fue elegido miembro de la Sociedad Honoraria Phi Beta Kappa de estudiantes estadounidenses de alto rango académico. Elbert se graduó de Wake Forest en agosto de 1944 con un título de Bachillerato universitario. Respetaba a todos sus profesores de Wake Forest College y especialmente a Olin T. Binkley, quien impartió un curso relacionado con el matrimonio y la familia. Más tarde, en el nacimiento de nuestro primer hijo, Elbert quiso llamarlo Olin.

Era diciembre de 1941, cuando Elbert había regresado a casa de Wake Forest para las vacaciones de Navidad, que me llamó para una cita. Este fue el comienzo de muchas citas y cartas entre Wake Forest y Durham. Estaba yo en el último año de secundaria con planes de ingresar a la clase de primer año en Duke el próximo otoño. Durante el tiempo que compartíamos juntos, disfrutamos pasear, patinar, ver películas, visitarnos en nuestras casas e iglesias, vacacionar con mi familia en la playa y con mis abuelos maternos en Harrisonburg, Virginia. El 31 de mayo de 1945, nuestras familias se reunieron en el *Northgate Bird Sanctuary* para un picnic que Elbert y yo habíamos planeado. Allí anunciamos nuestro compromiso con los planes de casarnos el 21 de noviembre de ese año en la Capilla Duke. ¡No sorprendimos a nadie! Fuimos la pareja número 13 en casarse en la Capilla Duke.

Elbert recibió el Bachillerato en Teología en 1946, después de lo cual se matriculó en la escuela de posgrado de Duke. En 1948 recibió su grado de doctorado (Ph.D.) . Su tesis doctoral fue: "El papel de la naturaleza y la gracia en la concepción de la salvación de Fenelon".

Después de enseñar en la Universidad de Bucknell en Pennsylvania de 1949 a 1951, aceptó una oferta para enseñar en el Departamento de Pregrado de Duke. Enseñó allí durante tres años. Durante este tiempo también se desempeñó como pastor interino durante un año (1952-1953) en la Iglesia Bautista Lowes Grove, a poca distancia de Durham. En el verano de 1953, Elbert fue invitado a participar en la cuarta Conferencia Mundial de la Juventud Bautista en Río de Janeiro, Brasil. Allí se reunieron 1500 jóvenes bautistas de todo el mundo. Elbert dirigió un grupo de estudio sobre "Testificando a través de la enseñanza". Además de esto, observó el trabajo realizado por las escuelas y colegios metodistas, presbiterianos y bautistas en Brasil.

Elbert se estableció con la Iglesia Metodista y recibió el estatus de presbítero en 1954. Ese mismo año respondió a un llamado para enseñar en el Seminario Teológico Unión en Manila, Filipinas, durante cuatro años. Allí fue nombrado profesor de teología cristiana. ¡Su objetivo era enseñar a los filipinos a enseñar y buscar su propio reemplazo! Poco después de que él y su familia llegaron a Manila, también se le pidió que sirviera en la Junta del Hospital Metodista Mary Johnston, ubicado en una sección de barrios marginales, y que hiciera planes para reconstruir su escuela de enfermería que había sufrido graves daños durante la Segunda Guerra Mundial. ¡Enseñó y predicó en toda Filipinas, incluso a los Negritos, aborígenes de Filipinas! Durante su último mandato en Filipinas, viajó a varios países del este y el sur de Asia. Fue miembro de la Conferencia Teológica del Sudeste Asiático en Bangkok en 1955 y de la Conferencia de Estudio Teológico del Sudeste Asiático en Singapur en 1957. Durante este primer mandato en Filipinas también publicó *"Seekers of the Way"* (Buscadores del Camino), *Christianity and Religion of Southeast Asia* (Cristianismo y Religión del Sudeste Asiático) y *God was in Christ* (Dios estaba en Cristo) (conferencias sobre Cristología, 1958).

Antes del regreso de Elbert a los Estados Unidos para gozar de un permiso, él y su familia viajaron durante ocho semanas en el sudeste de Asia, India, Medio Oriente y Europa. Durante ese periodo de licencia por parte de la Junta Misionera Metodista, Elbert enseñó un semestre en el departamento de pregrado de Duke. Debido a una enfermedad en mi familia, cuestionamos el regreso a Filipinas y fuimos a Fayetteville, Carolina del Norte, donde Elbert preparó el primer plan de estudios y catálogo para el recién creado *Methodist College* (hoy Universidad Metodista). En ese momento trabajó con el Dr. Stacy Weaver, recién nombrado Presidente de la universidad.

Elbert y su familia regresaron a Filipinas en 1960 para un plazo de tres años. Juntamente con la enseñanza en el seminario, también se afilió a la esforzada Iglesia Metodista Makati. Fue instrumental en la recaudación de dinero para nuevas instalaciones para la iglesia. También durante este mandato en Filipinas, escribió y publicó *Preaching Doctrine Through the Church Year* (Predicando doctrina por medio del año eclesiástico), 1961, y *Central Conference of the Methodist Church* (Conferencia Central de la Iglesia Metodista), un documento de estudio sobre la Iglesia Metodista fuera de los Estados Unidos, que se publicó en 1963. Entre abril y mayo de 1962, Elbert y la familia pasaron un tiempo en Hong Kong. Allí, Elbert hizo una investigación sobre *Asia Views of the Nature of Man* (Perspectivas asiáticas de la naturaleza del hombre) y estudió en el Centro de Estudios Cristianos Ecuménicos.

En 1963, Elbert se unió a la facultad en Lebanon Valley College en Annville, Pennsylvania. Allí fue profesor y director del Departamento de Religión durante veinte años. Su oficina siempre estaba abierta para aconsejar a los estudiantes. Además, fue un miembro activo del clero de la Conferencia del Este de Pensilvania de la Iglesia Metodista Unida y un firme defensor de la ordenación de mujeres en la iglesia. Durante sus años en Lebanon Valley predicó e impartió cursos muchas veces en diferentes iglesias.

Al jubilarse de Lebanon Valley College en 1983, él y yo nos mudamos a Oriental, en la costa de Carolina del Norte. Allí también Elbert se volvió muy activo. Tuvo éxito en reactivar el *Ministerium* del Condado y formó un Comité Interracial del Condado. Presidió la primera y varias otras celebraciones anuales relacionadas con Martin Luther King, Jr. Mientras estaba en Oriental, realizó un viaje a Rusia patrocinado por el Consejo Nacional de Iglesias. A su regreso, realizó muchos estudios relacionados con su viaje.

En el año académico 1990-91, Elbert cumplió con una solicitud para ser profesor visitante en *Lenoir Rhyne College* en Hickory, Carolina del Norte. También en 1990 fundó la *Wesley Heritage Foundation, Inc.* (Fundación de Herencia Wesleyana), con el propósito de promover el pensamiento, la espiritualidad y la práctica de Juan Wesley en el mundo de habla hispana. Pasó muchas, muchas horas haciendo planes para que las obras de Juan Wesley, fundador de Metodismo, fueran traducidas al español. El resultado fue catorce volúmenes titulados, *Obras de Wesley*. Buscó formas de distribuirlos en todas las áreas de habla hispana. Se retiró de este trabajo en 2005 como el primer presidente de la *Wesley Heritage Foundation*, y nuestro hijo, Mark, asumió el cargo como el segundo presidente.

En 2010, Elbert recibió el Premio de Alumno Distinguido de la Escuela de Divinidades de Duke (*Duke*

Divinity School), reconociendo su destacado liderazgo y servicio.

Al comienzo de mi relación con Elbert, me sorprendió su conocimiento y su fuerte fe cristiana. Me dijo que Dios y Cristo eran lo primero en su vida, y que su amor por mí fue lo segundo. Durante nuestro noviazgo sugirió que fijáramos un horario nocturno para tener devocionales nocturnos en nuestros diferentes hogares. Ese fue nuestro acuerdo que cumplimos hasta nuestro matrimonio, cuando oramos juntos a la hora de dormir junto a nuestra cama. Después de que nos casamos, también tuvimos devocionales en la mesa del desayuno y siempre dábamos gracias a Dios antes de cada comida. Más tarde, cuando tuvimos hijos, los incluimos en nuestros tiempos de oración y en los momentos devocionales. Elbert y yo continuamos esta tradición hasta que las diversas complicaciones de las enfermedades físicas y mentales complicaron los horarios y la vida.

Siempre estaré agradecida de que nuestro interés común en tocar en la orquesta de la escuela secundaria nos haya unido. Mi jornada de cuatro años de noviazgo y más de setenta y tres años de un matrimonio muy feliz con Elbert, es motivo de gran gratitud a Dios y a Cristo.

Elbert siempre me cuidó, asegurándose de que estuviera bien y feliz. Él siempre me puso delante de sí mismo. Cuando tuvimos hijos, hizo lo mismo por ellos. Nos quería mucho a mí y a nuestros hijos y nos protegió mucho.

Cuando nuestro primer hijo y yo llegamos a casa del hospital, él se desplazaba "de arriba a abajo" toda la noche para verificar que nuestro bebé respiraba. Esto también lo hizo cuando los otros dos hijos nacieron y se llevaron a casa. Elbert era un hombre de familia y siempre estuvo muy involucrado con cada miembro de su familia y sus diversas actividades. Durante nuestro segundo mandato en Filipinas, cuando el Seminario Teológico Unión se mudó de Manila a las provincias, quería que su familia permaneciera en la ciudad donde nuestros hijos pudieran continuar asistiendo a la excelente Escuela Americana. Eligió hacer el viaje diario a la provincia para ir al seminario recién ubicado. ¡Era un viaje de más de una hora y en ese momento había bandidos en la carretera!

Elbert siempre se interesó en las diversas actividades familiares. Ayudó a nuestros hijos a preparar sus discursos para el *Optimist Club* y los entrenó en su preparación para presentarlos. Del mismo modo, Elbert siempre me alentó en mis intereses particulares. Fue muy halagador de mis pinturas de pinceladas chinas y disfrutaba "explicándolas" a amigos. Fue mi excelente enfermero cuando tuve una cirugía mayor y me animó a comer cuando no tenía apetito. Él siempre estuvo allí para ayudarnos.

Elbert era definitivamente extrovertido. Le gustaba mucho estar con otros y tener invitados en nuestra casa para una comida. Siempre fue un anfitrión extremadamente educado y excelente.

A pesar de la enfermedad de Elbert de unos ocho años de demencia creciente, nunca se quejó. Una mañana expresó su preocupación de que estaba perdiendo la memoria. Me senté junto a él muchas horas en nuestra casa, de lo cual me siento agradecida que lo pude hacer. Una tarde, después de que él estaba en su cama y le había encendido el oxígeno, me dijo: "gracias por cuidarme". Siempre estaré agradecida de haber podido hacerlo. Lo amaba y lo amo mucho.

Después de la muerte de Elbert, encontré entre sus documentos esta declaración escrita, "mi vida y mi trabajo son continuos testimonios de la gracia de Dios, no de mí".

Sermón 21
Sobre el sermón de nuestro Señor en la montaña
Primer discurso
Mateo 5:1-4

Viendo la multitud, subió al monte; y sentándose, vinieron a él sus discípulos:

Y abriendo su boca les enseñaba, diciendo,

Bienaventurados los pobres en espíritu, porque de ellos es el reino de los cielos.

Bienaventurados los que lloran, porque ellos recibirán consolación.

1. Nuestro Señor había recorrido toda Galilea,[1] principiando cuando Juan fue puesto en la prisión,[2] no únicamente enseñando en las sinagogas de ellos y predicando el evangelio del reino, sino también sanando toda enfermedad y toda dolencia en el pueblo.[3] Como consecuencia natural de esta actividad, lo siguió mucha gente de Galilea, de Decápolis, de Jerusalén, de Judea y del otro lado del Jordán.[4] Y viendo a las multitudes, que ninguna sinagoga podría contener, aun si alguna hubiera estado a la mano, «subió al monte»,[5] en donde había lugar para todos los que venían a él de

---

[1] Mt. 4.23.
[2] Mt. 4.12.
[3] Mt. 4.23.
[4] Mt. 4.25.
[5] Mt. 5.1.

todas partes.[6] «Y sentándose», siguiendo la costumbre de los judíos, «vinieron a él sus discípulos. Y abriendo su boca» (una expresión que denota el principio de un discurso solemne) «les enseñaba diciendo...»

2. Observemos quién es el que habla para que *sepamos cómo escuchar.*[7] Es el Señor del cielo y de la tierra, el Creador de todo lo que existe, quien, como tal, tiene el derecho de disponer de todas sus criaturas. El Señor nuestro Gobernador, cuyo reino es desde la eternidad y quien gobierna sobre todos. El gran Legislador que puede hacer ejecutar todas sus leyes, *que puede salvar y perder.*[8] Sí, puede castigar con perdición eterna de su presencia y de la gloria de su poder.[9] Es la eterna Sabiduría del Padre, que sabe de qué hemos sido formados,[10] y conoce nuestra más íntima naturaleza: nuestra relación con Dios, con nuestros semejantes, y con cada criatura que Dios ha hecho. Consecuentemente, sabe el modo de adaptar las leyes que prescribe a todas las circunstancias en que nos ha colocado. El es *bueno para con todos; y sus misericordias sobre todas sus obras.*[11] El Dios de amor quien, dejando su eterna gloria, vino del Padre a declarar su voluntad a los humanos y que regresó después al Padre. Quien vino mandado por Dios a abrir *los ojos de los ciegos,*[12] a *dar luz a los que habitaban en*

---

[6] Mr. 1.45.
[7] Lc. 8.18.
[8] Stg. 4.12.
[9] 2 Ts. 1.9.
[10] Sal. 103.14.
[11] Sal. 145.9. Cita del Libro de Oración Común.
[12] Jn. 10.21; 11.37.

tinieblas.[13] Es el gran Profeta del Señor, de quien Dios declaró solemnemente hace mucho tiempo: «*Cualquiera que no oyere mis palabras que él hablare en mi nombre, yo le pediré cuenta*».[14] O, como dice el Apóstol: «*Toda alma que no oiga a aquel profeta, será desarraigada del pueblo*».[15]

3. Y ¿qué es lo que está enseñando? El hijo de Dios, que descendió del cielo, nos está enseñando aquí el camino al cielo, al lugar que él ha preparado para nosotros,[16] la gloria que tenía antes de que el mundo fuera creado.[17] El nos está enseñando el verdadero camino a la vida eterna, el camino real que lleva al reino. Y el único camino verdadero, porque no hay ningún otro—todos los otros caminos llevan a la destrucción. Dado el carácter de quien habla, podemos estar seguros de que nos declarará la completa y perfecta voluntad de Dios.[18] No pronuncia una tilde de más, sino únicamente lo que ha recibido del Padre. No dice demasiado poco, sino que declara el completo consejo de Dios.[19] Mucho menos ha dicho algo equivocado o contrario a la voluntad del que le envió.[20] Todas sus palabras son verdaderas y correctas y permanecerán por siempre jamás.

Fácilmente podemos observar que al explicar y confirmar estas palabras fieles y verdaderas, procura

---

[13] Lc. 1.79.
[14] Dt. 18.19.
[15] Hch. 3.23. «El Apóstol» aquí es Pedro.
[16] Jn. 14.2-3.
[17] Jn. 17.5.
[18] Ro. 12.2.
[19] Hch. 20.27.
[20] Jn. 4.34; 6.38,40.

refutar no solo los errores de los escribas y fariseos, es decir, los falsos comentarios con que los maestros judíos habían pervertido la Palabra de Dios, sino también todos los errores prácticos que no van de acuerdo con la salvación y que habrían de ocurrir después en el seno de la iglesia cristiana: todas las explicaciones con que los maestros cristianos (mal llamados) de cualquiera edad o nación habrían de pervertir la Palabra de Dios y enseñar a las almas a buscar la muerte en el error de sus vidas.

4. Así que, en forma natural somos guiados a observar a quiénes está enseñando. No únicamente a los apóstoles. Si fuera así, no hubiera tenido necesidad de *subir a la montaña*. Un cuarto en la casa de Mateo, o de alguno de los discípulos, hubiera sido suficiente para acomodar a los doce. No hay razón para creer, por otra parte, que *los discípulos que vinieron a él* fueran únicamente los doce. *Oi matheetaì autoû*, frase que no es enfática, puede entenderse como todos los que deseaban *aprender de él*.[21] Pero para poner esto fuera de discusión (para hacer evidentemente claro que cuando el evangelista dice «*Y abriendo su boca les enseñaba*», la palabra *les* incluye a toda la multitud que fue con él a la montaña) necesitamos observar solamente los versículos finales del capítulo siete: «*Y cuando terminó Jesús estas palabras, la gente, oi ójloi, se admiraba de su doctrina (o enseñanza). Porque les enseñaba (a las multitudes) como quien tiene autoridad, y no como los escribas.*»[22]

---

[21] Mt. 11.29.
[22] Mt. 7.28-29.

Tampoco fue únicamente a las multitudes que estuvieron con él en el monte a quienes enseñó el camino de salvación,[23] sino a todos los seres humanos, a toda la raza humana, los hijos que todavía no habían nacido—a todas las generaciones por venir, hasta el fin del mundo, que habrán de escuchar las palabras humanas.

5. Esto es generalmente admitido respecto a algunas partes del discurso que sigue. Nadie, por ejemplo, niega que *pobres de espíritu* se aplica a toda la humanidad. Pero algunos piensan que otras partes del discurso se refieren únicamente a los apóstoles, o a los primeros cristianos, o a los ministros de Cristo, y que nunca fueron dirigidas a toda la humanidad en general, que nada tiene que ver con estas enseñanzas.

Pero ¿no sería conveniente investigar quién les enseñó qué partes de este discurso conciernen sólo a los apóstoles, o a los cristianos de la época apostólica, o a los ministros de Cristo? Porque las meras aserciones no son suficientes para probar un punto tan importante. ¿Enseñó nuestro Señor que algunas partes de su discurso no tenían que ver con toda la humanidad? Si tal fuera el caso, sin duda nos lo hubiera dicho; no hubiera omitido una información tan necesaria. ¿Pero dijo él tal cosa? ¿Dónde? ¿En el discurso mismo? No, aquí no se encuentra la más mínima indicación de tal cosa. ¿Lo dijo en alguna otra parte? ¿En alguno de sus otros discursos? No encontramos, en todas las palabras que habló, ni siquiera una mención indirecta de

---

[23] Hch. 16.17.

5

esto, a las multitudes o a sus discípulos. ¿Alguno de los apóstoles, o algún otro escritor inspirado, ha dejado alguna instrucción? Nada de eso. Ninguna afirmación de esta clase se encuentra en los Oráculos de Dios. Entonces, ¿quiénes son pues, esos personajes mucho más sabios que Dios, que saben más que lo que está escrito?[24]

6. Tal vez dirán que lo razonable del asunto mismo requiere que se haga dicha modificación. Si es así, debe ser por una de estas dos razones: o bien porque sin tal restricción el discurso sería absurdo, o bien porque contradiría otras partes de la Escritura. Pero no es éste el caso. Se verá claramente, cuando pasemos a examinar sus peculiaridades, que no hay nada absurdo en aplicar todo lo que el Señor dijo en este discurso a toda la humanidad. Tampoco se puede inferir contradicción alguna a otra palabra que él pronunció, ni a ninguna otra parte de la Escritura. No, se verá además que el discurso se aplica a toda la humanidad en general, o no se aplica a nadie. Sus palabras están conectadas unas con otras, como las piedras en un arco, del cual no puedes quitar una sola piedra sin destruir toda la estructura.

7. Consideremos, finalmente, cómo enseña nuestro Señor en esta ocasión. Y, en verdad, todo el tiempo, particularmente en éste, él habló *como ningún hombre ha hablado*.[25] No como los santos de antaño, aunque ellos también hablaron inspirados por el Espíritu Santo.[26]

---

[24] 1 Co. 4.6.
[25] Jn. 7.46.
[26] 2 Pe.1.21.

No como Pedro, o Santiago, o Juan o Pablo. Ciertamente, ellos fueron sabios edificadores en su iglesia.[27] Pero, aun en este caso, en relación con los grados de sabiduría divina, el siervo no es como su Señor.[28] No, no lo es en sí mismo, ni en tiempo alguno, ni en ocasión alguna. No parece que en ningún otro tiempo u ocasión, se haya propuesto el Señor mostrar todo el plan de su religión o darnos una descripción detallada del cristianismo, o describir pormenorizadamente la naturaleza de esa santidad, sin la cual nadie verá al Señor.[29] Sin duda, en millares de ocasiones describió diversos aspectos de ello; pero nunca, sino aquí, dio Jesús con toda intención una visión general del todo. No tenemos nada como esto en toda la Biblia, excepto que alguien pudiera señalar ese breve bosquejo de santidad entregado por Dios a Moisés en el Monte Sinaí, en diez palabras o mandamientos. Pero aun aquí existe una gran diferencia entre lo uno y lo otro. *Porque aun lo que fue glorioso, no es glorioso en este respecto, en comparación con la gloria más eminente.*[30]

8. Sobre todo, ¡con qué amor maravilloso revela aquí el Hijo de Dios la voluntad de su Padre para la humanidad! No nos trae de nuevo *al monte...que ardía en fuego, a la oscuridad, a las tinieblas y a la tempestad.*[31] No habla como cuando *envió saetas, y los desbarató; y echó*

---

[27] 1 Co. 3.10.
[28] Jn. 15.20.
[29] He. 12.14.
[30] 2 Co. 3.10.
[31] He. 12.18.

relámpagos y los destruyó.[32] Ahora nos habla con su voz apacible y delicada.[33] *Bienaventurados (o felices) los pobres en espíritu.* ¡Felices los que lloran, los mansos; los que tienen hambre y sed de justicia; los misericordiosos, los puros de corazón! ¡Felices al final del camino y en el camino; felices en esta vida y en la eterna! Como si hubiera dicho: «¿Quién desea vivir y codicia días buenos? ¡He aquí, yo les muestro lo que su alma anhela! Este es el camino que hace tanto tiempo han estado buscando en vano; el camino de las delicias, el camino de la felicidad, de la paz, llena de calma y gozo, del cielo en la tierra y a la vida eterna.»

9. Al mismo tiempo, ¡con qué autoridad enseña! Bien se puede decir: «*no como los escribas*».[34] ¡Observen su estilo (que no puede expresarse en palabras), la manera en que habla! No como Moisés, el siervo de Dios; no como Abraham, su amigo; no como ninguno de los profetas; ni como ninguno de humanos. Es algo más que humano; algo más que no puede compararse a ningún ser creado. ¡Revela al Creador de todas las cosas! ¡Siendo Dios, se manifiesta como Dios! ¡Más aun, el Ser de los seres, Jehová, el que existe por sí mismo; el Ser Supremo, Dios que es sobre todas las cosas, bendito por siempre jamás![35]

10. Este divino sermón—presentado con el mejor método, pues cada división ilustra el punto anterior—se divide en tres partes principales: la primera, el capí-

---

[32] Sal. 18.14. Cita del *Libro de Oración Común*.
[33] 1 R. 19.12.
[34] Mt. 7.29; Mr. 1.22.
[35] Ro. 9.5.

tulo quinto; la segunda el sexto y la tercera el séptimo. En la primera se indica, en ocho importantes puntos, el resumen de toda verdadera religión, la que explica y protege contra las falsas interpretaciones humanas en las partes siguientes del capítulo quinto. En la segunda, se dan las reglas de la buena intención que debe acompañar siempre a todas nuestras acciones exteriores, sin mezcla de deseos mundanos o preocupaciones, aun por las cosas necesarias para vivir. En la tercera se dan amonestaciones en contra de los principales obstáculos que la religión encuentra, concluyendo con una aplicación general.

I.1. Nuestro Señor da, en primer lugar, el resumen de toda verdadera religión en ocho puntos principales que explica y protege contra las falsas interpretaciones humanas. Esta parte llega hasta el fin del capítulo quinto.

Algunos han creído que estos puntos se refieren a las diferentes etapas en la vida cristiana, los pasos que el cristiano va dando sucesivamente en su viaje a la tierra prometida; otros, que los puntos aquí indicados se aplican en todo tiempo a todo cristiano. ¿Y por qué razón no hemos de aceptar ambas opiniones? ¿Qué contradicción hay entre ellas? Es indudable que tanto la pobreza de espíritu como todos los demás temperamentos que aquí se mencionan se encuentran siempre, en mayor o menor grado, en todo verdadero cristiano. Es igualmente cierto que el verdadero cristianismo principia siempre en pobreza de espíritu y continúa en el orden que aquí se expresa hasta que el *hombre de Dios* es *perfecto.*[36] Principiamos con el menos importante de los dones de Dios, pero no es necesario que nos despojemos de él cuando Dios nos invita a ir más arriba;[37] al contrario *en aquello que hemos llegado,*[38] *retenemos firme,*[39] *proseguimos a la meta,*[40] a lo que está delante, a las más ricas bendiciones de Dios en Jesucristo.

2. El fundamento de todo es pobreza de espíritu. Así que nuestro Señor principia diciendo: «Bienaventurados los pobres en espíritu, porque de ellos es el reino de los cielos.»

No sería impropio suponer que nuestro Señor, viendo a los que lo rodeaban y observando que no había muchos ricos sino, más bien, los pobres del mundo, aprovechó la ocasión para hacer una transición de las cosas temporales a las espirituales. «*Bienaventurados*», dijo (o *felices,* como debe ser traducida la palabra, tanto en éste como en los siguientes versículos), «*los pobres en espíritu*». No dice que son pobres en las cosas exteriores (porque es muy probable que algunos de ellos estuvieran tan lejos de la felicidad como un rey en su trono). Dice más bien «*los pobres en espíritu*», aquellos que, sin importar las circunstancias exteriores, tienen esa disposición del corazón, que es el primer paso para alcanzar una felicidad real y verdadera, tanto en este mundo como en el por venir.[41]

---

[36] 2 Ti. 3.17.
[37] Lc. 14.10.
[38] Fil. 3.16.
[39] He. 3.6.
[40] Fil. 3.14.
[41] Véase el Sermón N° 17, *La circuncisión del corazón,* I.2.

3. Algunos han creído que «*pobres en espíritu*» se refiere a aquellos que aman la pobreza, que están libres de codicia y amor al dinero; que temen la riqueza en lugar de amarla o desearla. Probablemente tales personas han sido llevadas a pensar de esta manera por limitar su pensamiento únicamente al significado del término, o al considerar la seria afirmación de San Pablo: «*raíz de todos los males es el amor al dinero*».[42] De aquí que muchos se hayan despojado, no únicamente de sus riquezas, sino de todas sus posesiones materiales. Los votos de pobreza voluntaria en la Iglesia Romana aparentemente se originaron en este versículo, dándose por sentado que una forma tan notable de esta gracia fundamental debe constituir un gran paso hacia el reino de los cielos.

Pero parece que estas personas no observaron, primero, que la expresión de San Pablo debe entenderse con cierta restricción, pues de otra manera es falsa. El amor al dinero no es *la raíz*—la única raíz—*de todos los males*. Existen miles de otras raíces del mal en el mundo, como lo demuestra la triste experiencia cotidiana. Su significado puede ser únicamente: es la raíz de muchos males, tal vez de mayor número que los que cualquier otro vicio pueda producir. En segundo lugar, este sentido de la expresión «*pobres de espíritu*» no va de acuerdo, en ninguna manera, con el propósito de nuestro Señor en esta ocasión, que consiste en establecer el fundamento sobre el cual el cristianismo pueda construirse. Ese plan no podría llevarse adelante con sólo evitar un

---

[42] 1 Ti. 6.10.

vicio en particular. Así que, aun suponiendo que esta interpretación fuera parte de su significado, no puede ser todo su significado. En tercer lugar, esto no puede suponerse como parte de su significado, a no ser que le acusemos de flagrante tautología, puesto que si la pobreza de espíritu consistiera en no tener codicia, amor al dinero o deseo de riquezas, coincidiría con lo que menciona después. Sería tan sólo una parte de la pureza de corazón.[43]

4. Entonces, ¿quiénes son los pobres en espíritu? Sin duda, los humildes, los que se conocen a sí mismos, los que están convencidos de pecado, aquellos a quienes Dios les ha dado ese primer arrepentimiento que precede a la fe en Cristo.

Una de estas personas no puede decir: «*Yo soy rico, no me hace falta nada*», porque ahora sabe que es *un desventurado, miserable, pobre, ciego y desnudo*.[44] Está convencido, ciertamente, de que es espiritualmente pobre, que no hay nada bueno en él. *En mí*, dice, *no hay nada bueno*,[45] y todo lo que hace es abominable. Tiene un profundo sentido de la asquerosa lepra del pecado, que trajo consigo desde el vientre de su madre, del que está saturada toda su alma y que corrompe por completo todas y cada una de sus facultades. Ve cada vez más y más las malas intenciones que surgen de esa raíz pecaminosa: el orgullo y la soberbia de espíritu,[46] la

---

[43] Mt. 5.8.
[44] Ap. 3.17.
[45] Ro. 7.18.
[46] Ver Sermón N° 14, El Arrepentimiento de los Creyentes, I.3 y nota.

constante inclinación a pensar de sí mismo más alto de lo que debiera pensar;[47] la sed de la honra y estima de los demás;[48] el odio o la envidia, el celo o la venganza; el enojo, la malicia o amargura; la innata enemistad contra Dios y la humanidad[49] que aparece en diez mil formas diferentes; el amor al mundo, la propia voluntad, los torpes y dañinos deseos[50] que penetran a lo más profundo del alma.[51] Está consciente de cuán profundamente ha ofendido con su lengua. Si no con palabras soeces, inmodestas, falsas y carentes de bondad, sí lo ha hecho por una conversación no *buena para la necesaria edificación*, ni que da *gracia a los oyentes*.[52] Consecuentemente, fueron palabras *corrompidas* ante la presencia de Dios y contristaron al Espíritu Santo. Igualmente, sus malas obras están siempre ante su vista. Le es imposible contarlas, porque *no pueden ser enumeradas*.[53] Más fácil le sería contar las gotas de la lluvia, las arenas del desierto o los días de la eternidad.

5. Su culpa está también delante de su rostro. Conoce el castigo que merece por su mente carnal,[54] por la entera y completa corrupción de su naturaleza y, mucho más, por razón de sus muchos malos deseos y pensamientos, de sus palabras y acciones pecaminosas. No duda por un momento que el menor de éstos me-

---

[47] Ro. 12.3.
[48] Ver, El Arrepentimiento de los Creyentes, I.7 y nota.
[49] Ro. 8.7.
[50] 1 Ti. 6.9.
[51] Nótese la lista aproximada de los «pecados mortales» clásicos.
[52] Ef. 4.29.
[53] Sal. 40.5. Cita del *Libro de Oración Común*.
[54] Ro. 8.7.

rece la condenación del infierno *el gusano que no muere* y *el fuego que nunca se apaga.*[55] Sobre todo, la culpa de *no creer en el nombre del unigénito Hijo de Dios*[56] descansa pesadamente sobre él. «*¿Como*», dice, «*podré escapar, si descuido una salvación tan grande?*»[57] *El que no cree, ya es condenado, y la ira de Dios está sobre él.*[58]

6. ¿Qué dará él en cambio por su alma que ha perdido ante la justa venganza de Dios? *Con qué se presentará delante de Dios?*[59] ¿Cómo le pagará lo que le debe? Si de este momento en adelante cumpliera en forma perfecta cada uno de los mandamientos de Dios, esto no bastaría para borrar uno solo de sus pecados o uno de sus actos de desobediencia, siendo que debe a Dios todos los servicios que puede hacer desde este momento y por toda la eternidad. Aun si pudiera llevar a cabo esto, no satisfaría por todo lo que debió haber hecho en el pasado. Se ve a sí mismo completamente incapaz de expiar sus pecados pasados; incapaz de pagar a Dios en rescate por su alma.

Sabe muy bien que si Dios le perdonara todo lo pasado,[60] bajo la condición de que no pecara más, y que en el futuro obedeciera entera y constantemente todos sus mandamientos, de nada le serviría, porque nunca podría cumplir esta condición. Sabe y siente que no puede obedecer los mandamientos externos de Dios,

---

[55] Mc. 9.43-46.
[56] Jn. 3.18.
[57] He. 2.3.
[58] Jn. 3.18, 36.
[59] Mi. 6.6.
[60] Cita del *Libro de Oración Común*, Confesión General.

puesto que la obediencia es imposible mientras su corazón permanezca en su naturaleza pecaminosa y corrompida. *El árbol malo no puede dar buenos frutos.*[61] Pero no puede limpiar un corazón pecaminoso; para el humano tal cosa es imposible.[62] De manera que está completamente perdido y no sabe cómo principiar a caminar en el camino de los mandamientos de Dios.[63] No sabe cómo dar un paso adelante en el camino. Rodeado de pecado, dolor y temor, sin encontrar forma de escapar; lo único que puede hacer es exclamar: «*¡Señor, sálvame, porque perezco!*».[64]

7. La *pobreza de espíritu*, entonces, ese primer paso que damos para correr la carrera que tenemos por delante,[65] es la conciencia viva de nuestros pecados interiores y exteriores, de nuestra culpa e impotencia. Algunos se han atrevido a llamar a esto la «virtud de humildad», enseñando de esta manera que debemos estar orgullosos por el hecho de que saber que merecemos condenación. Pero la expresión de nuestro Señor es muy diferente, comunicando al oyente únicamente la idea de necesidad, pecado, pecado descubierto, culpa y miseria.

8. El gran Apóstol, en un pasaje donde se esfuerza en traer los pecadores a Dios, habla en una forma semejante: «*La ira de Dios se revela desde el cielo contra toda*

---

[61] Mt. 7.18; Lc. 6.43.
[62] Mt. 19.26.
[63] Sal. 119.35.
[64] Mt. 8.25.
[65] He. 12.1.

impiedad e injusticia de los hombres»,[66] responsabilidad que inmediatamente coloca sobre el mundo pagano, probando que están bajo la ira de Dios. A continuación muestra que los judíos no eran mejores que los paganos y que caían, entonces, bajo la misma condenación. Y todo esto con el fin de alcanzar «la noble virtud de la humildad», *para que toda boca se cierre y todo el mundo sea culpable delante de Dios.*[67]

Luego procede a mostrar que sus lectores estaban desamparados y eran culpables, lo cual es claramente el propósito de todas esas expresiones: «*Por las obras de la ley ningún ser humano será justificado*»;[68] «*pero ahora, aparte de la ley, se ha manifestado la justicia de Dios*»;[69] «*Concluimos, pues, que el hombre es justificado por la fe sin las obras de la ley*».[70] Todas estas expresiones tienden a un mismo punto: *apartar del varón la soberbia*;[71] humillarlo hasta el polvo, sin enseñarle a reflexionar sobre su humildad como virtud; inspirar en él la completa y dolorosa convicción de su completa pecaminosidad, culpa y desamparo, que arroja al pecador, despojado de todo, perdido y destruido, en los brazos de su protector, *Jesucristo el justo.*[72]

9. No puede uno menos que observar aquí que el cristianismo principia donde la moral pagana termina: en *pobreza de espíritu, convicción de pecado,*[73] renuncia de

---

[66] Ro. 1.18.
[67] Ro. 3.19.
[68] Ro. 3.20.
[69] Ro. 3.21-22.
[70] Ro. 3.28.
[71] Job 33.17.
[72] 1 Jn. 2.1.
[73] Jn. 8.46.

nosotros mismos,[74] *no teniendo nuestra propia justicia*.[75] Este es el primer punto en la religión de Jesucristo, que deja muy atrás a todas las religiones paganas. Esto siempre estuvo escondido a los sabios del mundo, ya que en latín, aun durante su gran desarrollo durante la era de Augusto, no se encuentra la palabra *humildad* (la palabra *humilitas*, de donde se deriva la palabra humildad, significa, como es bien sabido, otra cosa muy diferente), ni se encontraba en la rica lengua de Grecia, hasta que el Apóstol la inventó.[76]

10. ¡Oh, que podamos sentir lo que esos escritores no pudieron expresar! ¡Pecador, despierta! ¡Conócete a ti mismo! Conoce y siente que *en maldad has sido formado, y en pecado te concibió tu madre*,[77] y que tú mismo has estado acumulando pecado sobre pecado desde el momento en que fuiste capaz de discernir entre lo bueno y lo malo. Humíllate bajo la poderosa mano de Dios, como merecedor de la muerte eterna. Desecha, renuncia, aborrece toda imaginación de que te puedes ayudar a ti mismo. Que tu esperanza sea ser lavado en su sangre y renovado por el poderoso Espíritu de *quien llevó él mismo nuestros pecados en su cuerpo sobre el madero*.[78]

---

[74] 2 Co. 4.2; Mr. 8.34.

[75] Fil. 3.9.

[76] En el latín clásico, el significado de *humilitas* se encuentra entre *bajeza* (de estatura o nivel social) e *insignificancia* o *vileza*. Pero en tiempo de Lactancio (c. 240-c. 320) y Sulpicio Severo (c.360-c.420), había adquirido un significado definitivamente cristiano. A la luz de la evolución lexicológica de *humilitas* y de su contraparte griega en la literatura patrística cristiana, Wesley marca aquí un punto importante para la historia de la ética cristiana. Véase arriba, I.7.

[77] Sal. 51.5.

[78] 1 Pe. 2.24.

Entonces testificarás: «*Bienaventurados son los pobres en espíritu, porque de ellos es el reino de los cielos.*»

11. Este es ese reino de los cielos o de Dios que está *entre* nosotros:[79] *justicia, paz y gozo en el Espíritu Santo.*[80] ¿Y qué es justicia sino la vida de Dios en el alma, la mente que hubo en Cristo Jesús,[81] la imagen de Dios estampada en el corazón, ahora renovada a la semejanza de quien lo creó? ¿Qué otra cosa es sino el amor de Dios, porque *él nos amó primero,*[82] y el amor a toda la humanidad por amor a él?

¿Y qué es esta paz, la paz de Dios, sino esa calma y serenidad del alma, ese dulce reposar en la sangre de Jesús, que nos deja sin dudas de que hemos sido aceptados en él, que excluye todo temor, excepto el amoroso y filial temor de ofender a nuestro Padre que está en los cielos?

Este reino interior implica también *gozo en el Espíritu Santo,*[83] que sella en nuestros corazones *la redención que es en Jesús*, la justicia de Cristo imputada a nosotros para *la remisión de los pecados pasados.*[84] Quien nos da ahora *las arras de nuestra herencia*, la corona que el Señor, juez justo, dará en aquel día.[85] Y esto bien pudiera llamarse *el reino de los cielos*, siendo que los cielos se abren ya en el alma, el primero de esos *ríos de gozo*[86] que fluyen para siempre de la mano derecha de Dios.

---

[79] Lc. 17.21.
[80] Ro. 14.17.
[81] Fil. 2.5.
[82] 1 Jn. 4.19.
[83] Ro. 14.17.
[84] Ro. 3.24-25.
[85] 2 Ti. 4.8.
[86] Sal. 36.8.

12. «*De ellos es el reino de los cielos.*» Quienquiera que seas tú, a quien Dios le ha concedido ser *pobre en Espíritu*, sentirte perdido, aquí se te concede el derecho, a través de la promesa gratuita de aquel que no puede mentir.[87] Ha sido adquirida para ti con la sangre del Cordero.[88] Estás muy cerca. Estás a sus puertas. Un paso más y entrarás en el reino de justicia, paz y gozo.[89] ¿Eres preso del pecado? *He aquí el cordero de Dios, que quita el pecado del mundo.*[90] ¿Estás lleno de impiedad? Busca a *tu abogado para con el Padre, Jesucristo el justo.*[91] ¿No puedes borrar la culpa siquiera del más pequeño de tus pecados? *El es la propiciación por nuestros pecados.*[92] Cree en el Señor Jesucristo y serán borrados todos tus pecados. ¿Estás completamente manchado de cuerpo y alma? Aquí está el manantial *para la purificación del pecado y de la inmundicia.*[93] *Levántate...y lava tus pecados.*[94] No vaciles más dudando esta promesa. Da gloria a Dios. ¡Atrévete a creer! Clama desde el fondo de tu corazón:

Si, al fin vengo a rendirme
Y acepto tu preciosa sangre;
Con todos mis pecados acógeme
a ti, mi Dios y Redentor.[95]

---

[87] Tit. 1.2.
[88] Ap. 7.14; 12.11.
[89] Ro. 14.17.
[90] Jn. 1.29.
[91] 1 Jn. 2.1.
[92] 1 Jn. 2.2.
[93] Zac. 13.1.
[94] Hch. 22.16.
[95] Tomado del Himno *Waiting for Christ the Prophet* (el segundo

13. Entonces aprenderás de él a ser *humilde de corazón*.[96] Esta es la verdadera y genuina humildad cristiana, que brota de la conciencia del amor de Dios con quien nos hemos reconciliado por medio de Jesucristo.[97] La *pobreza de espíritu*, en este sentido de la palabra, principia donde el sentido de culpa y de la ira de Dios termina. Es un sentimiento continuo de nuestra dependencia total en él para cada buen pensamiento, o palabra o acción, y de nuestra completa incapacidad de hacer el bien, a no ser que él nos ayude cada momento.[98] Y es odio a la alabanza de los humanos, sabiendo que ésta pertenece sólo a Dios. A esto se añade una vergüenza amorosa, una tierna humillación delante de Dios, por los pecados que sabemos nos ha perdonado y por los pecados que todavía permanecen en nuestros corazones, aunque sabemos que no serán motivo para nuestra condenación. Sin embargo, la convicción que tenemos del pecado innato[99] es más profunda cada día. Mientras más crecemos en la gracia más compungidos nos sentimos por la iniquidad de nuestro corazón. Mientras más avanzamos en el conocimiento y amor de Dios, por medio de nuestro Señor Jesucristo (un gran misterio para quienes no conocen el poder de Dios para salvación), más comprendemos nuestra separación de Dios, la

---

himno con este título).
[96] Mt. 11.29.
[97] 2 Co. 5.18.
[98] Is. 27.3.
[99] 2 P. 2.14; Ro. 7.14-23.

enemistad que hay en nuestra mente carnal[100] y la necesidad de una completa renovación de nuestro ser en justicia y verdadera santidad.[101]

II. 1. Es muy cierto que quien empieza a conocer el reino interior de los cielos apenas tiene una idea de esto. «*Dije yo en mi prosperidad no seré jamás conmovido; porque Tú, oh Señor, por tu benevolencia has asentado mi monte con fortaleza*».[102] Ha hollado tanto el pecado bajo sus pies que no puede creer que todavía permanezca en él. La tentación ha callado, ya no tiene voz; no se acerca, permanece a la distancia. El creyente se alza en los brazos del gozo y del amor. Se levanta como sobre alas de águilas.[103] Pero nuestro Señor sabe bien que este estado de triunfo frecuentemente no dura mucho. Por esta razón dice: «*Bienaventurados los que lloran, porque ellos recibirán consolación*».[104]

2. No que nos imaginemos que estas promesas pertenecen únicamente a quienes lloran por alguna causa mundanal, quienes sufren y padecen simplemente debido a algún problema mundano, como la pérdida de su reputación o de sus amigos, o la mengua de su fortuna. Tampoco se refiere a quienes se afligen, temerosos de algún mal en las cosas temporales; quienes languidecen por sus ansiedades, o codician las cosas terrenales, lo que es *tormento del corazón*.[105] No pense-

---

[100] Ro. 8.7.
[101] Ef. 4.24. Ver N° 45, *El Nuevo Nacimiento*, I.1.
[102] Sal. 30.6. Cita del *Libro de Oración Común*.
[103] Is. 40.31.
[104] Mt. 5.4.
[105] Pr. 13.12.

mos que los tales han de recibir *cosa alguna del Señor*,[106] quien no forma parte de sus pensamientos.[107] Por esta razón *ciertamente en tinieblas anda el hombre; ciertamente en vano se inquieta*.[108] Dijo el Señor: «*de mi mano os vendrá esto; en dolor seréis sepultados*».[109]

3. Los que lloran, a quienes se refiere aquí nuestro Señor, lloran por una razón muy diferente: lloran deseando a Dios, deseando a aquel en quien se alegraron *con gozo inefable*[110] cuando les dio a gustar la buena palabra de perdón.[111] Pero ahora *escondes tu rostro, se turban*.[112] No lo pueden ver a través de la negra nube. Y, sin embargo, ven que la tentación y el pecado—que ellos imaginaban gozosamente que se habían ido para no regresar nunca—se presentan de nuevo de repente, atacándolos por todos lados. No es de extrañar que su alma se inquiete dentro de ellos,[113] llenándolos de angustia y pesar, ni que su gran enemigo aproveche la ocasión para preguntar: «*¿Dónde está tu Dios?*»[114] ¿En dónde está ahora esa bienaventuranza de que hablas,[115] el principio del reino de los cielos? ¿Dijo Dios: «*tus pecados te son perdonados*»[116] Ciertamente Dios no lo dijo. Fue un sueño, una ilusión, una criatura de tu

---

[106] Stg. 1.7.
[107] Sal. 10.4.
[108] Sal. 39.7. Cita del *Libro de Oración Común*.
[109] Is. 50.11.
[110] 1 P. 1.8.
[111] He. 6.5.
[112] Sal. 104.29.
[113] Sal. 42.5, 11; 43.5.
[114] Sal. 42.10.
[115] Gá. 4.15.
[116] Lc. 5.20.

propia imaginación. Si tus pecados han sido perdonados, ¿por qué te encuentras así? ¿Puede un pecador perdonado ser tan impuro? Y, entonces, si en lugar de clamar a Dios inmediatamente, se ponen a discutir con el que es más sabio que ellos, tendrán una pesadumbre y dolor de corazón, una angustia que no se puede expresar. Aun cuando Dios brilla de nuevo en el alma y borra toda duda de su misericordia pasada, todavía aquel cuyo corazón es débil en la fe[117] puede ser tentado y atribulado por lo que pueda suceder en el futuro, especialmente cuando el pecado interior revive y lo acecha sin descanso para hacerlo caer. Entonces podría exclamar:

> Un pecado me domina: el temor
> Que cuando llegue a la ribera, allí perezca.[118]
> No sea que naufrague mi fe,[119] y mi postrera condición venga a ser peor que la primera:[120]
> Que todo el pan de la vida me llegue a faltar
> Y caiga mi alma al infierno sin cambiar.[121]

4. Ciertamente: «Es verdad que ninguna disciplina al presente parece ser causa de gozo, sino de tristeza; pero después da fruto apacible de justicia a los que en

---

[117] 1 Co. 8.7-12.
[118] Himno de John Donne, *A Hymn to God the Father*. Citado también por Wesley en su Diario, Enero 24,1738.
[119] 1 Ti. 1.19.
[120] Lc. 11.26.
[121] Groaning for Redemption, en Hymns and Sacred Poems (1724), p. 106.

ella han sido ejercitados».[122] «Bienaventurados», entonces, son «los que lloran» de esta manera, si esperan la
voluntad del Señor[123] y no permiten ser desviados del
camino[124] por los miserables consoladores del mundo.[125] Si resueltamente rechazan todo el bienestar del
pecado, el engaño y la vanidad; todas las vanas diversiones y distracciones del mundo, todos los placeres
que se destruyen con el uso y que sólo tienden a para-
lizar y a embrutecer el entendimiento, de tal manera
que pierden la conciencia de Dios y de sí mismos.
Bienaventurados aquellos que continúan en el conocimiento del Señor[126] y constantemente se niegan a
recibir ningún otro consuelo. Ellos serán consolados
con la consolación de su Espíritu, por una nueva manifestación de su amor, por el testimonio de ser aceptados en el Amado,[127] testimonio que nunca les será
quitado. Esta plena certidumbre de fe destruye toda
duda y todo temor que atormente. Dios ahora les concede una esperanza segura, segura consolación por
medio de la gracia.[128] Sin discutir la posibilidad de que
los que una vez fueron iluminados y hechos partícipes
del Espíritu Santo[129] puedan caer o no,[130] asentamos el
hecho de que por medio del poder que permanece en

---

[122] He. 12.11.
[123] Sal. 27.14.
[124] Job 31.7; He. 12.13.
[125] Job. 16.2.
[126] Os. 6.3.
[127] Ef. 1.6.
[128] 2 Ts. 2.16.
[129] He. 6.4.
[130] He. 6.6.

ellos, pueden decir: «¿Quién nos separará del amor de Cristo?...¡Estoy seguro de que ni la muerte, ni la vida...ni lo presente, ni lo porvenir, ni lo alto, ni lo profundo...nos podrá separar del amor de Dios, que es en Cristo Jesús Señor nuestro!».[131]

5. Esta experiencia, tanto de lamentar la ausencia de Dios como de recobrar el gozo de volver a ver su semblante, parece que fue anunciada en las palabras de nuestro Señor a sus apóstoles la noche anterior a su pasión: «*¿Preguntáis entre vosotros acerca de esto que dije: todavía un poco y no me veréis, y de nuevo un poco y me veréis? De cierto, de cierto os digo, que vosotros lloraréis y lamentaréis*»,[132] es decir ya no me veréis, «*y el mundo se alegrará*», triunfará sobre vosotros, como si vuestra esperanza hubiera llegado a su fin. «*Vosotros lloraréis,*» por la duda, el temor y la tentación, el deseo vehemente; «*pero vuestra tristeza se convertirá en gozo*», por el retorno de aquel a quien ama tu alma. «*La mujer cuando da a luz, tiene dolor, porque ha llegado su hora; pero después que ha dado a luz un niño, ya no se acuerda de la angustia por el gozo de que haya nacido un hombre en el mundo. También vosotros ahora tenéis tristeza.*» Lloran y no pueden ser consolados. «*Pero os volveré a ver, y se gozará vuestro corazón, y nadie os quitará vuestro gozo*». Pero aunque este llanto está por terminar, está envuelto en un gozo santo, por el retorno del Consolador. Sin embargo, hay otro llanto bendito que

---

[131] Ro. 8.35, 38-39. Este comentario acerca de *la caída* (ver 2 Ts. 2.3), está relacionado con el rechazo de Wesley de la doctrina calvinista de la perseverancia final, a la que vuelve una y otra vez. Ver el Sermón N° 1, *Salvación por la Fe*, II.4 y nota.

[132] Esta cita, y las que siguen, son de Jn. 16.16-24.

anida en los hijos de Dios. Ellos se lamentarán por los pecados y miserias de la humanidad. *Lloran con los que lloran.*[133] Lloran por los que lloran, no por ellos mismos, por los que pecan en contra de sus propias almas. Lloran por la flaqueza y debilidad de aquellos que han sido, hasta cierto punto, salvados de sus pecados. *¿Quién enferma, y yo no enfermo? ¿A quién se le hace tropezar, y yo no me indigno?.*[134] Se lamentan constantemente por el deshonor causado continuamente contra la Majestad de cielo y tierra. Todo el tiempo tienen un profundo sentido de esto, lo que trae una profunda preocupación a sus espíritus. Preocupación que ha aumentado, y no poco, desde que se abrieron los ojos de su entendimiento[135] al ver constantemente el océano de eternidad, sin fondo ni orilla, que ha tragado millones y millones de seres humanos y aun procura devorar a los que quedan. Ven aquí la casa de Dios eterna en los cielos; allá, el infierno y la destrucción, sin ninguna defensa.[136] Entonces comprenden la importancia de cada momento, que aparece como un parpadeo y luego desaparece para siempre.

7. Pero la sabiduría de Dios es insensatez para el mundo.[137] El asunto de *llorar* y la *pobreza de espíritu* es, para ellos, estupidez y torpeza. Es más, esta opinión todavía parece algo favorable, pues tal vez llamen a esas bienaventuranzas abatimiento y melancolía, si es

---

[133] Ro. 12.15.
[134] 2 Co. 11.29.
[135] Ef. 1.18.
[136] Job 26.6.
[137] 1 Co. 3.19.

que no las califican de enajenación y locura. Y no es de extrañar que quienes no conocen a Dios juzguen así. Supóngase que dos personas caminan juntas y que una se detiene intempestivamente y, con grandes señales de temor y asombro, exclama: «¡Nos encontramos al borde de un precipicio! ¡Fíjate, estamos a punto de estrellarnos! Un paso más y caeremos en ese profundo abismo. ¡Para! Yo no daré un paso más por nada del mundo». Cuando el otro, que considera tener tan buena vista como su compañero, mira y no descubre absolutamente nada, ¿qué podrá pensar de sus compañero, excepto que *está fuera de sí*,[138] que su cabeza está descompuesta, que la mucha religión (ya que no las muchas letras) lo ha vuelto loco.[139]

8. Que los hijos de Dios, *los afligidos de Sion*,[140] no se dejen engañar con estas cosas. Ustedes, cuyos ojos han recibido la luz, no se dejen perturbar por quienes todavía caminan en tinieblas. No camines como sombra.[141] Dios y la eternidad son una realidad. El cielo y la tierra verdaderamente están abiertos delante de ti y estás al borde del abismo. Ya ha tragado a más almas de las que se puede expresar con palabras: naciones y linajes, pueblos y lenguas,[142] y todavía está listo a devorar, sea que lo noten o no, a los pobres y miserables seres humanos. ¡Oh, clamen a grandes voces! ¡No se

---

[138] Mc. 3.21.
[139] Hch. 26.24.
[140] Is. 61.3.
[141] Sal. 39.7. Wesley cita del *Libro de Oración Común*.
[142] Ap. 14.6.

demoren! ¡Levanten su voz[143] a aquel que tiene en sus manos el tiempo y la eternidad! Clamen tanto por ustedes como por sus hermanos, para que puedan ser considerados dignos de escapar la destrucción que viene como un torbellino.[144] Para que puedan pasar a través de todas las olas y tormentas, hasta llegar al puerto de salvación.[145] Lloren por ustedes, hasta que él seque el llanto de sus ojos.[146] Y entonces, lloren todavía por la desdicha que vendrá sobre la tierra. Hasta que el Señor de todas las cosas ponga fin a la miseria y el pecado, seque las lágrimas de todos los rostros y *la tierra sea llena del conocimiento de Jehová, como las aguas cubren el mar.*[147]

---

[143] Is. 58.1.
[144] Pr. 1.27.
[145] Sal. 107.30.
[146] Ap. 7.17; 21.4.
[147] Is. 11.9; Hab. 2.14. Véase Sermón N° 47, V. 2-4.

Comentario del Sermón 21
Sobre el sermón de nuestro Señor
en la montaña
Primer Discurso
Mateo 5:1-4

"Cuando reconocemos que ya no podemos confiar en nuestros propios recursos, abrimos un espacio para que Dios obre"
Desmond Tutu

Juan Wesley organizó y publicó progresivamente más y más de sus sermones como guías teológicas y medios para fortalecer el desarrollo del movimiento de avivamiento metodista. Incluye, de manera constante, una sinopsis de la sustancia del sermón al principio de cada uno de ellos. De esta manera, Wesley es sistemático en la presentación de cada sermón.

El primer discurso de Wesley sobre el Sermón de la montaña se centra en Mateo 5:1-4. Sin embargo, debido a que es el primero de una serie de trece, hace un repaso del conjunto de los capítulos 5-7. El tema general que ofrece Wesley para el Sermón de Jesús en la montaña es que el Hijo de Dios, que vino del cielo, está mostrando el camino al cielo. Jesús está enseñando el verdadero camino a la vida eterna.

Wesley presenta una perspectiva general de su comprensión del Sermón de la montaña de la siguiente manera:

Mateo capítulo 5 presenta "el resumen de toda verdadera religión en ocho puntos principales que explica y protege contra las falsas interpretaciones humanas" en el resto del capítulo 5. Por "ocho puntos principales" Wesley se refiere aquí a las ocho declaraciones de Jesús que dicen "bienaventurados" y que aparecen inmediatamente después de la primera, "Bienaventurados los pobres en espíritu". La primera bienaventuranza es vista por Wesley como el "fundamento" de las otras ocho bendiciones.

Mateo capítulo 6 presenta "las reglas de la buena intención que deben acompañar siempre a todas nuestras acciones exteriores, sin mezcla de deseos mundanos o preocupaciones aun por las cosas necesarias para vivir". Para Wesley estos son actos de piedad (limosna, oración, ayuno, etc.) que son un equilibrio importante para los actos de misericordia.

Mateo capítulo 7 presenta "amonestaciones en contra de los principales obstáculos que la religión encuentra, concluyendo con una aplicación general". Estas incluyen tendencias humanas como juzgar a los demás y engañarse a sí mismo.

Pasando a la exposición de Mateo 5:1-4, Wesley primero se enfoca en las palabras de Jesús, "Bienaventurados los pobres en espíritu, porque de ellos es el reino de los cielos". Wesley afirma que el "verdadero cristianismo" siempre principia en la "pobreza de espíritu" y continúa en el orden aquí establecido hasta que el creyente es "hecho perfecto". Wesley creía que la "pobreza de espíritu" es el *fundamento* sobre el cual se edifican todas las demás bienaventuranzas. La pobreza de espíritu es la esencia de vivir en semejanza de Cristo y es la bendición más bienaventurada que Dios le da al creyente. La pobreza de espíritu no es un logro humano, sino un don de la morada interna de Cristo. Como dice Wesley en este sermón, cualesquiera que sean las circunstancias externas (pobreza temporal o riqueza), la "pobreza de espíritu" es una "disposición del corazón, que es el primer paso para alcanzar una felicidad real y verdadera".

¿Qué es la "pobreza de espíritu"? Y, ¿por qué es la "pobreza de espíritu la primera y el "fundamento" de todas las bienaventuranzas que dio Jesús?

El "pobre de espíritu", dice Wesley, es aquella persona que es "humilde" en el sentido de que sabe que es pecadora y necesita la gracia salvadora de Dios. La humildad cristiana es la auténtica conciencia propia de que somos pecadores y que nuestro corazón y nuestra mente están continuamente inclinados al mal. Junto con esta inclinación al pecado está nuestra soberbia de espíritu, que da lugar a que pensemos en nosotros mismos más de lo que deberíamos pensar. Es esta vanidad u orgullo lo que nos lleva a tener una disposición hacia el odio, la envidia, los celos, la venganza, la ira, la malicia y la amargura hacia los demás.

La "pobreza de espíritu" comienza cuando Dios nos despierta a la conciencia de nuestra naturaleza pecaminosa, lo cual inicia en nosotros sentimientos de remordimiento y culpa. Con esta conciencia viene también la constatación de que no podemos enmendar todos nuestros pecados pasados y que somos incapaces de cambiar nuestras disposiciones y acciones sin la gracia perdonadora y la asistencia misericordiosa de Dios. Somos "pobres" en el sentido de que no poseemos por nuestra cuenta lo que se necesita para cambiar nuestra vida y comenzar a caminar en la senda del amor y la justicia de Dios. Dios no solo nos despierta del pecado, sino que también nos da el deseo de arrepentirnos y comenzar a pensar y vivir de manera diferente.

Para Wesley, esta es la razón por la cual la "pobreza de espíritu" es la primera y el fundamento de las otras ocho bendiciones, porque nuestra entrega a la gracia de Dios que obra en nuestros corazones y mentes, nos lleva a un espíritu de mansedumbre; nos da hambre de la justicia de Dios; nos inspira a la pureza de corazón; nos llena del deseo de traer paz a las relaciones humanas; y nos permite soportar a aquellos que se burlan y resisten nuestra santidad de vida.

Ser "pobre en espíritu" es saber que no poseemos nuestros propios medios para ser justos, sino que dependemos por completo de la justicia que viene como un don de Dios. San Benito en su "Regla" declaró que reconocer que "Dios es Dios y nosotros no lo somos", es el primer peldaño en la escalera de la humildad. Este despertar, esta conciencia que Dios produce en nuestros corazones y mentes, es de hecho una bendición porque esta conciencia trae felicidad.

La felicidad brota en nosotros cuando Dios siembra su reino de los cielos dentro de nosotros, estampando su imagen divina en nuestro corazón y permitiéndonos experimentar la paz y el gozo de su presencia en nuestro interior. La humildad cristiana fluye de esta experiencia del amor de Dios, reconciliado con nosotros en Cristo Jesús mediante el perdón de nuestros pecados. En el reconocimiento de nuestra propia impotencia (nuestra pobreza), el Espíritu Santo de Dios nos proporciona todo lo que necesitamos "para cada buen pensamiento, o palabra o acción". Por esta razón, debemos retroceder ante cualquier alabanza humana que se nos dé y afirmar continuamente que toda alabanza "pertenece solo a Dios".

Después de la muerte de mi padre, mi madre encontró entre sus papeles una declaración escrita con su propio puño y letra. Decía: "Mi vida y mi trabajo son un testimonio continuo de la gracia de Dios, no de mí". Este fue el entendimiento que tenía Wesley de la "pobreza de espíritu", es decir, cuanto más crecemos en la gracia de Dios, más reconocemos que le debemos todo a Dios.

En la última parte de este discurso sobre Mateo 5:1-4, Wesley analiza: "Bienaventurados los que lloran, porque ellos recibirán consolación". Si bien puede haber llanto debido a una pérdida que uno ha experimentado, como la muerte de un ser querido, Wesley sugiere que el principal llanto del que Jesús está hablando, es por las tentaciones y los pecados en nuestras propias vidas, en las personas que nos rodean y en el mundo en general.

Este tipo de llanto con frecuencia sigue a la pobreza de espíritu, ya que nuestras inclinaciones humanas al pecado no hacen que la pobreza de espíritu sea fácil de sustentar. No pasa mucho tiempo después de que despertamos a nuestros pecados y experimentamos el perdón de la gracia justificante de Dios, junto con la paz y el gozo del reino de los cielos dentro de nosotros, que descubrimos la tentación y el pecado una vez más levantándose en nuestro interior. Mientras estemos en este mundo y en la carne, no podemos escapar de las tentaciones.

Dice Wesley, "el pecado interior revive", levantando su horrible cabeza en nosotros y alrededor de nosotros nuevamente, y seduciéndonos a alejarnos de la paz y el gozo de nuestra experiencia de la gracia perdonadora de Dios. Esto nos trae dolor de corazón, ya sea que lloremos por nuestra propia lucha contra la tentación y el pecado o por la de los demás.

Recuerdo un breve período de tiempo durante la demencia progresiva de mi padre cuando se irritaba con los auxiliares de enfermería o incluso con mi madre. Esta no era en absoluto la predisposición normal de mi padre, porque el temperamento habitual de su espíritu había sido moldeado por el amor de Dios en él, por lo que siempre trataba a las personas con gentileza y respeto. Sin embargo, este comportamiento inusual surgió de él debido a la fealdad de la enfermedad que a veces causaba paranoia, ansiedad y depresión. Observé que después de uno de esos episodios, mi padre se volvía muy callado, muy introspectivo, de hecho, afligido por la manera en que había actuado. Creo que durante esos momentos el Espíritu de Dios penetró la demencia de mi padre y le dio la seguridad de la gracia y el amor continuos de Dios.

La bienaventuranza, también traducida como felicidad, es algo que mi padre conocía muy profundamente desde los primeros años de su vida e incluso durante el tiempo de su demencia. La felicidad que conocía mi padre no se basaba principalmente en cosas mundanas como el dinero, el trabajo, las festividades o los juegos, y ni siquiera en la familia y los amigos. Mi padre conocía la felicidad como un gozo más profundo, como el fruto de una experiencia íntima de la presencia y el amor de Dios en su vida. Pude ver y sentir ese gozo en la vida de mi padre, incluso en los momentos más oscuros de su enfermedad. Esta es la razón por la cual durante años antes de su avanzada enfermedad y muerte, pudo decir con una sonrisa de seguridad que estaba "listo" para la muerte y para el don eterno del reino celestial de Dios. Bienaventurado el pobre en espíritu porque suyo es el reino de los cielos.

Gracias a Dios que su gracia es persistente y que Dios manifiesta su amor una y otra vez, adentrándose hasta nuestros pecados e incluso nuestras enfermedades, guiándonos al gozo de su reino. Cuando lloramos porque nuestros pecados regresaron, el Espíritu de Dios viene a nosotros una vez más para consolarnos, perdonarnos y amarnos; permitiéndonos recuperar el gozo de nuestra dependencia de Dios y nuestra seguridad de que Dios un día reconciliará todas las cosas consigo mismo. Lloramos por nuestros propios pecados y miserias, pero también por los pecados y miserias de los demás y de todo el mundo. Sin embargo, nos consuela saber que habrá un día cuando "el Señor de todas las cosas ponga fin a la miseria y el pecado, seque las lágrimas de todos los rostros y la tierra sea llena del conocimiento de Jehová, como las aguas cubren el mar". "Bienaventurados los que lloran, porque ellos recibirán consolación".

Sermón 22
Sobre el sermón de nuestro Señor en la montaña
Segundo discurso
Mateo 5.5-7

Bienaventurados los mansos, porque ellos recibirán la tierra por heredad.

Bienaventurados los que tienen hambre y sed de justicia, porque ellos serán saciados.

Bienaventurados los misericordiosos, porque ellos alcanzarán misericordia.

I.1 Cuando ha pasado el invierno; cuando el tiempo de la canción ha venido, y en nuestro país se ha oído la voz de la tórtola;[148] cuando aquel que consuela a los que lloran ha regresado para que esté con ellos para siempre;[149] cuando ante la luz de su presencia los nubarrones se dispersan--las oscuras nubes de la duda y la incertidumbre--y huyen las tormentas del temor, se calman las olas del pesar, y el espíritu nuevamente se regocija en Dios su Salvador[150]: entonces evidentemente esta palabra se ha cumplido. Entonces aquellos a quienes él ha consolado pueden dar testimonio: «Bienaventurados (o felices) los mansos, porque ellos recibirán la tierra por heredad.»[151]

---

148 Cant. 2.11-12.
149 Jn. 14.16.
150 Lc. 1.47.
151 Mt. 5.5.

36

2. Pero ¿quiénes son los mansos? No son los que se afligen por cualquier cosa, porque no saben nada, los que se desconciertan ante los males que ocurren pues no saben discernir entre el bien y el mal. No son los que están protegidos de los golpes de la vida por una torpe insensibilidad; quienes tienen por naturaleza o destreza la virtud de los zoquetes o las piedras, y no se ofenden por nada porque nada sienten. Los filósofos ineptos ni siquiera se preocupan por estas cosas. La apatía está tan distante de la mansedumbre como de la benignidad. Así que no es fácil concebir cómo algunos cristianos de las edades más puras, especialmente ciertos Padres de la Iglesia, pudieron confundir estas cosas y equivocarse, tomando uno de los más crasos errores del paganismo como una de las ramas del verdadero cristianismo.

3. La mansedumbre cristiana tampoco significa falta de celo por Dios, ni ignorancia o insensibilidad. No, ella evita todos los extremos, ya de exceso ya de falta. No destruye sino más bien equilibra las afecciones--que el Dios de la naturaleza nunca se propuso extirpar por la gracia--a fin de traerlas y someterlas bajo ciertas reglas. Proporciona ecuanimidad a la mente. Sostiene una balanza fiel para ponderar la ira, el dolor y el temor; procurando el término medio en todas las circunstancias de la vida, sin inclinarse a la derecha o a la izquierda.[152]

4. La mansedumbre, por tanto, parece con toda propiedad referirse a nosotros mismos. Pero puede referirse tanto a Dios como a nuestro prójimo. Cuan-

---

[152] 2 Cr. 34.2.

do esta actitud de la mente se refiere a Dios usualmente se la denomina resignación--una calmada conformidad para con cualquiera sea su voluntad con respecto
a nosotros, aun cuando ella no sea agradable a la naturaleza, diciendo continuamente, «*El Señor es, haga lo que
bien le pareciere.*»[153] Cuando consideramos esto de manera más estricta con respecto a nosotros mismos la
llamamos paciencia o conformidad. Cuando se ejerce
para con otras personas entonces es afabilidad para
con los buenos y clemencia para con los malos.

5. Quienes son verdaderamente mansos pueden
discernir con claridad qué es lo malo, y también pueden sobrellevarlo. Son *sensibles* a todo este tipo de cosas; pero la mansedumbre mantiene el control. Tienen
el *celo del Señor de los ejércitos.*[154] pero su celo está siempre
guiado por el conocimiento, y templado en todo pensamiento, palabra y obra por el amor del ser humano
así como por el amor de Dios. No desean extinguir
ninguna de las pasiones que con sabios fines Dios ha
implantado en su naturaleza. Pero pueden dominarlas
todas, y tenerlas bajo sujeción, empleándolas sólo como medios para esos fines. Así, aun las pasiones más
vehementes y las más desagradables son utilizables
para los propósitos más nobles. Aun el odio, la ira y el
temor, cuando se emplean contra el pecado, y están
regulados por la fe y el amor, son como murallas y
baluartes del alma, de manera que el enemigo no puede acercarse ni hacerle daño.

---

[153] 1 S. 3.18.
[154] 2 R 19.31; Is. 9.7; 37.32.

6. Es evidente que esta disposición divina no sólo está para quedarse en nosotros, sino para incrementarse de día en día. Mientras permanezcamos en la tierra nunca faltarán las ocasiones de ejercitarla y, por tanto, de acrecentarla. Nos *es necesaria la paciencia, para que habiendo hecho* y sufrido *la voluntad de Dios, podamos recibir la promesa.*[155] Necesitamos la resignación pura, que bajo todas las circunstancias, podamos decir «*No sea como yo quiero, sino como tú.*»[156] Necesitamos ser *amables para con todos,*[157] pero especialmente con los malos e ingratos; de otra manera seremos vencidos por el mal, en vez de vencer con el bien al mal.[158]

7. La mansedumbre no refrena tan sólo las acciones exteriores, como los escribas y los fariseos de antaño enseñaban, y como no cesan de enseñar los miserables maestros de todas las épocas que no son instruidos por Dios. Nuestro Señor nos previene contra esto, y señala el verdadero alcance de ello, en los siguientes términos: «*Oísteis que fue dicho a los antiguos; No matarás; y cualquiera que matare será culpable de juicio. Pero yo os digo que cualquiera que se enoje contra su hermano, será culpable de juicio; y cualquiera que diga: Raca, a su hermano, será culpable ante el concilio; y cualquiera que le diga: Fatuo, quedará expuesto al infierno de fuego.*»[159]

8. Aquí nuestro Señor encasilla como homicidio aun esa cólera que no va más allá del corazón; y que ni

---

[155] Cf. He. 10.36.
[156] Mt. 26.39.
[157] Cf. 2 Ti. 2.24.
[158] Véase Ro. 12.21.
[159] Mt. 5.21-22.

se manifiesta por una falta de amabilidad exterior; o siquiera por una palabra iracunda.

«*Cualquiera que se enoje contra su hermano*»--o con cualquiera persona viviente, puesto que todos somos hermanos--cualquiera que sienta dureza en su corazón, cualquiera disposición contraria al amor; cualquiera que se enojare «*sin causa*»--sin causa justa, o aún más allá de lo razonable--«*será culpable de juicio*», *énojos éstai*, estará en ese momento expuesto al justo juicio de Dios.

Empero ¿nadie se inclinará a preferir la lectura de aquellas versiones que omiten el término *eikee* «*sin causa*»? ¿No es enteramente superfluo? Porque si la cólera contra personas es una disposición contraria al amor, ¿cómo puede haber una causa, alguna causa suficiente para ello, una causa que justifique la ira de Dios?

Pensemos en la ira contra el pecado. En este sentido podemos «*estar airados*» y, no obstante, *sin pecado*.[160] En este sentido nuestro mismo Señor--como está escrito--se enojó una vez: «*Mirándolos alrededor con enojo, entristecido por la dureza de sus corazones*».[161] Se enojó contra el pecado pero se compadeció de los pecadores. Y sin duda esto es lo justo delante de Dios.

9. «*Y cualquiera que diga: Raca, a su hermano*». Cualquiera que se dejare dominar por la ira, hasta el grado de usar palabras despectivas. Los intérpretes observan que *Raca* es un término siríaco que significa: *vacío, vano,*

---

160 Cf. Ef. 4.26.
161 Mr. 3.5.

tonto. Así, pues, es una expresión tan inofensiva que puede ser utilizada contra quien estamos enojados. No obstante cualquiera que la use, como nos lo asegura el Señor, «*será culpable ante el concilio*»-- más bien, «estará en peligro de ser culpado». Correrá el riesgo de una sentencia más severa del Juez de toda la tierra.

«*Y cualquiera que le diga: Fatuo*», cualquiera que se deje dominar por el diablo y estalle en improperios, usando a propósito un lenguaje reprochable y contumaz, «*quedará expuesto al infierno de fuego*»--será responsable en aquel instante a la mayor condenación. Debe observarse que nuestro Señor describe todas estas faltas como merecedoras de la pena capital. La primera de la horca, usualmente impuesta a los condenados por los tribunales inferiores. La segunda, de apedreamiento, que frecuentemente se infligía a quienes resultaban condenados por el gran Concilio de Jerusalén. Los culpables de la tercera, de ser quemados vivos, aplicada sólo a los grandes delincuentes, en el *valle de los hijos de Hinom*,[162] *Gee Ennoón*, palabra que evidentemente traducimos como infierno.

10. Y como quiera que los seres humanos se imaginan naturalmente que Dios disculpará el incumplimiento de algunas de sus obligaciones, teniendo en cuenta la satisfacción de otras, nuestro Señor se encarga en cortar de raíz esa vana, si bien común, ilusión. Demuestra lo imposible que es para cualquier pecador el *permutar* con Dios, quien no aceptará intercambiar una obligación por otra, ni la obediencia parcial en

---

[162] Jos. 15:8.

lugar de la completa. Nos advierte que el cumplimiento de nuestro deber para con Dios no servirá de excusa por nuestras obligaciones para con nuestro prójimo; que las obras piadosas, como comúnmente se les llama, no valdrán como recomendación si carecemos de amor. Por el contrario, la falta de amor hará de tales obras una abominación ante el Señor.

«*Por tanto, si traes tu ofrenda al altar, y allí te acuerdas de que tu hermano tiene algo contra ti*»--por razón de tu mal trato contra él, o por haberlo llamado «*Raca*» o «*Fatuo*»--no pienses que tu ofrenda te redimirá de tu ira, o que será agradable a Dios en tanto tu conciencia está manchada con la culpa de un pecado impenitente. «*Deja allí tu ofrenda delante del altar, y anda, reconcíliate primero con tu hermano*»--al menos haz todo lo que esté de tu parte para reconciliarte--«*y entonces ven y presenta tu ofrenda.*»[163]

11. No permitas ninguna demora en lo que concierne tan de cerca a tu alma. «*Ponte de acuerdo con tu adversario pronto*»--ahora, rápidamente--«*entre tanto que estás con él en el camino*»--si es posible, antes que lo pierdas de vista--«*no sea que el adversario te entregue al juez*»--no sea que apele a Dios, el Juez de todos--«*y el juez al alguacil*»--a Satán, ejecutor de la ira de Dios--«*y seas echado en la cárcel.*»[164] --al infierno, hasta esperar el juicio del gran día.[165] «*De cierto te digo que no saldrás de allí hasta que no pagues el último cuadrante.*»[166] Pero ello te es impo-

---

[163] Mt. 5. [22] 23-24.
[164] Mt. 5.25.
[165] Véase Jud. 6.
[166] Mt. 5.26.

sible hacer, viendo que no tienes nada con qué pagar.[167] Por consiguiente si alguna vez entras en esa
prisión el humo de tu tormento ascenderá *por los siglos
de los siglos.*[168]

12. Mientras tanto, «*los mansos recibirán la tierra por heredad*»[169] ¡Tal es la necedad de la sabiduría mundana!
Los sabios de este mundo les habían advertido una y
otra vez que si no se resentían de ese maltrato, si su-
misamente soportaban que se abusara de ellos, no
habría existencia para ellos sobre la tierra. Que jamás
serían capaces de proveerse de las cosas necesarias
para la vida, ni aun de preservar lo que tenían; que no
podrían esperar la paz, ni el tranquilo disfrute de las
posesiones o poder gozar de cualquier cosa. Más aún,
supóngase que no hubiera Dios en el mundo; o que
no se preocupara de los seres humanos. Pero *cuando
Dios se levanta para juzgar, para salvar a los mansos de la
tierra,*[170] ¡cómo se ríe de toda la sabiduría pagana y se
burla de ella! ¡Cómo transforma la ira del ser humano»
en alabanza suya![171] Se toma el trabajo de proveerlos
con todas las cosas necesarias para la vida y la santidad.[172] Les asegura la provisión que ha hecho a pesar
de la fuerza, el fraude o la malicia de los seres humanos. Y las cosas que él asegura las *da todas...en abundancia para que las disfrutemos.*[173] Les es agradable, ya sea en

---

167 Véase Lc. 7.42.
168 Ap. 14.11.
169 Sal. 37.11, cf. Mt. 5.5
170 Cf. Sal. 76.9.
171 Cf. Sal. 76.10.
172 Véase 2 P. 1.3.
173 Cf. 1 Ti. 6.17.

poco o mucho. Así como en *paciencia ganarán sus al-mas*,[174] así poseerán verdaderamente lo que Dios les ha dado. Siempre están contentos, siempre agradecidos con lo que tienen. Les agrada porque ello agrada a Dios; de manera que mientras su corazón, su deseo, su gozo están en el cielo, en verdad se les puede decir «*recibirán la tierra por heredad.*»

13. Pero parece haber un sentido más profundo en estas palabras: que ellos tendrán una parte más promi-nente en la *tierra nueva, en la cual mora la justicia*;[175] en esa heredad, cuya descripción general (los pormenores de la cual sabremos después) ha expuesto San Juan en el capítulo veinte del Apocalipsis: «*Vi a un ángel que des-cendía del cielo...y prendió al dragón, la serpiente antigua,...y lo ató por mil años... Y vi las almas de los decapitados por causa del testimonio de Jesús y por la palabra de Dios, los que no habían adorado a la bestia ni a su imagen, y que no recibieron la marca en sus frentes ni en sus manos: y vivieron y reinaron con Cristo mil años. Pero los otros muertos no volvieron a vivir hasta que se cumplieron mil años. Esta es la primera resurrec-ción. Bienaventurado y santo el que tiene parte en la primera resurrección; la segunda muerte no tiene potestad sobre estos; sino que serán sacerdotes de Dios y de Cristo, y reinarán con ellos mil años.*»[176]

II.1. Hasta aquí nuestro Señor se ha ocupado dili-gentemente en quitar los estorbos a la verdadera reli-gión: tal como el orgullo, el primer y gran obstáculo de

---

[174] Cf. Lc. 21.19.
[175] Cf. 2 P. 3.13.
[176] Ap. 20.1-2, 4-6.

toda religión, que se elimina con *la pobreza de espíritu*;[177] la ligereza y la inconsciencia, que impiden a la religión echar raíces en el alma hasta que son extirpadas por un *clamor* santo; también la ira, la impaciencia y el descontento, curados todos por la *mansedumbre* cristiana. Y cuando todos estos estorbos--estas enfermedades malignas del alma que continuamente despertaban falsos anhelos interiores, calmándolos con apetitos enfermizos--son extirpados, vuelve el apetito natural de un espíritu nacido del cielo; que tiene hambre y sed de justicia. Y *bienaventurados los que tienen hambre y sed de justicia, porque ellos serán saciados.*[178]

2. La justicia--como ya hemos observado--es la imagen de Dios, la mente que está en Cristo Jesús.[179] Es toda la disposición santa y celestial reunida, que surge y culmina en el amor de Dios nuestro Padre y Redentor, y en el amor a todos los seres humanos por su causa.

3. «*Bienaventurados los que tienen hambre y sed*». Para entender esta expresión debemos tener presente, en primer lugar, que el hambre y la sed son los más fuertes de nuestros apetitos corporales. De la misma manera esta hambre del alma, esta sed de la imagen de Dios, es el más fuerte de todos nuestros apetitos espirituales una vez despierto en el corazón, absorbe a todos los demás en un solo gran deseo: el ser renovado a semejanza de aquel que nos creó. Debemos observar, en segundo lugar, que desde el momento que comenza-

---

[177] Cf. Mt. 5.3.
[178] Mt. 5.6.
[179] Véase Fil. 2.5.

mos a tener hambre y sed estos apetitos no cesan, sino que son más exigentes e inoportunos hasta que comemos y bebemos, o morimos. Igualmente, desde el momento en que comenzamos a tener hambre y sed de toda la mente que estuvo en Cristo, estos apetitos espirituales no cesan, sino que claman por su alimento con más y más importunidad. Y mientras haya algo de vida espiritual, no cesarán hasta quedar satisfechos. Podemos observar, en tercer lugar, que el hambre y la sed sólo se satisfacen con el alimento y la bebida. Si uno le diera al hambriento todo el mundo, la vestimenta más elegante, toda la pompa del Estado, todos los tesoros de la tierra, muchísima plata y oro, si se le rindiera todo el honor, no le prestaría atención. Todas estas cosas no tienen valor para él. Seguiría diciendo: «Estas no son las cosas que anhelo; denme de comer o me muero».[180] Lo mismo ocurre con toda alma que verdaderamente tiene hambre y sed de justicia: en ninguna otra cosa encuentra consuelo, nada más puede satisfacerla. Cualquiera cosa que se le ofrezca, será estimada en poco, sean riquezas, honor, o placer, y hasta dirá: «Esto no es lo que quiero. ¡Denme amor o me muero!».

4. Y tan imposible es satisfacer a tal alma--un alma que está sedienta de Dios, del Dios viviente--con lo que el mundo llama religión, como con lo que se toma por felicidad. La religión del mundo significa tres cosas. Primero, el no hacer mal a nadie, abstenerse del pecado exterior--al menos de cosas como el escándalo,

---

[180] Cf. Gn. 25.29-34; 30.1.

el robo, el hurto, la blasfemia, la embriaguez. Segundo, el hacer el bien--como socorrer a los pobres, ser caritativos, como se dice. Tercero, usar los medios de gracia--al menos concurrir a la iglesia y participar de la Cena del Señor. El mundo denomina persona religiosa a aquella en quien se encuentran estas tres marcas. Pero ¿aplacará esto a la persona que tiene hambre de Dios? No. Eso no es alimento para su alma, sino que requiere una religión más noble, más elevada y más profunda. No puede alimentarse más de esta cosa pobre, superficial y formal, como tampoco puede *llenar su vientre de viento solano.*[181] Es cierto, se cuida de abstenerse de toda apariencia de mal.[182] Es *celosa de buenas obras.*[183] Cumple con todos los mandamientos del Señor. Pero nada de esto es lo que anhela. Esto es sólo la cáscara de aquella religión por la que el ser humano tiene un hambre insaciable. El conocimiento de Dios en Cristo Jesús; la vida *escondida con Cristo en Dios;*[184] el estar unido al Señor en un Espíritu;[185] el tener comunión con el Padre y con el Hijo;[186] el andar *en luz, como él está en la luz;*[187] el ser purificado *así como él es puro*[188]--esta es la religión, la justicia de la que el ser humano tiene sed. Y no puede descansar sino hasta que descanse en Dios.

---

[181] Job 15.2.
[182] Cf. 1 Ts. 5.22.
[183] Tit. 2.14.
[184] Col. 3.3.
[185] Cf. 1 Co. 6.17.
[186] Cf. 1 Jn. 1.7.
[187] 1 Jn. 1.7.
[188] 1 Jn. 3.3.

5. «*Bienaventurados los que tienen*» esta «*hambre y sed de justicia, porque en ellos serán saciados*». Serán saciados de las cosas que anhelan, aun de la justicia y de la verdadera santidad.[189] Dios los satisfará con las bendiciones de su bondad, con la felicidad de sus escogidos. Los alimentará con el pan del cielo, con el maná de su amor.[190] Les dará a beber de sus delicias como de un río[191] del cual aquel que bebiere no tendrá sed jamás,[192] sino sólo sed del agua de la vida.[193] Esta sed durará por siempre.

> La doliente sed, honda ansiedad,
> Tu gozosa presencia disipará;
> Pero mi alma siempre requerirá
> De amor toda una eternidad.

6. Quienquiera que seas, tú a quien Dios ha dado el tener «*hambre y sed de justicia*», pídele que nunca pierdas tan inestimable don, para que este divino apetito no cese jamás. Si muchos te reprenden y te ordenan refrenar tu paz, no les hagas caso. Por el contrario, clama mucho más: «*¡Jesús, Maestro, ten misericordia de mí!*»[194] No dejes que viva yo, sino ser santo como tú eres santo. No gastes *el dinero en lo que no es pan* ni tu *trabajo en lo que no sacia*.[195] ¿Acaso esperas extraer felicidad de la tierra, o hallarla en las cosas de este mundo? Menos-

---

[189] Ef. 4.24.
[190] Véase Jn. 6.48.
[191] Véase Sal. 36.8.
[192] Véase Jn. 4.14.
[193] Ap. 21.6; 22.1, 17.
[194] Cf. Lc. 17.13.
[195] Is. 55.2.

precia todos sus placeres, desecha sus honores, considera sus riquezas como basura y estiércol--sí, y aun todas las cosas que existen bajo el sol--*por la excelencia del conocimiento de Cristo Jesús;*[196] para que tu alma sea completamente renovada en aquella imagen de Dios, según la cual fue creada al principio. Cuídate de no apagar aquella bendita sed y hambre con eso que el mundo llama religión--una religión de la forma, de la apariencia, que deja al corazón tan terrenal y sensual como siempre. No te satisfagas con nada sino con el poder de la santidad, con una religión que es espíritu y vida, el morar tú en Dios y Dios contigo;[197] con ser morador de la eternidad;[198] y entrar *hasta dentro del velo*[199] mediante *la sangre rociada,*[200] y sentarte *en los lugares celestiales con Cristo Jesús.*[201]

III.1. Cuanto más llenos estén estos con la vida de Dios, con más ternura se preocuparán de quienes están sin Dios en el mundo,[202] todavía muertos en sus transgresiones y pecados.[203] Ni quedará sin recompensa esta preocupación por los demás. «*Bienaventurados los misericordiosos, porque ellos alcanzarán misericordia.*»[204]

La palabra utilizada por nuestro Señor significa directamente: los compasivos, los de tierno corazón;

---

[196] Fil. 3.8.
[197] Véase 1 Jn. 4.12-13.
[198] Véase Is. 57.15.
[199] He. 6.19.
[200] He. 12.24.
[201] Ef. 2.6.
[202] Ef. 2.12.
[203] Ef. 2.1.
[204] Mt. 5.7.

aquellos que, lejos de despreciar, se afligen sinceramente por los que no tienen hambre de Dios. Esta
parte tan esencial del amor fraternal--por medio de un
ejemplo común--representa aquí todo; así que «*los
misericordiosos*», en el sentido pleno del término, son los
que *aman a su prójimo como a sí mismos.*[205]

2. En razón de la vasta importancia de este amor--
sin el cual, aunque hablásemos lenguas humanas y
angélicas, y tuviésemos profecía y entendiésemos todos los misterios y toda ciencia, y si tuviésemos toda la
fe, de tal manera que moviésemos las montañas; más
aún, si repartiésemos todos los bienes para dar de comer a los pobres, y si entregásemos nuestros cuerpos
para ser quemados, de nada nos serviría--[206] Dios en
su sabiduría nos ha dado por medio del Apóstol Pablo
una relación especial y completa del amor, para que
examinándola podamos discernir con la mayor claridad quienes son los «misericordiosos» que «alcanzarán
misericordia».

3. La caridad, o el amor--como hubiera sido deseable haberla traducido siempre, por ser esta palabra
más clara y menos ambigua--el amor al prójimo así
como Cristo nos ha amado, *es sufrido.*[207] Es paciente
para con todas las personas. Soporta todas las debilidades, ignorancia, errores, flaquezas, terquedades y
nimiedades en la fe de los hijos de Dios; toda la male-
volencia y la perversidad de los hijos de este mundo. Y
sufre todo esto, no sólo durante algún tiempo, por un

---

[205] Cf. Mt. 19.19.
[206] Cf. 1 Co. 1.1-3.
[207] 1 Co. 13.4.

breve período, sino hasta el fin: aun dando de comer al enemigo cuando tiene hambre, o de beber si está sediento; así amontonando constantemente *ascuas de fuego*, de verdadero amor, *sobre su cabeza*.[208]

4. Y en cada paso dado hacia este fin tan deseable, de vencer *con el bien el mal*,[209] «*el amor es benigno*» (*jresteúetai*, palabra de difícil traducción, significa suave, apacible, benévolo). Está a la mayor distancia del malhumor, de toda aspereza o acidez del espíritu, y de una vez inspira al que sufre con la más apacible amabilidad y la afección más ferviente y tierna.

5. Por consiguiente, *el amor no tiene envidia*.[210] Sería imposible que la tuviera; pues está diametralmente opuesto a ese espíritu tan nocivo. Es inconcebible que quien tiene este ánimo tan afectuoso para con todos, que sinceramente desea todas las bendiciones espirituales y temporales, todas las cosas buenas de este mundo y del otro para toda alma que Dios ha creado, se ofendiera ante cualquiera otra persona. Si él mismo ha recibido idéntico don, lejos de afligirse se regocija que otro participe del beneficio común. Si no lo ha recibido, bendice a Dios que al menos su hermano lo tenga y sea más feliz que él. Mientras mayor es su amor, más se regocija por las bendiciones a toda la humanidad, más apartado está de toda clase y grado de envidia hacia cualquiera criatura.

6. El amor *oú perperúetai*, esto no quiere decir que «no es jactancioso», lo cual sería lo mismo que las pró-

---

[208] Cf. Ro. 12.20.
[209] Ro. 12.21.
[210] 1 Co.13.4.

ximas palabras, sino (en el sentido propio del término griego) 'no se apresura' o 'precipita' a juzgar. No condena apresuradamente a ninguno. No pronuncia una severa condena basada en una ligera o repentina opinión de las circunstancias. Sopesa primero toda la evidencia, particularmente aquella que está a favor del acusado. Quien verdaderamente ama a su prójimo no es como la generalidad de las personas, quienes--aun en los mejores casos--ven un poco, suponen mucho y se apresuran a sacar conclusiones. No, sino que procede con cautela y prudencia, poniendo atención en cada paso; suscribiendo de buena gana la regla de aquel antiguo pagano: «tan lejos estoy de creer fácilmente lo que una persona dice en contra de otra, que no creo ni lo que dice en contra de sí misma. Siempre le concederé que pueda cambiar de opinión y, muchas veces, también buscar consejo».[211] ¡Ah, si los cristianos modernos llegaran al menos a ese nivel!

7. Sigue diciendo, «*el amor no se envanece*».[212] No induce o permite a ninguna persona a tener *más alto concepto de sí que el que debe tener*, antes bien *que piense de sí con cordura*.[213] Sin duda, humilla el alma hasta el polvo. Destruye toda soberbia que engendra el orgullo, y nos hace regocijar en ser poca cosa, pequeños y viles, lo postrero de todo, y siervos de todos.[214] Aquellos que se aman *los unos a los otros con amor fraternal*, no pueden sino *en cuanto a honra*

---

[211] Wesley dice que la cita es de Séneca, pero falta la referencia exacta.

[212] 1 Co. 13.4.

[213] Ro. 12.3.

[214] Cf. Mr. 9.35.

preferirse *los unos a los otros.*[215] Aquellos que, *teniendo el mismo amor...sintiendo una misma cosa,* con humildad estiman *a los demás como superiores a sí mismos.*[216]

8. *«No hace nada indebido».*[217] No es descortés ni intencionalmente ofensivo con nadie. Paga *a todos lo que debe...al que respeto, respeto; al que honra, honra.»*[218] Rinde cortesía, amabilidad, compasión a todo el mundo, *honrando a todos*[219] según sus respectivas dignidades. Un reciente escritor define la buena crianza, mejor dicho su más alto grado, la cortesía, así: «Un continuo deseo de agradar que se manifiesta en toda conducta». Pero si esto es cierto, no hay nadie tan bien criada como una persona cristiana, una que ama a todo el género humano, porque sólo puede desear *agradar a todos,*[220] *en lo que es bueno, para edificación,*[221] Y este deseo no puede ocultarse: necesariamente se manifestará en todas sus relaciones con los seres humanos. Porque su *amor es sin fingimiento,*[222] aparecerá en todas sus acciones y conversaciones. Además, la obligará, sin malicia alguna, a hacerse todo a todos, *para que de todos modos salve a algunos.*[223]

9. Y al hacerse todo a todos, el amor *«no busca lo suyo».*[224] Al procurar agradar a todos, quien ama a la hu-

---

[215] Ro. 12.10.
[216] Cf. Fil. 2.2-3.
[217] 1 Co. 13.5.
[218] Cf. Ro. 13.7.
[219] 1 P. 2.17.
[220] 1 Co. 10.33.
[221] Ro. 15.2.
[222] Cf. Ro. 12.9.
[223] 1 Co. 9.22.
[224] 1 Co. 13.5.

manidad no busca su propia ventaja temporal. No codicia la plata, el oro, o la vestimenta de persona alguna; no desea nada sino la salvación de sus almas. Más aún, en cierto sentido se puede decir que *no busca su propio bien*[225] espiritual, como no busca las ventajas temporales. Pues mientras que se esfuerza por salvar sus almas de la muerte, se olvida de sí mismo. No piensa en sí mismo en tanto que el celo por la gloria de Dios lo consume. Más bien, algunas veces casi puede parecer que, por un exceso de amor, se rinde en cuerpo y alma, mientras clama con Moisés: «*Este pueblo ha cometido un gran pecado [...] te ruego que perdones ahora su pecado, y si no, ráeme ahora de tu libro que has escrito.*»[226] O con San Pablo, «*porque deseara yo mismo ser anatema, separado de Cristo por amor a mis hermanos, los que son mis parientes según la carne.*»[227]

10. No es de asombrarse que tal amor «*no se irrita*», *oú paroxúnetai.*[228] Obsérvese que la palabra «fácilmente», introducida de forma extraña en la traducción [inglesa], no se encuentra en el original. Las palabras de San Pablo son absolutas: «*El amor no se irrita*»--no se irrita en desconsideración contra nadie. En verdad, habrá frecuentes oportunidades de provocaciones externas de diversa índole. Pero el amor no se somete a la incitación. Triunfa sobre todo. En todas las pruebas mira a Jesús, y por su amor es más que vencedor.

No es improbable que nuestros traductores introdujeran esa palabra como para disculpar al Apóstol,

---

[225] Cf. 1 Co. 10.24.
[226] Ex. 32.31-32
[227] Ro.9.3.
[228] 1 Co. 13.5.

quien ellos supusieron podría aparecer carente de ese amor que tan perfectamente describe. Parecen haberlo deducido de una frase en los Hechos de los Apóstoles, que también está traducida incorrectamente. Cuando Pablo y Bernabé discreparon con respecto a Juan, la traducción dice: «*Y hubo tal desacuerdo entre ellos, que se separaron el uno del otro*».[229] Naturalmente esto induce al lector a suponer que ambos, en este respecto, fueron igualmente ásperos el uno con el otro; que San Pablo, quien sin duda tenía razón en esta cuestión--era impropio llevar a Juan nuevamente con ellos, ya que los había abandonado antes--estaba tan irritado como Bernabé, quien dando prueba de su enojo dejó la obra para la cual había sido apartado por el Espíritu Santo.[230] Pero el texto original no manifiesta tal cosa, ni tampoco afirma que Pablo se haya enojado. Simplemente dice, *kaì egéneto paroxusmós*, «*y hubo tal desacuerdo entre ellos*»--un paroxismo de cólera--a consecuencia del cual Bernabé dejó a San Pablo, tomó a Juan consigo, y se fue por su propio camino. «*Pablo*» entonces «*escogiendo a Silas, salió encomendado por los hermanos a la gracia del Señor*»--cosa que no se dice de Bernabé--«*y pasó por Siria y Cilicia*», como lo había propuesto, «*confirmando a las iglesias*».[231] Pero volvamos al tema.

11. El amor evita mil enconos que de otra manera surgirían, pues «*no piensa lo malo*».[232] En verdad, la per-

---

[229] Hch. 15.39.

[230] Cf. Hch. 13.2.

[231] Hch. 15.40-41.

[232] 1 Co. 13.5 (texto distinto al de la RVR, pero más cercano al texto griego).

sona misericordiosa no puede evitar el conocimiento de muchas cosas malas, no puede menos que verlas con sus propios ojos y oírlas con sus propios oídos. Porque el amor no la priva de sus ojos, así que le es imposible no ver que tales cosas son cometidas. No le quita tu entendimiento, como tampoco sus sentidos; así que no puede menos que saber que hay cosas malas. Por ejemplo, cuando ve a una persona golpeando a su prójimo, o la escucha blasfemar a Dios, no puede poner en duda lo ocurrido, o las palabras pronunciadas, o dudar que sean cosas malas. No obstante *où logízetai tò kakón...* La palabra *logízetai* («*piensa*») no se refiere a nuestro ver u oír, ni a los primeros actos involuntarios de nuestra inteligencia, sino a nuestro pensamiento voluntario de aquello que no necesitamos pensar; a *deducir* el mal donde no existe; a nuestro *raciocinio* respecto de cosas que no vemos, a nuestra *suposición* de lo que no hemos visto ni oído. Esto es lo que el verdadero amor destruye por completo. Arranca, de raíz, el *imaginar* todo aquello de lo que no tenemos conocimiento. Desecha toda clase de celos, toda mala suposición, toda prontitud para creer en lo malo. Es franco, abierto, sin recelos; y como no puede imaginar el mal, tampoco le teme.

12. «*No se goza de la injusticia*»,[233] por más que sea tan común, aun entre aquellos que llevan el nombre de Cristo, que no tienen escrúpulos en regocijarse cuando sus enemigos han caído en alguna aflicción, error o pecado. En verdad, ¡cuán difícil les es evitar esto a los

---

[233] 1 Co 13.6.

que con entusiasmo han tomado partido! ¡Qué difícil les es no alegrarse con cualquier falta que descubren en sus oponentes! ¡Con cualquiera mancha, verdadera o supuesta, ya en sus principios ya en su práctica! ¿Qué ardiente defensor de cualquier causa está libre de esto? Más aún, ¿quién tiene tanta calma como para estar enteramente libre de ello? ¿Quién no se alegra cuando su adversario ha dado un paso en falso y no piensa que ello será ventajoso para su propia causa? Sólo una persona de amor. Sólo ella llora por el pecado o la torpeza de su enemigo, y no se place en escucharlo o en repetirlo, sino más bien desea que pueda ser olvidado para siempre.

13. «*Más se regocija de la verdad*»[234] dondequiera que ésta se encuentre, en *la verdad que es según la piedad*,[235] produciendo sus frutos apropiados, santidad de corazón y santidad en el hablar. Se regocija al descubrir que aun sus oponentes, ya sea respecto a opiniones ya en asuntos prácticos, son sin embargo amantes de Dios, e irreprochables en otros aspectos. Se alegra al escuchar cosas buenas de ellos, y en decir todo lo bueno que pueda, sin faltar a la verdad y la justicia. En efecto, su gloria y gozo son el bien en general, dondequiera que esté presente en la raza humana. Como ciudadano del mundo reclama la parte que le pertenece en la felicidad de todos sus habitantes. Porque siendo un ser humano no se despreocupa del bienestar de cualquier persona; y se regocija en todo aquello que

---

[234] Ibíd.
[235] Tit. 1.1.

causa la gloria de Dios y promueve la paz y la buena voluntad entre los seres humanos.[236]

14. Este amor *«todo lo sufre».*[237] (como indudablemente *pánta stégei* debería traducirse, de otra manera sería lo mismo que *pánta upoménei*, «todo lo soporta»). Porque la persona misericordiosa no se regocija en la iniquidad, ni la menciona voluntariamente. No obstante, cualquier mal que ve, oye, o conoce, lo disimula todo lo posible sin hacerse ella misma *partícipe en pecados ajenos.*[238] Dondequiera esté o quienquiera sea, si ve alguna cosa que no aprueba no se va de boca a menos que sea con la persona involucrada, si acaso pueda ganar a su hermano. Lejos está de hacer de las faltas o fallas de otros el asunto de su conversación. Nunca habla de un ausente a menos que pueda hablar bien. Para ella un cuentero, un chismoso, un murmurador, un calumniador, son como asesinos. Matar la reputación de su prójimo es tanto como cortarle la garganta. El que se divierte poniendo fuego a la casa de su prójimo es tanto como el *que echa llamas, y saetas y muerte [...] y dice: ciertamente lo hice por broma.*[239]

Sólo hace una excepción. Algunas veces está convencida que por la gloria de Dios o--lo que viene a ser lo mismo--por el bien de su prójimo, es necesario un mal no quede encubierto. Es el caso cuando, en beneficio del inocente, se ve obligada a señalar al culpable. Pero aun así: (1) No hablará sino hasta que el amor, el amor supe-

---

[236] Véase Lc. 2.14.
[237] 1 Co. 13.7.
[238] 1 Ti. 5.22.
[239] Cf. Prov. 26.18-19.

rior, la obligue; no lo hará por un confuso deseo de hacer el bien en general o por promover la gloria de Dios, sino en vista de un fin particular, por la búsqueda de un determinado bien; (3) no hablará a menos de estar absolutamente convencida de que este medio es necesario para aquel fin, y de que el fin no puede satisfacerse plenamente por ningún otro medio; (4) lo hace entonces con el mayor dolor y reticencia, usándolo como el último y peor remedio, un remedio desesperado para un caso desesperado, una especie de veneno que sólo se utiliza para extirpar otro veneno; y por consiguiente, (5) lo usa de la manera más limitada posible; haciéndolo con temor y temblor, por miedo a transgredir la ley del amor hablando demasiado, haciendo mayor daño que el que habría ocasionado guardando silencio.

15. El amor «*todo lo cree*».[240] Siempre quiere creer lo mejor, anteponer la más favorable interpretación sobre todas las cosas. Está siempre listo a creer todo aquello que sea en favor del carácter de cualquier persona. Se convence fácilmente--cosa que desea con fervor--de la inocencia e integridad de cualquier ser humano; o, al menos, de la sinceridad de su arrepentimiento, si es que alguna vez errara el camino. Se alegra de perdonar cualquiera cosa fuera de lugar, de condenar al ofensor lo menos posible, y hacer lugar a la debilidad humana hasta donde fuera posible sin traicionar a Dios.

16. Y cuando ya no puede creer más, entonces el amor «*todo lo espera*».[241] ¿Se le achaca algún mal vincula-

---

[240] 1 Co. 13.7.
[241] Ibíd.

do a una persona? El amor espera que esta relación no sea cierta, que la cosa vinculada nunca haya ocurrido. ¿Es cierto el hecho? El amor dice: «Pero tal vez no fue hecho bajo las circunstancias mencionadas; así que, concediendo que haya ocurrido, hay lugar para esperar que no haya sido tan malo como se cree.» ¿En apariencia, la acción fue innegablemente mala? El amor espera que la intención no lo haya sido. ¿Está claro que el propósito también fuera malo? El amor dice: «No obstante, ¿no podría haber surgido, ya no de la sosegada disposición del corazón, sino de un arranque de pasión, o de vehemencia, que impulsó a la persona más allá de sí misma?» Y aun cuando no quepa duda de que todas las acciones, propósitos y disposiciones son francamente malas, el amor aún abriga la esperanza que Dios finalmente levante su brazo y obtenga la victoria; y que haya *más gozo en el cielo por un pecador que se arrepiente, que por noventa y nueve justos que no necesitan arrepentimiento.»*[242]

17. Por último, el amor *«todo lo soporta».*[243] Esto completa el carácter de la persona verdaderamente misericordiosa. Soporta no sólo algunas cosas, ni muchas cosas, sino absolutamente *«todo»*. Cualquiera sea la injusticia, la maldad, la crueldad que los seres humanos puedan infligirle, ella es capaz de sufrir. A nada llama intolerable, nunca dice: «Esto es inaguantable». ¡No! No solamente puede sufrir todas las cosas sino hacerlo por medio de Cristo, que le fortalece.[244] Y todo

---

[242] Lc. 15.7.
[243] 1 Co. 13.7.
[244] Véase Fil. 4.13.

lo que sufre no destruye su amor, ni lo debilita en lo más mínimo. Está a prueba de todo. Es una llama que arde aún en medio del océano. *Las muchas aguas no podrán apagar el amor, ni lo ahogarán los ríos».*[245] Triunfa sobre todo. «*Nunca deja de ser*», ni en este tiempo ni en la eternidad.

> Obediente al mandamiento celestial,
> Terminará el saber, cesará la profecía,
> Mas la dilatada supremacía del amor,
> Sin límites de tiempo, ni deterioro,
> En perpetuo y feliz triunfo existirá,
> La bondad sin límite difundirá,
> Y la alabanza eterna recibirá.[246]

Así, «*los misericordiosos [...] alcanzarán misericordia*»;[247] no sólo mediante la bendición de Dios sobre todos sus caminos, resarciendo el amor que tienen a sus hermanos con un amor mil veces más abundante e íntimo, sino también *por un excelente y eterno peso de gloria*[248] en *el reino preparado [para ellos] desde la fundación del mundo.*[249]

18. Por un breve tiempo tal vez digas: «*¡Ay de mí, que moro en Mesec, y habito entre las tiendas de Cedar!*»[250] Puedes derramar tu alma y lamentar la pérdida del

---

[245] Cant. 8.7.
[246] De un poema de Matthew Prior, Charity.
[247] Cf. Mt. 5.7.
[248] 1 Co. 4.17.
[249] Cf. Mt. 25.34.
[250] Sal. 120.5.

verdadero y genuino amor sobre la tierra. ¡Pérdida, en verdad! Bien puedes decir (mas no en el sentido antiguo): «Ved cómo estos cristianos se aman mutuamente». ¡Estos reinos cristianos que se arrancan las entrañas unos a otros, desolando unos a otros con fuego y espada! ¡Estos ejércitos cristianos que están mandándose rápidamente al infierno unos a otros,[251] por millares y por decenas de millares! ¡Estas naciones cristianas que están ardiendo por luchas intestinas, partido contra partido, facción contra facción! ¡Estas ciudades cristianas donde el engaño y el fraude, la opresión y el mal, más aún, el robo y el asesinato, no desaparecen de sus calles! ¡Estas familias cristianas, desgarradas de manera interminable y sin cuenta por la envidia, los celos, la ira, las discordias domésticas! ¡Además, y lo que es más terrible de todo, estas iglesias cristianas! ¡Iglesias («*No lo anunciéis en Gat*»[252] ¿mas cómo lo podemos ocultar de los judíos, turcos o paganos?) que llevan el nombre de Cristo, *el Príncipe de paz*,[253] y libran continuas guerras entre sí! ¡Qué convierten a los pecadores quemándolos vivos: que están *ebrias de la sangre de los santos!*[254] ¿Pertenece esta alabanza sólo a *Babilonia la grande, la madre de las rameras y de las abominaciones de la tierra?*[255] En verdad, no; pero las así llamadas iglesias protestantes han aprendido muy bien a seguir el ejemplo. Las iglesias protestantes también saben perseguir

---

[251] Cf. Sal. 55.15.
[252] 2 S. 1.20.
[253] Is. 9.6.
[254] Cf. Ap. 17.6.
[255] Ap. 17.5.

cuando tienen el poder en sus manos, y hasta derramar sangre. Y mientras tanto, ¡cómo se anatematizan unas a otras! ¡Mandándose unas a otras a los más profundos infiernos! ¡Qué ira, qué contiendas, qué malicias, qué ferocidad se encuentra en todas partes entre ellas! Aun cuando ellas concuerdan en lo esencial y sólo difieren en opiniones o en asuntos circunstanciales de la religión. ¿Quién es aquella que *sigue* sólo *lo que contribuye a la paz y a la mutua edificación?*[256] ¡Oh Dios! ¿Hasta cuándo? ¿Faltará tu promesa? No temáis, manada pequeña.[257] Contra esperanza cree en la esperanza.[258] Es el buen placer de tu Padre,[259] a pesar de todo, renovar la faz de la tierra.[260] Ciertamente todas estas cosas llegarán a su fin,[261] y los habitantes de la tierra aprenderán la justicia.[262] *No alzará espada nación contra nación, ni se adiestrarán más para la guerra.*[263] *Será confirmado el monte de la casa del Señor como cabeza de los montes,*[264] y todos los reinos del mundo llegarán a ser los reinos de nuestro Dios.[265] Entonces *no harán mal ni dañarán en todo mi santo monte,*[266] sino *que a tus muros llamarán Salvación y a tus puertas Alabanza.*[267] No tendrán ninguna

---

[256] Cf. Ro. 14.19.
[257] Véase Lc. 12.32.
[258] Véase Ro. 4.18.
[259] Lc. 12.32.
[260] Sal. 104.30.
[261] Véase Sal. 7.9.
[262] Véase Is. 26.9.
[263] Is. 2.4.
[264] Is. 2.2.
[265] Cf. Ap. 11.15.
[266] Is. 11.9.
[267] Is. 60.18.

mancha ni defecto,[268] amándose unos a otros, como Cristo nos amó.[269] Sé, pues, parte de los primeros frutos, si es que la cosecha aún no ha llegado. Ama a tu prójimo como a ti mismo.[270] ¡Quiera el Señor Dios llenar tu corazón de tal amor para con toda alma, que puedas estar listo para exponer tu vida por su causa! ¡Que tu corazón pueda rebosar continuamente de amor, extirpando todo lo desagradable e impuro de tu genio, hasta que él te llame a la región del amor, para reinar con él por los siglos de los siglos!

---

[268] Véase 1 P. 1.19.
[269] Véase Jn. 15.12.
[270] Lv. 19.18; Mt. 19.19, etc.

Comentario del Sermón 22
Sobre el Sermón de nuestro Señor en la montaña
Segundo Discurso
Mateo 5:5-7

"Cualquier persona que se comporta con arrogancia con lo poco que sabe, o afirma saberlo todo, solo revela a todos que realmente no sabe nada. La verdadera grandeza no reside dentro de aquellos que se sienten grandes. Los verdaderamente sabios son mansos".

Suzy Kassem
Poeta and Filósofa

Wesley divide su discurso sobre Mateo 5:5-7 en las tres bienaventuranzas: bienaventurados los mansos, bienaventurados los que tienen hambre y sed de justicia, y bienaventurados los misericordiosos. Como se señaló en el Primer Discurso (Sermón 21), Wesley considera la primera bienaventuranza, "bienaventurados los pobres en espíritu", como el fundamento de todas las bienaventuranzas. Por lo tanto, se podría decir que si el creyente tiene pobreza de espíritu, se deduce naturalmente que el creyente es manso, tiene hambre y sed de la justicia de Dios y practica la misericordia.

Wesley comienza definiendo "mansedumbre" por lo que no es mansedumbre. Dice que no es una falta de cuidado, o ignorancia o insensibilidad en cuanto a las cosas. Esto no es mansedumbre, sino lo que Wesley llama "una torpe insensibilidad". Esta perspectiva de Wesley me recuerda a la popular canción de Simon y Garfunkel, *"I am a Rock"* (Soy una roca), que describe a la persona que no le importa nada de lo que suceda a su alrededor, sino solo a sí misma y, por lo tanto, se mantiene alejada del mundo ("Soy una isla", "una fortaleza" que nadie puede penetrar). La mansedumbre no es apatía hacia el mundo. Tampoco se encuentra en el amor egoísta y la arrogancia, como señaló Suzy Kassem en la cita anterior.

En la época en que Wesley editaba y recopilaba para publicar sus sermones *Sobre el Sermón de nuestro Señor en la montaña*, había un poeta en su Inglaterra natal llamado Thomas Gray, quien en 1742 escribió "Oda a un paisaje lejano de Eton College". En esta oda acuñó el término "ignorancia es felicidad", que se ha transmitido por generaciones en el idioma inglés como una descripción popular para aquellos que eligen ser apáticos en relación con las preocupaciones del mundo que los rodea. Esto es lo que Wesley apropiadamente llama "torpe insensibilidad". A menudo es una indiferencia elegida porque uno no quiere que su vida personal sea perturbada o interrumpida.

Mi padre siempre estuvo atento a lo que sucedía en el mundo y en su propia comunidad local. Se mantenía muy informado y siempre estaba dispuesto a escuchar noticias desde diversas perspectivas para intentar confirmar la verdad. Nunca asumió que la "verdad" radicaba siempre en la perspectiva política o ideológica particular con la que solía estar de acuerdo, sino que siempre buscó la verdad guiada por las sagradas escrituras. Estuvo muy de acuerdo con Karl Barth, el gran teólogo reformado suizo del siglo XX, quien dijo: "Toma tu Biblia y tu periódico, y lee ambos. Pero interpreta los periódicos desde tu Biblia". Es fácil estar de acuerdo con nuestra propia perspectiva prejuiciada, a menudo respaldada por nuestro "saber que sabemos" (nuestra arrogancia). Es más fiel buscar la verdad a través de las revelaciones de Dios. Si hay algo primordial que mi padre "profesor" enseñó a sus estudiantes y a este hijo, fue buscar la verdad tanto como sea posible a través de los ojos de la fe, y eso sucede mejor a través de una relación íntima y profundamente arraigada con el Cristo vivo que mora en el creyente. Esto es completamente cristiano pero también completamente wesleyano.

El segundo punto que Wesley señala acerca de lo que no es la "mansedumbre", es que la mansedumbre no debe carecer de celo por Dios. Celo es una palabra del "inglés antiguo" que no se escucha con frecuencia en el vocabulario contemporáneo, pero que a Wesley le gustaba usar. Incluso tiene un sermón titulado "Sobre el celo". En el sermón "Sobre el celo", fechado en 1781, Wesley señala que "celo" en su origen significa "calor", como en el caso del agua hirviendo. El celo cristiano, dice Wesley, es la "llama del amor", el amor ferviente a Dios y a los seres humanos que llena toda nuestra naturaleza. Esta llama de amor tiene sus raíces en la humildad, lo que nuevamente nos lleva a la perspectiva de Wesley de la "pobreza de espíritu" como el fundamento del Sermón de la montaña.

El celo cristiano no debe ser un extremo, sino que debe buscar "la media", un lugar intermedio entre las emociones demasiado entusiastas y la apatía lánguida. Con respecto a Dios, significa "una calmada conformidad" con la voluntad de Dios para nosotros sea cual sea, aunque no estemos tan dispuestos a cumplirla. Con respecto a nosotros significa "paciencia o conformidad" con respecto a nuestras circunstancias de la vida. Con respecto a los demás, significa una afabilidad y clemencia de espíritu que ni juzga con ira severa ni se despreocupa por el bienestar del otro. En este sentido, el reverendo Martin Luther King Jr. advirtió que si no tenemos cuidado nos convertimos en nuestro enemigo. En su sermón sobre "Amando a tus enemigos", King dice que "el amor es la única fuerza capaz de transformar a un enemigo en un amigo".

En este discurso sobre la "mansedumbre", Wesley advierte que "cualquiera que se enoje contra su hermano [*sin causa*],* será culpable de juicio". Sé que en mi propia vida, incluso dentro de mi familia, me siento aliviado al leer las palabras de Wesley "sin causa". Wesley está de acuerdo en que tenemos derecho a estar enojados con el pecado, pero no debemos odiar a la persona que comete pecado. Juan estaría totalmente de acuerdo con las palabras del himno de su hermano Carlos titulado *"Equip Me for the War"* (Equípame para la guerra), donde escribe: "Odiar el pecado con todo mi corazón, pero aún así amar al pecador". Esta disposición de mansedumbre es un camino intermedio entre el pecador y la acción del pecador. Es una vía en que se odia el pecado pero no al pecador.

Vivir en esta disposición de mansedumbre, edificada sobre la pobreza de espíritu (ver el Primer Discurso), permite a los creyentes encontrar satisfacción en este mundo como un don de Dios, a pesar de que "su corazón, su deseo y su gozo están en el cielo". Esta herencia terrenal es un anticipo de nuestra herencia en el cielo.

Creo verdaderamente que mi padre encontró una vía "media" en la vida entre su fe inquebrantable de que Dios finalmente reconciliaría todas las cosas y su llamado de Dios para hablar con confianza contra el mal y dedicar tiempo a trabajar por la justicia de Dios. Amaba fuertemente a su familia, a sus estudiantes y colegas, a los miembros de la iglesia donde estaba activo y a los miembros de la comunidad en general ; e incluso cuando alguno de ellos se le oponía o lo perjudicaba, o tal vez le representaba el mal en sí, mi padre amaba a la persona que se le oponía incluso mientras resistía sus pensamientos y acciones. También encontró satisfacción en lograr el equilibrio entre el trabajo, y el descanso y la recreación, principalmente en la jardinería. La mansedumbre es ese lugar de paciencia y conformidad entre "ir demasiado lejos" y "no hacer nada".

A continuación, Wesley aborda la bienaventuranza de aquellos que "tienen hambre y sed de justicia, porque ellos serán saciados". Esta "hambre y sed" también surge de una pobreza de espíritu, la pobreza que sabe que la justicia de Dios supera con creces cualquier justicia humana.

La justicia es "la imagen de Dios, la mente que estaba en Cristo Jesús". Wesley dice que es "el más fuerte de todos nuestros apetitos espirituales", el "gran deseo: el ser renovado a semejanza de aquel que nos creó". La religión que es solo externa; es decir, abstenerse del pecado, hacer el bien a nuestro prójimo y participar en la liturgia y los ministerios de la iglesia; no satisface la más profunda hambre y sed espiritual. De hecho, la religión exterior de la iglesia puede sofocar el anhelo más profundo de renovación del alma a imagen de Dios. Esos apetitos espirituales más profundos los satisface el creyente que mora en Dios y Dios en el creyente.

Finalmente, en este Segundo Discurso, Wesley analiza los "misericordiosos". Los misericordiosos en el sentido más pleno son aquellos que aman a su prójimo como a sí mismos; aquellos que no condenan a otros, sino que se afligen por aquellos que no conocen a Dios y los aman compasivamente.

En gran parte del resto de este sermón, Wesley expone sobre I Corintios 13, el capítulo del apóstol Pablo sobre el amor (Wesley prefiere la palabra "caridad"). La naturaleza del amor semejante al de Cristo, como lo describe Pablo en este capítulo 13, define la bienaventuranza de la misericordia; es decir, amar con paciencia y bondad, evitar la envidia y el orgullo, no deshonrar a los demás, no ser egoísta, no enojarse fácilmente, no llevar un registro de los errores y vencer el mal con el bien.

Wesley pasa un tiempo considerable hablando de la tendencia humana a juzgar a los demás como un impedimento principal para amar a los demás. Una cita atribuida a Juan Wesley dice así: "Deberíamos ser rigurosos al juzgarnos a nosotros mismos y compasivos al juzgar a los demás". Si bien no puedo encontrar esa cita exacta en los escritos de Wesley, su contenido está claramente dentro de la última parte de este segundo discurso.

Wesley dice que parte de ser misericordioso es no ser apresurado o precipitado al juzgar a otros, "[no se] condena apresuradamente a ninguno". Siempre debemos permitirle a la persona "cambiar de opinión", e incluso si una persona es declarada culpable de un delito, nunca deberíamos disfrutarlo; ni tampoco debemos hacer que los defectos o los fracasos de esa persona sean asunto de conversación. Es siempre misericordioso pensar lo mejor de otra persona, darle el beneficio de la duda y esperar que las intenciones de esa persona no sean malas.

La misericordia es especialmente necesaria donde las naciones están divididas por facciones partidistas, donde las familias están divididas por celos y enojo y donde las iglesias cristianas están divididas debido a las diferencias de opinión. "Ama a tu prójimo como a ti mismo" (Marcos 12:31, Dios habla hoy) es el corazón de la práctica de la misericordia. Así obtendremos misericordia de otros que aman de la misma manera y así obtendremos misericordia en el reino de Dios por venir.

Recuerdo un momento en mi juventud en el que pensé que merecía una palabra de enojo y un castigo de mi padre. En cambio, me amó con paciencia y bondad, sin juzgarme, sino dejó de lado mi fracaso en favor de la misericordia. "Bienaventurados los misericordiosos, porque ellos alcanzarán misericordia".

---

* Nota del traductor: Usamos los corchetes para indicar que las palabras "sin causa" no aparecen en la versión Reina Valera 1960 que usamos para efectos de esta traducción, pero que las hemos incluido en razón de la argumentación que el autor presenta aquí. Wesley mismo discute la omisión de esa frase en algunas versiones y su implicación en el punto 8 de su sermón.

Sermón 23
Sobre el sermón de nuestro Señor
en la montaña
Tercer discurso
Mateo 5:8-12

Bienaventurados los de limpio corazón, porque ellos verán a Dios.

Bienaventurados los pacificadores, porque ellos serán llamados hijos de Dios.

Bienaventurados los que padecen persecución por causa de la justicia, porque de ellos es el reino de los cielos.

Bienaventurados sois cuando os vituperen y os persigan, y digan toda clase de mal contra vosotros, mintiendo.

Gozaos y alegraos, porque vuestro galardón es grande en los cielos; porque así persiguieron a los profetas que fueron antes de vosotros.

I.1. ¡Qué cosas excelentes se dicen del amor a nuestro prójimo! Es *el cumplimiento de la ley,*[271] y *el fin del mandamiento.*[272] Sin esto, todo lo que tenemos, todo lo que hacemos, todo lo que sufrimos, de nada vale en la presencia de Dios. Pero se trata del amor a nuestro prójimo que nace del amor de Dios. De otra manera, por sí mismo, no vale nada. Importa, pues, que examinemos bien la base sobre la que descansa el amor a nuestro prójimo: si realmente está edificado sobre el

---

[271] Ro. 13.10.
[272] 1 Ti. 1.15.

amor de Dios; si lo amamos *porque él nos amó primero*;[273] si somos «*limpios de corazón*».[274] Pues ésta es la base que nunca será removida: «*Bienaventurados los de limpio corazón, porque ellos verán a Dios.*»

2. Los de «*limpio corazón*» son aquellos cuyos corazones Dios ha purificado *así como él es puro*;[275] que están purificados de todo afecto impuro por medio de la fe en la sangre de Jesús; quienes están limpios *de toda contaminación de carne y de espíritu, perfeccionando la santidad en el* amoroso *temor de Dios.*[276] Los que, por medio del poder de su gracia, están purificados del orgullo por la más completa pobreza de espíritu; de la ira, de toda pasión cruel y turbulenta, por la mansedumbre y la amabilidad; de todo deseo, excepto el de agradar a y gozar de Dios, conocerlo y amarlo más y más, por aquella *hambre y sed de justicia* que ahora absorbe toda su alma. Así que ahora *aman al Señor su Dios con todo su corazón, con toda su alma, y con toda su mente y con todas sus fuerzas.*[277]

3. Pero ¡en qué poco han tenido esta «pureza de corazón» los falsos maestros de todas las épocas! Apenas han enseñado a la gente de abstenerse de las impurezas exteriores que Dios ha prohibido por nombre. Pero no han atacado el meollo del asunto, y al no prevenir en contra de las corrupciones interiores, de hecho las han aprobado.

---

[273] 1 Jn. 4.19.
[274] Mt. 5.8.
[275] Cf. 1 Jn. 3.3.
[276] Cf. 2 Co. 7.1.
[277] Cf. Mr. 12.30; Lc. 10.27.

Nuestro Señor nos ha dado un notable ejemplo con las siguientes palabras: «*oísteis que fue dicho: No cometerás adulterio.*»[278] Mas al explicarlas aquellos ciegos guías de ciegos[279] sólo insistían en que las gentes se abstuvieran del acto exterior. «*Pero yo os digo que cualquiera que mira a una mujer para codiciarla, ya adulteró con ella en su corazón.*»[280] Porque Dios ama la verdad en lo íntimo.[281] El escudriña el corazón y prueba los riñones,[282] y si tu corazón mira la iniquidad, el Señor no te oirá.[283]

4. Dios no admite excusa alguna por preservar cualquier cosa que sea ocasión para la impureza. Por tanto, si tu ojo derecho te es ocasión de caer, sácalo, y échalo de ti; pues mejor te es que se pierda uno de tus miembros, y no que todo tu cuerpo sea echado al infierno.[284] Si algunas personas tan queridas para ti como tu ojo derecho son ocasión de que ofendas a Dios, si despiertan en tu alma deseos impuros, no te demores, sepárate de ellas pronto. Y si tu mano derecha te es ocasión de caer, córtala, échala de ti; pues mejor te es que se pierda uno de tus miembros, y no que todo tu cuerpo sea echado al infierno.[285] Si alguien que parece serte tan necesario como tu mano derecha es ocasión de pecado, de deseo impuro, aunque ello no pase más allá del corazón, ni se convierta en palabra o acción,

---

[278] Mt. 5.27.
[279] Mt. 15.14.
[280] Mt. 5.28.
[281] Cf. Sal 51.6.
[282] Cf. Sal. 7.10 y Jer. 11.20.
[283] Cf. Sal 66.18.
[284] Mt. 5.29.
[285] Mt. 5.30.

decídete a una separación completa y final: corta de un golpe esas relaciones; déjalas por Dios. Cualquier pérdida, sea de placeres, de riquezas o de amigos, es preferible a la pérdida de tu alma.

No será impropio tomar dos medidas antes de una separación absoluta y final. Primero, trata de expulsar al espíritu inmundo por medio de oración y ayuno,[286] absteniéndote con cuidado de toda acción, palabra y mirada que has encontrado ser ocasión de pecado. Segundo, si no eres liberado por estos medios, pide consejo a aquel que cuida de tu alma, o al menos de alguno que tiene experiencia en las cosas de Dios, con respecto a la oportunidad y a la manera de aquella separación. Pero no *consultes con carne y sangre*,[287] no sea que caigas bajo *un poder engañoso* para creer la mentira.[288]

5. Ni siquiera el matrimonio mismo, santo y honorable como es, puede ser utilizado como pretexto para dar rienda suelta a nuestros deseos. En verdad *también fue dicho: «Cualquiera que repudie a su mujer, déle carta de divorcio».* Entonces, todo estaba bien, aunque el esposo no alegara otra causa que ya no gustaba de ella o que otra le gustaba más. *«Pero yo os digo que el que repudia a su mujer, a no ser por causa de fornicación* (es decir, adulterio, la palabra *porneía* significa en general falta de castidad, sea para casados o solteros) *hace que ella adultere*, si se vuelve a casar; *«y el que se casa con la repudiada, comete adulterio.»*[289]

---

[286] Mt. 17.21, Mr. 9.29.
[287] Gá. 1.16.
[288] Cf. 2 Ts. 2.11.
[289] Mt. 5.31-32.

En estas palabras se prohíbe claramente toda clase de poligamia, por cuanto nuestro Señor declara de manera terminante que cualquiera mujer que se casa cuando su marido vive, comete adulterio. Igualmente, cualquier hombre que se casa de nuevo comete adulterio mientras su esposa viva. En efecto, así es aunque fueran divorciados--a menos que el divorcio haya sido por causa de adulterio. Sólo en ese único caso la Escritura no prohíbe casarse de nuevo.

6. Tal es la pureza de corazón que Dios exige y la obra de los que creen en el Hijo de su amor. «*Bienaventurados*» los que de esta manera son «*limpios de corazón; porque ellos verán a Dios*. El se manifestará a ellos, no sólo como *no se manifiesta al mundo*,[290] sino como no se manifiesta siempre a sus criaturas. Los bendecirá con las expresiones más claras de su Espíritu, la más íntima *comunión con el Padre y con el Hijo*.[291] Hará que su presencia vaya siempre delante de ellos y que la luz de su rostro los ilumine.[292] La incesante oración de su corazón es: «*Te ruego que me muestres tu gloria*»,[293] y obtienen la petición que le hacen. Ahora lo ven por medio de la fe (el velo de la cara no haciéndose, como quien dice, transparente), aun en estas obras más humildes, en todo lo que está alrededor suyo; en todo lo que Dios ha creado y hecho. Lo ven en las alturas de arriba y en las profundidades de abajo; lo ven llenándolo todo en todo.[294]

---

[290] Cf. Jn. 14.22.
[291] 1 Jn. 1.3..
[292] Cf. Sal. 4.6, etc.
[293] Ex. 33.18.
[294] Cf. Ef. 1.23.

Los de limpio corazón ven todas las cosas llenas de Dios. Lo ven en el firmamento de los cielos, en el caminar de la luna con esplendor,[295] en el sol cuando se regocija cual gigante para recorrer su curso.[296] Lo ven poniendo *las nubes por su carroza*, y andando *sobre las alas del viento*.[297] Lo ven *que prepara la lluvia para la tierra*,[298] que *bendice sus renuevos*,[299] que *él hace producir heno para las bestias, y la hierba para el servicio del hombre*.[300] Ven al Creador de todas las cosas sabiamente gobernándolo todo, y sustentando *todas las cosas con la palabra de su poder*.[301] *¡Oh Jehová, Señor nuestro, cuán glorioso es tu nombre en toda la tierra!*[302]

7. Los de limpio corazón ven a Dios más especialmente en todas sus providencias para con ellos, para con sus almas o cuerpos. Siempre ven su mano extendida sobre ellos para bien, dándoles todas las cosas según medida y peso, contando los cabellos de su cabeza,[303] haciendo un cerco alrededor de ellos y de todo lo que poseen,[304] y disponiendo todas las circunstancias de su vida según la profundidad de su sabiduría y misericordia.

8. Empero, ven a Dios de una manera más especial en sus ordenanzas. Ya sea que se presenten en la gran

---

[295] Job. 31.26.
[296] Cf. Sal. 19.5.
[297] Sal. 104.3.
[298] Sal. 147.8.
[299] Sal. 65.11.
[300] Sal. 104.14.
[301] He. 1.3.
[302] Sal. 8.1, 9.
[303] Cf. Mt. 10.30.
[304] Cf. Job 1.10.

congregación para darle *la honra debida a su nombre* y adorarle *en la hermosura de la santidad*;[305] o entren en sus aposentos y allí abran sus almas delante de su *Padre que está en secreto*.[306] Sea que escudriñen los oráculos de Dios, sea que escuchen a los embajadores de Cristo que proclaman las buenas nuevas de salvación. Sea que comiendo de aquel pan o bebiendo de aquella copa[307] anuncien su muerte hasta que él venga[308] *en las nubes del cielo*.[309] En todas estas sus ordenanzas encuentran una cercanía tal que no puede ser expresada. Lo ven, como quien dice, cara a cara, y hablan con él como *habla cualquiera a su compañero*[310]--una adecuada preparación para aquellas mansiones de arriba donde lo verán *tal como él es*.[311]

9. Mas, cuán lejos estaban de ver a Dios los que habiendo *oído que fue dicho a los antiguos: No perjurarás, sino cumplirás al Señor tus juramentos*,[312] lo interpretaban así: «No perjurarás cuando jures por Jehová el Señor; tú cumplirás estos juramentos ante el Señor--mas con respecto a otros juramentos, él no los toma en cuenta.»

Así enseñaban los fariseos. No sólo permitían toda clase de juramentos en la conversación ordinaria, sino que consideraban al perjurio como poca cosa, con tal que no hubiesen jurado en el nombre especial de Dios.

---

[305] Cf. Sal. 96.8, 9.
[306] Mt. 6.6.
[307] Cf. 1 Co. 11.28.
[308] Cf. 1 Co. 11.26.
[309] Mt. 26.64, Mr. 14.62.
[310] Ex. 33.11.
[311] 1 Jn. 3.2.
[312] Mt. 5.33.

Pero nuestro Señor prohíbe, en este pasaje, absolutamente todo juramento común, así como todo perjurio. Y muestra lo horrendo de ambos por la misma tremenda consideración de que toda criatura es de Dios, y de que él está presente en todas partes y sobre todas las cosas.

Pero yo os digo: No juréis en ninguna manera, ni por el cielo, porque el trono es de Dios[313]--porque sería lo mismo que jurar por aquel que se sienta sobre el círculo de los cielos[314]--ni por la tierra, porque es el estrado de sus pies, y Dios está tan íntimamente presente en la tierra como en el cielo; ni por Jerusalén, porque es la ciudad del gran Rey[315] y Dios es bien conocido en sus palacios. Ni por tu cabeza jurarás, porque no puedes hacer blanco o negro un solo cabello,[316] porque, es muy claro, que ni aun esto es tuyo sino de Dios, el único que puede disponer de todas las cosas en el cielo y en la tierra. Pero vuestro hablar entre ustedes--sea conversación, sea discurso--sea, «Sí, sí; No, no»--una austera afirmación o negación--porque lo que es más de esto, de mal procede[317]--*ek tou ponerou estin*, es el maligno, procede del diablo y es una de las señales de sus hijos.

10. Que nuestro Señor no prohíbe jurar en juicio y verdad,[318] cuando un magistrado nos requiere hacerlo,

---

[313] Mt. 5.34.
[314] Cf. Is. 40.22.
[315] Mt. 5.35.
[316] Mt. 5.36.
[317] Mt. 5.37.
[318] El art. 39 de los Treinta y Nueve Artículos de Fe, «Del juramento del cristiano», dice: «Así como confesamos que nuestro

se desprende de: (1) La ocasión de esta parte de su discurso: el abuso que denunciaba era el juramento falso y el juramento superfluo, estando completamente fuera de cuestión el juramento delante de un magistrado. (2) Las mismas palabras con que expresa su conclusión general: *«Pero sea vuestro hablar»*, o discurso, *«Sí, sí; No, no»*. (3) Su propio ejemplo, porque él mismo contestó bajo juramento cuando se lo exigió un magistrado. Cuando *el Sumo Sacerdote le dijo: «Te conjuro por el Dios viviente, que nos digas si eres tú el Cristo, el Hijo de Dios»*, Jesús inmediatamente contestó por la afirmativa *«Tú lo has dicho»* (es decir, «es verdad»). *«Y además os digo, que desde ahora veréis al Hijo del Hombre sentado a la diestra del poder de Dios, y viniendo en las nubes del cielo»*.[319] (4) El ejemplo de Dios Padre, quien *queriendo mostrar más abundantemente a los herederos de la promesa la inmutabilidad de su consejo, interpuso juramento*.[320] (5) El ejemplo de San Pablo, quien según creemos tenía *el espíritu de Dios*,[321] y comprendía bien la mente de su Maestro. *«Testigo me es Dios»*, dijo a los romanos, *«que sin cesar hago mención de vosotros siempre en mis oraciones»*;[322] y a los corintios: *«Mas yo invoco a Dios por testigo sobre mi alma, que por ser indulgente con vosotros no he pasado todavía a Co-*

Señor Jesucristo y Santiago su apóstol prohíben a los cristianos el juramento vano y temerario, también juzgamos que la religión cristiana no prohíbe que se preste juramento a requerimiento del magistrado y en causa de fe y caridad, con tal que se haga según la doctrina del profeta, en justicia, juicio y verdad».

[319] Mt. 26.63-64.

[320] He. 6.17.

[321] Cf. 1 co. 7.40.

[322] Ro. 1.9.

rinto»;[323] y a los filipenses: «*Porque Dios me es testigo de cómo los amo a todos vosotros con el entrañable amor de Jesucristo*».[324] De lo que claramente se deduce que si el Apóstol conocía el sentido de las palabras de su Señor, éstas no prohibían jurar en ocasiones importantes-- aun entre unos y otros, ¡cuánto menos ante un magistrado! Y por último, (6) La afirmación del gran Apóstol respecto del juramento solemne en general--que no hubiera podido mencionar como algo libre de culpa si su Señor lo hubiese prohibido enteramente: «*Los hombres ciertamente juran por uno mayor que ellos y para ellos el fin de toda controversia es el juramento para confirmación.*»[325]

11. Pero la gran lección que nuestro bendito Señor inculca aquí y que ilustra con su ejemplo, es que Dios está en todas las cosas y que debemos ver al Creador en cada criatura como en un espejo, que no deberíamos usar y considerar nada como separado de Dios, lo cual en verdad es una suerte de ateísmo práctico; sino examinar--con la verdadera magnificencia del pensamiento--los cielos y la tierra y todo lo que en ellos hay, como contenidos en la palma de la mano de Dios, quien por medio de su presencia inmediata sostiene la existencia de todos, que penetra y anima todo lo creado y es, en un sentido verdadero, el alma del universo.[326]

---

[323] 2 Co. 1.23.

[324] Fil. 1.8.

[325] He. 6.16.

[326] La idea de un «alma del universo» o *anima mundi* es parte de la antigua tradición griega, y se encuentra tanto entre platónicos como entre estoicos.

II.1. Hasta aquí nuestro Señor se ha empeñado más en enseñar la religión del corazón. Ha demostrado lo que deben ser los cristianos y procede a enseñar también lo que deben hacer: cómo la santidad interior debe ejercitarse en nuestra conversación exterior. «*Bienaventurados*», dice, «*los pacificadores; porque ellos serán llamados hijos de Dios*»[327] «*Los pacificadores*»--la palabra en el original es *oi eireenopoioí.* Es bien sabido que *eireénee* en la Sagrada Escritura significa toda clase de bien --toda bendición que se refiera al alma o al cuerpo, al tiempo o a la eternidad. Por consiguiente, cuando San Pablo al principio de sus epístolas desea «*gracia y paz*» a los romanos o a los corintios es como si dijera: «Gocen --como fruto del libre e inmerecido amor y favor de Dios-- todas las bendiciones, espirituales y temporales, todas las buenas cosas *que Dios ha preparado para aquellos que le aman*»[328]

3. De lo que fácilmente podemos captar en qué amplio sentido el término «*pacificadores*» debe ser comprendido. En su sentido literal se refiere a aquellos que amando a Dios y al ser humano detestan y aborrecen profundamente toda clase de disputas y controversias, de desacuerdos y contiendas; por consiguiente trabajan con todas sus fuerzas para prevenir que se encienda este fuego del infierno, o cuando se ha encendido que no se esparza, o cuando ha estallado que no se extienda más. Se esfuerzan por calmar el espíritu pendenciero de las personas y si fuera posible reconciliar

---

[327] Mt. 5.9.
[328] 1 Co. 2.9.

unos con otros. Usan toda clase de artes honestas y empeñan todas sus fuerzas, todos los talentos que Dios les ha dado, tanto para preservar la paz donde la hay como para restaurarla donde no existe. El gozo de su corazón es promover, confirmar e incrementar la buena voluntad entre las personas y especialmente entre los hijos de Dios, por más que se diferencien en cosas de poca importancia. Para que así como todos tienen *un Señor, una fe,* así como todos son *llamados en una misma esperanza de su vocación,* de la misma manera que todos puedan andar *como es digno de la vocación con que fueron llamados, con toda humildad y mansedumbre, con paciencia, soportándose los unos a los otros en amor, solícitos en guardar la unidad del Espíritu en el vínculo de la paz.*[329]

4. Mas, en el pleno sentido de la palabra, los «*pacificadores*» son personas que donde se presenta la oportunidad *hacen el bien a todos.*[330] Aquellos que poseídos del amor a Dios y a todo el género humano, no pueden confinar las expresiones de este amor a su propia familia, amigos, conocidos o grupo; o a los que son de sus mismas opiniones; no, ni aun a los que comparten la misma fe preciosa.[331] Son los que traspasan estos estrechos límites para hacer bien a todos los seres humanos; para manifestar, de un modo o de otro, su amor a sus prójimos y a los extraños, amigos o enemigos. Hacen bien a todos según se presenta la oportunidad, esto es, siempre que haya ocasión; *redimiendo el*

---

[329] Ef. 4.1-5.
[330] Cf. Gá. 6.10.
[331] Cf. 2 P. 1.1.

tiempo[332]332 con tal fin, *según tengan oportunidad*;[333] perfeccionándose a cada hora, sin perder un momento en el cual puedan hacer bien a otros. Hacen no sólo cierta clase de bien, sino el bien en general: de todas las maneras posibles, empleando en ello todos sus talentos, cualesquiera fuesen, todos sus poderes y facultades de cuerpo y alma, toda su fortuna, sus intereses, su reputación; deseando solamente que cuando su Señor venga les diga: «*¡Bien hecho, buen siervo y fiel!*»[334]

5. Hacen el bien hasta el extremo de sus fuerzas, aun para los cuerpos de todos los humanos. Se gozan en compartir *su pan con el hambriento* y *cubrir al desnudo con su vestido*.[335] ¿Hay algún forastero? Le hospedan y le ayudan de acuerdo a sus necesidades. ¿Algunos están enfermos o en la cárcel? Les visitan y les proporcionan la ayuda que más necesitan. Y todo esto lo hacen, no como a seres humanos, sino recordando a aquel que dijo: «*En cuanto lo hicisteis a uno de mis hermanos más pequeños, a mí lo hicisteis.*»[336]

6. ¡Cuánto más se regocijan cuando pueden hacer el bien al alma de algún humano! Este poder, en verdad, pertenece a Dios. El es el único que puede cambiar el corazón, sin el cual otro cambio es más liviano que la vanidad.[337] No obstante, aquel que *hace todas las cosas en todo*,[338] se complace en ayudar al ser humano por me-

---

[332] Ef. 5.16; Col. 4.5.
[333] Cf. Gá. 6.10.
[334] Mt. 25.23.
[335] Cf. Is. 58.7; Ez. 18.7, 16.
[336] Mt. 25.40.
[337] Cf. Sal. 62.9.
[338] 1 Co. 12.6.

dio del ser humano; en comunicar su propio poder, bendición y amor por medio de una persona a todos los seres humanos. Por tanto, si bien es cierto que la ayuda que se hace sobre la tierra es Dios mismo quien la realiza,[339] no hay necesidad de que ningún ser humano esté ocioso en su viña.

Los pacificadores no pueden estarlo: siempre están trabajando en ella y, como instrumentos en manos de Dios, preparando el terreno para el uso de su Maestro, o sembrando la semilla del reino, o regando lo que ya está sembrado, si por fortuna Dios quiere darle el crecimiento. Según la medida de gracia que han recibido, usan toda diligencia ya en reprender al pecador impenitente, ya en reformar a aquellos que corren precipitadamente sobre el amplio camino de la destrucción,[340] o *para dar luz a los que habitan en tinieblas,*[341] y están listos a perecer *por falta de conocimiento;*[342] o para *sostener a los débiles,*[343] para *levantar las manos caídas y las rodillas paralizadas;*[344] o restaurar y sanar aquel que fuera *cojo que no se salga del campo.*[345]

No tienen menos celos en confirmar a los que están procurando entrar por la puerta angosta;[346] en fortalecer a los que están listos para poder correr con paciencia la carrera que tienen por delante;[347] en edifi-

---

339 Cf. Sal. 74.13.
340 Cf. Mt. 7.13.
341 Lc. 1.79.
342 Os. 4.6.
343 1 Ts. 5.14. cf. Hch. 20.35.
344 He. 12.12.
345 He. 12.13.
346 Cf. Lc. 13.24.
347 Cf. He. 12.1.

car en su santísima fe[348] a los que saben en quién han creído;[349] exhortándolos a desarrollar el don de Dios que hay en ellos[350]--aquel diario *crecer en la gracia*--[351] pues *de esta manera les será otorgada amplia y generosa entrada en el reino eterno de nuestro Señor y Salvador Jesucristo.*[352]

7. «*Bienaventurados*» son los que continuamente se ocupan así en las obras de fe y en las tareas de amor; «*porque ellos serán llamados*» --es decir «*serán*» (un hebraísmo muy común[353])-- «*hijos de Dios.*»[354] Dios les proveerá con *el Espíritu de adopción;*[355] sin duda, lo derramará muy abundantemente en sus corazones. Los bendecirá con todas las bendiciones de sus hijos. Los reconocerá como hijos ante los ángeles y los seres humanos; *y si hijos, también herederos; herederos de Dios y coherederos con Cristo.*[356]

III.1. Uno podría imaginarse que una persona como la que acabamos de describir, tan llena de genuina humildad, tan sinceramente seria, tan apacible y amable, tan libre de todo deseo egoísta, tan devota a Dios y tan amante de los seres humanos, debería ser muy querida por el género humano. Pero nuestro Señor conocía mejor la naturaleza humana en su estado ac-

---

[348] Cf. Jud. 20.
[349] Cf. 2 Ti. 1.12.
[350] Cf. 2 Ti. 1.6.
[351] 2 P. 3.18.
[352] 2 P. 1.11.
[353] Cf. Gn. 2.23; Is. 35.8; 47.1; 54.5; 58.12; 62.2, 4, 12; Jer. 7.32; 19.6; 23.6; 33.16.
[354] Mt. 5.9.
[355] Ro. 8.15.
[356] Ro. 8.117.

tual. Por lo tanto, concluye la descripción del carácter de estas personas de Dios, mostrando el tratamiento que las mismas deberían esperar en el mundo. «*Bienaventurados*, dijo, «*los que padecen persecución por la causa de la justicia, porque de ellos es el reino de los cielos.*»[357]

2. A fin de entender esto perfectamente, indaguemos en primer lugar, quiénes son los que padecen persecución. Esto lo podemos aprender fácilmente de San Pablo: *Como entonces el que había nacido según la carne perseguía al que había nacido según el Espíritu, así también ahora.*»[358] «*Y también*», dice el Apóstol, «*todos los que quieren vivir piadosamente en Cristo Jesús padecerán persecución.*»[359] Lo mismo nos enseña San Juan: «*Hermanos míos, no os extrañéis si el mundo os aborrece. Nosotros sabemos que hemos pasado de muerte a vida, en que amamos a los hermanos*»[360] Como si hubiera dicho: los hermanos, los cristianos, no pueden ser amados sino por aquellos que han pasado de muerte a vida. Y más claramente por nuestro Señor: «*Si el mundo os aborrece, sabed que a mí me ha aborrecido antes que a vosotros. Si fuerais del mundo, el mundo amaría lo suyo; pero porque no sois del mundo ... por eso el mundo os aborrece. Acordaos de la palabra que yo os he dicho: El siervo no es mayor que su señor. Si a mí me han perseguido, también a vosotros os perseguirán*».[361]

De todos estos pasajes de la Escritura aparece de manera manifiesta quiénes son los perseguidos, a sa-

---

[357] Mt. 5.10.
[358] Gá. 4.29.
[359] 2 Ti. 3.12.
[360] 1 Jn. 3.13-14.
[361] Jn. 15.18-20.

ber los justos: los que son *nacidos del Espíritu*;[362] *todos los que quieren vivir piadosamente en Cristo Jesús*;[363] los que han *pasado de muerte a vida*»;[364] los que *no son del mundo*;[365] todos los que son mansos y humildes de corazón; los que claman por Dios, que tienen hambre de su semejanza; todos los que aman a Dios y a su prójimo, y por consiguiente hacen el bien a todas las personas según tengan la oportunidad.[366]

3. Si se preguntara, en segundo lugar, por qué se les persigue, la respuesta sería igualmente clara y obvia: es «*por causa de la justicia*»;[367] porque son justos; porque son *nacidos del Espíritu*;[368] porque *quieren vivir piadosamente en Cristo Jesús*;[369] porque *no son de este mundo*».[370] Sea lo que se pretenda, ésta es la verdadera causa, sean pocas o muchas sus debilidades. Si no fuera por esto, serían indulgentes con ellos y el mundo amaría lo suyo.

Se les persigue porque son «*pobres en espíritu*»;[371] esto, según piensa el mundo, significa almas ruines, buenas para nada, indignas de vivir en el mundo. Porque «*se conduelen*», el mundo piensa que «son criaturas tan insípidas, torpes y pesadas; ¡como para abatir el espíritu de cualquier persona que las ve! Son meros espantajos;

---

[362] Cf. Gá. 4.29.
[363] 2 Ti. 3.12.
[364] 1 Jn. 3.14.
[365] Jn. 15.19.
[366] Gá. 6.10.
[367] Mt. 5.10.
[368] Gá. 4.29.
[369] 2 Ti. 3.12.
[370] Jn. 15.19.
[371] Mt. 5.3.

que matan la alegría inocente y malogran el compañerismo dondequiera vayan». Porque son *«mansos»*, piensa: «son desabridos, tontos, sólo aptos para ser pisoteados». Porque *«tienen hambre y sed de justicia»*[372]: «son un puñado de fanáticos entusiastas, abiertos a buscar lo que no saben, que insatisfechos con la religión nacional, se vuelven locos por el éxtasis y los sentimientos subjetivos». Porque son *«misericordiosos»*, amantes de todo, amantes de los inicuos y los desagradecidos, el mundo dice: «son propiciadores de toda clase de maldad, más aun, tientan a la gente a cometer lo malo impunemente; seres humanos que --es de temerse-- hasta tienen que buscar su propia religión; muy débiles en sus principios». Porque son *«puros de corazón»*: son gente sin caridad que condena a todo el mundo ¡excepto a los de su propia clase! Miserables blasfemos que pretenden hacer de Dios un mentiroso, ¡y vivir sin pecado! Sobre todo se les persigue porque son *«pacificadores»*, porque aprovechan de cuanta oportunidad se presenta para hacer bien a todos los seres humanos. Esta es la gran razón por la que han sido perseguidos en todas las épocas, y será así hasta *la restauración de todas las cosas.*[373]

«Si preservaran, su religión les sería tolerable a ellos mismos. Pero lo que no se puede soportar es esta propagación de sus errores, esta contaminación de los demás. Causan tanto mal en el mundo que no deben ser tolerados más. Es verdad que estas personas hacen

---

[372] Mt. 5.6.
[373] Hch. 3.21.

algunas cosas bastante buenas, como aliviar las necesidades de los pobres. Pero aun esto, lo hacen sólo para ganar lo máximo para su grupo y, por consiguiente causar mayores perjuicios.» Así piensan y hablan con toda sinceridad las gentes de este mundo. Mientras más prevalece el reino de Dios, mejor pueden los pacificadores propagar la humanidad, la mansedumbre y todas las otras virtudes divinas, pero --en el hablar de aquella gente-- ocasionan mayor perjuicio. Por lo tanto, más se encolerizan contra ellos y los persiguen con mayor vehemencia.

4. Preguntémonos, en tercer lugar, quiénes son los que persiguen. San Pablo responde: «*El que es nacido de la carne*»; todo aquel que no es «*nacido del Espíritu*»,[374] o al menos que no desea serlo. Todos los que ni siquiera procuran *vivir piadosamente en Cristo Jesús*;[375] todos los que no han *pasado de muerte a vida*, y por consiguiente, no pueden *amar a los hermanos*.[376] *El mundo*, es decir, según las palabras de nuestro Salvador, aquellos que *no conocen al que me ha enviado*;[377] los que no conocen a Dios, incluso al Dios de amor y perdón, por la enseñanza de su propio Espíritu.

La razón es obvia. El espíritu que está en el mundo es diametralmente opuesto al Espíritu que es de Dios. Es preciso, por lo tanto, que los que son del mundo se opongan a los que son de Dios. Existe entre ellos la más completa oposición en sus opiniones, deseos,

---

[374] Cf. Gá. 4.29.
[375] 1 Ti. 3.12.
[376] 1 Jn. 3.14.
[377] Jn. 15.21,

propósitos y disposiciones. Y hasta ahora *el leopardo y el cabrito* no pueden echarse juntos en paz.[378] El soberbio, porque es soberbio, no puede sino perseguir al humilde; el ligero y superficial, a los que se afligen por los demás: y así en cada tipo de cosas, la disimilitud de disposición --si es que no existe otro-- es motivo de enemistad perpetua. En consecuencia, aunque ésta fuera la única causa, todos los siervos del diablo perseguirán a los hijos de Dios.

5. Si se pregunta, en cuarto lugar, cómo los perseguirán, puede contestarse en general: justo de la manera y en la medida en la que el sabio Dispensador de todas las cosas lo vea más conveniente para su gloria, para el mejor crecimiento de sus hijos en la gracia, y para la extensión de su propio reino. No hay otra parte del gobierno divino del mundo que sea más admirable que ésta. Su oído nunca se carga con las amenazas del perseguidor ni con las quejas de los perseguidos. Sus ojos están siempre abiertos y su mano extendida para gobernar las circunstancias más insignificantes. Su sabiduría infalible determina cuándo comenzará la tormenta, cuánto habrá de elevarse, qué dirección ha de seguir, cuándo y cómo habrá de aplacarse. Los incrédulos sólo son su espada: un instrumento que él usa según le place y el cual, cuando los fines de su providencia se obtienen, se arroja al fuego.

En épocas especiales, como cuando el cristianismo se estableció por primera vez y mientras echaba raíz en la tierra; como cuando la pura doctrina de Cristo

---

[378] Cf. Is. 11.6.

comenzó a ser plantada nuevamente en nuestra nación, Dios permitió que la tempestad se elevara muy
alto, y que sus hijos fuesen llamados a resistir hasta la
sangre.[379] Había una razón muy especial para que él
permitiera esto con respecto a los apóstoles; para que
su testimonio fuese más intachable. Pero de los anales
de la Iglesia aprendemos otra y muy diferente razón
acerca de por qué él permitió las terribles persecuciones que se desataron en el segundo y tercer siglos, a
saber: porque el misterio de la iniquidad actuaba con
tanta fuerza, por las monstruosas corrupciones que ya
entonces prevalecían en la Iglesia; las que Dios castigó
y al mismo tiempo trató de remediar mediante severas
pero necesarias puniciones.

Tal vez pueda hacerse la misma observación respecto de la gran persecución en nuestra propia tierra.
Dios se había mostrado muy misericordioso con nuestra nación. Había derramado varias bendiciones sobre
nosotros. Nos había dado paz exterior e interior; y un
rey sabio y bueno más allá de su edad. Pero sobre todo había hecho que la luz pura de su Evangelio se
levantase y brillara entre nosotros. Pero ¿qué recompensa tuvo? *Esperaba justicia, pero he aquí clamor.*[380] Un
clamor de opresión e incorrección, de ambición e injusticia, de malicia, fraude y codicia. Sin duda, el clamor de aquellos que aun entonces expiraban en medio
de las llamas, llegó a *los oídos del Señor de los ejércitos.*[381]
Fue entonces cuando Dios se levantó para sostener su

---

[379] Cf. He. 12.4.
[380] Is. 5.7.
[381] Stg. 5.4.

causa contra aquellos que detenían la verdad con injusticia.[382] Así pues, los dejó cautivos en manos de sus perseguidores, en un juicio mezclado con misericordia, una pena para castigar y al mismo tiempo una medicina para curar las graves reincidencias de su pueblo.

6. Empero rara vez Dios tolera que la tempestad llegue al extremo de causar tortura, muerte, cadenas o prisión. Sus hijos frecuentemente son llamados a padecer persecuciones más leves: con frecuencia sufren el distanciamiento de parientes, la pérdida de los amigos más íntimos.[383] Descubren la verdad de la palabra de su Señor (respecto del hecho, mas no del designio de su venida): «¿*Pensáis que he venido para dar luz a la tierra? Os digo: No, sino disensión.*»[384] De lo que naturalmente se sigue la pérdida de los negocios o del empleo, y por consiguiente de los recursos. Pero todas estas circunstancias, si embargo, están bajo la sabia dirección de Dios, que da a cada uno de lo que más le conviene.

7. Mas la persecución que alcanza a todos los hijos de Dios es la que nuestro Señor describe en las siguientes palabras: «*Bienaventurados sois, cuando por mi causa os vituperen y os persigan*», cuando les persigan vituperándolos, «*y digan toda clase de mal contra vosotros, mintiendo.*»[385] Esto no puede fallar: es la señal de nuestro discipulado, es uno de los sellos de nuestro llamado. Es una herencia impuesta a todos los hijos de Dios; si

---

[382] Cf. Ro. 1.18.
[383] Cf. Dt. 13.6.
[384] Lc. 12.51.
[385] Mt. 5.11.

no la tenemos somos bastardos y no hijos. El sendero del reino está trazado de la *mala opinión* así como de la *buena.*[386] Los mansos, los serios, los humildes, los amantes celosos de Dios y del ser humano gozan de buena reputación entre sus hermanos; pero de mala fama en el mundo, que los considera y trata como *la escoria del mundo, el desecho de todos.*[387]

8. En verdad, algunos han supuesto que antes de la conversión de todos los gentiles,[388] cesará el escándalo de la cruz; que Dios hará que los cristianos sean estimados y amados aun por aquellos que todavía permanecen en sus pecados. En verdad, aun en estos tiempos, algunas veces él suspende el desprecio y la furia de los humanos. *Aun a sus enemigos hace estar en paz con él*[389] por un tiempo y hace que encuentren gracia con sus perseguidores más encarnizados. Pero con la excepción de este caso, *el escándalo de la cruz*[390] no ha cesado, sino que se puede decir aún «*si[...] agradara a los hombres, no sería siervo de Cristo*»[391] Que ningún humano considere esa agradable sugestión --indudablemente agradable a la carne y la sangre-- que los malos sólo *aparentan* aborrecer y despreciar a los buenos, pero en realidad los aman y estiman en sus corazones. Nada de eso. Algunas veces podrán estar a su servicio, pero será en su propio provecho. Les tendrán confianza

---

[386] 2 Co. 6.8.
[387] 1 Co. 4.13.
[388] Cf. Ro. 11.25.
[389] Pr. 16.7.
[390] Gá. 5.11.
[391] Gá. 1.10.

porque saben que sus costumbres no son como las de otras personas. Pero aun así no los aman, a menos que Espíritu de Dios luche con ellos. Las palabras de nuestro Señor son explícitas: «*Si fuerais del mundo, el mundo amaría lo suyo; pero porque no sois del mundo [...] por eso el mundo os aborrece.*»[392] En efecto, haciendo a un lado las excepciones que puedan hacerse por la gracia anticipante o por la providencia especial de Dios, el mundo los aborrece tan cordial y sinceramente como siempre lo hizo con su Maestro.

9. Réstanos tan sólo preguntar, ¿cómo se compondrán los hijos de Dios frente a la persecución? En primer lugar, no deben acarrearla sobre sí a sabiendas o a propósito. Ello sería contrario al ejemplo y consejo de nuestro Señor y todos sus apóstoles, quienes nos enseñan no sólo a no buscar la persecución sino a evitarla hasta donde podamos sin perjuicio de nuestra conciencia; sin abandonar en lo mínimo aquella justicia que debemos preferir más que a la vida misma. Así lo expresa nuestro Señor explícitamente: «*Cuando os persigan en esta ciudad, huid a la otra*»,[393] el cual es verdaderamente--cuando puede llevarse a cabo-- el modo más correcto de evitar la persecución.

10. No obstante, no piensen que de alguna u otra forma podrán evitarla siempre. Si alguna vez esa vana imaginación se apodera de su corazón, ahuyéntenla con aquella ferviente amonestación: «*Acordaos de la palabra que yo os he dicho: El siervo no es mayor que su señor.*

---

[392] Jn. 15.19.
[393] Mt. 10.23.

Si a mí me han perseguido también a vosotros os perseguirán.[394] *«Sed, pues, prudentes como serpientes y sencillos como palomas»*.[395] Pero ¿les protegerá esto de la persecución? No, a menos que tengan más sabiduría que su Maestro o sean más inocentes que el Cordero de Dios.

No deseen evitarla ni escapar de ella por completo, porque si lo hacen no serían de los suyos. Si escapan de la persecución escaparán de la bendición, la bendición de los que son perseguidos por causa de la justicia.[396] Si no son perseguidos por causa de la justicia, no podrán entrar en el reino de los cielos. *Si sufrimos, también reinaremos con él. Si le negáremos, él también nos negará.*[397]

11. No, antes bien, *«gozaos y alegraos»*[398] cuando los hombres les persigan por Su causa, cuando *«os vituperen y os persigan, y digan toda clase de mal contra vosotros, mintiendo»*[399] (lo que no dejarán de añadir a toda clase de persecución, buscarán desacreditarlos para disculparse a sí mismos): *«porque así persiguieron a los profetas que fueron antes de vosotros»*,[400] a aquellos que fueron sumamente santos de corazón y de vida; más aún, a todos los justos que han existido desde el principio del mundo. Regocíjense, porque por medio de esta señal sabrán a quién pertenecen. Y porque *«vuestro galardón es grande en los cielos»*, la recompensa comprada con la sangre del pacto y libremente otorgada en proporción a sus su-

---

[394] Jn. 15.20.
[395] Mt. 10.16.
[396] Mt. 5.10.
[397] Cf. 2 Ti. 2.12.
[398] Mt. 5.12.
[399] Mt. 5.11.
[400] Mt. 5.12.

frimientos, así como a la santidad de su corazón y vida. «*Alegraos*», sabiendo que *esta leve tribulación momentánea, produce en nosotros un cada vez más excelente y eterno peso de gloria.*[401]

12. Mientras tanto, no permitan que ninguna persecución les desvíe del camino de la humildad y la mansedumbre, del amor y la benignidad. *Oísteis*, en verdad, *que fue dicho: Ojo por ojo, y diente por diente.*[402] Pero sus miserables maestros, por tanto, les han permitido vengarse, devolver mal por mal.

«Pero yo os digo: No resistáis al que es malo»--no lo resistan de ese modo, devolviendo lo mismo. «Antes»--en vez de hacer esto--«a cualquiera que te hiera en la mejilla derecha, vuélvele también la otra; y al que quiera ponerte a pleito, y quitarte la túnica, déjale también la capa; y cualquiera que te obligue a llevar carga por una milla, ve con él dos.»[403]

Que tu mansedumbre sea invencible y que tu amor sea apropiado a ella. «*Al que te pida, dale; al que quiera tomar de ti prestado, no se lo rehúses*[404] Sólo que no debes dar lo que es de otra persona, aquello que no es tuyo. Por tanto: (1) Pon cuidado en no deber a nadie,[405] porque lo que debes no es tuyo, sino de otro. (2) Provee para los de tu propia casa,[406] Dios te lo requiere, aquello que es necesario para mantenerlos en vida y

---

[401] 2 Co. 4.17.
[402] Mt. 5.38.
[403] Mt. 5.39-41.
[404] Mt. 5.42.
[405] Ro. 13.8.
[406] Cf. 1 Ti. 5.8.

piedad tampoco es tuyo. Luego, (3) da o presta todo lo que te sobra día a día, o de año en año, y teniendo presente que no puedes dar o prestar a todos, recuerda la familia de la fe.[407]

13. La mansedumbre y el amor que debemos sentir, la amabilidad que debemos mostrar a los que nos persiguen por causa de la justicia, nuestro bendito Señor las describe más extensamente en los versículos siguientes. ¡Que ellos sean grabados en nuestros corazones!

«Oísteis que fue dicho: Amarás a tu prójimo, y aborrecerás a tu enemigo».[408] Dios, en verdad, había dicho sólo la primera parte, «Amarás a tu prójimo»;[409] los hijos del diablo[410] añadieron la segunda, «y aborrecerás a tu enemigo». «Pero yo os digo»: (1) «Amad a vuestros enemigos».[411] Procuren tener buena voluntad hacia aquellos que son más implacables de espíritu contra ustedes, hacia aquellos que desean toda clase de males. (2) «Bendecid a los que os maldicen»[412] ¿Hay alguno cuya amargura de espíritu prorrumpe en palabras amargas? ¿Que constantemente les maldice y reprocha en su presencia, y «dice toda clase de mal contra»[413] ustedes cuando están ausentes? Cuánto más sea así, tanto más le bendecirán ustedes. Al hablar con ellos usen un lenguaje apacible y suave. Corríjanlos dándoles una buena lección, enseñándoles cómo debe-

[407] Gá. 6.10.
[408] Mt. 5.43.
[409] Lv. 19.18.
[410] 1 Jn. 3.10.
[411] Mt. 5.44.
[412] Mt. 5.44.
[413] Cf. Mt. 5.11.

rían haber hablado. Y al hablar de ellos digan todo el bien que puedan sin violar las reglas de verdad y justicia. (3) «Haced bien a los que os aborrecen.»[414] Dejen que las acciones demuestren que ustedes son tan sinceros en su amor como ellos en su odio. Devuelvan bien por mal. No seas vencido de lo malo, sino vence con el bien el mal.[415] (4) Si no pueden hacer nada más, al menos «orad por los que os ultrajan y os persiguen.»[416] Nunca podrán quedar ustedes incapacitados para hacer esto, ni podrán ellos impedirlo con toda su malicia. Abran sus almas a Dios, no sólo por aquellos que hicieron esto una vez y ahora están arrepentidos. Esto es una pequeña cosa. Si tu hermano [...] siete veces al día volviere a ti, diciendo: Me arrepiento --es decir, si después de tantas reincidencias te da razones para creer que está real y completamente cambiado— entonces perdónale,[417] como para confiar en él, para recibirlo amorosamente, como si nunca hubiera pecado contra ti. Pero ora a Dios, lucha con Dios por aquellos que no se arrepienten, los que te usan sin remordimiento y te persiguen. Aun así, perdónales, «No te digo hasta siete veces, sino aun hasta setenta veces siete.»[418] Sea que se arrepientan o no, sea que aparezcan estar más y más lejos del arrepentimiento, muéstrales este ejemplo de amabilidad para que seáis hijos, para que puedan probarse a sí mismos como

---

[414] Mt. 5.44.
[415] Ro. 12.21.
[416] Mt. 5.44.
[417] Lc. 17.3-4.
[418] Mt. 18.22.

hijos genuinos, de vuestro Padre que está en los cielos, que muestra su bondad derramando tales bendiciones sobre sus peores enemigos, que hace salir su sol sobre malos y buenos, y que hace llover sobre justos e injustos.[419] Porque si amáis a los que os aman ¿qué recompensa tendréis? ¿No hacen lo mismo los publicanos?[420] que no pretenden ser religiosos, quienes según ustedes mismos saben, están sin Dios en el mundo. Y si saludáis, mostrando amabilidad en palabra o hecho a vuestros hermanos, amigos o parientes solamente ¿qué hacéis de más que aquellos que no tienen ninguna religión? ¿No hacen así también los gentiles?[421] No, sigan un ejemplo mejor que el de ellos. En paciencia, en sufrimiento, en misericordia, en toda clase de benignidad para con todos los humanos, aun para con los más encarnizados perseguidores. Sed, pues, vosotros perfectos cristianos --en modo ya que no en grado-- así como vuestro Padre que está en los cielos es perfecto.[422]

IV. ¡He aquí el cristianismo en su forma primitiva, como fuera entregado por su gran Autor! Esta es la genuina religión de Jesucristo. Tal como la presenta al que tiene los ojos abiertos. ¡Observa un retrato de Dios, en cuanto puede ser imitado por los humanos! ¡Una imagen hecha por Dios mismo! *Mirad, oh menospreciadores, y asombraos, y desapareced*[423] O más bien, ¡ad-

---

[419] Mt. 5.45.
[420] Mt. 5.46.
[421] Mt. 5.47.
[422] Mt. 5.48.
[423] Hch. 13.41.

miren y adoren! Mejor, clamen, «¿Esta es la religión de Jesús de Nazaret? ¡La religión que perseguí! No me dejen ser hallado en lucha contra Dios. Señor ¿qué quieres que haga?»[424] ¡Qué belleza aparece en todo! ¡Qué simetría tan perfecta! ¡Qué proporciones exactas en cada parte! ¡Qué deseable es la felicidad aquí descrita! ¡Qué venerable, qué hermosa es la santidad! Este es el *espíritu* de la religión, su quintaesencia. En verdad estos son los *fundamentos* del cristianismo. ¡Qué no seamos sólo oidores![425] *Semejante al hombre que considera en un espejo su rostro natural [...] y se va, y luego olvida cómo era*[426] No, sino *mira atentamente en la perfecta ley, la de la libertad, y persevera en ella.*[427] No descansemos hasta que cada línea de sus partes quede escrita en nuestros corazones. Velemos, oremos, tengamos fe, amemos, y luchemos por lo imperecedero,[428] hasta que todas sus partes aparezcan en nuestra alma, grabadas por el dedo de Dios. ¡Hasta que seamos *santos, como aquel que nos llamó es santo,*[429] *perfectos como* nuestro *Padre que está en los cielos es perfecto!*[430]

---

[424] Hch. 22.4; 5.39; 23.9; 9.6.
[425] Stg. 1.22.
[426] Cf. Stg. 1.23-24.
[427] Stg. 1.25.
[428] Cf. 1 Co. 9.25.
[429] Cf. 1 Pe. 1.15.
[430] Cf. Mt. 5.48.

Comentario del Sermón 23
Sobre el Sermón de nuestro Señor
en la montaña
Tercer Discurso
Mateo 5:8-12

He mirado a muchas mujeres con lujuria. He cometido adulterio en mi corazón muchas veces.

Jimmy Carter
Presidente de los Estados Unidos

Como lo demuestra Juan Wesley en su Primer Discurso *Sobre el sermón de nuestro Señor en la montaña* (Sermón 21), la "pobreza de espíritu" es la primera de las bienaventuranzas y el fundamento de todas las otras. En este tercer discurso, la "pobreza de espíritu" no es menos esencial para las bendiciones que fluyen de la pureza de corazón, de la pacificación y de la persecución que pueda derivarse de la práctica de la justicia de Dios. Además, todos estos afectos de la vida santa brotan de nuestro amor a Dios, que también nos lleva a amar a nuestro prójimo como a nosotros mismos.

La pureza de corazón es la purificación del orgullo (nuestro ego) "por la más completa pobreza de espíritu", siempre y únicamente a través del poder de la gracia de Dios. Wesley no considera que la pureza de corazón fuera principalmente la abstención de los pecados externos, sino que es una santidad en nuestro ser más íntimo que se produce por la morada íntima del Cristo vivo.

Aquí, en el país donde vivo, los Estados Unidos, Jimmy Carter, en el año 1976, se postuló para el cargo de presidente. Durante su candidatura, fue entrevistado por una revista llamada *Playboy,* a la que dijo lo siguiente: "He mirado a muchas mujeres con lujuria. He cometido adulterio en mi corazón muchas veces". ¡Carter tuvo la valentía de confesar lo que todos hacen pero nadie quiere admitirlo! El presidente Carter, que todavía vive y tiene 95 años al momento de la publicación de este libro, ha vivido una vida increíble como defensor de la vivienda para los pobres, la atención médica en países en vías de desarrollo y como pacificador en áreas de conflicto alrededor del mundo. Jimmy Carter representa la integridad y el carácter más profundo de un cristiano. Fue un contemporáneo al que mi padre admiraba mucho y por quien hizo campaña durante su candidatura presidencial. Siempre admiré a mi padre por su disposición a dar a conocer su defensa de determinados candidatos que él consideraba que promovían más la justicia de Dios. Recuerdo con cariño cuando hacía campaña con él. En el área de Pensilvania donde vivíamos en ese momento, mi padre se destacó como un "liberal en llamas". Por otra parte, Jesús también lo hizo.

Lo que Jimmy Carter tenía que decir sobre los afectos de su propio corazón es precisamente de lo que Wesley estaba hablando con respecto a la pureza de corazón. Dios desea la "verdad en lo íntimo", no solo la abstención exterior del pecado. Los puros de corazón "ven a Dios" porque la morada íntima del Espíritu del Cristo viviente revela el amor de Dios en lo más profundo de su ser. Si bien hay diferentes maneras en las que "vemos a Dios", vemos a Dios más claramente "cara a cara" por la fe. Sin embargo, por extensión, vemos todas las cosas llenas de Dios: "en el firmamento de los cielos, en el caminar de la luna con esplendor, en el sol. . . en las nubes" . . . en el cielo cuando "prepara la lluvia", en el "heno" y en la "hierba". ¡Cuán excelente es el espectáculo de Dios en todo el mundo! Escribe Wesley en este discurso, "no deberíamos usar y considerar nada como separado de Dios".

Wesley luego considera la bienaventuranza del "pacificador" porque "serán llamados hijos de Dios". La "santidad interior" que se forma en nosotros a través de los dones de Dios de la pobreza de espíritu y pureza de corazón, se implementa por medio de conversaciones y acciones externas como pacificadores. El pacificador, dice Wesley en este discurso, "se esfuerza por calmar el espíritu pendenciero de las personas, aquietar sus turbulentas pasiones, tranquilizar las mentes de las partes contendientes y, si fuera posible, reconciliar unos con otros".

Sin embargo, incluso más allá de estas cosas, el pacificador es alguien que es "proactivo" y se sale de su propia familia, amigos, conocidos, aquellos que comparten sus mismas opiniones o fe, y busca hacer el bien a esas personas que están fuera de sus relaciones normales. El pacificador desea alimentar al hambriento, vestir al desnudo y atender las necesidades del extraño. Porque "en cuanto lo hicisteis a uno de mis hermanos más pequeños, a mí [el Señor] lo hicisteis" (Mateo 25:40).

Además, dice Wesley, e incluso más allá de atender las necesidades temporales de los "forasteros", nos regocijaríamos aún más si podemos "hacer el bien al alma de algún humano". Los pacificadores se preocupan tanto por el cuerpo como por el alma, extendiendo el amor de Dios dentro de nuestra propia comunidad, así como también hacia aquellos que están fuera de nuestro ámbito diario de actividad. En nuestras labores de amor, tanto cercanas como lejanas, la familia humana se agranda y experimentamos cada vez más la plenitud de los hijos de Dios en un espíritu de adopción. Experimentamos la plenitud de la bendición de todos los hijos de Dios.

Uno de los recuerdos de mis padres es su generosa hospitalidad con personas de todas las edades, razas, culturas, religiones y orientaciones sexuales. Mostraban una amplia aceptación. Ni siquiera los "extraños" eran extraños para ellos. Recuerdo cómo mi padre y mi madre amaron y aceptaron a una joven cuando se dio a conocer como una mujer gay, incluso cuando sus padres reaccionaron con consternación. Mis padres se convirtieron en importantes pacificadores para esa familia.

También recuerdo cómo mis padres amaban y aceptaban a nuestros dos hijos adoptivos, uno de ellos del Perú. Cuando mi padre hizo el bautismo de nuestro hijo pequeño, Paul Wesley, nuestro hijo peruano, lo cargó en sus brazos alrededor del santuario, anunciando que este niño era ahora, mediante el bautismo, adoptado en la familia de Dios en toda su diversidad. Se quedó más tiempo en el lugar donde estaba un joven negro, le mostró a Wesley y le dijo: "tu hermano en Cristo".

Mis padres tomaron una decisión que no tomarían muchas parejas jóvenes casadas que viven en los Estados Unidos con tres hijos pequeños. A saber, respondieron a un llamado para ser misioneros en el otro lado del mundo, las Islas Filipinas. Yo tenía cinco meses de edad, mi hermana tenía tres años y mi hermano tenía casi seis años, cuando nuestra familia zarpó hacia Filipinas en 1954. Mi padre se desempeñó como profesor de teología y religiones mundiales en el seminario metodista en Manila, y mi madre colaboraba activamente con la iglesia y la comunidad de varias maneras. Uno solo puede imaginar el cambio radical de cultura, atención médica, comida y otros aspectos de la vida que esta transición trajo a sus vidas. Cuando pienso y reflexiono sobre estos desafíos, me doy cuenta de que mis padres tuvieron una fe y una valentía increíbles para hacer este cambio. Obviamente, no había internet, ni teléfonos celulares y la mayoría de la comunicación con la familia en los Estados Unidos era por correo normal, lo que tomaba semanas cada vez.

Personalmente, doy gracias a Dios y a mis padres por este llamado a sus vidas y su decisión de participar en este ministerio y misión. No cambiaría esta experiencia por nada, porque tuve la hermosa oportunidad de crecer en una cultura y entre personas que eran muy diferentes de donde nací y con las que luego me familiarizaría. Estaba entre la *minoría*, aunque no creo haberlo notado nunca. El paisaje, las comidas y los olores siempre estarán conmigo.

Esta estancia en Filipinas dice mucho sobre mi padre, ya que se dedicó a una diversidad de personas, religiones, prácticas culturales y formas de pensar. Mi padre participó en procesos pacificación como lo explica Wesley en este discurso, teniendo la voluntad de salir de su "zona de confort" y extender el amor de Dios al "extraño" en una tierra "extraña". Mi padre estuvo dispuesto a dejar atrás a la familia, incluso un padre moribundo. Su padre murió en el momento en que nuestra familia llegó a la costa oeste (California), después de haber conducido desde la costa este (Carolina del Norte) para subir a un barco hacia las Filipinas. Mi padre tomó la difícil decisión de abordar el barco con su esposa e hijos, en lugar de regresar a Carolina del Norte para el entierro de su padre (¿hace esto eco de algunas de las palabras de Jesús?).

Cuando mis padres, con alrededor de noventa años, se mudaron a Croasdaile Village, una comunidad de jubilados en Carolina del Norte, mi padre se reencontró con un hombre que había sido profesor de Nuevo Testamento durante toda su carrera en la prestigiosa Universidad de Duke. Él y mi padre se conocieron cuando ambos enseñaban en Duke a principios de la década de 1950, justo antes de que mi padre y mi madre tomaran la decisión de responder al llamado para ser misioneros. Cuando se volvieron a encontrar unos sesenta años después, este profesor le dijo a mi padre: "Nunca entenderé por qué dejaste una universidad prestigiosa como Duke, donde estarías cómodo de por vida, para ir a enseñar a un país en vías de desarrollo". Este profesor nunca entendería la forma en que mi padre entendió claramente lo que Dios le llamó a hacer a pesar de las influencias mundanas.

Al cerrar esta sección sobre los "pacificadores", Wesley escribe: "[Los pacificadores] hacen no solo cierta clase de bien, sino el bien en general: de todas las maneras posibles, empleando en ello todos sus talentos, cualesquiera fuesen, todos sus poderes y facultades de cuerpo y alma, toda su fortuna, sus intereses, su reputación (incluso con un profesor de Duke); deseando solamente que cuando su Señor venga, les diga: '¡Bien hecho, buen siervo y fiel!'"

Por último, en este sermón, Wesley aborda la bienaventuranza de aquellos "que son vituperados y perseguidos por causa de [Cristo]". Wesley comienza esta discusión sobre la bienaventuranza de aquellos que son "vituperados y perseguidos" de una manera que considero bastante graciosa.

Wesley dice que uno pensaría que una persona que es humilde, de naturaleza amable, desinteresada, devota a Dios y amante de la humanidad, sería considerada por los demás como muy "querida". ¡Cómo podría alguien hablar de manera fea sobre esa persona, o ser de alguna manera crítico con esta persona, y mucho menos querer perseguirla! Y sin embargo, este es el tipo de persona que el "mundo" tiende a "vituperar y perseguir", tal como el mundo lo hizo con nuestro Señor. El mundo está disgustado por los atributos de las bienaventuranzas, ya que no se consideran como atributos que le permitirían a una persona ganar las cosas de este mundo, como riquezas, poder y prestigio.

Son aquellos que nacen del Espíritu, quienes "viven piadosamente en Cristo Jesús", a quienes el mundo odia, porque tales personas son de muchas maneras contrarias a este mundo, no son "del mundo". Wesley dice en este discurso: "El espíritu que está en el mundo es diametralmente opuesto al Espíritu que es de Dios". El mundo no sabe cómo lidiar con aquellos que son pobres de espíritu, que son mansos, que practican la misericordia, que son puros de corazón y que aman a todas las personas y viven como pacificadores. Tales disposiciones no son la norma del "mundo" y el "mundo" podría tolerar mejor a esas personas "si preservaran su religión . . . [para] ellos mismos".

De estas personas semejantes a Cristo se habla de manera condescendiente y malvada, con frecuencia se vuelven extraños para la familia y los amigos, pueden perder su empleo y otros aspectos de sus necesidades diarias y, en algunos casos, sufrir daños físicos. La iglesia cristiana ha tenido su cuota de mártires debido a aquellos que vivieron con la mente de Cristo y vivieron en oposición a los males de este mundo.

El cristiano no se inflige abuso o persecución a sabiendas, ni lo hace con intención. Es decir, los cristianos no deben salir a invitar al abuso o la persecución sobre sí mismos porque ser mártir "se ve bien" o le trae honor o notoriedad. El abuso y la persecución vienen sobre el cristiano no porque él o ella lo "invite", sino por la naturaleza del mundo que se opone al comportamiento semejante al de Cristo. Obviamente, los cristianos preferirían que el mundo fuera como ellos son.

Al mismo tiempo, no debería ser el deseo del cristiano evitar o escapar del abuso y la persecución, si solo se pueden evitar cambiándose a las disposiciones y prácticas del mundo. Wesley dice: "Si escapan de la persecución, escaparán de la bendición". Porque "si sufrimos, también reinaremos con él" (2 Timoteo 2:12). "Bienaventurados los que padecen persecución por causa de la justicia, porque de ellos es el reino de los cielos".

Sin embargo, ¿no es ir demasiado lejos sugerir que deberíamos "gozarnos y alegrarnos" cuando las personas nos menosprecian y nos persiguen por causa de Cristo? Wesley dice que regocijarse en tales circunstancias puede ser apropiado, porque cuando sufrimos por causa de Cristo sabemos que le pertenecemos y también sabemos que nuestra recompensa es grande en el cielo. Estas aflicciones son temporales y no se pueden comparar con la gloria del reino celestial de Dios.

Cuando el cristiano es difamado y perseguido por causa de Cristo, la esperanza es que él o ella pueda extender las bienaventuranzas hasta el enemigo: tratar al enemigo con mansedumbre, con misericordia, con benignidad de espíritu, con perdón y con amor; ciertamente orar por ellos. Poder hacer esto es una de las mayores expresiones del amor perfecto, aquel que es capaz de amar al enemigo. Amar al enemigo es ser "santos, como aquel que nos llamó es santo".

Recuerdo un par de veces cuando mi padre enfrentó oposición debido a las posturas que tomó por causa de Cristo. Una de ellas fue cuando estaba en mi último año de secundaria. Era una época en que los Estados Unidos estaba librando una guerra en Vietnam y muchos jóvenes de nuestro país morían por lo que muchos argumentaban que era una guerra injusta y sin esperanza. Mi padre se convirtió en una fuerte voz de oposición a la guerra mientras enseñaba en una pequeña universidad metodista unida en Pensilvania. La región en la que vivíamos era bastante "conservadora" y patriótica, y los que se oponían a la guerra eran pocos. Pero mi padre no solo habló en contra de la guerra, sino que también comenzó a aconsejar a algunos de los estudiantes universitarios sobre la objeción de conciencia a la guerra. Al enterarse de lo que estaba haciendo mi padre, el presidente de la universidad y algunos de los profesores del campus se enojaron con mi padre, sin duda hablaron de él a sus espaldas, y de varias maneras mi padre "pagó un precio" por su valor al oponerse a la guerra. Recuerdo con cariño unirme a mi padre en una "sentada" en Ward Circle en Washington, DC, bloqueando la circulación de vehículos en protesta y marchando con miles de otras personas portando carteles y ataúdes que representaban a los que habían muerto en una guerra sin sentido.

En otra ocasión, la universidad estaba tomando decisiones para reducir e incluso eliminar los requisitos de religión para los estudiantes. Esto lo hacía, en parte, para no disuadir a las personas de considerar la posibilidad de presentar una solicitud de ingreso a la universidad debido a requisitos de "religión". La universidad también podría aumentar el alcance de su apoyo financiero sin un énfasis religioso en la institución. La universidad era históricamente cristiana y había continuado teniendo esa identidad y énfasis. Mi padre luchó mucho para convencer a la administración de que mantuviera a la universidad como una institución distintivamente religiosa. Su voz era cada vez más una de las pocas y lamentablemente perdió. Poco después se acogió a su jubilación. Nunca evitó el conflicto, pero llegó el momento en que necesitaba "sacudirse el polvo de los pies" y pasar a otras oportunidades de ministerio en la jubilación. Su testimonio se convirtió en una bendición para sus estudiantes, su familia y para otras personas en la comunidad. Así sucedió con los profetas que le precedieron.

Sermón 24
Sobre el sermón de nuestro Señor en la montaña
Cuarto discurso
Mateo 5:13-16

Vosotros sois la sal de la tierra; pero si la sal se desvaneciere, ¿con qué será salada? No sirve más para nada, sino para ser echada fuera y hollada por los hombres.

Vosotros sois la luz del mundo; una ciudad asentada sobre un monte no se puede esconder.

Ni se enciende una luz y se pone debajo de un almud, sino sobre el candelero, y alumbra a todos los que están en casa.

Así alumbre vuestra luz delante de los hombres, para que vean vuestras buenas obras, y glorifiquen a vuestro Padre que está en los cielos.

1. La belleza de la santidad, la de aquella persona espiritual cuyo corazón es renovado según la imagen de Dios,[431] no puede menos que sorprender a todo ojo que Dios ha abierto, a toda inteligencia ilustrada. El adorno de un espíritu manso, humilde y amante por lo menos estimulará la aprobación de todos aquellos que son capaces en algún grado, de discernir entre el bien y el mal espiritual. Desde el momento en que los seres humanos comienzan a salir de las tinieblas que cubren el mundo voluble e irreflexivo, no pueden menos que percibir lo deseable que es el ser transformados así a la semejanza de aquel que nos ha creado. Esta religión

---

[431] Cf. 2 Co.4.16.

espiritual lleva la semejanza de Dios tan claramente impresa sobre sí, que el alma que puede dudar de su origen divino debe estar completamente inmersa en carne y sangre. Podemos decir de esto, en un sentido secundario, aun del mismo Hijo de Dios, *que es el resplandor de su gloria, la imagen misma de su sustancia: apaúgasma tês dóxes [...] autoû, el brillo de su* eterna *gloria;* y sin embargo tan moderada y suave que aun la criatura humana puede ver a Dios en ella y vivir: *jaractér tês upostáseoos autoû, el carácter, la impresión viva de su persona* que es la fuente de belleza y amor, la fuente original de toda excelencia y perfección.[432]

2. Si la religión, por consiguiente, no fuese más allá de esto, los seres humanos no tendrían objeción en seguirla con todo el fervor de sus almas. Pero ¿por qué, se preguntan, tiene tantos estorbos? ¿Qué necesidad hay de llenarla de *obras y sufrimiento?* Estas son las cosas que enfrían el vigor del alma y la postran en tierra otra vez. ¿No es suficiente *seguir el amor?*[433] ¿Elevarse en las alas del amor? ¿No basta adorar a Dios, que es Espíritu,[434] con el espíritu de nuestra mente, sin abrumarnos con cosas externas, o siquiera pensar en ellas en absoluto? ¿Acaso no es mejor que toda nuestra inteligencia se absorba en elevada y celestial contemplación? ¿Que en vez de ocuparnos en cosas externas sólo tengamos comunión con Dios en nuestros corazones?

3. Muchas personas eminentes se han expresado de esta manera: nos han aconsejado «cesar de hacer toda

---

[432] He. 1.3.
[433] 1 Co. 14.1.
[434] Jn. 4.24.

obra exterior»; que nos apartemos por completo del mundo; que abandonemos el cuerpo; que nos abstraigamos de todas las cosas sensibles --que no tengamos la menor preocupación por la religión exterior, sino que «obremos toda virtud en la voluntad» como el camino más excelente, la mejor manera de perfeccionar el alma, y a la vez la más aceptable para con Dios.

4. No hubo necesidad de que alguien le contara a nuestro Señor de esta obra maestra de la sabiduría de los lugares inferiores, la más ocurrente de las maquinaciones con que Satanás ha pervertido los rectos caminos del Señor. Y ¡qué instrumentos ha encontrado de cuando en cuando, para usarlos en su servicio! ¡Para manejar esta gran máquina del infierno en contra de algunas de las más importantes verdades de Dios! Seres humanos, listos *a engañar, si fuera posible, a los escogidos,*[435] a las personas de fe y amor; más aún, que por algún tiempo han engañado y descarriado a un gran número de ellas, quienes en todas las épocas han caído en la trampa dorada y apenas han escapado *con sólo la piel de sus dientes.*[436]

Pero ¿no ha cumplido Dios por su parte? ¿No nos ha prevenido lo suficiente sobre este agradable engaño? ¿No nos ha protegido con una armadura a toda prueba contra Satanás, *disfrazado como ángel de luz?*[437] Por cierto que sí. El defiende aquí, de la manera más firme y clara, la religión activa y pacífica que acaba de describir. ¿Qué cosa puede ser más evidente y comple-

---

[435] Cf. Mt. 24.24.
[436] Cf. Job 19.20.
[437] 2 Co. 11.14.

ta que las palabras que inmediatamente agrega a lo que ha dicho respecto de las obras y el sufrimiento? «*Vosotros sois la sal de la tierra; pero si la sal se desvaneciere, ¿con qué será salada? No sirve más para nada, sino para ser echada fuera y hollada por los hombres. Vosotros sois la luz del mundo; una ciudad asentada sobre un monte no se puede esconder. Ni se enciende una luz y se pone debajo de un almud, sino sobre el candelero, y alumbra a todos los que están en casa. Así alumbre vuestra luz delante de los hombres, para que vean vuestras buenas obras y glorifiquen a vuestro Padre que está en los cielos.*»[438]

A fin de explicar y reforzar estas importantes palabras me esforzaré en demostrar, primero, que el cristianismo es esencialmente una religión social, y que tratar de hacerlo solitario es destruirlo; segundo, que ocultar esta religión es imposible, así como completamente contrario a los designios de su Autor. Tercero, responderé a algunas objeciones y concluiré con una aplicación práctica.

I.1. Primero, trataré de demostrar que el cristianismo es esencialmente una religión social, y que tratar de hacerlo una religión solitaria es en verdad destruirlo. Por cristianismo quiero decir ese método de adorar a Dios que Jesucristo reveló a la humanidad. Cuando digo que esta es esencialmente una religión social, quiero decir que no sólo no puede subsistir sino que de ninguna manera puede existir sin la sociedad, sin vivir y mezclarse con los seres humanos. Y al tratar de demostrar esto me limitaré a las consideraciones que se des-

---

[438] Mt. 5.13-16.

prenden del mismo discurso que estamos examinando. Y si esto quedare demostrado, entonces hacer de esta una religión solitaria es sin duda destruirla.

De ninguna manera podemos condenar los intervalos de soledad o retiro de la sociedad. Esto no sólo es permitido, sino conveniente; más aún, es necesario, como muestra la experiencia diaria para todo aquel que ya es un verdadero cristiano o que desea serlo. No podemos pasar un día entero en trato constante con otras personas sin sufrir alguna pérdida en nuestra alma y, en alguna medida, sin contristar al Santo Espíritu de Dios. Necesitamos retirarnos diariamente del mundo, al menos por la mañana y por la tarde, para conversar con Dios, comunicarnos más libremente con nuestro *Padre que está en secreto*.[439] Ninguna persona de experiencia puede condenar aun más largos períodos de retiro religioso, siempre que no ocasionen negligencia de las tareas terrenales donde la providencia de Dios nos ha colocado.

2. No obstante, tal retiro no debe absorber todo nuestro tiempo; pues ello sería destruir y no fomentar la religión verdadera. Porque la religión descrita por nuestro Señor en las palabras antecedentes no puede subsistir sin la sociedad, sin que vivamos y conversemos con otros seres humanos, de lo que se deduce que varios de sus consecuencias más esenciales no tendrían cabida si no tenemos relación con el mundo.

3. Por ejemplo, en el cristianismo no hay disposición más esencial que la mansedumbre. Ahora bien, como

---

[439] Mt. 6.6, 18.

esto implica conformidad para con Dios, o paciencia en el dolor y la enfermedad, aquella puede subsistir en el desierto, en la celda de un ermitaño, en total soledad; sin embargo, como también incluye la afabilidad, la cortesía y los padecimientos, no puede tener entidad, ni tener lugar bajo el cielo sin trato con los demás seres humanos. Así que intentar transformarla en una virtud solitaria es destruirla sobre la faz de la tierra.

4. Otra parte necesaria del verdadero cristianismo es la pacificación o hacer el bien. Que esto es igualmente esencial a las otras partes de la religión de Jesucristo no puede argumentarse con más fuerza--y sería absurdo buscar cualquiera otro--que el hecho de estar incluido en el plan original que él ha establecido como los fundamentos de su religión. Por tanto, dejar esto de lado es el mismo atrevido insulto contra la autoridad de nuestro gran Maestro que dejar de lado la misericordia, la pureza de corazón, o cualquier otra parte de su institución.

5. Sin embargo, uno puede preguntarse ¿No será oportuno conversar sólo con personas buenas? ¿Sólo con aquellos que conocemos como mansos y misericordiosos, puros de corazón y de vida santa? ¿No es mejor abstenerse de toda conversación o trato con personas de carácter opuesto? ¿Con personas que no obedecen, que tal vez no crean, al Evangelio de nuestro Señor Jesucristo? El consejo de San Pablo a los cristianos de Corinto parece favorecer esto: «*Os he escrito por carta, que no os juntéis con los fornicarios*».[440] Y por

---

[440] 1 Co. 5.9.

cierto que no es aconsejable su compañía, o con cualquiera de los obradores de iniquidad, así como tener alguna familiaridad, o una estrecha amistad con ellos. Contraer o continuar una intimidad así con los tales de ninguna manera es conveniente para un cristiano, porque se expone a muchos peligros y acechanzas, de los cuales no tendrá esperanza de escapar fácilmente.

Empero, el Apóstol no nos prohíbe tener tratos ni aun con las personas que no conocen a Dios. «*Pues, en tal caso*» --dice él-- «*os sería necesario salir del mundo*»,[441] lo cual no podría aconsejarles nunca. Pero, añade, «*Si alguno llamándose hermano*», que profesa ser cristiano, «*fuere fornicario, o avaro, o idólatra, o maldiciente, o borracho, o ladrón*», «*mas bien os escribí que no os juntéis con ninguno que*» sea así, «*con el tal ni aun comáis*».[442] De esto necesariamente se deriva que debemos romper toda familiaridad, toda intimidad de relaciones con gente así. «*Mas no lo tengáis por enemigo*»--dice el Apóstol en otra parte-- «*sino amonestadle como a un hermano*»:[443] mostrando claramente que aun en tales casos no debemos renunciar a la comunión con él. De manera que aquí no existe un consejo para separarnos por completo de las malas personas. En verdad, estas palabras nos enseñan todo lo contrario.

6. Mucho más lo hacen las palabras de nuestro Señor, quien tan lejos está de aconsejarnos romper todo trato con el mundo, que sin dicho trato --según su descripción del cristianismo-- no podríamos ser cris-

---

[441] Cf. 1 Co. 5.10.
[442] Cf. 1 Co. 5.11.
[443] 2 Ts. 3.15.

tianos. Sería muy fácil mostrar que cierto trato con personas irreligiosas e impías es absolutamente necesario a fin de ejercitar todo el poder del carácter que él ha descrito como el camino del Reino; que es absolutamente necesario para ejercitar por completo la pobreza de espíritu, de la compasión, y de toda otra virtud que tiene un genuino lugar en la religión de Jesucristo. Por cierto, dicho trato es necesario para la existencia misma de algunas de estas virtudes; de la mansedumbre, por ejemplo, que en vez de exigir «*ojo por ojo y diente por diente*», más bien requiere «*no resistáis al malo, antes, a cualquiera que te hiera en la mejilla derecha, vuélvele también la otra*»;[444] de aquella misericordia por la cual *amamos a nuestro enemigo, bendecimos al que nos maldice, hacemos bien al que nos aborrece, y oramos por los que nos ultrajan y nos persiguen*;[445] y de esa complicación de amor y de toda santa disposición que se practica al sufrir *por causa de la justicia*.[446] Ahora bien, es evidente que nada de esto existiría si sólo tenemos trato con personas verdaderamente cristianas.

7. Por cierto, si nos apartáramos por completo de los pecadores, no podríamos corresponder a aquel carácter que nuestro Señor nos da en estas mismas palabras: «*Vosotros*» (cristianos, vosotros que sois humildes, serios y mansos, vosotros que tenéis hambre de justicia, que amáis a Dios y a los seres humanos, que hacéis bien a todos y por consiguiente, sufrís el

---

[444] Mt. 5.38-39.
[445] Cf. Mt. 5.44.
[446] Mt. 5.10.

mal; vosotros) «*sois la sal de la tierra.*»[447] En su misma naturaleza está el sazonar todo lo que les rodea. La naturaleza de ese sabor divino que está en ustedes, es dilatarse hacia todo lo que toquen, diseminarse por todas partes hacia todos aquellos con quienes tratan. Esta es la gran razón por la cual la providencia de Dios los ha mezclado con otros seres humanos, de modo que cualquiera gracia que ustedes hayan recibido de Dios pueda comunicarse a otros por intermedio suyo, a fin de que toda buena disposición, y palabra y obra suya, pueda tener influencia sobre ellos también. De esta forma se refrenará de alguna manera la corrupción que existe en el mundo; y al menos una pequeña parte será salvada de la infección general, y se volverá santa y pura delante de Dios.

8. A fin de que trabajemos con más empeño para sazonar cuanto podamos con toda santa y celestial disposición, nuestro Señor procede a mostrarnos la situación desesperada de quienes no comparten la religión que han recibido; quienes, en verdad, no pueden dejar de hacerlo, mientras permanezca en sus propios corazones. «*Si la sal se desvaneciere, ¿con qué será salada? No sirve más para nada, sino para ser echada y hollada por los hombres.*»[448] Si ustedes que eran santos y tenían una mentalidad celestial --por tanto eran celosos en buenas obras-- ya no tienen ese sabor y ya no sazonan a otros, si se han quedado desabridos, insípidos, muertos, descuidados de sus propias almas e inútiles con las

---

[447] Mt. 5.13.
[448] Ibíd.

almas de los demás ¿con qué serán salados? ¿Cómo se recuperarán? ¿Qué ayuda, qué esperanza puede haber? ¿Puede la sal desabrida recobrar su sabor? No, «*no vale más para nada, sino para ser echada*», como escoria de las calles, «*y hollada por los hombres*» para ser abrumada con eterno desprecio. Si no hubiesen conocido nunca al Señor, tal vez habría esperanza --si ustedes nunca hubieran sido *hallados en él*.[449] Mas ¿qué se podrá decir a su solemne declaración, paralela a la que ha dicho en este pasaje? «*Todo pámpano que en mí no lleva fruto*, [el Padre] *lo quitará... El que permanece en mí, y yo en él, éste lleva mucho fruto...El que en mí no permanece*» (o no produce fruto) «*será echado fuera como pámpano, y se secará; y los recogen*» (no para plantarlos de nuevo, y) «*los echan en el fuego*».[450]

9. En verdad, Dios *es misericordioso y compasivo*[451] para con aquellos que nunca han gustado *de la buena palabra*.[452] Pero la justicia tiene lugar con aquellos que han gustado de la gracia de Dios, y luego se han vuelto *atrás del santo mandamiento que les fue dado*.[453] *Porque es imposible que los que una vez fueron iluminados*, en cuyos corazones Dios ha resplandecido una vez para iluminarlos con el conocimiento de la gloria de Dios en la faz de nuestro Señor Jesucristo; *que han gustado el don celestial* de la redención en su sangre, el perdón de los pecados; *y fueron hechos partícipes del Espíritu Santo*, de la humildad, la man-

---

[449] Fil. 3.9.
[450] Jn. 15.2, 5-6.
[451] Stg. 5.11.
[452] He. 6.5, etc.
[453] 2 P. 2.21.

sedumbre, y el amor de Dios y de los humanos derramado en sus corazones por el Espíritu Santo que les fue dado, *y recayeron, kaí parapesóntas* (aquí no hay suposición, sino una simple declaración de un hecho),[454] *sean otra vez renovados para arrepentimiento, crucificando de nuevo para sí mismos al Hijo de Dios, y exponiéndolo a vituperio.*[455]

10. Pero para que nadie entienda mal estas terribles palabras, debe observarse cuidadosamente, (1) quiénes son aquellos de los que aquí se habla, a saber, los que *una vez fueron iluminados*, que sólo *gustaron el don celestial*, y por consiguiente *fueron hechos partícipes del Espíritu Santo*. De manera que la Escritura no se ocupa de los que no han experimentado estas cosas. (2) ¿Cuál es la recaída de la que se habla aquí? Es la de una absoluta y total apostasía. Un creyente puede caer, pero no por completo. Puede caer y volver a levantarse. Y si cae, inclusive en pecado, aun este caso terrible no es desesperado. Pues *abogado tenemos para con el Padre, a Jesucristo el justo; y él es la propiciación por nuestros pecados.*[456] Sin embargo, que tenga mucho cuidado, no sea que su corazón *se endurezca por el engaño del pecado.*[457] No sea que se hunda más y más, hasta caer por completo, hasta que llegue a ser como *sal que ha desvanecido*: *Porque si pecáramos voluntariamente después de haber recibido el conocimiento* experimental *de la verdad, ya no queda más sacrificio por los pecados, sino una horrenda expectación de juicio y hervor de fuego que ha de devorar a los adversarios.*[458]

---

[454] Cf. 2 Ts. 2.3.
[455] He. 6.6.
[456] 1 Jn. 2.1-2.
[457] He. 3.13.
[458] He. 10.26-27.

II.1. «Pero si bien es cierto que no podemos separarnos por completo del género humano, si bien concedemos que es nuestro deber sazonarlo con la religión que Dios ha forjado en nuestros corazones, no obstante ¿no puede hacerse esto de forma indiscernible? ¿No podremos comunicar esto a otros en secreto y de una manera casi imperceptible, de modo que casi nadie pueda advertir cuándo ni cómo lo hemos hecho? Lo mismo que la sal comunica su sabor a todo lo que sazona sin hacer ruido ni exponerse a llamar la atención. Y si así fuere, aunque no salgamos del mundo, podremos permanecer escondidos en él. Podremos guardar nuestra religión para nosotros mismos sin exponernos a ofender a aquellos a quienes no podemos ayudar.»

2. Nuestro Señor también conocía muy bien esta probable razón de la carne. Empero, en las palabras que vamos a considerar, ha dejado una respuesta completa, al explicar la cual procuraré, como me propuse hacerlo en segundo lugar, mostrar que es imposible ocultar la religión verdadera mientras permanece en nuestros corazones, lo cual es enteramente contrario a los designios de su gran Autor.

Primero, para cualquiera que tenga la religión de Jesucristo es imposible esconderla. Esto lo aclara el Señor, sin dejar lugar a la menor duda, con una doble comparación: «*Vosotros sois la luz del mundo; una ciudad asentada sobre un monte no se puede esconder.*»

«*Vosotros*» cristianos «*sois la luz del mundo*».[459] Ustedes los cristianos son la luz del mundo en razón de sus

---

[459] Mt. 5.14.

disposiciones y acciones. Su santidad los hace tan conspicuos como el sol en medio del cielo. Así como no pueden salirse del mundo, así tampoco pueden permanecer en él sin dejarse ver por el género humano. No les es dado huir de los seres humanos, y mientras estén entre ellos, será imposible ocultar su humildad y mansedumbre y aquellas otras disposiciones por las cuales aspiran a ser perfectos, como su Padre que está en los cielos es perfecto.[460] Ni puede ocultarse el amor más que la luz, y mucho menos cuando resplandece en acción, cuando ustedes lo ejercitan en las obras de amor, y en toda clase de benevolencia. Sería más fácil a la gente esconder una ciudad que a un cristiano; sí, a una *ciudad asentada sobre un monte* que a un cristiano santo, celoso y activo amante de Dios y de los seres humanos.

3. Es muy cierto que los seres humanos que aman más las tinieblas que la luz, pues *sus obras* son *malas*,[461] harán cuanto puedan para probar que la luz que está en ustedes es tinieblas. Dirán todo mal, *toda clase de mal* del bien que está en ustedes, *mintiendo*:[462] les acusarán de aquello que está más lejos de sus pensamientos, que es lo contrario de todo lo que son y lo que hacen. Mas su perseverancia, llena de paciencia en hacer el bien, su humildad al sufrir todas las cosas por causa de Dios, su gozo pleno de calma y mansedumbre en medio de la persecución, sus incansables esfuerzos en

---

[460] Mt. 5.48.
[461] Cf. Jn. 3.19.
[462] Cf. Mt. 5.11.

vencer *con el bien el mal*,[463] les harán más notables aún, les harán más visibles y conspicuos que antes.

4. Así, es imposible tratar de ocultar nuestra religión para no ser vista, a no ser que la desechemos. ¡Así de vana es la idea de esconder la luz, a no ser que la apaguemos! Por cierto que una religión secreta e inobservable no puede ser la religión de Jesucristo. Cualquiera religión que pueda ser ocultada no es el cristianismo. Si un cristiano pudiera ocultarse, no se le podría comparar con «*una ciudad asentada sobre un monte*»; con «*la luz del mundo*», el sol que alumbra en los cielos y es visto por todo el mundo. Por ende que jamás abrigue el corazón de aquel a quien Dios ha renovado en el espíritu de su mente, la idea de esconder la luz, de preservar su religión para sí mismo; tomando especialmente en consideración que no sólo es imposible esconder el verdadero cristianismo, sino que es igualmente contrario a los designios de su gran Autor.

5. Esto de desprende muy claramente de las siguientes palabras: «*ni se enciende una luz y se pone debajo de un almud*».[464] Que es como si hubiera dicho: así como no se enciende una vela sólo para cubrirla o esconderla, tampoco Dios ilumina un alma con su glorioso conocimiento y amor, para esconderla o encubrirla, ya por prudencia (así llamada falsamente), ya por vergüenza o humildad voluntaria. Para esconderla ya en un desierto, ya en el mundo, sea evitando a los seres humanos, sea conversando con ellos. «*Sino*» se pone

---

[463] Cf. Ro. 12.21.
[464] Mt. 5.15.

«*sobre el candelero, y alumbra a todos los que están en casa*».[465] De la misma manera, el designio de Dios es que todo cristiano esté a la luz pública para que alumbre a todos los que estén a su alrededor; para que manifieste visiblemente la religión de Jesucristo.

6. De modo que Dios ha hablado al mundo en todas las épocas, no sólo por precepto sino también con el ejemplo. *No se dejó a sí mismo sin testimonio*[466] en ninguna nación a donde ha resonado la voz del Evangelio; sin unos cuantos que testificasen de la verdad, no sólo con sus palabras, sino con sus vidas. Estos han sido *como una antorcha que alumbra en lugar oscuro*,[467] que de cuando en cuando han sido los medios de iluminar a otros, de preservar un remanente, una pequeña semilla, lo que *será contado de Jehová hasta la postrera generación.*[468] Han conducido unas cuantas pobres ovejas fuera de las tinieblas del mundo para encaminar sus pies por camino de paz.[469]

7. Uno podría imaginarse que donde ambas, la Escritura y la razón de las cosas, hablan tan clara y expresamente, la otra parte no podría decir mucho, al menos no con apariencia de verdad. Pero quien se imagina esto conoce poco de las sutilezas de Satanás. A pesar de todo lo que dice la Escritura y dicta la razón, las pretensiones en favor de una religión aislada, de separar a los cristianos del mundo, o al menos de es-

---

[465] Mt. 5.15.
[466] Hch. 14.17.
[467] 2 P. 1.19.
[468] Sal. 22.30.
[469] Lc. 1.79.

conderse de él, son tan plausibles que necesitamos toda la sabiduría de Dios para descubrir la trampa, de todo su poder para escapar de ella --tantas son las objeciones que se han aducido para no ser cristianos sociales, francos y activos.

III.1. El tercer punto que me propuse fue responder a estas objeciones. En primer lugar, se ha objetado que la religión no consiste en las cosas exteriores sino en el corazón, en lo más íntimo del alma; esto es en la unión del alma con Dios, la vida de Dios en el alma humana. Que de nada vale la religión externa; pues Dios *no quiere holocausto*, servicios externos, sino un corazón puro y santo que es *el sacrificio que no despreciará.*[470]

Respondo, es muy cierto que la raíz de la religión se encuentra en el corazón, en lo más íntimo del alma; esto es la unión del alma con Dios, la vida de Dios en el alma humana. Pero si esta raíz está en efecto en el alma, no puede sino echar ramas; y tales ramas son las diferentes manifestaciones de la obediencia externa que participan de la misma naturaleza de la raíz y son, por consiguiente, no sólo marcas y señales, sino partes esenciales de la religión.

También es cierto que la simple religión externa que no tiene raíces en el corazón, no vale nada; que Dios no se deleita con *tales* servicios externos, como no se deleita con los holocaustos judaicos, y que un corazón puro y santo es el sacrificio que siempre le agrada. Pero también se agrada en todos esos servicios externos que surgen del corazón; en el sacrificio de

---

[470] Sal. 51.16-17.

nuestras oraciones (ya privadas ya públicas), de nuestras alabanzas y acciones de gracias. En el sacrificio de nuestros bienes, humildemente dedicados a él, y empleados enteramente a su gloria; en el de nuestros cuerpos, que reclama especialmente, respecto del cual el Apóstol nos ruega *por las misericordias de Dios* que presentemos nuestros cuerpos *en sacrificio vivo, santo, agradable a Dios.*[471]

2. Una segunda objeción, muy semejante a la anterior, es que el amor es todo en todo: el *cumplimiento de la ley,*[472] *el propósito de este mandamiento,*[473] de todo mandamiento de Dios. Que de nada nos sirve todo lo que hacemos, todo lo que sufrimos, si no tenemos caridad o amor,[474] y que el Apóstol nos aconseja que sigamos la caridad,[475] a la cual llama «*un camino aun más excelente*».[476]

Respondo: Se concede que el amor de Dios y del ser humano que resulta de una *fe no fingida,*[477] es todo en todo, el *cumplimiento de la ley,*[478] el fin de todo mandamiento de Dios; que es muy cierto que sin este amor todo lo que hacemos, todo lo que sufrimos, de nada vale. Pero no se sigue de esto que el amor sea todo [en todo] en el sentido de que supere a la fe o a las buenas obras. Es *el cumplimiento de la ley,* no para librarnos de ella, sino porque estamos obligados a obedecerla. Es *el*

---

[471] Ro. 12.1.
[472] Ro. 13.10.
[473] 1 Ti. 1.5.
[474] Cf. 1 Co. 13.2, 3.
[475] 1 Co. 14.1.
[476] 1 Co. 12.31.
[477] 1 Ti. 1.5.
[478] Ro. 13.10.

fin de todo mandamiento puesto que todo mandamiento guía al amor donde tiene su centro. Concedemos que de nada vale todo lo que hacemos o sufrimos sin amor, pero con todo, cualquiera cosa que hagamos o suframos con amor, aunque no sea más que sufrir reproches por causa de Cristo, o dar *un vaso de agua en* su *nombre,*[479] no perderá en manera alguna su recompensa.

3. Pero, ¿no nos aconseja el Apóstol que *sigamos el amor,* y no la llama *«un camino aun más excelente»*? Nos aconseja que *«sigamos el amor»,* pero no exclusivamente. Sus palabras son *«Seguid el amor y procurad los dones espirituales».*[480] *«Sigan el amor»* y estén prestos a gastar sus vidas por sus hermanos. *«Sigan el amor»* y hagan bien a todos los seres humanos según se presente la oportunidad.[481] En el mismo versículo en que llama al amor *«un camino aun más excelente»* aconseja a los corintios que deseen además otros dones, y que los deseen con fervor. *«Procurad los mejores dones»,* dice, *«mas yo os muestro un camino más excelente».*[482] ¿Más excelente que cuál cosa? Que los dones de «sanidades», de «géneros de lenguas» y de «interpretaciones» mencionados en el versículo anterior, pero no más excelente que el camino de la obediencia. El Apóstol no está hablando de esto, ni tampoco de la religión externa. De manera que este texto está muy lejos de ser aplicable al asunto.

Pero supongamos que el Apóstol hubiera estado hablando de la religión externa lo mismo que de la inte-

---

[479] Cf. Mc. 9.41.
[480] 1 Co. 14.1.
[481] Gá. 6.10.
[482] 1 Co. 12.31.

rior. Supongamos que al hacer la comparación hubiese dado decididamente la preferencia a la última. Supongamos que hubiese preferido, como muy bien pudo haberlo hecho, un corazón amante a toda clase de obra externa. A pesar de todo esto, no se seguiría que podríamos rechazar la una o la otra. No; Dios las juntó desde el principio del mundo. Que nadie las separe.[483]

4. Pero *Dios es Espíritu, y los que le adoran, en espíritu y en verdad es necesario que le adoren.*[484] ¿No es esto suficiente? ¿No debemos emplear en esto todas las facultades de nuestra mente? ¿No es cierto que al ocuparse de cosas externas, el alma se entorpece de tal manera que no puede elevarse a una santa contemplación? ¿No modera el vigor de nuestros pensamientos? ¿No tiende naturalmente a estorbar y a distraer la mente? Al paso que Pablo dice: «*Quisiera, pues, que estuvieseis sin congoja*», y «*que sin impedimento os acerquéis al Señor*».[485]

Respondo: «*Dios es Espíritu, y los que le adoran, en espíritu y en verdad es necesario que le adoren.*» Cierto, y esto basta. Debemos emplear en ello todas las facultades de nuestra mente. Pero yo preguntaría: ¿Qué cosa es adorar a Dios, un Espíritu, en espíritu y en verdad? Es adorarle en nuestro espíritu; adorarle como sólo los espíritus pueden adorar. Es creer en él como un Ser sabio, justo, santo, cuyos ojos son demasiado puros para ver la iniquidad,[486] y sin embargo, misericordioso, piadoso y paciente; que perdona la iniquidad, las

---

[483] Cf. Mt. 19.6; Mc. 10.9.
[484] Jn. 4.24.
[485] 1 Co. 7.32,35.
[486] Cf. Hab. 1.1.3.

transgresiones y los pecados, cargando sobre sí nuestros pecados y aceptándonos en el Amado.[487] Es amarlo, deleitarse en él, desearlo de todo nuestro corazón, mente y alma y fuerzas.[488] Es imitar a aquel a quien amamos, purificándonos *así como él es puro*.[489] Es obedecer a aquel a quien amamos y en quien creemos, en pensamiento, palabra y obra. Por consiguiente, uno de los modos de adorar a Dios en espíritu y en verdad es guardar sus mandamientos exteriores. El glorificarle, pues, en nuestros cuerpos, lo mismo que en nuestras almas. Desempeñar nuestras obras externas con nuestros corazones levantados hacia él. Hacer de nuestras ocupaciones diarias un sacrificio a Dios. Comprar y vender, comer y beber para su gloria.[490] Esto es adorar en espíritu y en verdad tanto como hacerle nuestras oraciones en el desierto.

5. Pero si esto es así, entonces la contemplación es sólo un modo de adorar a Dios en espíritu y en verdad. Por consiguiente, el entregarnos a esto exclusivamente, sería tanto como anular muchas otras maneras de culto espiritual, todos igualmente aceptables a Dios, igualmente provechosos, que no hacen ningún daño al alma. Porque es un gran error suponer que todas estas cosas exteriores, a las que nos ha llamado la providencia de Dios, sirvan de tropiezo al cristiano, o que le estorben para ver siempre a aquel quien es invisible. De ninguna manera atenúan el fervor, ni

---

[487] Cf. Ef. 1.6.
[488] Cf. Mr. 12.30; Lc. 10.27.
[489] 1 Jn. 3.3.
[490] Cf. 1 Co. 10.31.

abruman o distraen la mente, ni causan ansiedad ni cuidado a quien todo lo hace como para el Señor, quien ha aprendido a hacerlo todo, de palabra o de hecho, en el nombre del Señor Jesús;[491] teniendo uno de los ojos del alma moviéndose en derredor y viendo todas las cosas, y el otro constantemente en Dios. Aprended lo que significa esto, ustedes pobres reclusos, para que puedan discernir cuán pequeña es su fe y para que ya no juzguen a otros por ustedes mismos. Vayan y aprendan lo que quiere decir:

«Tú, Señor, que con tierno amor,
Sobre ti llevas toda mi carga;
Mi corazón eleva a lo alto,
Y haz que allí se fije siempre.
Sentado en medio del torbellino,
Solo entre la gran multitud;
Tranquilo a tus pies espero,
Hasta que se haga tu voluntad».

6. Pero aún queda en pie la gran objeción. «Apelamos», dicen, «a la experiencia». Nuestra luz alumbró. Por muchos años usamos de las cosas externas, y sin embargo, de nada nos sirvieron. Asistimos a todas las ordenanzas, pero de nada nos aprovecharon, ni, a la verdad, a ninguna otra persona. Al contrario, fue peor para nosotros porque con tal motivo nos figuramos que éramos cristianos, cuando en realidad no sabíamos de verdad lo que significaba el cristianismo.

---

[491] Cf. Col. 3.17.

Concedo el hecho. Concedo que ustedes y millares de personas han abusado de las ordenanzas de Dios confundiendo los medios con el fin; suponiendo que el hacer estas o algunas otras obras externas, era la religión de Jesucristo, o que serían aceptadas en su lugar. Que concluya el abuso y permanezca el uso. Usen todas las cosas exteriores, pero úsenlas procurando constantemente la renovación de su alma en *la justicia y santidad de verdad.*[492]

7. Pero esto no es todo. Dicen: «La experiencia enseña igualmente que el tratar de hacer bien es pérdida de tiempo. ¿De qué sirve dar de comer o vestir a los seres humanos, si constantemente están cayendo en el fuego eterno? ¿Qué bien se puede hacer a sus almas? Si éstas cambian, es por obra de Dios. Además, todos son buenos --o a lo menos desean serlo-- u obstinadamente malos. Los primeros no tienen necesidad de nosotros. Que le pidan ayuda a Dios y él se la concederá. Y los últimos no querrán recibir nuestra ayuda. El Señor mismo lo prohíbe: «*ni echés vuestras perlas delante de los cerdos*».[493]

Contesto: (1) Bien que finalmente se pierdan o se salven, se les manda expresamente que den de comer a los hambrientos y que vistan a los desnudos. Si tienen la posibilidad de hacerlo y no lo hacen cualquiera que sea la suerte que corran, irán al fuego eterno. (2) Si bien sólo Dios puede cambiar los corazones, sin embargo, lo hace generalmente por medio del ser humano. Nuestro deber es hacer cuando esté a nuestro alcance, con tanto empe-

---

[492] Ef. 4.24.
[493] Mt. 7.6.

ño como si nosotros mismos tuviéramos el poder de cambiarlos, y dejar el resultado en manos de Dios. (3) En contestación a sus oraciones, Dios fortifica a sus hijos, a los unos por medio de los otros, alimentando y fortaleciendo todo *el cuerpo bien concertado y unido entre sí por todas las coyunturas*,[494] de manera que *ni el ojo puede decir a la mano: no te necesito; ni tampoco la cabeza a los pies: no tengo necesidad de vosotros*.[495] Por último, ¿cómo pueden saber que las personas en derredor de ustedes son perros o cerdos? No juzguen hasta que no hayan probado. ¿Cómo sabes, oh hombre, si podrás salvar a tu hermano?[496] Con la ayuda de Dios podrás salvar su alma de la muerte. Cuando desprecie tu amor y blasfeme la Palabra, entonces será tiempo de dejarlo en manos de Dios.

8. «Hemos hecho la prueba, hemos trabajado por reformar a los pecadores, y ¿de qué ha servido? En muchos de ellos no pudimos hacer la menor impresión. Y si algunos cambiaron por un poco de tiempo, su bondad fue como el rocío de la mañana. Poco después volvieron a ser tan malos y aun peores que antes. De manera que sólo conseguimos hacerles mal y a nosotros también, porque sus mentes estaban en un estado de premura y desorden, tal vez llenas de ira en lugar de amor. Por consiguiente, habría sido mejor reservarnos nuestra religión.»

Es muy probable que este hecho también sea cierto; que hayan tratado de hacer bien y no hayan tenido éxito; que aquellos que parecían haberse reformado

---

[494] Ef. 4.16.
[495] 1 Co. 12.21.
[496] Cf. 1 Co. 7.16; Mt. 18.15.

hayan caído otra vez en pecado y que su último estado haya sido peor que el primero.[497] Y no hay de qué maravillarse. ¿Es *el siervo más que su Señor?*[498] ¡Cuán a menudo trató de salvar a los pecadores y no quisieron escuchar! O después de haberle seguido por un poco de tiempo, se volvieron *como perro que vuelve a su vómito.*[499] Sin embargo, no por eso desistió de tratar de hacer el bien, ni tampoco deberían desistir ustedes, cualquiera que sea el éxito que obtengan. Su deber es hacer lo que se les manda: el resultado está en manos de Dios. Ustedes no son responsables: déjenlo en aquel que ordena todas las cosas para bien.[500] *Por la mañana siembra tu semilla, y a la tarde no dejes reposar tu mano; porque tú no sabes cuál es lo mejor.*[501]

Pero la prueba agita y atormenta su alma, y tal vez la razón de esto sea que se creyeron responsables del resultado, de lo cual nadie es ni lo puede ser. Tal vez porque estuvieron descuidados y no han estado velando sobre sus espíritus. Esta, empero, no es razón para desobedecer a Dios. Hagan la prueba otra vez, pero háganla con más prudencia. Hagan bien (tal como deben perdonar) no sólo siete, sino *hasta setenta veces siete.*[502] Sólo que aprendan a ser más sabios por la experiencia. Traten de hacerlo cada vez más prudentemente que antes; humíllense más ante Dios. Mas convén-

---

[497] Cf. Mt. 12.45.
[498] Mt. 10.24; Jn. 13.16; 15,20.
[499] Pr. 26.11.
[500] Cf. Mc. 7.37.
[501] Pr. 11.6.
[502] Mt. 18.22.

zanse de que no podrán hacer nada por ustedes mismos.[503] Sean más celosos de sus espíritus, más dóciles; velen más en oración. *Echa tu pan sobre las aguas, porque después de muchos días lo hallarás.*[504]

IV.1. Sin atender a estas razones aparentemente plausibles para esconderla, «alumbre vuestra luz delante de los hombres, para que vean vuestras obras buenas y glorifiquen a vuestro Padre que está en los cielos».[505] Esta es la aplicación práctica que nuestro Señor hace de las consideraciones anteriores.

«*Así alumbre vuestra luz*»: su humildad de corazón, su amabilidad y mansedumbre de sabiduría;[506] su consideración seria y madura de las cosas eternas, y dolor de los pecados y miserias de los humanos; su deseo ferviente de una justicia universal, y de plena felicidad en Dios; su tierna y buena voluntad para con todo el género humano, y amor ferviente a su supremo benefactor. Procuren no esconder esta luz con que Dios ha iluminado su alma, sino dejen que *alumbre delante los hombres*, ante todos aquellos entre quienes vivís, en todo el curso de sus vidas. Que alumbre aun más eminentemente en sus acciones, al hacer toda clase de bien a todos a los seres humanos;[507] y en *sufrir por causa de la justicia*, al mismo tiempo que se gozan y alegran sabiendo que *vuestro galardón es grande en los cielos.*[508]

---

[503] Cf. Jn. 15.5.
[504] Ec. 11.1.
[505] Mt. 5.16.
[506] 2 Co. 10.1.
[507] Cf. Gá. 6.10.
[508] Mt. 5.12.

2. «*Así alumbre vuestra luz delante de los hombres, para que vean vuestras buenas obras*»: así de lejos deben estar los cristianos de procurar o desear ocultar su religión. Al contrario, sea su deseo el no ocultarla; el no poner la vela debajo del almud. Tengan cuidado de ponerla sobre el candelero, para que «*alumbre a todos los que están en casa*». Sólo que deben procurar no buscar su propia alabanza, no desear ninguna honra para ustedes mismos. Sea su único deseo que todos los que vean sus obras buenas, «*glorifiquen a vuestro Padre que está en los cielos*».

3. Sea este su propósito en todas las cosas. Con esto en mente sean francos, sencillos, sinceros. Sea su amor sin fingimiento.[509] ¿Por qué habrán de esconder un amor desinteresado y justo? *Que no haya engaño en su boca*;[510] que sus palabras sean la expresión genuina de su corazón; que no haya ambigüedad ni reserva en su conversación, ni disimulo en su comportamiento. Dejen esto para quienes se proponen otros fines -- designios que no resistirán la luz. Sean sencillos y sin artificio para con todos los seres humanos, para que todos vean la gracia de Dios que está en ustedes. Y aunque algunos endurezcan sus corazones, otros reconocerán que han estado con el Señor Jesús, y al volverse ellos mismos al gran Obispo de las almas,[511] glorificarán a «*vuestro Padre que está en los cielos*».

4. Con este único propósito, que los seres humanos *glorifiquen a Dios* en ustedes, vayan pues en su nombre

---

[509] 1 Co. 12.9.
[510] 1 P. 2.22; Ap. 14.5.
[511] 1 P. 2.25.

y *en el poder de su fuerza.*[512] No se avergüencen de estar solos, siempre que sea en los caminos de Dios. Que la luz que está en su corazón alumbre en toda buena obra: obras de piedad y obras de misericordia. A fin de aumentar su facultad de hacer bien, renuncien a todo lo que sea superfluo; reduzcan todos los gastos que no sean necesarios, de alimento, vestido y mobiliario. Sean buenos administradores de los dones de Dios,[513] aun de estos dones inferiores. Eviten toda pérdida de tiempo, toda ocupación inútil e innecesaria, y *todo lo que te viniere a la mano para hacer, hazlo según tus fuerzas.*[514] En una palabra: llénense de amor y de fe; hagan el bien; sufran el mal. Y estén en esto siempre *firmes y constantes,* en efecto, *creciendo en la obra del Señor siempre, sabiendo que vuestro trabajo en el Señor no es vano.*[515]

---

[512] Ef. 6.10.
[513] Cf. 1 P. 4.10.
[514] Ec. 9.10.
[515] 1 Co. 15.58.

Comentario del Sermón 24
Sobre el sermón de nuestro Señor en la montaña
Cuarto Discurso
Mateo 5:13-16

¡Cuánto necesitamos, en la iglesia y en la sociedad, testigos de la belleza de la santidad, testigos del esplendor de la verdad, testigos del gozo y la libertad nacidos de una relación viva con Cristo!

Papa Benedicto XVI

Nunca dejó de sorprenderme lo rápido que las personas se daban cuenta de cuán profundamente habitaba Cristo en la vida de mi padre. Al igual que la sal, su vida "sazonó" la vida de los demás y la luz de Cristo brilló tanto a través de sus actitudes, como a través de sus acciones. Personas de todos los ámbitos de la vida experimentaron la bondad de mi padre y la manera en que su carácter y sus obras glorificaron a Dios de muchas maneras.

Wesley comienza este cuarto discurso señalando cómo las personas no pueden evitar ver la imagen de Dios en otra persona. Cualquiera que sea capaz "en cualquier grado, de discernir entre el bien y el mal espiritual", podrá discernir la belleza de la santidad en otra persona. ¿Qué persona con facultades normales no puede saborear la sal o ver la luz?

Esta verdad es la razón por la cual los cristianos deben vivir en comunidad unos con otros y en el mundo en general, porque sin la "religión social", como Wesley se refiere a ella, la salinidad del otro no se puede saborear, ni se puede ver su luz. "Hacer de esta una religión solitaria", dice Wesley, "es destruirla".

Esto no significa que uno no deba tomarse un tiempo personal o privado para actos de piedad, como la contemplación, los devocionales y la oración; a los que Wesley se refiere como "períodos de retiro religioso". Podemos hacer esto por cortos períodos de tiempo, pero luego deberíamos volver a vivir y conversar con otras personas. Porque es en estos entornos sociales donde practicamos la mansedumbre, la pacificación y el amor a los demás como a nosotros mismos.

Además, nuestro entorno social no debe limitarse a aquellos que comparten opiniones y una fe religiosa similares a las nuestras, sino que también debe incluir a aquellos que "no conocen a Dios". De hecho, deberíamos asociarnos incluso con aquellos que viven vidas muy impías y profanas, porque estas personas necesitan especialmente la sal y la luz que podemos compartir. Wesley dice: "esta es la gran razón por la cual la providencia de Dios los ha mezclado con otros seres humanos, de modo que cualquiera gracia que ustedes hayan recibido de Dios pueda comunicarse a otros por intermedio suyo". Y no solo comunicarse sino que pueda tener "influencia" sobre ellos.

¡Debería darnos vergüenza si no compartimos la fe que hemos recibido! Como dice el apóstol Pablo: "¡ay de mí si no predico el evangelio!" (1 Corintios 9: 6b, RVC). La predicación consiste tanto de palabras como de comportamiento y si no compartimos "la religión que hemos recibido", dice Wesley, estamos en una "situación desesperada". Como indica la escritura, si no buscamos ser sal o dar luz para otros, entonces "no servimos para nada más que para ser echados fuera".

Es decir, si no somos sal o luz para otros, es porque hemos "perdido" nuestra salinidad y nuestra luz; por la razón que fuese, nos hemos alejado de la fe. Si nuestros corazones están vivos en Cristo, entonces no podemos evitar ser sal y luz para los demás. Es imposible no serlo. Una ciudad situada sobre una colina no se puede ocultar. "Ni puede ocultarse el amor más que la luz". Dice Wesley, "es imposible esconder el verdadero cristianismo".

Debido a que la sal y la luz brotan de un corazón donde Cristo mora, esta persona no puede evitar tocar las vidas de los demás. Esto puede suceder a través de una conversación informal o a través de un esfuerzo concertado para ayudar a alguien en necesidad. Sin embargo, la sal o la luz que compartimos con otras personas nunca es garantía que la vida del otro cambiará; de hecho, puede que no lo sea. El alma de esa persona puede estar tan endurecida o resistente que la sal y la luz pueden tener poca o ninguna influencia sobre esta persona. Es importante recordar que, si bien podemos desempeñar algún tipo de papel, es Dios quien "ordena todas las cosas para bien". Al creyente cuya vida es sal y luz no se le considera responsable de no tener éxito en salvar almas. "Salvar" es la obra de Dios. Pensar que no tenemos éxito en ser sal o luz nunca es motivo para renunciar a ningún esfuerzo. Deberíamos continuar haciendo "toda clase de bien a todos los seres humanos".

Por otro lado, si tienes éxito en influir en la vida de los demás para guiarles hacia la santidad, no tomes ningún honor o alabanza. Deja que aquellos que vean tus buenas obras den gloria solamente a Dios (Mateo 5:16). Como ya he compartido, después de la muerte de mi padre, mi madre encontró una nota de su puño y letra que decía: "mi vida y mi trabajo son un testimonio continuo de la gracia de Dios, no de mí".

Nunca hubo un momento en que mi padre no estuviera activo en la iglesia. De hecho, él y mi madre ayudaron a comenzar una nueva congregación como parte de su trabajo misionero en Filipinas. Mi padre nunca se perdía un domingo para ir al culto, ni siquiera cuando estábamos de viaje o de vacaciones. Era esencial para él estar presente el domingo en el cuerpo de Cristo. Se aferró firmemente a las ideas de Wesley de "religión social". Mi padre no habría desestimado a ningún cristiano "solitario" que afirmara serlo fuera de cualquier asociación eclesiástica, pero ciertamente afirmó el gran valor de estar conectado a una comunidad de fe. Valoraba la conversación cristiana, el compañerismo, el culto corporativo, el alcance comunitario y el participar en el alivio de las necesidades de los miembros que estaban enfermos o moribundos. Hay algo muy valioso en compartir mutuamente la sal y la luz. Siempre estamos creciendo en amor a través de la sazón y la luz de los demás dentro de la iglesia.

El pensamiento final que ofrece Wesley en este cuarto discurso es muy básico para Wesley y fue parte de la sal y la luz de la vida de mi padre. Wesley advirtió sobre la negatividad de una acumulación excesiva de cosas materiales y, además, aplicó estos consejos sobre la mayordomía del tiempo y otros dones de Dios. Es pecaminoso acumular más de lo que necesitamos, como alimentos, artículos domésticos o ropa. Cuando acumulamos más de lo que necesitamos, no estamos compartiendo todo lo que podríamos compartir con aquellos que carecen de las necesidades básicas. Además, cuando perdemos el tiempo o nos dedicamos a cosas inútiles, entonces damos menos de nosotros en la obra de Dios. Deberíamos ser "buenos administradores de los dones de Dios".

Mi padre mantuvo un libro de presupuesto anual durante toda su vida. Le fastidiaba mucho si al final del mes estaba fuera de balance, aunque fuera por un centavo. Ahorraba frugalmente, daba generosamente y daba cuenta de todo lo que tenía. Raramente hacía una oración que no incluyera las palabras "ayúdanos a ser buenos administradores de todo lo que nos has dado". Sin lugar a dudas, él fue un muy buen administrador de todo aquello con lo que Dios lo había bendecido. Durante los últimos dos años de su vida, le molestó enormemente el hecho de que él y mi madre tuvieran que pagarle a alguien para que le ayudara a atender sus necesidades personales. Y en sus años noventa, sin duda, estaba deprimido en parte por el hecho de que la medicina y sus costos estaban siendo "desperdiciados" en él, en lugar de ser utilizados para otras personas que eran más jóvenes y que se beneficiarían más de ello. Era un buen administrador de todo, dispuesto a comer incluso un plátano "blando"; pero aún más que todo, deseaba ser un buen administrador de su propia vida terrenal.

Sermón 25
Sobre el sermón de nuestro Señor
en la montaña
Quinto discurso
Mateo 5:17-20

No penséis que he venido para abrogar la ley o los profetas; no
he venido para abrogar, sino para cumplir.

Porque de cierto os digo que hasta que pasen el cielo y la
tierra, ni una jota ni una tilde pasará de la ley, hasta que todo
se haya cumplido.

De manera que cualquiera que quebrante uno de estos
mandamientos muy pequeños, y así enseñe a los hombres, muy
pequeño será llamado en el reino de los cielos; mas cualquiera
que los haga y los enseñe, éste será llamado grande en el reino
de los cielos.

Porque os digo que si vuestra justicia no fuere mayor que la
de los escribas y fariseos, no entraréis en el reino de los cielos.

1. Entre la multitud de reproches que cayeron sobre
aquel que fue *despreciado y desechado entre los hombres*,[516] no
pudo faltar el de que era un maestro de novedades, el
introductor de una *nueva religión*. Esto pudo afirmarse
con tanta más apariencia de verdad, cuanto que muchas
de las expresiones que usara no eran comunes entre los
judíos, sea que no las usaban nunca o si lo hacían no
era con el mismo sentido, ni con tanta fuerza o plenitud
de sentido. Añádase a esto el hecho de que el adorar a

---

[516] Is. 53.3

Dios *en espíritu y en verdad*,[517] debe parecer siempre una nueva religión a los que no conocen otra adoración sino la exterior, sólo la *apariencia de piedad*.[518]

2. No es improbable que algunos hayan tenido esperanzas de que así fuese --de que estaban aboliendo la religión antigua para introducir otra, una de la que se alegrarían de que fuese una vía más fácil para entrar al cielo. Pero nuestro Señor refuta con estas palabras, tanto las vanas esperanzas de unos, como las calumnias infundadas de otros.

Las consideraré en el orden en que se encuentran, tomando un versículo por tema de cada una de las divisiones de mi discurso.

I.1. Primero, «No penséis que he venido para abrogar la ley o los profetas; no he venido para abrogar, sino para cumplir».

Nuestro Señor, a la verdad, vino a destruir, a disolver y a abolir para siempre el ritual o la ley ceremonial dada por Moisés a los hijos de Israel, que contenía todos los preceptos y ordenanzas relativos a los antiguos sacrificios y al servicio del templo. Todos los apóstoles dan testimonio de esto. No sólo Bernabé y Pablo --quienes resistieron decididamente a los que enseñaban a los cristianos *que es necesario que guarden la ley de Moisés*.[519] No sólo Pedro, quien calificó la insistencia tesonera en la observancia de la ley ritual como tentar *«a Dios, poniendo sobre la cerviz de los discípulos un yugo, que ni nuestros padres ni nosotros»*, dijo, *«hemos podido*

---

[517] Jn. 4.23,24.
[518] 2 Ti. 3.5.
[519] Hch. 15.5.

llevar».[520] Sino que todos *los apóstoles, y los ancianos y los hermanos, [...] habiendo llegado a un acuerdo*, declararon que el mandarles guardar esta ley era tanto como *perturbar sus almas*, y que había parecido bien al Espíritu Santo y a ellos no imponerles *ninguna carga*.[521] Nuestro Señor anuló *el acta de los decretos que había contra nosotros [...], quitándola de en medio y clavándola en la cruz*.[522]

2. Pero el Señor no derogó la ley moral contenida en los Diez Mandamientos, y hecha respetar por los profetas. El objeto de su venida no fue revocar ninguna de sus partes. Esta es una ley que no se puede abrogar nunca, que está firme como el *testigo fiel en el cielo*.[523] La ley moral descansa sobre una base muy diferente del cimiento de la ley ceremonial o ritual que se designó temporalmente como rémora para un pueblo desobediente y de cerviz dura, mientras que la primera existe desde el principio del mundo, estando escrita *no en tablas de piedra*,[524] sino en los corazones de todos los humanos desde que salieron de las manos del Creador. Si bien las letras que Dios escribió con su dedo[525] están en gran parte desfiguradas por el pecado, no obstante, no se podrán borrar por completo, mientras que tengamos alguna conciencia del bien y del mal. Cada una de las partes de esta ley debe permanecer vigente en todas las épocas del género humano, puesto que no

---

520 Hch. 15.10.
521 Hch. 15.22-28.
522 Cf. Col. 2.14.
523 Sal. 89.37
524 Cf. 2 Co. 3.3.
525 Cf. Ex. 31.18; Dt. 9.10.

depende del tiempo o del lugar, o de cualquiera circunstancia que pueda cambiar, sino de la naturaleza de Dios y de la naturaleza humana, y de las relaciones que existen entre ambas.

3. *«No he venido para abrogar, sino para cumplir».* Algunos han creído que nuestro Señor quiso decir: He venido a cumplir esto, por medio de mi completa y perfecta obediencia. Y no cabe duda de que, en este sentido, cumplió con la ley en todas y cada una de sus partes. Pero eso no parece ser lo que quiere decir aquí, pues nada tiene que ver con el tema presente. Sin lugar a dudas lo que quiere decir (de acuerdo con lo que antecede y sigue) es: he venido a establecer la ley en toda su plenitud y a pesar de todas las interpretaciones de los seres humanos; he venido a sacar a la plena y clara luz todo lo que haya en ella de incierto y obscuro; he venido a declarar cuál sea el significado completo y verdadero de todas sus partes; a mostrar su largura y anchura, toda la extensión de cada uno de los mandamientos en ella contenidos, y la altura y la profundidad de la inconcebible pureza y espiritualidad de esa ley en todas sus partes.

4. Nuestro Señor ha hecho esto abundantemente en las partes precedentes y subsiguientes del discurso que estamos considerando, en las que no introduce en el mundo ninguna religión nueva, sino la misma que ha existido desde el principio: una religión cuya substancia es, sin dudas, «tan antigua como la creación»,[526]

---

[526] El tema del carácter innato de la ley moral aparece entre cristianos desde tiempos antiquísimos. Aquí Wesley parece aludir al famoso libro de Matthew Tindal, *El cristianismo es tan antiguo como la creación.*

siendo coetánea con el ser humano y habiendo venido de Dios al mismo tiempo que *fue el hombre un ser viviente*.[527] (Digo substancia porque ahora alguna de sus circunstancias se refieren al ser humano como criatura caída.) Una religión de la cual han testificado en todas las generaciones siguientes, tanto la ley como los profetas. Y sin embargo, nunca se explicó tan claramente ni se entendió tan por completo, hasta que a su gran Autor en persona plugo dar al género humano esta aplicación auténtica de todas sus partes esenciales, declarando al mismo tiempo que nunca cambiaría, sino que permanecería vigente hasta el fin del mundo.

II.1. «Porque de cierto os digo»--introducción solemne que denota tanto la importancia como la certeza de lo que se dice--«que hasta que pasen el cielo y la tierra, ni una jota, ni una tilde pasará de la ley, hasta que todo se haya cumplido».[528]

«Una jota» - literalmente, *ni una jota*, la letra más insignificante; *«una tilde»*, *mía keraía*, un ángulo o punto de una consonante. Es una expresión proverbial que significa que ningún mandamiento contenido en la ley moral, ni la mínima parte en cualquiera de ellos, por muy insignificante que al parecer fuere, debe anularse jamás.

«[Ni...] pasará de la ley»; *ou mè parélthe apò toû nómou*. La doble negativa en el griego original fortifica el sentido de tal manera que no deja el menor lugar a la contradicción, y como se observará, la palabra *«pasará»* no

---

[527] Gn. 2.7.
[528] Mt. 5.18.

es solamente *futuro*, declarando lo que *será*, sino que tiene a la vez la fuerza de un *imperativo*, mandando lo que *debe ser*. Es una palabra llena de autoridad que expresa el poder y la voluntad soberana de aquel que habla, de aquel cuya palabra es la ley del cielo y de la tierra, y que permanece por los siglos de los siglos.[529]

«Hasta que pasen el cielo y la tierra, ni una jota ni una tilde pasará de la ley»; o como dice la cláusula que sigue, *éos án pánta génetai*, hasta que todo se haya cumplido, hasta la consumación de todas las cosas. Por consiguiente, no cabe aquí esa pobre evasiva (con la que algunos se han deleitado grandemente), de que «ninguna parte de la ley había de pasar, hasta que toda la ley se cumpliese. Mas se ha cumplido por Cristo, y por lo tanto, ahora debe pasar para que se establezca el Evangelio».[530] De ninguna manera la palabra «todo» se refiere a la ley, sino a todas las cosas del universo, como tampoco se refiere la expresión «cumplido» a la ley, sino a todas las cosas en el cielo y en la tierra.

2. De todo esto podemos aprender que no existe ninguna contradicción entre la ley y el Evangelio; que no es necesario que perezca la ley para que se establezca el Evangelio. A la verdad, ni la primera suple al segundo, ni viceversa, sino que están unidos en perfecta armonía. Más aún, las mismas palabras consideradas bajo distintos aspectos son parte tanto de la ley como del Evangelio. Si se las considera como mandamientos, son parte de la ley; mas si como promesas,

---

[529] Cf. Is. 40.8.

[530] Tal era el argumento de los antinomianos, expresado por Wesley en forma de silogismo.

del Evangelio. Así, por ejemplo, *«Amarás al Señor tu Dios, de todo corazón»*,[531] considerado como un mandamiento, forma parte de la ley; considerado como una promesa, es una parte esencial del Evangelio, no siendo éste sino los mandamientos de la ley propuestos como promesas.[532] En consecuencia, la pobreza del espíritu, la pureza del corazón, y todas las demás cosas que la ley santa de Dios manda, vistas bajo la luz del Evangelio, no son sino otras tantas grandes y preciosas promesas.[533]

3. Por consiguiente, existe entre la ley y el Evangelio la relación más íntima que pueda concebirse. Por una parte, la ley prepara el camino constantemente, por decirlo así, y nos dirige hacia el Evangelio; por otra, el Evangelio nos guía continuamente al cumplimiento más exacto de la ley. La ley, por ejemplo, nos manda amar a Dios y a nuestros prójimos; que seamos mansos, humildes y santos. Sentimos nuestra insuficiencia para hace estas cosas; más aún, que para *los hombres esto es imposible.*[534] Pero escuchamos la promesa de Dios de darnos ese amor, de hacernos humildes, mansos y santos. Entonces nos acogemos a este Evangelio, a estas buenas nuevas: se nos concede según nuestra fe, y *la justicia de la ley se cumple en nosotros*[535] por medio de la fe que es en Cristo Jesús.

---

[531] Dt. 6.5; Mt. 22.37, etc.

[532] Uno de los principios hermenéuticos de Wesley es que el mandamiento siempre conlleva promesa, y viceversa.

[533] Cf. 2 P. 1.4.

[534] Cf. Mt. 19.26.

[535] Cf. Ro. 8.4.

Podemos observar, además, que todo mandamiento en la Sagrada Escritura es sólo una promesa encubierta. Porque con esta declaración: *«Este es el pacto que haré con ellos después de aquellos días, dice el Señor: Pondré mis leyes en sus corazones, y en sus mentes las escribiré»*,[536] Dios se comprometió a dar todo lo que ordena. ¿No manda que oremos sin cesar,[537] que estemos siempre gozosos,[538] que seamos santos como él también es santo?[539] ¡Es suficiente! El obrará en nosotros todo esto. Nos acontecerá según su palabra.[540]

4. Pero si esto es así, no hay que vacilar en lo que debemos pensar de aquellos que, en todas las épocas de la iglesia, se han propuesto cambiar o suplantar algunos de los mandamientos de Dios, diciendo ser guiados por la dirección especial del Espíritu Santo. Cristo nos ha dado en este pasaje una regla infalible para juzgar todas estas pretensiones. Si escuchamos a Dios, veremos que en su designio el cristianismo ha sido la última de todas sus dispensaciones, e incluye toda la ley moral de Dios, tanto por medio de preceptos como de promesas. Después de esta dispensación ya no habrá otra. Esta debe durar hasta la consumación de todas las cosas. En consecuencia, todas estas nuevas revelaciones proceden de Satanás y no de Dios, y por supuesto, todas las pretensiones respecto de una dispensación más perfecta caen por tierra. *El*

---

[536] Cf. He. 10.16.
[537] Cf. 1 Ts. 5.17.
[538] Cf. 1 Ts. 5.16.
[539] Cf. 1 P. 1.16.
[540] Cf. Lc. 1.38.

cielo y la tierra pasarán, pero mis palabras no pasarán.[541]

III.1. «De manera que cualquiera que quebrantare uno de estos mandamientos muy pequeños, y así enseñe a los hombres, muy pequeño será llamado en el reino de los cielos; mas cualquiera que los haga y los enseñe, éste será llamado grande en el reino de los cielos».[542] ¿Quiénes son aquellos que hacen de «la predicación de la ley» un motivo de reproche? ¿No ven sobre quién debe caer este reproche? ¿Sobre qué cabeza ha de caer por último? Quienquiera que con este motivo nos desprecia, desprecia al que nos envió.[543] Porque ¿quién ha predicado la ley como él la predicó? Aun cuando no vino *para condenar al mundo, sino para salvar al mundo,*[544] cuando vino expresamente *y sacó a la luz la vida y la inmortalidad por el evangelio,*[545] ¿quién podrá «predicar la ley» más expresa y rigurosamente de lo que Cristo lo hizo en estas palabras? ¿Y quién podrá corregirlas? ¿Quién podrá enseñar al Hijo de Dios a predicar? ¿Quién podrá enseñarle un modo mejor de anunciar el mensaje que ha recibido del Padre?

2. *«Cualquiera que quebrantare uno de estos mandamientos muy pequeños»,* o uno de los menores de estos mandamientos. *«Estos mandamientos»,* haremos observar, es una expresión que nuestro Señor usa como equivalente de «la ley» o «la ley y los profetas», que es lo mismo, puesto que nada añadieron los profetas a la ley, sino

---

[541] Lc. 21.33.
[542] Mt. 5.19.
[543] Cf. Lc. 10.16.
[544] Cf. Jn. 3.17; 12.47.
[545] 2 Ti. 1.10.

que sólo la declararon, explicaron o aplicaron según los movió el Espíritu Santo.[546]

«Cualquiera que quebrantare uno de estos mandamientos muy pequeños», especialmente si se hace voluntaria y presuntuosamente. Sólo uno, «porque cualquiera que guardare toda la ley y» de esta manera, «ofendiere en un punto, se hace culpable de todos»,[547] tiene la ira de Dios sobre sí[548] tan seguro como si los hubiese quebrantado todos. De manera que no se hace excepción de alguna mala inclinación preferida; no se reserva lugar para ningún ídolo. Aunque se eviten todos los demás pecados, no hay disculpa para consentir uno solo por querido que sea. Lo que Dios requiere es completa obediencia--que cuidemos de obedecer todos sus mandamientos--de otra manera perdemos no sólo los esfuerzos que hacemos por guardar algunos de ellos, sino también nuestras almas, y eso para siempre.

«Muy pequeños»--o uno de los más pequeños de estos «mandamientos». Aquí se echa por tierra otra excusa por medio de la cual muchos que no pueden engañar a Dios, engañan sus almas miserablemente. «¿Este pecado», dice el pecador, «¿no es pequeño? ¿No me lo perdonará el Señor? Ciertamente que no será escrupuloso en esto, puesto que no ofendo en otras partes más importantes de la ley». ¡Vana esperanza! Hablando en el lenguaje humano, podemos llamar grandes unos mandamientos y pequeños otros.

---

[546] Cf. 2 P. 1.21.
[547] Stg. 2.10.
[548] Cf. Jn. 3.37.

Pero en realidad eso no es así. Hablando rigurosamente, no hay pecados pequeños. Todo pecado es una transgresión de la ley perfecta y santa, y una afrenta a la gran Majestad del cielo.

3. *«Y así enseñe a los hombres»* En cierto sentido, puede decirse que cualquiera que infringe abiertamente cualquier mandamiento, enseña a otros a hacer lo mismo. Porque el ejemplo muchas veces habla más elocuentemente que los preceptos. Así es muy claro que los borrachos consuetudinarios enseñan la borrachera; los que quebrantan el domingo constantemente enseñan a sus prójimos a profanar el Día del Señor. Pero esto no es todo; los que por hábito infringen la ley, rara vez se contentan con esto. Por lo general enseñan a otras personas de palabra y por ejemplo a hacer lo mismo; especialmente cuando endurecen su cerviz y odian la represión. Semejantes pecadores comienzan por ser abogados del pecado; defienden aquello que han decidido no abandonar. Disculpan el pecado que no quieren dejar y de esta manera enseñan directamente todos los pecados que cometen.

«Muy pequeño será llamado en el reino de los cielos»--es decir, no tendrá parte en él. Es un extraño al reino de los cielos. Es un extraño al reino de los cielos que está en la tierra; no tiene parte en la herencia, no participa de *justicia, paz y gozo en el Espíritu Santo.*[549] Por consiguiente, no podrá ser partícipe de la gloria que será revelada.[550]

---

[549] Ro. 14.17.
[550] Ro. 8.18.

4. Pero si el que de esta manera infringe y enseña a otros a quebrantar *«uno de estos mandamientos muy pequeños [...] muy pequeño será llamado en el reino de los cielos»*--y no tendrá parte en el reino de Cristo y de Dios; si aun éste será echado a las *tinieblas de afuera donde será el llanto y el crujir de dientes*,[551] entonces ¿dónde estarán aquellos a quienes nuestro Señor dirige primera y principalmente estas palabras? ¿Aquellos que teniendo el carácter de maestros enviados de Dios, sin embargo, quebrantan sus mandamientos, más aún, enseñan a otros abiertamente a hacer lo mismo, siendo corruptos tanto en sus vidas como en sus doctrinas?

5. Hay varias clases de estos individuos. Los de la primera clase son quienes viven en algún pecado deliberado y habitual. Si un pecador cualquiera nos enseña con su ejemplo ¡cuánto más nos enseñará un ministro pecador, aunque no pretenda defender, disculpar, ni atenuar su pecado! Si así lo hace, es a la verdad un asesino, esto es, el asesino general de su congregación. Está poblando las regiones de la muerte. Es el instrumento escogido del príncipe de las tinieblas. Cuando se muera, el infierno abajo saldrá a recibirle.[552] No podrá sumergirse en los profundos abismos [553] sin arrastrar consigo una multitud.

6. Junto a estos está la clase de personas bonachonas, que llevan una vida fácil, no haciendo daño a nadie, quienes no se hacen problemas con el pecado exterior ni con la santidad interior; personas que no se

---

[551] Mt. 8.12.
[552] Cf. Is. 14.9.
[553] Cf. Ap. 9.11; 20.1.

hacen notables ni de un modo ni de otro, ni en favor ni en contra de la religión; cuya vida es muy regular tanto en público como en privado, pero que no pretenden ser más estrictos que sus prójimos. Un ministro de esta clase infringe no sólo uno o unos cuantos de los mandamientos muy pequeños de Dios, sino todas las partes mayores y de más peso de la ley, que se refieren al poder de la piedad, y todas las que requieren que nos conduzcamos en temor todo el tiempo de nuestra peregrinación;[554] que nos ocupemos de nuestra *salvación con temor y temblor*,[555] que tengamos siempre lomos ceñidos, y nuestras lámparas encendidas;[556]556 que luchemos o agonicemos a *entrar por la puerta angosta*.[557] «*Y así enseñe a los hombres*»[558] con todo el ejemplo de su vida; con el tenor general de su predicación, la que por lo general tiende a apaciguar en su sueño agradable a los que imaginan que son cristianos y no lo son; a persuadir a todos los que están bajo su ministerio a seguir durmiendo y descansando.[559] Nada extraño será, por consiguiente, que tanto él como los que le siguen despierten juntos en las llamas eternas.[560]

7. Pero sobre todo esto, en la vanguardia de los enemigos del Evangelio de Cristo se encuentran los que abierta y explícitamente murmuran de la ley y *juz-*

---

[554] Cf. 1 P. 1.17.
[555] Fil. 2.12.
[556] Cf. Lc. 12.25.
[557] Lc. 13.24.
[558] Mt. 5.19.
[559] Un eco irónico de Mt. 26.45 y Mr. 14.41.0.
[560] Cf. Is. 33.14.

gan la ley misma;[561] que enseñan a los hombres a infringir (*lûsai*), a disolver, a soltar, a desatar la obligación de no sólo un mandamiento --ya sea el más pequeño o el mayor-- sino todos de un mismo golpe; quienes enseñan, sin pretender ocultarlo, en estas palabras «¿Qué cosa hizo nuestro Señor con la ley? Abolirla.» «Hay un sólo deber, el de crecer.» «Todos los mandamientos son contrarios al espíritu de nuestros tiempos.» «Nadie está obligado a dar un sólo paso más allá de lo que la ley requiere, o dar un ochavo, comer o dejar de comer un sólo bocado.»[562] Esto, a la verdad, es llevar las cosas demasiado lejos.[563] Es oponerse al Señor cara a cara y decir que no supo dar el mensaje con que se le envió. ¡Oh, Señor, no les imputes este pecado![564] *¡Padre, perdónalos, porque no saben lo que hacen!*[565]

8. La más sorprendente de todas las circunstancias de este tremendo engaño, es que quienes más engañados están creen verdaderamente que honran a Cristo al derrumbar su ley, y que enaltecen su ministerio al destruir su doctrina. En verdad, le honran como cuando Judas le honró y le dijo: *«¡Salve, Maestro!» y le besó.*[566] En justicia puede decir a cada uno de ellos: *«¿Con un beso entregas al Hijo del Hombre?»*[567] No es más que traicionarle con un beso el hablar de su sangre y

---

[561] Cf. Stg. 4.11.
[562] Tenemos aquí una concatenación de frases favoritas de los antinomianos.
[563] Cf. Nm. 33.3.
[564] Cf. Hch. 7.60.
[565] Lc. 23.34.
[566] Mt. 26.49.
[567] Lc. 22.48.

quitarle su corona; hacer a un lado cualquiera parte de su ley con el pretexto de hacer progresar su Evangelio. Y en efecto, ninguno que predique la fe de tal manera, podrá escapar de esta acusación, ya sea que directa o indirectamente tienda a hacer a un lado cualquiera parte de la obediencia, o que predique a Cristo de tal modo que anule o debilite en cualquier grado el menor de los mandamientos de Dios.

9. En verdad, es imposible tener una opinión demasiado exaltada acerca de la *fe de los escogidos de Dios*,[568] y debemos todos declarar: *«Por gracia sois salvos por medio de la fe;... no por obras para que ninguno se gloríe».*[569] Debemos proclamar con fuerza a todo pecador arrepentido, *«Cree en el Señor Jesucristo y serás salvo».*[570] Pero, al mismo tiempo, es de nuestro deber procurar que todas las personas sepan que no apreciamos otra fe, sino aquella *que obra por el amor,*[571] y que no somos salvos por la fe sino en cuanto nos libra tanto del poder como de la culpa del pecado. Y cuando decimos: *«Cree y serás salvo»,* no queremos dar a entender: «Cree y pasarás del pecado al cielo, sin la santidad que existe entre ambos estados, supliendo la fe el lugar de la santidad». Mas bien: cree y serás santo; cree en el Señor Jesús y tendrás juntamente paz y poder. Tendrás poder que vendrá de aquel en quien has creído, de hollar el pecado debajo de tus plantas; poder de amar al Señor tu Dios

---

[568] Tit. 1.1.
[569] Ef. 2.8-9.
[570] Hch. 16.31.
[571] Gá. 5.6.

de todo tu corazón,[572] y de servirle con todas tus fuerzas. Tendrás poder *perseverando en bien hacer*, de buscar *gloria y honra e inmortalidad*.[573] Pero tú no sólo cumplirás sino enseñarás[574] todos los mandamientos de Dios, desde el más pequeño hasta el mayor. Los enseñarás con tu vida lo mismo que con tus palabras, y luego serás llamado *«grande en el reino de los cielos»*.[575]

IV.1. Cualquiera otra vía que enseñemos al reino de los cielos, a la gloria, la honra y la inmortalidad,[576] bien que la llamemos «el camino de la fe», o con cualquier otro nombre, es, en realidad de verdad, el camino de la destrucción.[577] No traerá al final paz al ser humano. Porque así dice el Señor: *«Os digo que si vuestra justicia no fuere mayor que la de los escribas y de los fariseos, no entraréis en el reino de los cielos»*.[578]

Los *escribas*, con tanta frecuencia mencionados en el Nuevo Testamento como los oponentes más porfiados y vehementes de nuestro Señor, no eran secretarios o personas que se ocupaban de escribientes, como el término parece indicar. Tampoco eran *letrados*, en la acepción común de ese término (aunque el término *nomikoí* se traduce en nuestra versión como los doctores de la ley). Su ocupación no se asemejaba en lo absoluto a la de los letrados de nuestros días. Estaban familiarizados con las leyes de Dios y no con las leyes

---

572 Cf. Mc. 12.30; Lc. 10.27.
573 Ro. 2.7.
574 Mt. 5.19.
575 Ibíd.
576 Ro. 2.7.
577 Cf. Mt. 7.13.
578 Mt. 5.20.

humanas. Aquellas eran objeto de su estudio; su ocupación propia y especial era leer e interpretar la ley y los profetas, particularmente en las sinagogas. Eran los predicadores regulares y fijos entre los judíos, de manera que si tratásemos de rendir el sentido de la palabra en el original diríamos los teólogos, porque su profesión era el estudio de la teología, y eran generalmente --como su nombre lo indica-- letrados, los hombres de más saber que entonces había en la nación judaica.

2. Los fariseos formaban una muy antigua secta o grupo de personas entre los judíos, así llamado originalmente de la palabra hebrea *perush* que significa «separar» o «dividir».[579] Lo que no quiere decir que se hayan separado o dividido de la iglesia nacional, sino que se distinguían de los demás por su mayor severidad de vida, por su gran exactitud en la conversación. Porque eran muy celosos de la ley en sus mínimos puntos, pagaban diezmos en menta, anís y comino.[580] Y por consiguiente, eran honrados por el pueblo y generalmente estimados como los más santos entre todos.

Muchos de los escribas pertenecían a la secta de los fariseos. El mismo Pablo, quien se educó para escriba, primero en la Universidad de Tarso, y después en la de Jerusalén a los pies de Gamaliel --uno de los escribas o doctores de la ley más sabios que había entonces en la nación-- se declara ante el concilio, diciendo: *«Yo soy*

---

[579] De hecho, el sentido literal de la palabra hebrea es «esparcir».
[580] Cf. Mt. 23.23.

fariseo, hijo de fariseo»;[581] y ante el rey Agripa, *«conforme a la más rigurosa secta de nuestra religión, viví fariseo».*[582] Todo el cuerpo de los escribas generalmente opinaba y obraba de acuerdo con los fariseos. De aquí que nuestro Salvador con tanta frecuencia hable de ellos al mismo tiempo, como si en muchos respectos se les considerase bajo el mismo punto de vista. En este pasaje parece que se les menciona juntamente como los profesores más eminentes de la religión: los primeros considerados como los más sabios y los últimos como los más santos.

3. No es difícil determinar lo que en realidad era *«la justicia de los escribas y fariseos».* Nuestro Señor ha preservado la descripción auténtica que uno de ellos diera de sí mismo. Habla con claridad y muy por completo de su propia justicia y no es de suponerse que haya omitido ninguna parte. Efectivamente, *subió al templo a orar,* pero tan absorto estaba en sus propias virtudes, que se olvidó del propósito con que había ido.[583] Porque es de notarse que, propiamente hablando, no ora en lo absoluto. Sólo le dice a Dios cuán bueno y sabio es. *«Dios, te doy gracias porque no soy como los otros hombres, ladrones, injustos, adúlteros, ni aun como este publicano; ayuno dos veces a la semana, doy diezmos de todo lo que gano.»*[584] Por consiguiente, consistía su justicia de tres partes: Primera, *«no soy como los otros hombres»;* no soy ladrón, injusto, ni adúltero; *«ni aun*

---

[581] Hch. 23.6.
[582] Hch. 26.5.
[583] Lc. 18.10.
[584] Lc. 18.11-12.

como este publicano». Segunda, *«ayuno dos veces a la semana».* Tercera, *«doy diezmos de todo lo que gano».*

«No soy como los otros hombres.» Este no es un punto insignificante. No todo ser humano puede decir esto. Es como si hubiera dicho; no me dejo llevar por la corriente, la costumbre. Vivo no según las costumbres, sino según la razón; no según el ejemplo de los demás, sino conforme a la Palabra de Dios. «No soy ladrón, injusto, ni adúltero»; por comunes que sean estos pecados, aun entre aquellos que se llaman pueblo de Dios (la extorsión, especialmente, cierta clase de injusticia legal que las leyes humanas no castigan, el aprovecharse de la ignorancia o necesidad de los demás, extorsión que se ha extendido por todo el país); *«ni aun como este publicano»*; no soy culpable de ningún pecado conocido o presunto, ni un pecador reconocido, sino un hombre justo, honrado, de vida y costumbres sin mancha.

4. *«Ayuno dos veces a la semana».* Esto significa más de lo que a primera vista entendemos. Todos los fariseos más estrictos observaban los ayunos semanales, a saber, los lunes y jueves. El primer día ayunaban en memoria de Moisés que, según enseñaba la tradición, recibió en ese día las dos tablas de piedra escritas por el dedo de Dios.[585] El segundo en conmemoración de que las arrojó de sus manos, cuando vio al pueblo bailando alrededor del becerro de oro.[586] En esos días no probaban ningún alimento, sino hasta las tres de la

---

[585] Cf. Ex. 31.18; Dt. 9.10.
[586] Ex. 32.19; Dt. 9.17.

tarde, hora en que se empezaba a ofrecer el sacrificio vespertino en el templo, donde tenían la costumbre de permanecer hasta esa hora--en algún rincón, habitación o patio--a fin de poder asistir a todos los sacrificios y tomar parte en todas las oraciones públicas. Acostumbraban a emplear los intervalos de tiempo en oraciones directas a Dios, parte en escudriñar las Escrituras, en leer la ley y los profetas, y meditar sobre dicha lectura. Tiene, pues, mucho significado la frase: «*Ayuno dos veces a la semana*», segunda parte de la justicia del fariseo.

5. «*Doy diezmos de todo lo que gano.*» Los fariseos cumplían esto con la mayor exactitud. No exceptuaban la cosa más insignificante, ni la menta, el anís o el comino.[587] No retenían absolutamente nada de lo que creían pertenecía a Dios, sino que daban cada año los diezmos completos de todos sus bienes y de todas sus ganancias, cualesquiera que fueran.

A pesar de esto, los fariseos más estrictos--como han hecho observar a menudo los que están familiarizados con los escritos antiguos de los judíos--no satisfechos con dar a Dios y a sus sacerdotes y levitas el décimo de lo que poseían, daban otro diezmo a Dios para los pobres, y esto continuamente. Daban en limosnas la misma proporción de lo que poseían,[588] tal como daban en diezmos, y lo hacían con la mayor exactitud y arreglo a fin de no retener ninguna parte, sino dar a Dios por completo las cosas que, según

---

[587] Cf. Mt. 23.23.
[588] Cf. Mt. 22.21; Mr. 12.17.

creían, pertenecían a Dios. De manera que en resumen, daban todos los años la quinta parte completa de lo que poseían.

6. Esta era *«la justicia de los escribas y de los fariseos»*: una justicia que, bajo muchos conceptos, iba mucho más allá de lo que muchos han acostumbrado a imaginarse. Pero tal vez alguno dirá que fue falsa y fingida, porque no eran sino una cofradía de hipócritas. Algunos de ellos indudablemente lo eran. Hombres que en realidad no tenían religión, ni temían a Dios, ni deseaban agradarle; que estimaban en poco la honra que viene de Dios[589] y sólo buscaban la alabanza de los demás. Estos son los que el Señor condena tan severamente y reprocha con tanto rigor en muchas ocasiones. Mas no debemos suponer que si muchos de los fariseos eran hipócritas, todos lo fueran. Ni es la hipocresía, en verdad, esencial al carácter del fariseo. No es ese el distintivo característico de su secta. Sino más bien éste, según el relato de nuestro Señor, que *confiaban de sí como justos, y menospreciaban a los otros.*[590] Este es su verdadero distintivo. Pero el fariseo de esta clase no puede ser un hipócrita. Debe ser sincero, en el sentido ordinario de la palabra, pues de otra manera no podría «confiar de sí como justo». El hombre que en este pasaje se recomendaba a Dios, indudablemente se creía justo. Por consiguiente, no era un hipócrita; no tenía conciencia de falta de sinceridad. Habló ante Dios lo que pensaba; es decir, que era mucho mejor que los demás.

---

[589] Cf. Jn. 5.44.
[590] Lc. 18.9.

El ejemplo de Pablo, si no hubiera otro, es suficiente para destruir toda duda. Podía decir, no sólo cuando ya era cristiano, *Por esto procuro tener siempre una conciencia sin remordimiento ante Dios y ante los hombres,*[591] sino también desde los tiempos en que fuera fariseo: *«Varones hermanos, yo con toda buena conciencia, he vivido delante de Dios hasta el día de hoy».*[592] Era, por consiguiente, tan sincero como fariseo como cuando se hizo cristiano. No era hipócrita cuando perseguía a la iglesia, como no lo fue cuando predicó la fe a los que una vez había perseguido. Añádase, pues, esto a la *«justicia de los escribas y de los fariseos»*, la creencia sincera de que eran justos y de que en todas las cosas rendían *servicio a Dios.*[593]

7. Y sin embargo, nuestro Señor dice: *«Si vuestra justicia no fuere mayor que la de los escribas y fariseos, no entraréis en el reino de los cielos».* ¡Declaración solemne y de peso! Y que deben considerar seria y profundamente todos los que llevan el nombre de Cristo. Antes de saber si nuestra justicia excede la de ellos, veamos si al presente llegamos a su altura.

Primero, un fariseo no era *«como los otros hombres».*[594] En las cosas exteriores era especialmente bueno. ¿Lo somos nosotros? ¿Nos atrevemos a ser distintos, peculiares? ¿Acaso no preferimos ir con la corriente? ¿Muchas veces no dejamos de lado la religión y la razón juntamente, porque no queremos «aparecer singu-

---

[591] Hch. 24.16.
[592] Hch. 23.1.
[593] Cf. Jn. 16.2.
[594] Lc. 18.11.

lares»? ¿No tememos más estar fuera de moda, que del camino de salvación? ¿Tenemos valor para resistir la corriente? ¿Para ir en contra del mundo; para *obedecer a Dios antes que a los hombres?*[595] De otra manera, el fariseo nos deja muy atrás desde los primeros pasos. Sería bueno que nos esforzáramos por alcanzarlo.

Pero examinemos más de cerca. ¿Podemos usar su primer argumento para con Dios, que en substancia es: «No hago ningún mal; no vivo en franco pecado; no hago nada que mi corazón condene»? ¿No haces nada? ¿Estás seguro de eso? ¿No tienes ciertos hábitos que tu corazón condena? Si es que no eres adúltero, si no eres falto de castidad ya de palabra o de hecho, ¿no eres injusto? La gran norma de la justicia, lo mismo que de la misericordia, es: «Hagamos a los demás, así como queremos que hagan con nosotros»[596] ¿Vives según esta regla? ¿No haces nunca a ninguna persona lo que no quisieras que te hiciesen? Más aún, ¿no eres injusto? ¿No eres extorsionador? ¿No te aprovechas de la necesidad o ignorancia de alguna persona cuando compras o vendes? Supongamos que eres comerciante: ¿no pides ni recibes más del valor verdadero de lo que vendes? ¿No pides ni recibes más de los ignorantes que de los que saben, de un niño, que de un comerciante de experiencia? Y si así lo haces, ¿por qué no te condena tu corazón? ¡Eres un extorsionador descarado! ¿No exiges de aquellas personas que necesitan con urgencia y sin demora algunos efectos que

---

[595] Cf. Hch. 5.29.
[596] Cf. Mt. 7.12; Lc. 6.31.

sólo tú puedes vender, un precio más subido que el usual? Si así lo haces, debes saber que esto no es otra cosa sino una completa extorsión. A la verdad, no te acercas a la justicia de los fariseos.

8. En segundo lugar, un fariseo --según nuestro lenguaje común-- usaba los medios de gracia. Así como ayunaba *seguido y mucho, dos veces a la semana,*[597] también asistía a todos los sacrificios. Era constante en la oración pública y privada; en leer y escuchar la lectura de la Sagrada Escritura. ¿Haces todo esto? ¿Ayunas *mucho y seguido?* ¿Dos veces por semana? Mucho me temo que no sea así, ¿Siquiera una vez a la semana, «todos los viernes del año»? (Así lo manda clara y terminantemente nuestra iglesia a todos sus miembros; que observen todos esos días, lo mismo que las vigilias y los días de cuaresma, como días de ayuno y abstinencia.) ¿Ayunas dos veces al año? Mucho temo que algunos de entre ustedes no pueden alegar ni siquiera esto. ¿No dejas pasar ninguna oportunidad de asistir al sacrificio cristiano y participar de él? ¡Cuántos hay que se llaman cristianos y se olvidan de esto por completo; que dejan pasar meses y años sin comer de ese pan ni beber de esa copa! ¿Lees o escuchas la lectura de la Sagrada Escritura todos los días, y meditas en ella? ¿Te unes en oración con la gran congregación diariamente,[598] si tienes la oportunidad? ¿Y si no, siempre que puedes, especialmente en ese día del cual te acuerdas *para santificarlo?*[599] ¿Haces esfuerzos por *crear* las oportunidades? ¿Te

---

[597] Lc. 18.12; cf. Mt. 9.14.
[598] Cf. Sal. 35.18; también Sal. 22.25.
[599] Ex. 20.8.

alegras cuando te dicen: *«a la casa de Jehová iremos»*[600]
¿Eres celoso y diligente en la oración privada? ¿No
permites que pase un sólo día sin hacer oración? ¿No
están más bien, algunos de ustedes, tan lejos de pasar
varias horas al día en oración, como el fariseo, que se
figura que una hora es suficiente, si no demasiado? ¿Pa-
sas una hora al día, o a la semana, orando *a tu Padre que
está en secreto?*[601] ¿Tal vez una hora al mes? ¿Has pasado
orando en lo privado una sola hora desde que naciste?
¡Pobre cristiano! ¿No se levantará el fariseo en juicio
contra ti, y te condenará?[602] ¡Su justicia está más allá de
la tuya, como los cielos están de la tierra!

9. El fariseo, en tercer lugar, pagaba diezmos y daba limosnas de todo lo que poseía, y ¡cuán abundantemente! De manera que era, como decimos en nuestros días, «un hombre que hacía mucho bien». ¿Somos
tan buenos como él en esto? ¿Quién de nosotros hace
tantas obras buenas como él hacía? ¿Quién de nosotros le da a Dios la quinta parte de todos sus bienes?
¿De lo que posee y de lo que gana? ¿Quién de nosotros da --supongamos-- de cien libras esterlinas anuales, veinte para Dios y los pobres; de cincuenta diez; y
así en mayor o menor proporción? ¿Cuándo será
nuestra justicia igual a la de los escribas y fariseos en
usar todos los medios de gracia; en cumplir todas las
ordenanzas de Dios; en evitar el mal y hacer el bien?

10. Y aun si fuera igual a la suya, ¿de qué nos val-
dría? «Porque os digo que si vuestra justicia no fuere

---

[600] Cf. Sal. 122.1.
[601] Cf. Mt. 6.6, 18.
[602] Cf. Mt. 12.41, 42; Lc. 11.31, 32.

mayor que la de los escribas y los fariseos, no entraréis en el reino de los cielos». Pero ¿cómo podrá ser mayor que la de ellos? ¿En qué supera la justicia del cristiano a la de un escriba o la de un fariseo?

La justicia cristiana supera a la de los escribas y fariseos, primeramente, en su grado. La mayor parte de los fariseos, si bien rigurosamente exactos en muchas cosas, se atrevían, animados por las tradiciones de los ancianos, a ignorar otras igualmente importantes. Así, por ejemplo, eran muy celosos en guardar el cuarto mandamiento, al extremo de que no desgranaban una espiga el día de reposo,[603] pero apenas se acordaban del tercero, disimulando los juramentos innecesarios y aun los falsos. De manera que su justicia era parcial, mientras que la justicia de un verdadero cristiano es completa. No guarda sólo una parte de la ley de Dios y se olvida de lo demás, sino que guarda todos sus mandamientos, los ama y los valora más que el oro y las piedras preciosas.[604]

11. Puede muy bien haber sucedido que algunos de los escribas y fariseos hayan procurado guardar todos los mandamientos y, por tanto, fueran sin mácula con respecto a la justicia de la ley, es decir, de la letra de esa justicia.[605] Mas la justicia del cristiano supera a la justicia de los escribas y los fariseos, puesto que cumple con el espíritu lo mismo que con la letra de la ley; tanto con la obediencia interior como con la exterior. En este punto, pues, en su espiritualidad, no cabe

---

[603] Cf. Lc. 6.1-2.
[604] Cf. Ap. 17.4; 18.16.
[605] Cf. Fil. 3.6.

comparación. Esto es lo que el Señor ha probado tan evidentemente en todo el tenor de su discurso. Su justicia era solamente externa; la justicia cristiana es interna al ser humano. Los fariseos limpiaban lo que estaba afuera del vaso y del plato;[606] los cristianos están limpios interiormente. El fariseo procuraba presentar a Dios una vida buena; el cristiano un corazón santo. Aquellos sacudían las hojas, tal vez el fruto del pecado; estos ponen el hacha a la raíz,[607] al no contentarse con la forma exterior de la piedad,[608] por muy preciosa que ésta fuera, a menos que la vida, el Espíritu, el *poder de Dios para salvación,*[609] se dejen sentir en lo más íntimo del alma.

Así que no hacer el mal, sino practicar el bien, obedecer a todas las ordenanzas de Dios (la justicia del fariseo),[610] son cosas todas externas; mientras que, por el contrario, la pobreza en espíritu, el llorar, la mansedumbre, el hambre y sed de justicia, el amor del prójimo y la pureza de corazón[611] (la justicia del cristiano), son todas cosas interiores. Aun el hacer la paz (o hacer el bien), y sufrir por causa de la justicia,[612] sólo tienen derecho a las bendiciones que se les siguen cuando son las expresiones de esas disposiciones interiores, las que son su origen y las que deben ejercitar y confir-

---

[606] Cf. Mt. 23.25; Lc. 11.39.

[607] Cf. Lc. 3.9.

[608] Cf. 2 Ti. 3.5.

[609] Ro. 1.16.

[610] Toda éstas son cosas, sin embargo, que las *Reglas Generales* del Metodismo requerían.

[611] Cf. Mt. 5.3-8.

[612] Cf. Mt. 5.9-10.

mar. De modo que, a la par que la justicia de los escribas y fariseos era sólo externa, se puede decir, en cierto sentido, que la justicia del cristiano es sólo interior--siendo todas sus acciones y sentimientos como nada por sí mismas, y siendo estimadas ante Dios sólo conforme a los motivos que las impulsan.

12. Quienquiera, pues, que seas, tú que llevas el venerable y santo nombre de cristiano, mira, en primer lugar, que tu justicia no sea menor que la justicia de los escribas y los fariseos. No seas *como los otros hombres.*[613] Ten valor para permanecer solo; para ser ¡Particularmente bueno, contra todo ejemplo![614] Si *sigues a los muchos,* será *para hacer el mal.*[615] No te dejes guiar por la costumbre o la moda, sino sigue la religión y la razón. No tengas nada que ver con la práctica de los demás. *Cada uno de nosotros dará a Dios cuenta de sí.*[616] A la verdad, si puedes salvar el alma del otro, hazlo; pero si no, salva al menos una, la tuya. No andes en el camino de la muerte, porque es ancho y muchos andarán en él;[617] Más aún, por esta misma muestra puedes conocerlo. El camino por donde andas ahora ¿es ancho, muy frecuentado y de moda? Entonces infaliblemente lleva a la destrucción. ¡No te vayas a condenar por causa de malas compañías! ¡Deja de hacer el mal;[618] huye del pecado como de una serpiente![619] Al menos, no hagas daño. *El*

---

[613] Lc. 18.11.
[614] Frase que une dos líneas de los versos de Samuel Wesley.
[615] Ex. 23.2.
[616] Ro. 14.12.
[617] Cf. Mt. 7.13.
[618] Cf. Is. 1.16.
[619] Cf. Ap. 12.14.

que practica el pecado es del diablo.[620] Que no se te encuentre en ese número. Respecto de pecados externos, ciertamente que aun ahora mismo te basta la gracia de Dios. En esto, al menos, procura *tener siempre una conciencia sin ofensa ante Dios y ante los hombres.*[621]

En segundo lugar, no permitas que tu justicia sea menor que su justicia, respecto de las ordenanzas de Dios. Si por causa de tu trabajo o debilidad del cuerpo, no puedes ayunar *dos veces a la semana,* no obstante, sé fiel a los intereses de tu alma y ayuna cuantas veces te lo permitan tus fuerzas. No te asustes de la oración pública, ni pierdas la oportunidad de abrir tu corazón en oración. No desprecies nunca la oportunidad de comer de ese pan y de beber de ese vino que es la comunión del cuerpo y sangre de Cristo.[622] Sé diligente en escudriñar las Escrituras; lee lo que puedas y medita sobre ello de día y de noche. Regocíjate al aprovechar todas las oportunidades de escuchar *la palabra de reconciliación,*[623] declarada por los *servidores de Cristo, y administradores de los misterios de Dios.*[624] Regocíjate en el uso de todos los medios de gracia, en cumplir constante y atentamente con todas las ordenanzas de Dios. Vive al menos, con arreglo a «*la justicia de los escribas y los fariseos*», hasta que puedas sobrepasarla.

En tercer lugar, no hagas menos bien que los fariseos. Da limosnas de todo lo que posees. ¿Alguien

---

[620] 1 Jn. 3.8.
[621] Hch. 24.16.
[622] Cf. 1 Co. 11.18; 10.16.
[623] 2 Co. 5.19.
[624] Cf. 1 Co. 4.1.

tiene hambre? Aliméntale. ¿Tiene sed? Dale de beber. ¿Está desnudo? Cúbrelo.[625] Si tienes bienes terrenos, no limites tu beneficencia a una pequeña proporción. Sé misericordioso hasta más no poder. ¿Y por qué no, aun como este fariseo? Hazte amigos, mientras que tienes tiempo, *de las riquezas de injusticia*, para que cuando faltares, cuando éste tu tabernáculo terrenal se disuelva, te reciban *en las moradas eternas*.[626]

13. Pero no te detengas ahí. Que tu *«justicia sea mayor que la de los escribas y de los fariseos»*. No te contentes con guardar *toda la ley y ofender en un punto*.[627] Afiánzate de todos sus mandamientos y aborrece todo camino de mentira.[628] Haz todo lo que él manda y de todas tus fuerzas. Por medio de Cristo que te fortalece,[629] podrás hacer todas las cosas, si bien sin él nada puedes hacer.[630]

Sobre todo, haz que tu justicia sea mayor que la de ellos en su pureza y espiritualidad. ¿Cuál es, para ti, la más exacta forma de religión? ¿La justicia exterior más perfecta? ¡Elévate y profundiza más que todo eso! Sea tu religión la del corazón. Sé pobre en espíritu, pequeño, bajo, despreciable y vil en tus propios ojos; sorprendido y humillado hasta el polvo al contemplar el amor de Dios que está en Jesucristo, tu Señor.[631] Sé serio; que todo el tenor de tus pensamientos, palabras y obras fluya de la más profunda convicción de que te

---

[625] Cf. Mt. 25.35-38.
[626] Lc. 16.9.
[627] Stg. 2.10.
[628] Cf. Sal. 119.128.
[629] Cf. Fil. 4.13.
[630] Cf. Jn. 15.5.
[631] Cf. Ro. 8.39.

encuentras al borde del gran abismo, tú y todos los humanos, listos a caer, ya en la gloria perdurable, ya en el fuego eterno.[632] Sé manso: que tu alma se llene de dulzura, afabilidad, paciencia, tolerancia, para con todos los seres humanos; al mismo tiempo que todo lo que en ti exista, esté sediento de Dios, el Dios viviente,[633] anhelando despertar según su semejanza y quedar satisfecho con ello. Ama a Dios y a todo el género humano. En ese espíritu haz y sufre todas las cosas. Así, tu justicia será *«mayor que la de los escribas y fariseos»*, y serás *«llamado grande en el reino de los cielos»*.

---

[632] Cf. Is. 33.14.
[633] Cf. Sal. 42.2.

Comentario del Sermón 25
Sobre el sermón de nuestro Señor
en la montaña
Quinto Discurso
Mateo 5:17-20

"La ley sin amor nos dice que no matemos a un extraño; la ley con amor nos mueve a salir de nuestro camino para ayudar a un enemigo herido."

Lewis B. Smedes Mere Morality

Wesley comienza este discurso distinguiendo entre la ley ceremonial judía y la ley moral. La ley ceremonial o ritual son aquellas leyes que se refieren a "los sacrificios y al servicio del templo". Wesley dice que Jesús no consideró estas leyes como esenciales, sino desechables, especialmente si entraban en conflicto con la ley moral. En sus cartas, el apóstol Pablo deja esto muy claro, al no requerir que los gentiles fuesen circuncidados u obedecieran las leyes de limpieza ritual para poder entrar en el Camino de Jesús. La ley del amor de Jesús es la guía suprema de la justicia de Dios: "amarás al Señor tu Dios con todo tu corazón, y con toda tu alma, y con toda tu mente. Este es el primero y grande mandamiento. Y el segundo es semejante: amarás a tu prójimo como a ti mismo. De estos dos mandamientos depende toda la ley y los profetas" (Mt. 22:37-40).

Si bien la ley ceremonial puede ser revocada o abolida, la ley moral, a saber, los Diez Mandamientos y, sobre todo, la ley del amor de Jesús, nunca podrían ser revocados. De hecho, no pueden ser revocados. Las leyes ceremoniales proporcionaron temporalmente una "rémora para un pueblo desobediente", pero la ley moral es puesta en los corazones de los hijos de Dios en el momento de su nacimiento. La ley moral es de la naturaleza misma de Dios, fijada en cada persona nacida en este mundo, porque somos creados a imagen de Dios. La ley moral de Dios es tan antigua como la creación, mucho antes de que el pueblo judío entrara en pacto con Dios. Wesley dice que la ley moral vino "de Dios al mismo tiempo que fue [el ser humano] un ser viviente", y permanece "hasta el fin del mundo".

¿Cómo se relacionan la ley y el evangelio (las buenas nuevas de Jesucristo)? La ley nos señala el evangelio, pero el evangelio nos permite cumplir la ley. Es decir, la ley es imposible de cumplir, excepto a través de la fe, la promesa de la gracia de Dios. La ley establece requisitos que son necesarios para que vivamos en la justicia de Dios, pero no podemos cumplir estos requisitos por nuestra cuenta. Amar a Dios y a nuestro prójimo, ser pobres en espíritu, y mansos y santos solo es posible por la gracia de Dios, no por medio de nada que seamos capaces de hacer por nosotros mismos. Es por eso que Wesley dice que la ley se cumple por medio de las promesas de Dios; a saber, la promesa de Dios de darnos todo lo que necesitamos para tener la mente de Cristo y vivir en la justicia de Dios. Dios obra en nuestros corazones para llevarnos a la perfección del amor santo.

Para Wesley hay una gran diferencia entre la obediencia externa a la ley y la obediencia que está arraigada en el corazón. Uno puede abstenerse del pecado externo al cumplir con la ley, pero eso no significa que uno sea obediente de corazón. La obediencia que obedece la ley externamente podría no venir del corazón, sino del temor o del deseo de una recompensa divina o reconocimiento humano, o de expectativas religiosas o culturales. El hecho de que la vida exterior de uno sea "limpia" (sin pecado observable por otros) no significa necesariamente que el corazón esté limpio. Recordemos las palabras de Jimmy Carter en el comentario sobre el Sermón 23.

Wesley continúa abordando las razones por las cuales se nos puede llamar "muy pequeños" en el reino de los cielos con respeto a quebrantar la ley. En primer lugar, podemos tener pecado en nuestro corazón a pesar de que no "actuemos" en consecuencia. El corazón también debe estar libre de pecado.

En segundo lugar, nos engañamos a nosotros mismos cuando pensamos que un pecado que cometimos fue solo un pecado "pequeño". No podemos engañar a Dios y Dios exige obediencia completa.

Además, cuando pecamos, animamos a otros a pecar, especialmente a aquellos que por alguna razón nos admiran o respetan. Esto se refiere tanto a nuestras acciones como a nuestras palabras. Mientras escribo este libro, muchas personas consideran que el actual presidente de los Estados Unidos, Donald Trump, es un mentiroso y un engañador. También "tuitea" mensajes que degradan a sus "enemigos", usando expresiones desagradables y obscenidades. Muchos argumentan correctamente que tal comportamiento alienta a sus seguidores a sentirse justificados para hablar y actuar de manera similar. Dice Wesley: "Semejantes pecadores . . . defienden aquello que han decidido no abandonar. Disculpan el pecado que no quieren dejar y de esta manera enseñan directamente a todos los pecados que cometen".

También están las personas descritas por Wesley como "bonachonas", que llevan "una vida fácil, no haciendo daño a nadie, quienes no se hacen problemas con el pecado exterior ni con la santidad interior". Tales personas se imaginan a sí mismas como cristianas, pero no se esfuerzan por la santidad. Les complace ser llamadas o consideradas "cristianas", a pesar de que solo participan en serlo de una manera social o "exterior". Se contentan con no hacer nada que parezca pecaminoso a la vista de los demás, generalmente para proteger su reputación o para prosperar en las relaciones sociales o de negocios. Sin embargo, no están interesadas en "ocuparse de su salvación con temor y temblor" (Filipenses 2:12).

En momentos en que mi padre y yo estábamos trabajando juntos en el jardín o construyendo algo, entablábamos conversaciones teológicas o religiosas. Aprecio mucho los recuerdos de estas conversaciones. Una vez, mientras trabajábamos juntos en el jardín de mi casa en Carolina del Norte, comenzamos a discutir el concepto de Wesley de "el casi cristiano". Si bien no usa ese término aquí en este quinto discurso, está haciendo un comentario comparable sobre las "personas bonachonas. . . quienes no se hacen problemas con el pecado exterior ni con la santidad interior".

Mi padre y yo compartimos la experiencia de una persona que dio una donación monetaria grande a nuestra obra caritativa. Fue una de esas donaciones grandes que ciertamente tenía un impresionante aspecto externo. Lamentablemente, un tiempo después, cuando el donante se molestó con la organización, exigió que su dinero le fuera devuelto. En ese momento, la demencia de mi padre estaba más avanzada y no pudo ser consciente de este último "aspecto". De haber sido plenamente consciente de este evento, sé que le habría atravesado una angustia profunda. Sin embargo, mi padre habría sido misericordioso en su juicio.

Hay muchos, señala Wesley, que dicen que tienen fe en el Señor Jesucristo, que imaginan que son cristianos. Ellos afirman que si creen luego serán salvos. Aunque, dice Wesley, la fe que es esencial es la que "obra por el amor". Es decir, en palabras de Wesley, "no queremos dar a entender : 'Cree y pasarás del pecado al cielo, sin la santidad que existe entre ambos estados". La fe no puede sustituir a la santidad. La grandeza en el reino de los cielos es hacer y enseñar [los mandamientos de Dios] (Mateo 5:19), y la enseñanza se produce tanto por palabra como por práctica (un énfasis adicional en "hacer," ya que la enseñanza no es solo verbal).

Este quinto discurso concluye con el versículo 5:20 donde Jesús declara que nuestra justicia debe ser mayor que la de los escribas y fariseos. Aquí Wesley describe a aquellos que fueron los escribas y fariseos durante el tiempo de Jesús. Eran eruditos y celosos en obedecer la ley y servir como ejemplo para los demás.

Los fariseos en particular fueron considerados los más santos ejemplos de fe. ¿Cómo, por lo tanto, se puede superar esto?

No es justo sugerir que todos los fariseos eran hipócritas y que solo daban la "apariencia" de santidad, cumpliendo con la ley para ser vistos y admirados por los demás. Probablemente no exista una fe religiosa donde no haya quienes la practiquen de manera externa, pero carezcan de una relación más profunda con lo divino de donde fluye su práctica. Ciertamente, algunas personas practican la fe externamente para parecer religiosas ante los demás o para algún beneficio social, o tal vez para halagar su propio ego. Es muy probable que sea correcto decir que los fariseos durante el tiempo de Jesús tenían un carácter mixto, algunos vivían de la "apariencia" y otros eran muy sinceros en cuanto a cultivar una fe interior profunda que guiaba sus prácticas religiosas externas.

Lo que Jesús parece estar diciendo, como señala Wesley, es que había algunos escribas y fariseos que practicaban su fe con intenciones equivocadas. Es decir, hubo algunos que "confiaban en sí mismos" al practicar su piedad en lugar de confiar en la gracia de Dios; y algunos que buscaban gloria para sí mismos en sus prácticas, en lugar de centrar sus prácticas en glorificar a Dios.

Por lo tanto, la clave para superar a los fariseos en la vivencia de la fe tiene poco que ver con las prácticas externas, como dar limosna a los pobres. Si los fariseos daban el 5% de sus ingresos para dar limosnas, entonces ciertamente deberíamos tratar de superar esa generosidad. Pero aún más que superar el acto externo, deberíamos ser mejores en dar desde el corazón y no simplemente como un acto externo de obediencia o apariencia. Las ordenanzas del judaísmo, como la limosna, los rituales de limpieza y el cumplimiento del sábado, se consideraban principalmente como externas. Por el contrario, la pobreza de espíritu, la mansedumbre, el hambre y sed de justicia y la pureza de corazón son todos internos; son "motivos" o disposiciones del corazón que vienen a través de Cristo que nos fortalece. La verdadera religión no se define principalmente por las prácticas externas, sino más bien por la vida de Dios que está estampada en el corazón humano. Para ser genuina, cualquier práctica externa de la religión debe brotar de un lugar adonde te elevas y vas más profundo, para que, como dice Wesley, "sea tu religión la del corazón".

Mi padre fue muy fiel en su religión exterior. Si viajábamos en familia cuando era niño y resultó ser un domingo, nunca nos perdimos el culto. Encontraba la iglesia más cercana a donde estábamos. Recuerdo haber visto a mi padre cantar de memoria muchos himnos de la iglesia, sin necesitar el himnario. Como metodista, con frecuencia se arrodillaba, especialmente cuando recibía el cuerpo y la sangre de Cristo en la comunión. Siempre estaba listo y dispuesto a orar en público, alto y claro, cuando se le pedía, incluso en su demencia avanzada. Y uno podía decir que nunca fue por apariencia, sino siempre desde el corazón y para la gloria de Dios. Su fe fue mayor.

Sermón 26
Sobre el sermón de nuestro Señor en la montaña
Sexto discurso
Mateo 6:1-15

Guardaos de hacer vuestra justicia delante de los hombres, para ser vistos de ellos; de otra manera no tendréis recompensa de vuestro Padre que está en los cielos.

Cuando, pues, des limosnas, no hagas tocar trompeta delante de ti, como hacen los hipócritas en las sinagogas y en las calles, para ser alabados por los hombres; de cierto os digo que ya tienen su recompensa.

Mas cuando tú des limosna, no sepa tu izquierda lo que hace tu derecha, para que sea tu limosna en secreto; y tu Padre que ve en lo secreto te recompensará en público.

Y cuando ores, no seas como los hipócritas; porque ellos aman el orar en pie en las sinagogas y en las esquinas de las calles, para ser vistos de los hombres; de cierto os digo que ya tienen su recompensa.

Mas tú, cuando ores, entra en tu aposento, y cerrada la puerta, ora a tu Padre que está en secreto; y tu Padre que ve en lo secreto te recompensará en público.

Y orando no uséis vanas repeticiones, como los gentiles, que piensan que por su palabrería serán oídos.

No os hagáis, pues, semejantes a ellos, porque vuestro Padre sabe de qué cosas tenéis necesidad, antes que vosotros le pidáis.

Vosotros, pues, oraréis así: Padre nuestro que estás en los cielos, santificado sea tu nombre. Venga tu reino. Hágase tu voluntad como en el cielo, así también en la tierra. El pan nuestro de cada día, dánoslo hoy. Y perdónanos nuestras deu-

das, como también nosotros perdonamos a nuestros deudores. Y no nos metas en tentación, mas líbranos del mal; porque tuyo es el reino, y el poder, y la gloria, por todos los siglos. Amén.

Porque si perdonáis a los hombres sus ofensas, os perdonará también a vosotros vuestro Padre celestial; mas si no perdonáis a los hombres, tampoco vuestro Padre os perdonará vuestras ofensas.

1. En el capítulo anterior nuestro Señor describió la religión interior en sus varias formas. Nos expuso las diversas disposiciones del alma que constituyen el verdadero cristianismo; los temperamentos interiores contenidos en esa *santidad, sin la cual nadie verá al Señor;*[634] los afectos que, cuando manan de su verdadera fuente, de una fe viva en Dios por medio de Jesucristo, son intrínseca y esencialmente buenos, aceptables a Dios. En este capítulo se pasa a mostrar que todas nuestras acciones, aun las que por su naturaleza son indiferentes, pueden igualmente, por medio de una intención pura y santa, llegar a ser santas y buenas, aceptables a Dios. Declara abiertamente que cualquier cosa que se haga de otra manera no vale nada delante de Dios. Mientras que todas las obras exteriores que de este modo se consagran a Dios son de gran valor en su presencia.

2. Muestra la necesidad de esta pureza de intención, en primer lugar, respecto de aquellos actos que por lo general se consideran como religiosos, y que en verdad lo son cuando se hacen con buen motivo. Algunos de estos actos se llaman por lo común obras de devoción; los demás,

---

[634] He. 12.14.

obras de caridad o de misericordia. Entre las de esta última clase menciona especialmente el dar limosna. Entre las de la primera, la oración y el ayuno. Pero las direcciones dadas deben aplicarse igualmente a toda clase de obras, ya sean de caridad, ya de misericordia.

I.1. Primeramente, respecto de las obras de misericordia, «Guardaos», dijo, «de hacer vuestra justicia delante de los hombres, para ser vistos de ellos; de otra manera, no tendréis recompensa de vuestro Padre que está en los cielos». «Guardaos de hacer vuestra justicia», si bien sólo menciona esto, se incluyen todas las obras de caridad, todo aquello que damos, hablamos o hacemos en provecho de nuestro prójimo; por medio de lo cual alguno reciba beneficio de alma o de cuerpo. Dar de comer al hambriento, vestir al desnudo, hospedar o socorrer al extraño, visitar al enfermo o al que está en la cárcel,[635] consolar al afligido, enseñar al ignorante, reprobar al inicuo, exhortar y alentar al bueno, y si hay alguna otra obra de misericordia, se incluye en esta exhortación.

2. *«Guardaos de dar limosna delante de los hombres, para ser vistos de ellos».* Lo que aquí se prohíbe no es meramente hacer bien delante de los demás. Esta circunstancia por sí sola--que otros vean lo que hacemos--no mejora ni empeora la acción, sino el hacerla delante de los demás *«para ser vistos de ellos»*, con este fin, con esta sola intención. Digo «con esta sola intención» porque ésta puede ser en algunos casos parte de nuestra intención. Tal vez intentemos que algunas de nuestras

---

[635] Mt. 25.35-38.

acciones sean vistas, y sin embargo, pueden ser aceptadas por Dios. Podemos tener la intención que nuestra *luz alumbre delante de los hombres,* cuando nuestra conciencia nos testifica en el Espíritu Santo que nuestro único fin al intentar que *vean nuestras obras* es *que glorifiquen a nuestro Padre que está en los cielos.*[636] Pero guárdate de hacer la menor cosa teniendo por fin tu propia gloria. Si tienes deseo de obtener la gloria que viene de los humanos, todo lo que hagas con tal propósito de nada valdrá. No se hace para el Señor y él no lo acepta, y no *«tendréis recompensa»* por ello, de *«vuestro Padre que está en los cielos».*

3. «Cuando, pues, des limosnas, no hagas tocar trompeta de ti, como hacen los hipócritas en las sinagogas y en las calles para ser alabados por los hombres». La palabra «sinagoga» no significa aquí un lugar de culto, sino un lugar público cualquiera, como el mercado o la bolsa.[637] Era una costumbre muy común entre los judíos que tenían grandes fortunas, especialmente entre los fariseos, hacer tocar la trompeta delante de ellos en los lugares más públicos de la ciudad al tiempo de ir a dar gran cantidad de limosnas. Con ello pretendían estar llamando a los pobres para recibirlas, pero el verdadero motivo era su deseo de recibir alabanzas de la gente. No sigan su ejemplo; no hagan tocar la trompeta delante de ustedes. No hagan ostentación de hacer el bien. Busquen sólo el honor

---

[636] Mt. 5.16.

[637] Había en tiempos de Wesley quien sostenía que la «sinagoga» podía ser, como aquí sugiere Wesley, un lugar público cualquiera. Otros rechazaban tal opinión.

que viene de Dios. Los que buscan las alabanzas de la gente, ya tienen su galardón: no recibirán la alabanza de Dios.

4. *«Mas cuando tú des limosna, no sepa tu izquierda lo que hace tu derecha».* Esta es una expresión proverbial cuyo significado es el siguiente: Hazlo de la manera más secreta que fuera posible; con tanto secreto como sea consecuente con el hecho mismo (porque no debes dejar de hacerlo--no dejes pasar ninguna oportunidad de hacer el bien, ya sea en secreto o abiertamente), y esto de la manera más eficiente que pueda darse. Porque aquí hay que hacer otra excepción: cuando estés plenamente persuadido en tu mente de que el no ocultar el bien que haces te ayudará a ti o a otros a hacer más bien, entonces no debes hacerlo en secreto; deja que tu luz se vea y que alumbre *a todos los que están en casa.*[638] Pero a no ser que la gloria de Dios y el bien del género humano exijan lo contrario, obra con tanta reserva y tan en lo privado como la naturaleza de la obra lo permita: *«para que sea tu limosna en secreto, y tu Padre que ve en secreto, te recompensará en público».* Tal vez te recompense en este mundo--hay muchos ejemplos de ello en la historia de todas la épocas--pero te recompensará sin falta en el mundo venidero, ante la asamblea general de los seres humanos y los ángeles.

II.1. De las obras de caridad o misericordia, pasa nuestro Señor a las que se llaman obras de piedad [o devoción]. «Y cuando ores», dice, «no seas como los hipócritas; porque ellos aman el orar en pie en las si-

---

[638] Mt. 5.15.

nagogas, y en las esquinas de las calles, para ser vistos de los hombres». «No seas como los hipócritas». La hipocresía, pues, o insinceridad, es lo primero que debemos evitar en la oración. Mira que no digas lo que no sientas. Orar es elevar el alma a Dios, y sin esto toda palabra de oración no es sino una hipocresía. Por consiguiente, siempre que trates de orar procura que sea con el fin de tener comunión con Dios; de elevar tu corazón hacia él; de desahogar tu alma ante él, no como los hipócritas que aman el «orar en pie en las sinagogas», en el banco o en el mercado, y en «las esquinas de las calles», donde hay más gente, «para ser vistos de los hombres», siendo éste el único designio, motivo y fin de las oraciones que repetían. «De cierto os digo que ya tienen su recompensa». No deben esperar otra de «vuestro Padre que está en los cielos».

2. Empero, no sólo el buscar las alabanzas humanas nos priva de la recompensa del cielo y evita que esperemos la bendición de Dios sobre nuestras obras de piedad o misericordia: el deseo de cualquier recompensa temporal destruye igualmente la pureza de intención. Si repetimos nuestras oraciones, si asistimos al culto público de Dios, si protegemos a los pobres con vista a ganancia o interés, todas estas cosas no tendrán más mérito ante la presencia de Dios que si las hiciésemos impulsados por el deseo de recibir las alabanzas humanas.[639] Cualquier fin temporal, cualquier motivo que no se refiera a las cosas eternas, cualquier designio que no sea el de promover la gloria

---

[639] Cf. 1 Co. 13.1-4.

de Dios y la felicidad de los demás por amor de Dios, hace cualquier hecho, por bueno que aparezca ante los demás, una abominación en la presencia del Señor.

3. *«Mas tú, cuando ores, entra en tu aposento, y cerrada tu puerta, ora a tu Padre que está en secreto»*. Hay un tiempo cuando debes glorificar a Dios abiertamente, orar y alabarle en la congregación.[640] Pero cuando quieras presentar más extensa y detalladamente tus peticiones a Dios,[641] ya sea por la noche, por la mañana o al mediodía,[642] entra en tu aposento y cierra tu puerta. Obra de la manera más reservada que puedas. (Pero en caso de que no tengas aposento, ni puedas hacerlo en secreto, no dejes de orar: ora en secreto cuando nadie te ve. Pero si no tienes la oportunidad de hacerlo de esta forma, ora de todas maneras.) Así, *«ora a tu Padre que está en secreto»*; ábrele tu corazón, y *«tu Padre que ve en lo secreto te recompensará en público»*.

4. *«Y orando»*, aun cuando fuere en secreto, *«no uséis vanas repeticiones, como los gentiles»*. *Mé battalogésete*. No abundes en palabras sin sentido. No repitas lo mismo una y otra vez; no creas que el resultado de tus oraciones depende de lo largas que sean, como creen los paganos --*«que piensan que por su palabrería serán oídos»*.

Lo que aquí se condena no es simplemente lo largo, o lo corto de nuestras oraciones. Sino, primero, la extensión con poco o nada de sentido. No el usar repeticiones, pues aun nuestro Señor mismo oró tres veces repitiendo las mismas palabras, sino las repeticiones vanas,

---

[640] Cf. Sal. 40.9, etc.
[641] Cf. Fil. 4.6.
[642] Sal. 55.17.

como hacen los paganos que repiten muchas veces los nombres de sus dioses; como hacen algunos entre los vulgarmente llamados cristianos, y no sólo entre los papistas, que repiten una y muchas veces la misma hilera de oraciones, sin sentir nunca lo que dicen. En segundo lugar, no debemos pensar que por nuestra parlería seremos oídos, ni imaginarnos que Dios mide las oraciones por su largura, y que le agradan más aquellas que contienen más palabras, que suenan durante más tiempo en sus oídos. Estos ejemplos de superstición y torpeza son tales, que todos los que llevan el nombre de Cristo deberían dejarlos a los paganos, a quienes jamás ha alumbrado la gloriosa luz del Evangelio.[643]

5. *«No os hagáis, pues, semejantes a ellos»*. Ustedes que han probado la gracia de Dios en Cristo Jesús, están firmemente persuadidos de que *«vuestro Padre sabe de qué cosa tenéis necesidad antes que vosotros le pidáis»*. De manera que el objeto de nuestra oración no es informar a Dios, como si no supiese nuestras necesidades, sino mas bien informarnos a nosotros mismos; fijar la conciencia de esas necesidades en nuestros corazones de una manera más profunda, y de nuestra dependencia continua de aquel que es el único que puede satisfacer nuestras necesidades. No es mover a Dios, que siempre está más dispuesto a dar que nosotros a pedirle, sino más bien movernos a nosotros mismos para que estemos dispuestos a recibir aquellas cosas buenas que él ha preparado para nosotros.[644]

---

[643] Cf. 2 Co. 4.4.
[644] Cf. 1 Co. 2.9.

III.1. Después de haber enseñado la verdadera naturaleza y los fines de la oración, nuestro Señor ofrece un ejemplo: esa forma divina de oración, que en este lugar parece proponerse especialmente como pauta; como el modelo y norma de todas oraciones. *«Vosotros, pues, oraréis así.»* En otro lugar recomienda el uso de estas mismas palabras: *«Y les dijo: Cuando oréis, decid...».*[645]

2. Podemos observar, en general, respecto de esta divina oración, primeramente que contiene todo lo que racional e inocentemente podemos pedir. Nada de lo que necesitamos pedir a Dios, nada de lo que podemos pedirle sin ofenderle, deja de estar incluido, ya sea directa ya indirectamente, en este modelo perfecto. En segundo lugar, que contiene todo lo que racional e inocentemente podemos desear; todo lo que sea para la gloria de Dios, que fuera necesario o de provecho no sólo para nosotros, sino para todas las criaturas en el cielo y en la tierra. Y en verdad nuestras oraciones son las verdaderas pruebas de nuestros deseos. Nada debe existir en nuestros deseos que no pueda mencionarse en nuestras oraciones. No debemos desear aquello que no podamos pedir en oración. En tercer lugar, que contiene todo nuestro deber para con Dios y para con los seres humanos, todo lo que es puro y santo, todo lo que Dios requiere de los seres humanos, todo lo que es aceptable en su presencia,[646] todo aquello con que podemos ayudar a nuestro prójimo, ya sea expresado o implícito en ella.

---

[645] Lc. 11.2.
[646] Cf. Sal. 19.14.

3. Consiste de tres partes: el prefacio, las peticiones y la doxología o conclusión. El prefacio, *«Padre nuestro que estás en los cielos»*, establece la base general de la oración, incluyendo aquello que primero debemos saber respecto de Dios antes de poder orar con la seguridad de ser escuchados. Nos señala igualmente todas esas disposiciones con que debemos acercarnos a Dios, las que son requisitos esenciales para que nuestras oraciones o vidas sean aceptables ante él.

4. *«Padre nuestro»*, si Padre, debe ser un buen Padre y amante de sus hijos, y en esto consiste la primera y gran razón de la oración. Dios está dispuesto a bendecir; pidámosle su bendición. *«Padre nuestro»*--Creador, Autor de nuestro ser; aquel que nos levantó del polvo de la tierra; sopló en nosotros el aliento de la vida y nos hizo seres vivientes.[647] Pero si él nos creó, pidámosle, y no negará ninguna cosa buena a la obra de sus manos. *«Padre nuestro»*, Preservador nuestro que día a día sostiene la vida que nos ha dado; de cuyo constante amor continuamente estamos recibiendo la vida, el aliento y todas las cosas. Vayamos a él con tanta más confianza *para alcanzar misericordia y hallar gracia para el oportuno socorro.*[648] Sobre todo, Padre de nuestro Señor Jesucristo y de todos los que creen en él; quien nos justifica *gratuitamente por su gracia, mediante la redención que es en Cristo Jesús,*[649] quien ha borrado todas nuestras maldades;[650] *el que sana todas* nuestras *dolencias;*[651]

---

[647] Cf. Gn. 2.7.
[648] He. 4.16.
[649] Ro. 3.24.
[650] Cf. Sal. 51.9.

quien nos ha recibido como sus hijos por adopción y de gracia. Y porque somos hijos, mandó el Espíritu de su Hijo a nuestros corazones *el cual clama: «¡Abba, Padre!»*;[652] siendo renacidos de simiente incorruptible,[653] *creados en Cristo Jesús.*[654] Sabemos, por consiguiente, que siempre nos escucha, y por lo tanto oramos a él sin cesar.[655] Oramos porque amamos, y le amamos *porque él nos amó primero.*[656]

5. *«Padre nuestro»*, no sólo *mío*, de quien ahora clama a él, sino *nuestro* en el sentido más pleno de la palabra. El Dios y Padre de los espíritus y de toda carne;[657] Padre de los ángeles y de los seres humanos, (a quien los mismos paganos reconocieron como padre de humanos y dioses, *Patèr andrôn te theôn te*),[658] el Padre del universo, de todas las familias que hay en el cielo y en la tierra. Por tanto para él *no hay acepción de personas*;[659] El ama todo lo que ha creado. El ama a todas las personas, y su misericordia se extiende sobre todas sus obras. *Se complace el Señor en los que le temen y en los que esperan en su misericordia,*[660] en aquellos que confían en él por medio de su Hijo amado, sabiendo que han sido aceptados en el «Amado».[661] Pero, *si Dios nos ha amado así, debemos también nosotros amarnos unos a*

---

[651] Sal. 103.3.
[652] Ga. 4.6.
[653] Cf. 1 P. 1.3, 23.
[654] Ef. 2.10.
[655] Cf. 1 Ts. 5.17.
[656] 1 Jn. 4.19.
[657] Cf. 2 Co. 1.2, etc., véase también Nm. 16:22; 27.16.
[658] Homero, *Ilíada*, i.544.
[659] Cf. Hch. 10.34; y 1 P. 1.17.
[660] Sal. 147.11.
[661] Cf. Ef. 1.6.

otros.[662] Más aún, a todo el género humano, puesto que *de tal manera amó Dios al mundo, que ha dado a su hijo unigénito, para que muriese, a fin de que el mundo no se pierda, mas tenga vida eterna.*[663]

6. *«Que estás en los cielos»*. Eminente y Altísimo, Dios de todo, bendito por siempre jamás.[664] Quien sentado en el círculo de los cielos,[665] ve todas las cosas, en el cielo y en la tierra. Cuyos ojos penetran toda la esfera de la creación, más aún, de la noche que no ha sido creada; para quien todas sus obras son conocidas,[666] y las obras de cada criatura, no sólo *desde tiempos antiguos*[667] (traducción débil y mala), sino desde toda la eternidad, por los siglos de los siglos. Quien constriñe a las huestes del cielo, lo mismo que a los seres humanos, a clamar llenos de sorpresa y asombro: ¡Qué profundidad! *¡Oh, profundidad de las riquezas de la sabiduría y de la ciencia de Dios!.*[668] ¡*«Que estás en los cielos»*, el Señor y Gobernador de todos, que dispones y arreglas todas las cosas; que eres Rey de reyes y Señor de señores,[669] el bendito y único Potentado;[670] que eres fuerte y te ciñes de poder,[671] haciendo lo que te place! El Omnipotente, porque siempre que lo quieras, el crear está a

---

[662] 1 Jn. 4.11.
[663] Jn. 3.16.
[664] Cf. Ro. 9.5.
[665] Sab. 13.2.
[666] Cf. Hch. 15.18.
[667] Ibíd.
[668] Ro. 11.33.
[669] Ap. 19.16.
[670] 1 Ti. 6.15.
[671] Sal. 65.6.

tu alcance. «*En el cielo*», eminentemente allí. El cielo es tu trono; el lugar donde particularmente habitas. Empero, no solamente allí, porque llenas los cielos y la tierra; toda la extensión del espacio. *Los cielos y la tierra están llenos de tu gloria. ¡Gloria sea a ti, oh Señor Altísimo!*[672]

Por consiguiente, sirvamos al Señor con temor y alegrémonos con reverencia.[673] Pensemos, pues, hablemos y obremos como quienes están constantemente bajo de su mirada, en la presencia inmediata del Señor, el Rey.

7. *«Santificado sea tu nombre»*. Esta es la primera de las seis peticiones que forman la oración. El nombre de Dios es Dios mismo, la naturaleza de Dios hasta donde pueda ser descubierta a los seres humanos. Significa, por consiguiente, además de su existencia, todos sus atributos o perfecciones. Su eternidad, revelada particularmente por su grande e incomunicable nombre, Jehová, que el apóstol Juan traduce: *tò A kaì tó O, arjè kaì télos, o òn kaì o en kaì o rejómenos*, «*el Alfa y la Omega, el principio y el fin, dice el Señor, que es, y que era, y que ha de venir*».[674] La *plenitud* de su ser[675] la denota ese otro gran nombre: *«¡Yo soy el que soy!»*.[676] Su omnipresencia; su omnipotencia; el único agente, en verdad, en el mundo material, puesto que toda materia es esencialmente pesada e inerte, y sólo se mueve cuando se mueve el dedo

---

[672] Del orden de comunión del *Libro de oración común*.
[673] Cf. Sal. 2.11.
[674] Ap. 21.6.
[675] Cf. Ef. 3.19; Col. 2.9.
[676] Ex. 3.14.

de Dios.[677] El es la fuente de todas las acciones en toda criatura, visible e invisible; que no puede obrar ni existir sin la emanación constante y la agencia de su omnipotente poder. Su sabiduría se deduce claramente de las cosas que se ven, del orden divino del universo. Su Trinidad en la Unidad y la Unidad en la Trinidad, se descubren tanto en la primera línea de su palabra escrita *barak Elohim*--literalmente, *los Dioses creó*,[678] un nombre plural como sujeto de un verbo singular--como en todas las revelaciones posteriores que dio por boca de sus santos profetas y apóstoles. Su pureza y santidad esenciales; y sobre todo su amor, que es el resplandor mismo de su gloria.[679]

Al rogar que Dios o su *«nombre»* pueda ser *«santificado»* o glorificado, pedimos que él sea conocido tal cual es, por todos los que son capaces de conocerle, por todos los seres inteligentes y con afectos dignos de tal conocimiento. Pedimos que sea debidamente honrado, temido y amado por todas las criaturas arriba en el cielo y abajo en la tierra;[680] de todos los ángeles y los humanos a quienes con tal fin creó capaces de conocerlo y amarlo por toda la eternidad.

8. *«Venga tu reino»*. Esta petición tiene una relación muy íntima con la precedente. A fin de que el nombre de Dios sea santificado, pedimos que tu reino, el reino de Cristo, venga. Viene este reino a una persona particularmente cuando se arrepiente y cree en el Evange-

---

[677] Ex. 8.19; Lc. 11.20.
[678] Gn. 1.1.
[679] Cf. He. 1.3.
[680] Jos. 2.11.

lio;[681] cuando Dios le enseña no sólo a conocerse a sí mismo, sino también a Jesucristo crucificado.[682] Que esta *es la vida eterna*, conocer *el único Dios verdadero, y a Jesucristo a quien has enviado*[683] así empieza el reino de Dios aquí en la tierra, constituido en el corazón del creyente. *¡El Señor nuestro Dios Todopoderoso reina!*,[684] cuando se le conoce por medio de Cristo Jesús. Ejerce otra vez su poder omnipotente a fin de someter a sí todas las cosas.[685] Procede *conquistando y a conquistar* en el corazón,[686] hasta poner todas las cosas debajo de sus pies, hasta que lleve, *cautivo todo pensamiento a la obediencia de Cristo.*[687]

Por consiguiente, cuando Dios dé a su Hijo *por herencia las naciones, y como posesión* suya *los confines de la tierra*,[688] cuando todos los reyes se postren ante él y todas las naciones le sirvan;[689] cuando *el monte de la casa de Jehová*, la iglesia de Cristo, sea *confirmada como cabeza de los montes*,[690] *hasta que haya entrado la plenitud de los gentiles, y luego todo Israel* sea salvo,[691] entonces se verá que el Señor es Rey y que se ha puesto su vestido de gloria,[692] y aparecerá a todas las almas como *Rey de reyes y Señor de señores.*[693]

---

[681] Cf. Mr. 1.15.
[682] Cf. 1 Co. 2.2.
[683] Cf. Jn. 17.3.
[684] Ap. 19.6.
[685] Fil. 3.21.
[686] Cf. Ap. 6.2.
[687] 2 Co. 10.5.
[688] Sal. 2.8.
[689] Cf. Sal. 72.11.
[690] Is. 2.2.
[691] Ro. 11.25-26.
[692] Cf. Sal. 93.1.
[693] Ap. 19.16.

Es conveniente para *todos los que aman su venida*[694] orar para que se apresure el tiempo; a fin de que éste su reino, el reino de gracia, venga pronto y absorba todos los reinos de la tierra; que recibiéndolo como su Rey todo el género humano, creyendo verdaderamente en su nombre, se llene de justicia y paz, y gozo,[695] con santidad y felicidad, hasta que sea llevado de aquí al reino celestial, a reinar con él por siempre jamás.

También pedimos esto con las palabras: *«Venga tu reino»*. Pedimos que venga su reino eterno, el reino de la gloria en el cielo, que es la continuación y perfección del reino de la gracia sobre la tierra. Por consiguiente, tanto ésta como la petición anterior, se ofrecen por toda la creación racional que se interesa en este gran acontecimiento, la renovación final de todas las cosas, cuando Dios, poniendo fin a toda miseria y pecado, a toda enfermedad y muerte, tome todas las cosas en sus manos y establezca el reino que ha de durar por siempre jamás.

Muy semejante a esto son las solemnes palabras en la oración del oficio de difuntos: «Rogándote, que plazca a tu misericordia reunir pronto el número de tus escogidos y apresurar la venida de tu reino; que nosotros juntamente con todos los que partieron en la verdadera fe de tu santo nombre, obtengamos nuestra perfecta consumación y felicidad, tanto en el cuerpo como en el alma, en tu eterna gloria».[696]

9. *«Hágase tu voluntad, como en el cielo, así también en la tierra»*. Esta es la consecuencia natural e inmediata

---

[694] 2 Ti. 4.8.

[695] Ro. 14.17.

[696] Del *Libro de oración común*, oficio de difuntos.

dondequiera que llega el reino de Dios; dondequiera que Dios habita en el alma por medio de la fe, y Cristo reina en el corazón por medio del amor.

Es probable que muchos, tal vez la generalidad de los seres humanos, al oír por primera vez estas palabras, se imaginen que sólo son expresión o petición de resignación; de tener la voluntad de sufrir lo que respecto de nosotros mande Dios, sea lo que fuere. Indudablemente que ésta es una actitud divina y excelente, un don precioso de Dios. Pero esto no es lo que solicitamos en esta petición, al menos no en su principal y primer sentido. Al decir: *«Hágase tu voluntad, como en el cielo, así también en la tierra»*, pedimos no por conformidad pasiva sino activa hacia la voluntad de Dios.

¿Cómo hacen esa voluntad los ángeles en el cielo, los que ahora rodean su trono regocijándose? La cumplen *voluntariamente*; aman sus mandamientos y escuchan con placer sus palabras. Hacer su voluntad es su comida y bebida;[697] es su gloria y gozo más alto. Lo hacen *constantemente*; no hay la menor interrupción en sus servicios; no descansan ni de día ni de noche,[698] sino que emplean todas sus horas (hablando según los humanos, puesto que nuestras medidas de duración, días, noches y horas, están fuera de lugar en la eternidad) en cumplir sus mandatos, en ejecutar sus designios, en poner en práctica su voluntad. Y lo hacen a la *perfección*. Las mentes angélicas no participan de ningún defecto ni pecado. Es muy cierto que *ni las estrellas son limpias delante de sus*

---

697 Cf. Jn. 4.34.
698 Cf. Ap. 4.8.

ojos,[699] ni aun las estrellas de la mañana que cantan juntas delante de él.[700] En su presencia, es decir, en comparación con él, ni los mismos ángeles son puros. Pero esto no quiere decir que no sean puros en *sí mismos*. Indudablemente que lo son: son puros y sin mácula. Están enteramente dedicados a la voluntad de Dios, y son perfectamente obedientes en todas las cosas.

Si vemos esto bajo otro punto de vista, podemos observar que los ángeles de Dios en el cielo hacen *toda* la voluntad de Dios. Y no hacen otra cosa, sino aquello de que están plenamente seguros de que es su voluntad. Además hacen toda la voluntad de Dios *como* él la desea; de la manera que le agrada y de ningún otro modo. Más aún, la hacen *sólo* porque es su voluntad, únicamente por esta razón.

10. Por consiguiente, cuando pedimos *«hágase tu voluntad, como en el cielo, así también en la tierra»* queremos decir que todos los habitantes de la tierra, que toda la raza del género humano, haga la voluntad de su Padre que está en los cielos, con *tanta voluntad* como los santos ángeles; que los humanos la hagan tan *continuamente* como los ángeles, sin la menor interrupción en la presteza de sus servicios. Más aún, que la hagan *perfectamente*, a fin de que el Dios de paz por la sangre del pacto eterno, les haga aptos en toda buena obra para que hagan su voluntad, haciendo él[701] en ellos, todo *lo que sea agradable delante de él*.[702]

---

[699] Job 25.5.
[700] Cf. Job 38.7.
[701] Cf. He. 13.20-21.
[702] Ibíd.

En otras palabras, pedimos que nosotros y todo el género humano hagamos toda la voluntad de Dios en todas las cosas, y nada más, ni la menor cosa que no sea la voluntad santa y aceptable de Dios.[703] Pedimos que hagamos la voluntad toda de Dios, *como* él la desea y de la manera que le agrada. Y, por último, que la hagamos *porque* es su voluntad; que ésta sea la única razón y el motivo de cualquier cosa que pensemos, hablemos o hagamos.

11. *«El pan nuestro de cada día, dánoslo hoy»*. En las tres peticiones anteriores hemos estado pidiendo por todo el género humano. Ahora rogamos para suplir nuestras propias necesidades. Esto no significa que se nos enseñe, ni aun aquí, a limitar nuestras oraciones a nosotros mismos, sino que ésta y todas las peticiones que siguen pueden hacerse por toda la Iglesia de Cristo sobre la tierra.

La palabra *«pan»* puede significar todas aquellas cosas que necesitamos tanto para el alma como para el cuerpo: *tà pròs zoèn kaì eusébeian, las cosas que pertenecen a la vida y a la piedad.*[704] Significa no sólo el mero pan exterior, lo que nuestro Señor llama *«la comida que perece»*, sino mucho más el pan espiritual, la gracia de Dios, el alimento *que a vida eterna permanece.*[705] Opinaban muchos de los Padres de la Iglesia que esto significa también el pan del sacramento--que toda la Iglesia de Cristo recibía diariamente y estimaba muy altamente

---

[703] Cf. Ro. 12.1-2.
[704] 2 Pe. 1.3.
[705] Jn. 6.27.

hasta que el amor de muchos se enfrió[706]--como el gran conducto por donde se impartía la gracia de su Espíritu a las almas de todos los hijos de Dios.

«El pan nuestro de cada día». Las palabras que traducimos *«de cada día»*, las han explicado de distintas maneras diferentes comentaristas; pero el sentido más claro y natural parece ser el que se ha conservado en la mayoría de las traducciones, tanto antiguas como modernas, a saber: lo que es necesario para hoy día, y así, para cada día sucesivo.

12. *«Dánoslo»*, porque no tenemos derecho a exigir nada, y recibimos sólo por su gran misericordia. No merecemos el aire que respiramos, ni la tierra que produce, ni el sol que nos alumbra. Lo que merecemos es el infierno. Pero Dios nos ama libremente. Por lo tanto, le pedimos que nos *conceda* lo que nosotros no podemos *obtener* por nosotros mismos y no merecemos de sus manos.

La bondad y el poder de Dios no son razones para que permanezcamos ociosos. Su voluntad es que en todas las cosas seamos diligentes; que nos esforcemos a tal grado como si nuestro buen éxito dependiese de nuestra sabiduría y fuerza. Y entonces, como si nada hubiésemos hecho, debemos depender de él, el Dador de *toda buena dádiva y todo don perfecto.*[707]

«Hoy», porque no debemos afligirnos respecto de lo que vendrá mañana.[708] Con este mismo fin el sabio Creador ha dividido la vida en cortos períodos de tiem-

---

706 Mt. 24.12.
707 Stg. 1.17.
708 Cf. Mt. 6.34.

po, tan claramente separados el uno del otro, para que veamos cada día como un nuevo don de Dios, otra porción de vida que habremos de dedicar a su gloria, y para que cada noche sea como la conclusión de la vida, más allá de la cual nada encontraremos sino la eternidad.

13. *«Y perdónanos nuestras deudas, como también nosotros perdonamos a nuestros deudores».*[709] Dado que sólo el pecado puede impedir que sobre cada criatura se derrame la bondad de Dios, esta petición sigue naturalmente a la anterior, para que, habiéndose quitado todos los estorbos, esperemos más firmemente recibir del Dios de amor toda clase de cosas buenas.

«Nuestras deudas». El término significa propiamente *«nuestras deudas».* Con frecuencia se mencionan en las Escrituras nuestros pecados como deudas. Cada pecado nos hace contraer una nueva deuda para con Dios, a quien ya debemos, como quien dice, diez mil talentos. ¿Qué le contestaremos cuando nos diga: *«Págame lo que me debes»*?[710] Somos enteramente insolventes; no tenemos nada con qué pagar; hemos desperdiciado toda nuestra hacienda.[711] Por consiguiente, si nos trata con todo el rigor de su ley, si exige lo que puede justamente pedir, mandará que atados de pies y manos,[712] seamos entregados a los verdugos.[713]

---

[709] La versión tradicional de la Oración del Señor en inglés dice «nuestras transgresiones»-- *our trespasses*. Aquí Wesley cita esa versión tradicional, y luego pasa a explicar que el término «deudas» es más exacto.

[710] Mt. 18.24, 28.

[711] Lc. 15.13.

[712] Cf. Jn. 11.44.

[713] Cf. Mt. 18.34.

En verdad ya estamos atados de pies y manos por las cadenas de nuestros pecados. Estos, respecto de nosotros, son cadenas de hierros y grillos de cobre. Son heridas con que el mundo, la carne y el demonio nos han lastimado y quebrantado de pies a cabeza. Son enfermedades que chupan nuestra sangre y nuestro aliento, que nos llevan a las regiones del sepulcro.[714] Pero considerados, como lo son aquí, respecto de Dios, son deudas inmensas e innumerables. Así, bien podemos rogarle--pues no tenemos con qué pagar--[715] que nos perdone todo.

La palabra traducida *«perdónanos»*, significa perdonar una deuda o desatar una cadena. Si obtenemos lo primero, lo segundo se sigue naturalmente: si las deudas son perdonadas, las cadenas caen de nuestras manos. Tan pronto como recibimos, mediante la libre gracia de Dios en Cristo, el perdón de los pecados, obtenemos igualmente nuestra herencia entre los santificados, por la fe que es en él.[716] El pecado ha perdido su poder; no tiene dominio sobre quienes están *bajo la gracia*,[717] es decir, que gozan del favor de Dios. Puesto que *ninguna condenación hay para los que están en Cristo Jesús*,[718] están libres del pecado lo mismo que de la culpa. *La justicia de la ley se cumpliese* en ellos, y no andan *conforme a la carne, sino conforme al Espíritu.*[719]

---

[714] Cf. Pr. 7.27.
[715] Cf. Lc. 7.42.
[716] Cf. Hch. 26.18.
[717] Cf. Ro. 6.14, 15.
[718] Ro. 8.1.
[719] Ro. 8.4.

14. *«Como también nosotros perdonamos a nuestros deudores»*. En estas palabras nuestro Señor expone claramente bajo qué condición y hasta qué grado o manera podemos esperar el perdón de Dios. Se nos perdonan todas nuestras deudas y pecados, *si* nosotros perdonamos, y *como* perdonamos a otros. Primero, Dios nos perdona *si* nosotros perdonamos a otros. Este punto es de la mayor importancia. Tan celoso es de esto nuestro Señor que, a fin de evitar que se nos olvide, no solamente lo incluye en la oración, sino que lo repite después dos veces. *«Porque, si perdonaréis»*, dice, *«a los hombres sus ofensas, os perdonará también a vosotros vuestro Padre celestial. Mas si no perdonáis a los hombres sus ofensas, tampoco vuestro padre os perdonará vuestras ofensas»*.[720] En segundo lugar, Dios nos perdona de la misma manera que perdonamos a otros. De modo que si queda alguna malicia o rencor, si permanece alguna mala voluntad o ira; si no perdonamos a los seres humanos sus ofensas, franca, plenamente y de corazón, no será fácil conseguir nuestro perdón. Dios no puede perdonarnos abierta y completamente. Tal vez nos tenga algún grado de misericordia, pero no le dejamos borrar nuestros pecados ni perdonar nuestras iniquidades.[721]

Entre tanto, si no perdonamos de todo corazón las ofensas de nuestros prójimos, ¿qué clase de oración ofrecemos a Dios cuando pronunciamos estas palabras? Verdaderamente, estamos desafiando a Dios: provocándole a que haga lo más tremendo que pueda. *«¡Per-*

---

[720] Mt. 6.14-15.
[721] Cf. Jer. 18.23.

dónanos nuestras deudas, como también nosotros perdonamos a nuestros deudores!». Es decir, en términos claros, «no nos perdones; no te pedimos ningún favor. Te rogamos que te acuerdes de nuestros pecados, y que tu ira permanezca sobre nosotros». Pero, ¿podemos ofrecer con seriedad semejante oración a Dios? Y ¿no nos ha echado ya en el infierno?[722] ¡Oh, ya no le tentemos! ¡Perdonen, ahora mismo, por su gracia; perdonen según quieran ser perdonados! ¡Tengan compasión de su consiervo, como Dios ha tenido y tendrá piedad de ustedes!

15. *«Y no nos metas en tentación, más líbranos del mal»*. *«Y no nos metas en tentación»*. La palabra traducida *«tentación»*, quiere decir prueba de cualquiera clase. El término en sí se tomaba antiguamente en inglés, en un sentido diferente; pero ahora usualmente significa instigación al pecado. Santiago usa este término en ambos sentidos: primero en su acepción general, y después en un sentido particular. Lo usa en el primer sentido cuando dice: *«Bienaventurado el varón que soporta la tentación; porque cuando haya resistido la prueba, o sido aprobado de Dios, recibirá la corona de vida»;*[723] y luego añade, tomando la palabra en su segundo significado: *«Cuando alguno es tentado, no diga que es tentado de parte de Dios; porque Dios no puede ser tentado por el mal, ni él tienta a nadie; sino que cada uno es tentado, cuando de su propia concupiscencia»* (o su deseo) *«es atraído»*, atraído lejos de Dios, en quien sólo está salvo, *«y seducido»*, atrapado como se coge un pescado con carnada.[724]

---

[722] Cf. Sal. 55.15.
[723] Stg. 1.12.
[724] Cf. Stg. 1.13-14.

Al ser *atraído* y *seducido*, es cuando verdaderamente se mete en tentación. La tentación lo cubre como una nube; se extiende sobre toda su alma. ¡Con qué dificultad podrá escapar de la trampa! Por consiguiente, pedimos a Dios que *«no nos metas en tentación»*, es decir, siendo que Dios no tienta a ningún ser humano,[725] que no nos deje ser guiados a la tentación. Sino que nos libre de todo mal; mejor dicho, *«del enemigo malo»*, *apò toû poneeroû*.[726] *O ponerós* es indudablemente el maligno,[727] llamado así enfáticamente el príncipe y el dios de este mundo,[728] que obra con gran poder en los hijos de desobediencia.[729] Pero todos los que son hijos de Dios por la fe, han sido librados de sus manos. El puede pelear contra ellos y así lo hará. Pero no puede vencer a no ser que ellos traicionen sus almas. Puede atormentar por un tiempo, pero no puede destruir porque Dios está de parte de ellos, y al fin él no dejará de hacer *justicia a sus escogidos que claman a él día y noche.*[730] ¡Señor, cuando seamos tentados no nos metas en tentación! ¡Ayúdanos a escapar, para que no nos toque el enemigo malo![731]

16. La conclusión de esta divina oración, llamada comúnmente la doxología,[732] es una solemne acción de

---

[725] Cf. Stg. 1.13.

[726] Mt. 6.13.

[727] Cf. 1 Jn. 2.13, 14; 3.12; 5.18.

[728] Cf. 1 Jn. 12.31; 14.30; 16.11.

[729] Ef. 2.2.

[730] Lc. 18.7.

[731] Cf. 1 Jn. 5.18.

[732] Es sabido que en algunos antiguos manuscritos de Mateo no aparece esta doxología, y que por tanto algunas iglesias no la

gracias, un reconocimiento sucinto de los atributos y las obras de Dios. *«Porque tuyo es el reino»*, el derecho soberano sobre todo lo que existe, o ha sido creado. Tu reino es un reino eterno y tu dominio dura por todas las generaciones.[733] *«El poder»*, el poder ejecutivo por medio del cual gobiernas todas las cosas en tu eterno reino; por el cual haces lo que te place en todos los lugares de tu dominio. *«Y la gloria»*, la alabanza que te deben todas las criaturas por tu poder y lo poderoso de tu reino, y por todas las obras maravillosas que desde la eternidad has hecho y harás por *«todos los siglos. Amén».*[734] ¡Así sea!

Pienso que para el lector serio, no será inaceptable el adjuntar...

Una Paráfrasis de la Oración del Señor[735]

I

Padre de todo, cuya poderosa voz
creó este marco universal,
cuyo amor se goza en lo creado,
siempre el mismo por las edades.
Por tu palabra sostienes todo,
tu amor abundante revelas a tus hijos,
escuchas la voz de tus criaturas
y colmas cada boca con bondad.

---

incluyen al recitar el «Padre nuestro». En este caso, Wesley prefirió ceñirse a la tradición recibida en la Iglesia de Inglaterra.
[733] Cf. Dn. 4.3.
[734] Mt. 6.13.
[735] Publicada en *Hymns and Sacred Poems* (1742), pp. 275-77.

II

Reinas en el cielo, coronado en luz,
la naturaleza se despliega a tus pies,
tierra, aire y mar están ante tu mirada
y hasta el tenebroso infierno observas.
Sabiduría, poder y amor son tuyos,
caemos postrados ante tu faz.
Tus divinos atributos celebramos
y saludamos al Señor de todo.

III

A ti, Señor soberano, que actúas
en tierra, aire y cielo, confesamos
reverenciar tu poder y bondad;
tu aguda mirada nos estremece.
Todos los que le deben su origen
dediquen cada hora en adorarle.
¡Jehová reina! Alégrate, oh tierra,
griten de júbilo, estrellas matutinas.

IV

Hijo del amor eterno del Padre,
preserva contigo tu enorme poder,
y deja que las criaturas de la tierra
gusten de tu misericordia.
Adoramos tu pródiga gracia,
reina tu sólo en cada corazón,
hasta que tus enemigos te reconozcan
y la gloria culmine la obra de la gracia.

V

Espíritu de gracia, saber y poder,
fuente de luz y amor terrenal,
derrama tu gracia sanadora
y que fluya sobre las naciones.
Aviva nuestros corazones con amor,
realiza en nosotros las obras de fe,
y ninguna hueste celestial será más
expeditiva en cumplir tu voluntad.

VI

Padre, a ti nos rendimos cada día,
tus hijos piden tu renovado sostén.
Tú vistes los lirios del campo,
escuchas el piar de los pichones.
Te confiamos nuestra iniquidad, por ti
vivimos, sabes nuestra necesidad;
Señor, aliméntanos con tu gracia
y danos este día tu viviente pan.

VII

Cordero de Dios, eterno e inmaculado,
ofrendado antes de crear al mundo,
rocíanos siempre con tu sangre.
Límpianos y mantennos siempre puros.
A cada alma, ¡a ti sea la gloria!
nuestra mayor compasión,
y que la humanidad pueda así ver
a Dios en nosotros, pues Dios es amor.

VIII
Señor y dador de la vida, tu poder
y cuidados, gratuitos para todos son,
permítenos acudir a ti, en la hora
de tentación, de pecado y de Satán.
Señor, tuyos somos y nuestro eres,
que toda tu bondad sea en nosotros,
renueva, agranda y llena el corazón
de gozo y paz del cielo y de Dios.

IX
Trinidad, siempre igual y eterna.
por tus obras, te sean dados
bendición y honor, loor y amor,
abajo en la tierra, arriba en el cielo.
Tres veces santo Dios, tuyo es el reino,
tuyo el dominio omnipotente.
Cuando la naturaleza creada perezca,
que tu gloria eterna reluzca.

Comentario del Sermón 26
Sobre el sermón de nuestro Señor en la montaña
Sexto Discurso
Mateo 6:1-15

El Señor está más cerca de nosotros que nosotros mismos: "interior intimo meo et superior summo meo" ("más interior que lo más íntimo mío y más elevado que lo más sumo mío").

San Agustín Confesiones III, 6, 11

En este sexto discurso sobre el sermón de la montaña, Wesley se refiere a un segmento de material más amplio que en los discursos anteriores. En los Sermones 21-25, que se centran en Mateo 5, se ocupa de solo tres o cinco versículos por sermón. En este discurso, Wesley aborda los quince versículos al comienzo de Mateo 6, de tres a cinco veces más versículos que los sermones anteriores. Dedica este discurso principalmente al tema de la oración y particularmente a la oración del Padre Nuestro.

El sermón 26 comienza reiterando un énfasis de su discurso anterior. Wesley vuelve a acentuar la diferencia entre las prácticas religiosas externas y las que "manan de su verdadera fuente". Las primeras no tienen profundidad en la santidad interior, pero las segundas brotan "de una fe viva en Dios por medio de Jesucristo". Nuevamente, esto es lo que Wesley llama la "religión del corazón".

Como San Agustín afirma en sus Confesiones, "Dios nos conoce mucho mejor que nosotros mismos" y es en la oración que Dios a menudo nos revela nuestro ser interior y lo que necesitamos saber sobre nosotros mismos. De hecho, Wesley estaría de acuerdo en que es a menudo a través de la oración que experimentamos la gracia preveniente de Dios, cuando Dios se acerca a nosotros, nos da poder y nos invita a una relación.

Wesley sostiene que lo fundamental para la religión del corazón es la "intención pura y santa". El cristiano puede participar en prácticas de la fe, como dar limosna, ayunar y orar, pero puede hacerlo solo porque se espera de los cristianos o porque parece correcto y aceptable hacerlo. Sin embargo, estas prácticas religiosas no tienen valor para Dios, si no brotan de una disposición santa que esté arraigada en la pureza de la intención. La pureza de la intención es en sí una dádiva de Dios, es recibir la gracia preveniente de Dios. Siempre es Dios quien da el primer paso, como también lo hace en la oración. Los cristianos a menudo oramos: "Oh Dios, tú conoces nuestras necesidades antes de que pidamos (Mt. 6:8) y nuestra ignorancia al pedir".

Al referirse a las prácticas religiosas que Jesús menciona en estos primeros versículos de Mateo 6, Wesley aclara la intención pura en lo que respecta a las obras de piedad (en este caso, la oración) y las obras de misericordia (en este caso, la limosna). Obviamente, hay otras obras de piedad, como los devocionales privados, la contemplación, etc. También, otras obras de misericordia como alimentar al hambriento, vestir al desnudo, visitar a los encarcelados, consolar al afligido, abogar por los oprimidos, etc. Con respecto tanto a las obras de piedad como a las obras de misericordia, no es bueno si se hacen para glorificarse a uno mismo, especialmente para ser reconocido por los demás. La gloria es siempre para Dios. "No dejes que tu mano izquierda sepa lo que está haciendo tu mano derecha". Es decir, en la humildad y pureza de intención, no se tiene ninguna conciencia de que las obras de piedad o misericordia son para gloria personal. Aunque, Wesley concede que si hacemos tales actos para ser vistos por los demás, debería ser con el propósito expreso de ser una luz de Cristo para las otras personas. En este caso, los actos de piedad y misericordia que son vistos por los otros y que les impresionan, pueden ser aceptables, siempre y cuando nuestra conciencia "nos testifica" de que lo estamos haciendo para glorificar a Dios y no a nosotros mismos. Pero si hacemos algo simplemente para nuestra propia gloria, de modo que "nuestra mano izquierda sepa lo que está haciendo nuestra mano derecha", entonces no es aceptable para Dios.

Mis padres nunca ganaron mucho dinero durante los años de su vida y de ministerio. Vivieron una vida sencilla de clase media. Sin embargo, fueron muy frugales con su dinero y ahorraron todo lo que pudieron, mientras que daban generosamente a los demás (dar limosna, como señala Wesley, es una obra de misericordia). Sin embargo, cuando mis padres adquirieron la *Wesley Heritage Foundation* en 1990, contribuyeron con una gran suma de dinero para "poner en marcha" la financiación que sería necesaria para hacer la traducción y publicación de las *Obras de Wesley* al español, así como la distribución. Hicieron su donación de forma anónima, no queriendo mostrar públicamente su generosidad. También se puede ver la enseñanza de Wesley, en que si mis padres hubieran estado dispuestos a que su generosidad se conociera públicamente, tal vez podría haber inspirado a otros a ser generosos en sus donativos. De cualquier forma que haya sucedido, está claro que mis padres dieron de corazón sin deseo de ser vistos. Dieron por la gloria de Dios.

Mi padre vivió una vida de humildad basado en el Cristo que habitaba en su corazón muy profundamente. El libro devocional de Thomas à Kempis, *La imitación de Cristo*, tuvo mucha influencia en mi padre, como también la tuvo en Juan Wesley. En su disertación doctoral sobre François Fénelon, mi padre presenta la noción de *ama nesciri* de Kempis, que se traduce como "el amor es desconocido". Es el amor que no ama exhibirse, sino el amor que ama con humildad. Esto fue muy cierto con mis padres en lo que respecta a sus obras de piedad y misericordia; nunca las hicieron para ser vistas por los demás.

Mi padre aceptó reconocimientos, como placas o premios por algo que había logrado, pero nunca se sintió cómodo al recibirlos. De hecho, ¡una vez recibió un trofeo por "las mejores piernas"! Al discutir estos reconocimientos con mi padre una vez, comentó que cuando recibía tales muestras de reconocimiento, siempre estaba dispuesto a "entregarlos a Dios" y decir: "Dios, tú eres quien merece esto". Después de todo, ¡Dios incluso creó sus piernas! La pobreza de espíritu no puede hacer otra cosa que confesar que le debemos todo a Dios.

Luego, Wesley analiza una de las obras de piedad, a saber, la oración. Dice que "la hipocresía, pues, o la insinceridad, es lo primero que debemos evitar en la oración". Cuando ores, dice Jesús, no seas como los hipócritas que "aman orar en pie en las sinagogas y en las esquinas de las calles, para que puedan ser vistos". El único propósito de la oración debe ser "tener comunión con Dios".

Si hay algún motivo en la oración, aparte de promover la gloria de Dios, este sería una abominación para Dios. Además, no oramos con el propósito de informar a Dios o tratar de convencer a Dios, porque Dios "conoce nuestras necesidades y nuestra ignorancia al pedir". No oramos para mover o influenciar a Dios, sino movernos a nosotros mismos en términos de estar "dispuestos a recibir aquellas cosas buenas que [Dios] ha preparado para nosotros".

Mi padre oró en voz alta hasta una semana antes de morir. Cuando mi padre ya no podía recordar los nombres de familiares y amigos, y cuando ya no podía pronunciar palabras o pensamientos, todavía podía orar. Cuando estaba siendo evaluado médicamente para los servicios del Hospicio, uno de los requisitos para calificar era que no fuera capaz de poner más de cinco palabras juntas que tuvieran sentido. Le solicité al evaluador que no le pidiera que orara. ¿Por qué? Porque si bien en una conversación mi padre no podía juntar palabras que tuvieran sentido, por fe podía orar "naturalmente" extensamente con palabras que fluían juntas con plenitud de significado.

Las oraciones de mi padre brotaban de su corazón, no de su mente debilitada y oraba maravillosamente.

En el Mensaje de Resurrección que prediqué para el funeral de mi padre (ver Apéndice 2), destaco lo importante que fue la oración en la vida de mi padre. Oraba constantemente, siempre para la gloria de Dios. En sus oraciones a menudo hablaba del dominio de Dios. A menudo comenzaba una oración: "Dios misericordioso, en todo tu dominio . . .". Mi padre entendió que no hay mayor poder de sabiduría o amor que el Dios que nos creó a su imagen. Nada en este mundo, ningún país, ningún reino, ninguna filosofía puede superar el dominio de Dios.

Mi padre también oraba: "Te alabamos por tu amor y cuidado. Enséñanos a confiar en ti y a buscar tu voluntad". Conocía muy íntimamente el amor y el cuidado de Dios en su vida, incluso en sus últimos días de vida terrenal. Buscó la voluntad de Dios en todo lo que hizo y confió en Dios más allá de toda medida. Esta confianza es lo que lo sostuvo en todo momento difícil y es lo que le permitió regocijarse en tantos dones de la vida que disfrutó. A menudo oraba estas palabras: "Oh Dios, siempre vas delante de nosotros y estás allí con nosotros, incluso cuando queremos ir a otro lugar".

Otro componente frecuente de las oraciones de mi padre era pedirle ayuda a Dios para "ser mayordomos fieles de todo lo que nos confías". Nunca he conocido a nadie que fuera tan fiel mayordomo de aquello con lo que fue bendecido como mi padre. Era frugal no solo por serlo o para beneficio personal, pero era en gran medida era frugal para poder compartir lo que tenía con los demás. Su frugalidad complementaba la generosidad de su vida cristiana.

Además, mi padre oraba: "Te damos gracias, oh Dios, por tu reflejo en nuestra gloria terrenal". Papá vio la gloria de Dios reflejada en todas las personas, independientemente de su cultura, color, idioma, religión, orientación o género. La imagen de Dios que descubrió dentro de sí mismo le permitió ver la imagen de Dios en los demás. Debido a esto, dedicó tiempo y energía a la búsqueda de la justicia de Dios para las personas oprimidas, marginadas y pobres. Sabía que la fe estaba muerta sin obras.

Al crecer en la casa de mis padres, nos reuníamos alrededor de su cama todas las noches y nos arrodillábamos en oración. Mi padre comenzaba este tiempo alentando a cualquiera de nosotros, los hijos, a orar lo que estaba en nuestro corazón o mente, y luego él cerraba el momento, seguido de la oración del Padre Nuestro por parte de todos. Cuando crecí y me fui de casa, pero regresaba de visita, por la noche oía a mi padre y a mi madre orar juntos mientras se preparaban para dormir. Su vida juntos fue un hermoso ejemplo de un matrimonio cristiano basado en la oración.

En la última parte del Sermón 26, Wesley se enfoca en el Padre Nuestro. Dice que esta oración, que se encuentra en Mateo 6:9-15, es el "modelo" para todas nuestras oraciones. Abarca todas nuestras necesidades, deseos y deberes. Wesley hace un comentario sobre el Padre Nuestro dividiéndolo en tres partes: el prefacio, las seis peticiones y la doxología o conclusión. Bosqueja la oración de la siguiente manera:

El Padre Nuestro

Padre nuestro que estás en los cielos, (Prefacio)
(6 Peticiones)
1. Santificado sea tu nombre.
2. Venga tu reino.
3. Hágase tu voluntad, como en el cielo, así también en la tierra.
4. El pan nuestro de cada día, dánoslo hoy.
5. Y perdónanos nuestras deudas, como también nosotros perdonamos a nuestros deudores.
6. Y no nos metas en tentación, mas líbranos del mal.
7. Porque tuyo es el reino, y el poder, y la gloria, por todos los siglos. Amén.
(Doxología o Conclusión)

Con respecto a "Padre Nuestro", Wesley observa tres cosas: primero, "Padre Nuestro" se refiere a nuestro Creador, el "Autor de nuestro ser"; segundo, nuestro Preservador, "que día a día sostiene la vida que nos ha dado"; y tercero, el Padre que no es solo mío, sino "nuestro".

Dios desea dar generosamente cosas buenas a todas las personas que ha creado, porque Dios ama profunda e íntimamente todo lo que ha creado. Dios sostiene continuamente toda su creación, amando y dando misericordia y gracia gratuitamente a todos los que lo necesitan, recreando constantemente. Esta bondad de Dios no solo me es otorgada a "mí", sino que a todos, porque Dios ama todo lo que ha hecho. Estar "en el cielo" significa que Dios es Señor y gobernador de todos y su Ser llena todo el cielo y la tierra. El cielo y la tierra están llenos de la santa gloria de Dios.

Si Juan Wesley hubiera vivido en el siglo XXI, no hay duda de que habría tratado de ser inclusivo en su lenguaje. La Inglaterra del siglo XVIII aún estaba lejos de defender la inclusión de varios tipos. Wesley tenía un gran respeto por las mujeres. Algunos dirían que la madre de Wesley, Susana, tuvo un mayor impacto espiritual sobre él que su padre, Samuel. Debido a la experiencia y las observaciones de Wesley sobre su madre, Wesley fomentó y agradeció el liderazgo de las mujeres en el movimiento metodista. No cabe duda de que, con algunos años adicionales, Wesley habría entendido a Dios más como Padre o Madre y habría utilizado un lenguaje e imágenes inclusivos al hablar de Dios.

Al reflexionar sobre la vida de "mi padre" como parte de este comentario sobre los sermones de Wesley, y en este momento al reflexionar sobre el "Padre Nuestro", hay un claro recordatorio de que si bien mi padre era padre de tres hijos biológicos, hubo otros en su vida que lo consideraron "padre". En el sentido más verdadero, era no solo "mío", sino también "nuestro". Uno de los homenajes introductorios a este libro fue escrito por Loida Bautista Rifareal, titulado *Ninong Elbert*. En mis primeros recuerdos en Filipinas, donde mis padres sirvieron como misioneros metodistas, recuerdo que Loida llamó a mi padre Ninong y a mi madre Ninang, traducidos del tagalo al español como "padrino" y "madrina". Estas palabras se refieren al honor de la paternidad y la maternidad que conllevan un gran respeto y amor. Así como mi padre lo hizo con Loida, lo hizo a lo largo de su carrera: cuidar, amar, guiar y ser mentor de muchos estudiantes e incluso vecinos. Adoptó muchos hijos e hijas "espirituales".

"Que estás en los cielos" es una referencia a que Dios lo ve todo y lo sabe todo. Desde el lugar donde Dios "se sienta", por así decirlo, Dios ve "toda la esfera de la creación". De hecho, el Ser de Dios llena todo el cielo y la tierra.

Wesley luego reflexiona sobre las seis peticiones del Padre Nuestro. Su énfasis en cada una de ellas es el siguiente:

1. *Santificado sea tu nombre.* La primera petición se centra en la pureza y santidad de Dios, que debería llevar a "todos los seres inteligentes" a glorificar a Dios, tanto los ángeles en el cielo como toda la humanidad en la tierra.

2. *Venga tu reino.* El reino viene a una persona en el corazón cuando él o ella se arrepiente y cree en el evangelio. Cuando el corazón humano llega a conocer el reino de Dios dentro de uno, pasamos a creer que el reino de Dios vendrá de manera externa, cuando Cristo reine sobre todos los reinos de este mundo y ponga fin a "toda miseria y pecado, a toda enfermedad y muerte".

3. *Hágase tu voluntad, como en el cielo, así también en la tierra.* "Esta es la consecuencia natural e inmediata dondequiera que llega el reino de Dios . . . ". Y donde la voluntad de Dios se hace, la esperanza es que sea una conformidad activa y no tan solo pasiva. Así como

los ángeles en el cielo la cumplen voluntaria, continua y perfectamente; así nosotros debemos orar para que "todos los habitantes de la tierra . . .hagan la voluntad de [Dios] voluntaria, continua y perfectamente". Deberíamos hacerlo porque es la voluntad de Dios.

4. *El pan nuestro de cada día, dánoslo hoy.* Las tres peticiones anteriores son para toda la humanidad y las tres siguientes son de naturaleza más personal. No debemos reclamar nada de Dios por derecho sino solo por su misericordia. Dependemos de Dios, porque Dios es el dador de toda buena dádiva y todo don perfecto. Debemos mirar "cada día como un nuevo don de Dios".

5. *Y perdónanos nuestras deudas, como también nosotros perdonamos a nuestros deudores.* Si estamos "en Cristo Jesús . . . estamos libres del pecado lo mismo que de la culpa". Sin embargo, solo somos perdonados si perdonamos a los demás. Si no perdonamos a los demás, entonces no debemos esperar que Dios nos perdone.

6. *Y no nos metas en tentación, mas líbranos del mal.* Wesley asevera firmemente que Dios no nos tienta, ni permite que seamos llevados a la tentación; es así como Dios desea "librarnos del mal". Las tentaciones nos llegan de los males del mundo que nos rodea, no de Dios. El Papa Francisco de la Iglesia Católica Romana declaró en 2019, que la traducción "tradicional" de la palabra tentación no es buena, y alentó la siguiente traducción: "no nos dejes caer o ser abandonados en la tentación". Algunas iglesias han adoptado esta traducción del griego original.

La conclusión del Padre Nuestro es una doxología o palabras de alabanza a Dios que hacen un reconocimiento del reino, poder y gloria de Dios por la eternidad, por lo siglos de los siglos: *"Porque tuyo es el reino, y el poder, y la gloria, por todos los siglos".* Y luego Wesley ofrece su propia paráfrasis sobre el Padre Nuestro que añade una expresión poética a su comentario en el sermón.

Fundamental para las oraciones de mi padre fue su énfasis en el reino, poder y gloria de Dios, que a menudo resumió como el "dominio" de Dios. En el sermón que prediqué en el funeral de mi padre el 9 de marzo de 2019, hablé sobre la vida de oración de mi padre y mencioné varios pensamientos que a menudo incluía en sus oraciones. Sobre el dominio de Dios escribí esto:

Papá con frecuencia en sus oraciones hablaba del dominio de Dios. A menudo comenzaba una oración con . . . "Dios misericordioso, en todo tu dominio. . .". Papá entendió que no hay mayor poder de sabiduría o amor que el de Dios que nos creó a su imagen. Nada en este mundo, ningún país, ningún reino, ninguna filosofía puede ganarle al dominio de Dios. Y por esta razón, mi madre a menudo afirmaba con razón que "Dios siempre fue el primero en la vida de papá". Puede que no siempre sea fácil para una esposa reconocerlo. Sin embargo, [mi madre] podía hacerlo porque sabía que el profundo amor de Papá por Cristo, también se derramaba en su amor por ella también y por todas las personas. Papá enseñó con palabras y ejemplos que Cristo es el mejor ejemplo de cómo evitar el terror del amor egoísta. Con palabras y ejemplos, Papá siempre vivió para los demás más que para sí mismo, lo cual es el corazón de la vida cristiana.

Por último, permítanme decir una palabra sobre la enorme capacidad de perdón que tenía mi padre, una parte fundamental del Padre Nuestro. Nunca tuve ninguna evidencia de que mi padre tuviera algo en contra de nadie con respecto a todas las experiencias de su vida. Experimenté esto durante mi adolescencia juvenil cuando, de manera normal, buscaba formas de liberarme del control parental. Cuando lo hice y fallé, él se apresuró a dejarlo de lado y ofrecer consuelo y amor. Incluso durante un tiempo en mi ministerio pastoral, cuando pensé que había fracasado miserablemente, no me miró con desagrado, ni condenó a los que me dañaron. No conozco todos los detalles de su propia vida, particularmente algunos muy personales, pero sé que en razón de que estaba íntimamente familiarizado con el perdón de Dios en su propia vida, también pudo perdonar a otros. Lo hizo no solo porque sabía que eso era lo que Dios exigía, sino también porque sabía que el perdón estaba en el centro del amor hacia los demás.

Mi padre tuvo un profundo aprecio por la vida y el ministerio del reverendo Dr. Martin Luther King, Jr. Y, aunque se reconocen algunos de los fracasos personales de King, mi padre era muy consciente de la narrativa bíblica concerniente a aquellos a quienes Dios llamó de los lugares de fracaso y pecado, a liderazgo y profecía como siervos de Dios. Con respecto al perdón, el Reverendo King predicó esto: "Debemos desarrollar y mantener la capacidad de perdonar. Quien carece del poder de perdonar, carece del poder de amar. Hay algo bueno en lo peor de nosotros y algo malo en lo mejor de nosotros. Cuando descubrimos esto, somos menos propensos a odiar a nuestros enemigos".

La comprensión que tenía Wesley del orden en que Dios obra la salvación en nosotros (*ordo salutis*) fue desde de la gracia preveniente de Dios a la gracia justificadora, que Wesley equiparó con el perdón de Dios de toda la humanidad a través de la cruz de Cristo. La gracia justificadora, o el perdón, es el centro del amor de Dios, la expresión más segura y profunda del amor de Dios. El hermano de Juan Wesley, Carlos, escribió estas palabras:

Mas, oh tuyo es el perdón, que excede lo que concibe el corazón;
La gloriosa divina propiedad, es aún apiadarse y perdonar;
En Ti se halla plena redención, la gracia abunda más que el pecar.
Hymns for Times of Trouble and Persecution

Sermón 27
Sobre el sermón de nuestro Señor en la montaña
Séptimo discurso
Mateo 6:16-18

Cuando ayunéis, no seáis austeros, como los hipócritas; porque ellos demudan sus rostros para mostrar a los hombres que ayunan; de cierto os digo que ya tienen su recompensa.

Pero tú, cuando ayunes, unge tu cabeza y lava tu rostro, para no mostrar a los hombres que ayunas; sino a tu Padre que está en secreto; y tu Padre que ve en lo secreto te recompensará en público.

1. Desde el principio del mundo, uno de los ardides de Satanás ha sido separar lo que Dios había juntado;[736] dividir la religión interior de la exterior; hacer que una estuviera en pugna con la otra. Y en esto ha tenido buen éxito entre aquellos que ignoraban *sus maquinaciones.*[737]

En todas las épocas, muchos han tenido celo por Dios, pero no según conocimiento,[738] y se han adherido estrictamente a *la justicia que es por la ley,*[739] el cumplimiento de los deberes exteriores, pero al mismo tiempo han descuidado por completo la justicia interior, *la justicia que es de Dios por la fe.*[740] Otros muchos han caído en el extremo opuesto menospreciando los

---

[736] Cf. Mt. 19.6; Mr. 10.9.
[737] 2 Co. 2.11.
[738] Cf. Ro. 10.2.
[739] Ro. 2.26; 8.4.
[740] Fil. 3.9.

deberes exteriores, y aun murmuran *de la ley, y juzgan a la ley*,[741] en cuanto a que ésta enseña el cumplimiento de dichos deberes.

2. Por este mismo ardid de Satanás se han colocado la fe y las obras como en desacuerdo. Y muchos que verdaderamente tenían celo de Dios, han caído, si bien por corto tiempo, en una u otra trampa. Algunos han exaltado la fe a tal grado, que excluyen por completo las buenas obras, negando no sólo que sean la causa de nuestra justificación (puesto que sabemos que el hombre es justificado *gratuitamente mediante la redención que es en Jesucristo*),[742] sino también que sean el fruto necesario de la fe; más aún, no dándoles ningún lugar en la religión de Jesucristo. Otros, ansiosos por evitar este peligroso error, se han alejado lo mismo en dirección opuesta y han sostenido que las buenas obras son la causa--al menos la condición previa--de nuestra justificación, o han hablado de ellas como si fuesen el todo por el todo, la completa religión de Jesucristo.

3. De la misma manera, el fin y los medios de la religión se han puesto en oposición el uno con los otros. Algunas personas, con toda buena intención, parece que hacen consistir toda la religión en asistir a los cultos de la iglesia, en tomar la Cena del Señor, en oír sermones y leer libros piadosos, olvidándose al mismo tiempo del fin de todo esto, el amor a Dios y al prójimo. Esto ha confirmado a otros en su olvido, si no en su desprecio, de los mandamientos de Dios, de los que

---

[741] Stg. 4.11.
[742] Ro. 3.24.

tanto se han abusado para minar y destruir el propio fin para cuyo sostén fueron establecidos.

4. De todos los medios de gracia, apenas habrá otro respecto del cual hayan caído los seres humanos en mayores errores, como el que nuestro Señor menciona en las palabras del texto, a saber: el ayuno religioso. ¡Cómo han exaltado esto algunos, mucho más allá de la Escritura y la razón![743] Otros lo han menospreciado por completo, vengándose, como quien dice, al despreciarlo tanto como los otros lo han exaltado. Aquellos han hablado del ayuno como si fuera el todo por el todo; si no un fin en sí mismo, al menos infaliblemente unido con él. Estos, como si no fuera nada absolutamente; como si fuese un trabajo estéril que no tuviera relación alguna con la religión. Mientras que, evidentemente, la verdad se encuentra entre ambos extremos.[744] No es el todo, pero tampoco deja de ser algo. No es el fin, pero sí es un medio precioso que lleva a ese fin; medio que Dios mismo ha establecido y por el cual, en consecuencia, cuando se usa bien, ciertamente nos dará su bendición.

A fin de explicar esto con la mayor claridad, procuraré mostrar, en primer lugar, cuál es la naturaleza del ayuno en sus diversos grados y clases. Segundo, sus

---

[743] El propio ascetismo de Wesley, en este punto y otros, fue moderado en comparación con los ayunos rigurosos de los cartujos, cistercienses y carmelitas, o los de ascetas como Gregorio López y Pedro de Alcántara, sin llegar a mencionar los innumerables «Días de ayuno» proclamados por los parlamentos puritanos (1642-1659).

[744] Esta preferencia de Wesley por la «vía media», y en contra de todo extremismo, es característica de su tradición anglicana.

razones, bases y fines. Tercero, cómo pueden contestarse las objeciones más plausibles que se arguyan. Y en cuarto lugar, la manera como debe usarse.

I.1. Procuraré, en primer lugar, mostrar cuál es la naturaleza del ayuno, con sus diversos grados y clases. Respecto de su naturaleza, todos los escritores inspirados, tanto del Antiguo Testamento como del Nuevo, dan un mismo sentido a la palabra «ayunar»: no comer, abstenerse de tomar alimento. Esto es tan claro que sería perder tiempo citar las palabras de David, Nehemías, Isaías y los profetas que siguieron, o las de nuestro Señor y sus apóstoles, puesto que todos están de acuerdo en esto: que ayunar es abstenerse de tomar alimento por un tiempo fijo.

2. A esto añadieron los antiguos, generalmente, otras circunstancias que no tenían relación con el ayuno. Tales como la falta de aseo en la vestimenta; dejar de lado ciertos adornos que acostumbraban a usar; vestir de luto; echarse ceniza sobre la cabeza, o ponerse el saco penitencial sobre la piel. Pero en el Nuevo Testamento rara vez se menciona alguna de estas circunstancias. Tampoco parece que los cristianos de edades más puras les han dado valor alguno, si bien algunos penitentes podían usarlas de *motu proprio* como señas exteriores de su humillación interior. Mucho menos practicaron los apóstoles o los cristianos de su época el golpearse o lacerarse. Semejantes «disciplinas» eran propias de sacerdotes y adoradores de Baal. Los dioses de los paganos no eran sino diablos, e indudablemente era cosa aceptable para el dios-diablo, cuando sus sacerdotes *clamaban a grandes voces, y se sajaban con cuchillo y con*

lancetas conforme a su costumbre, hasta chorrear la sangre sobre ellos.[745] Esto no puede ser agradable a aquel que no vino a destruir las vidas de los seres humanos, sino a salvarlas,[746] ni es digno de sus discípulos.

3. Respecto de los grados o medidas del ayuno, hay ejemplos de algunos que han ayunado por varios días sin interrupción. Está escrito que Moisés, Elías y nuestro bendito Salvador, teniendo fuerzas sobrenaturales para llevar a cabo tal privación, ayunaron sin interrupción *cuarenta días y cuarenta noches.*[747] Sin embargo, el tiempo del ayuno que con más frecuencia se menciona en la Escritura es de un día: desde la mañana hasta la noche, siendo éste el ayuno que comúnmente observaban los cristianos. Además de éste, tenían otros ayunos (*semijejunia*, como lo llamaba Tertuliano[748]), que consistían en no probar alimento el cuarto y sexto día de la semana --todos los miércoles y viernes del año-- hasta las tres de la tarde, hora en que volvían del culto público.

4. Muy relacionado a esto es lo que nuestra iglesia parece querer dar a entender especialmente con el término «abstinencia», que puede usarse cuando no podemos ayunar por completo, con motivo de enfermedad o debilidad corporal. Es decir, comer poco, privarse en parte, tomar menos alimentos que lo usual. No recuerdo que haya de esto ningún ejemplo en la

---

[745] 1 R. 18.28.
[746] Cf. Lc. 9.56.
[747] Sobre Moisés, ver Ex. 34.28 y Dt. 9.9; Elías: 1 R. 19.8; Jesús: Mt. 4.1-2.
[748] Tertuliano, *Sobre el Ayuno*, caps. IX y X.

Escritura, pero tampoco lo condeno, puesto que la Biblia no lo condena. Puede ser útil y recibir bendición de Dios.

5. El grado íntimo del ayuno, si tal nombre se le puede dar, es de abstenerse de cosas agradables al paladar, y de esto tenemos varios ejemplos en la Escritura además del de Daniel y sus hermanos, quienes, por una razón especial--a saber: que no querían *contaminarse con la comida del rey, ni con el vino que bebía,* (una porción diaria, la cual el rey había mandado que les diesen)--pidieron y consiguieron del jefe de los eunucos, legumbres que comer y agua para beber.[749] Tal vez de una imitación errónea de esto haya resultado la costumbre antigua de abstenerse de carne y vino durante las épocas señaladas para ayuno y abstinencia; si es que no debió su origen a la suposición de que la carne y el vino eran los alimentos más agradables y la creencia de que deben usarse alimentos menos agradables al paladar, en los momentos de solemne acercamiento a Dios.

6. Había en la iglesia judaica ciertos ayunos *fijos.* Tal como el ayuno del séptimo mes, que Dios mismo mandó observar a todo el pueblo de Israel, bajo pena de castigo muy severo en caso de desobediencia. *Y habló Jehová a Moisés, diciendo: «A los diez días de este mes séptimo, será el día de la expiación: tendréis santa convocatoria (...) y afligiréis vuestras almas (...) para reconciliaros delante de Jehová vuestro Dios. Porque toda persona que no se afligiere en este mismo día, será cortada de su pueblo».*[750] En épocas siguientes

---

[749] Cf. Dn. 1.5, 8, 12.
[750] Lv. 23.26-29.

añadiéronse a estos varios otros ayunos fijos. Así, el profeta Zacarías menciona el ayuno no sólo *del séptimo,* sino también *del cuarto, del quinto y del décimo mes.*[751]

Había igualmente en la antigua Iglesia cristiana, ayunos fijos, tanto anuales como semanales. A los primeros pertenecía el anterior a la Pascua de Resurrección, que algunos observaban durante cuarenta y ocho horas; otros por una semana; muchos por dos semanas, sin probar alimento, sino hasta la noche de cada día. A los ayunos semanales pertenecían los del cuarto y sexto día de la semana, que se observaban (como escribe Epifanio, asegurando que era un hecho innegable), *en hóle tê oikouméne. en toda la tierra habitada,*[752]752 o al menos en todo lugar donde los cristianos residían. Los ayunos anuales en nuestra iglesia son: «los cuarenta días de cuaresma, los días de témporas en las cuatro estaciones, los días de rogaciones y las vísperas de varias fiestas solemnes; los semanales, todos los viernes del año, excepto el día de Navidad».[753]

Empero, además de los ayunos fijos en todas las naciones que temen a Dios, siempre ha habido ayunos ocasionales, señalados de tiempo en tiempo, según lo han requerido las respectivas ocasiones y circunstancias especiales. Así fue cuando *los hijos de Moab y de Amón (...) vinieron contra Josafat a la guerra (...) y Josafat humilló su rostro para consultar a Jehová, e hizo pregonar ayuno a todo Judá.*[754]

---

[751] Zac. 8.19.
[752] Cf. Mt. 24.14, Hch. 11.28, Ap. 3.10 y 16.14.
[753] Wesley se refiere aquí a la Iglesia de Inglaterra o Iglesia Anglicana, y cita las «Tablas y reglas» del *Libro de oración común.*
[754] 2 Cr. 20.1, 3.

Así también, *en el año quinto de Joacim, hijo de Josías (...) en el mes noveno* cuando tenían miedo del rey de Babilonia, los príncipes de Judá *promulgaron ayuno en la presencia de Jehová, a todo el pueblo del Jerusalén.*[755]

De la misma manera, algunas personas que desean enmendar sus caminos y andar humildemente cerca de Dios, encontrarán a menudo la ocasión de afligir sus almas en lo privado y ante su Padre que está en secreto. A esta clase de ayuno se refieren especial y principalmente las direcciones que aquí se dan.

II.1. Paso, en segundo lugar, a mostrar cuáles son las bases, las razones y fines del ayuno.

Primeramente, las personas que se encuentran bajo fuertes emociones de la mente--a quienes domina una pasión vehemente como el dolor y el miedo--con frecuencia se dejan absorber por tales influencias y *se olvidan de comer su pan.*[756] En semejantes épocas se cuidan poco del alimento, aun del necesario para sostener la vida, y mucho menos desean cosas delicadas o variadas, puesto que están ocupadas con pensamientos muy diferentes. Así, cuando Saúl dijo: *«Estoy muy angustiado; pues los filisteos pelean contra mí, y Dios se ha apartado de mí»*; está escrito: *«en todo aquel día y aquella noche no había comido pan».*[757] Así, los que estaban en el buque con Pablo, *siendo combatidos por una furiosa tempestad*, y ya perdida toda esperanza de salvarse, permanecieron ayunando, *sin comer nada*, es decir, no haciendo ninguna

---

[755] Jer. 36.9.
[756] Cf. Sal. 102.4.
[757] 2 S. 28.15, 20.

comida cabal por catorce días.[758] Cuando David y todos los hombres que con él estaban supieron que el pueblo había huido del campo de batalla, y que Saúl y Jonatán, su hijo, eran muertos también, *lloraron, y lamentaron y ayunaron hasta la tarde, por Saúl y Jonatán (...) y por la casa de Israel.*[759]

Más aún, los que están profundamente interesados en su ocupación con frecuencia se impacientan cuando se les interrumpe, y aun les repugna el alimento necesario, puesto que distrae sus pensamientos de aquello en lo que desean fijar toda su atención. Así Saúl, en la ocasión ya mencionada, *cayó en tierra cuan grande era*, sin fuerza alguna, y sin embargo dijo: «*No comeré*» hasta que *sus siervos juntamente con la mujer* lo obligaron.[760]

2. He aquí, pues, la base natural del ayuno. Quien está profundamente afligido, abrumado por el dolor del pecado y con una viva persuasión de la ira de Dios, sin tener ninguna regla para ello, sin saber ni ponerse a pensar si abstenerse de tomar alimento es un mandamiento de Dios o no, se abstiene no sólo de tomar cosas agradables, sino hasta del alimento necesario. Como Pablo, por ejemplo, quien después de haber sido guiado a Damasco, *estuvo tres días sin ver, y no comió ni bebió.*[761]

Además, cuando la tempestad ruge con furor, cuando abruma un temor horrible[762] al que ha estado sin Dios en este mundo, su alma aborrece toda clase

---

[758] Cf. Hch. 27.20, 33.
[759] 2 S. 4, 11, 12.
[760] 2 S. 28.20, 23.
[761] Hch. 9.8, 9.
[762] Cf. Sal. 55.5.

de alimento;[763] es para él desagradable y molesto. Le impacienta todo lo que viene a interrumpir su incesante clamar: *«¡Señor, sálvame que perezco!»*[764]

¡Con cuánta energía se expresa respecto de esto mismo nuestra iglesia en la primera parte de la homilía sobre el ayuno!

Cuando los hombres sienten el peso terrible del pecado, ven que su recompensa es la condenación y miran, con la vista de su mente, los horrores del infierno; tiemblan, se estremecen y se sienten interiormente tocados con dolor de corazón y no pueden menos que acusarse, presentar su dolor ante Dios Todopoderoso e implorar su misericordia. Al hacer esto con toda seriedad, sus mentes se encuentran de tal manera ocupadas (absortas), en parte con dolor y pesadumbre, en parte con el sincero deseo de ser librados del peligro del infierno y de la condenación, que hacen a un lado todo deseo de comer y beber, y la aversión (u odio) de todas las cosas y placeres terrenales se deja sentir en su lugar. De modo que nada les cuadra mejor que llorar y lamentarse, gemir y mostrar tanto con sus palabras como con su conducta que están cansados de la vida.[765]

3. Otra de las razones o bases del ayuno es ésta: Muchos de los que ahora temen a Dios tienen una

---

[763] Cf. Sal. 107.18.

[764] Cf. Mt. 8.25.

[765] Wesley cita el sermón «Sobre el Ayuno» («On Fasting»), Pt. 1 en *Certain Sermons or Homilies to be read in Churches in the Time of the late Queen Elizabeth* (1623), reeditado por Oxford University Press, 1840.

conciencia muy viva de lo mucho que han pecado contra él, abusando de estas cosas lícitas. Saben cuánto han pecado comiendo con exceso; lo mucho que han quebrantado por largo tiempo la ley santa de Dios respecto de la templanza, si no es que también de la sobriedad. Cómo han complacido sus apetitos sensuales, tal vez hasta poner en peligro la salud de su cuerpo, perjudicando evidentemente su alma, y no poco. Porque de esta manera han estado alimentando y aumentando continuamente esa viva ligereza, esa vacuidad de la mente, esa frivolidad de genio, ese descuido y liviandad respecto de las cosas que merecen nuestro más profundo interés, ese aturdimiento e inestabilidad de espíritu que no es otra cosa que embriaguez del alma, que embrutece sus facultades más nobles tanto como el exceso del vino y los licores. A fin, pues, de suprimir el efecto, deben quitar la causa. Mantienen distancia de todo exceso y se abstienen, hasta donde les es posible, de aquello que por poco les precipita a la perdición eterna. Muy a menudo se abstienen por completo; siempre procuran ser moderados y templados en todo.

4. Recuerdan asimismo que la saciedad de pan[766] aumentó no sólo su frivolidad y descuido del espíritu, sino también sus torpes y malos deseos, y aun sus afecciones impuras y viles. Una experiencia de la que no cabe la menor duda. Hasta una sensibilidad fina y metódica, hace que el alma se vuelva más sensual y la

---

[766] Ez. 16.49.

rebaja hasta el nivel de *las bestias que perecen.*[767] No hay palabras con qué expresar el efecto que las comidas variadas y delicadas ejercen en la mente, lo mismo que en el cuerpo, preparándolo para todos los placeres de los sentidos tan pronto como se presente la oportunidad. Por tanto, a fin de evitar esto, toda persona verdaderamente sabia debe dominar su alma y tenerla bajo sujeción. La separará más y más de toda indulgencia hacia los apetitos inferiores que naturalmente tienden a encadenarla en la tierra, a mancharla y degradarla. Esa es otra razón perpetua en favor del ayuno: quitar el alimento de la lujuria y la sensualidad, destruir los incentivos de los deseos torpes y dañinos, de vanos y bajos afectos.

5. Tal vez no debamos omitir el mencionar otra razón para el ayuno --si bien no creo que haya necesidad de hacerla muy enfática-- sobre la que algunas buenas personas han insistido mucho, a saber: el castigo de sí mismas por haber abusado de los dones buenos de Dios, absteniéndose por completo y por algún tiempo de usarlos, poniendo en práctica cierta clase de venganza santa en sí mismas, como quien dice, por su torpeza e ingratitud pasada, al convertir las cosas que deberían ser para su salud en ocasión de caída. Suponen que David obró de esta manera cuando dijo: *«Lloré, afligiendo»* o castigando, *«con ayuno mi alma»,*[768] lo mismo que Pablo cuando menciona la vindicación,[769] o santo dolor, que causó a los corintios.

---

[767] Sal. 49.12, 20.
[768] Sal. 69.10.
[769] 2 Co. 7.11.

6. La quinta razón, y una más poderosa, para el ayuno es que ayuda a la oración, especialmente cuando señalamos períodos largos para la oración privada. Entonces es cuando Dios toma especial contentamiento en elevar las almas de sus siervos sobre las cosas de la tierra, y algunas veces envolverlos, como quien dice, en el tercer cielo.[770] Muy especialmente ha sido empleado por Dios como una ayuda a la oración para confirmar y aumentar no sólo una virtud, no únicamente la castidad--como algunos infundadamente se han imaginado, sin que para ello haya ninguna base en la Escritura, la razón o la experiencia--sino también la seriedad del espíritu, celo, sensibilidad y delicadeza de conciencia; el morir para el mundo, y en consecuencia, el amor de Dios y toda santa y celestial afección.

7. Esto no quiere decir que exista una relación necesaria entre el ayuno y las bendiciones que por ese medio concede Dios. Sino que *tendrá misericordia del que tendrá misericordia*:[771] que concederá cualquiera cosa que crea buena, por los medios que juzgue más convenientes. En todas las edades ha señalado el ayuno como medio de calmar su ira y obtener las bendiciones que de tiempo en tiempo necesitamos.

Que éste es un medio muy poderoso de calmar la ira de Dios, aprendemos del ejemplo tan notable de Acab. No había ninguno que como él se hubiese vendido--entregándose por completo como un esclavo comprado por dinero--a hacer la iniquidad. Y sin em-

---

[770] 2 Co. 12.2.
[771] Cf. Ro. 9.18.

bargo, cuando *rasgó sus vestidos, y puso cilicio sobre su carne, ayunó (...) y anduvo humillado. Entonces vino la palabra de Jehová a Elías tisbita, diciendo: «¿No has visto como Acab se ha humillado delante de mí? Pues por cuanto se ha humillado delante de mí, no traeré el mal en sus días».*[772]

Con este fin, el de calmar la ira de Dios, Daniel le buscó *en oración y ruego, en ayuno, cilicio y ceniza*; lo que se desprende de todo el tenor de su oración, especialmente de su solemne conclusión: *«Oh, Señor, conforme a todos tus actos de justicia»*, o misericordias, *«apártese ahora tu ira y tu furor de sobre (...) tu santo monte (...) Oye la oración de tu siervo, y sus ruegos; y haz que tu rostro resplandezca sobre tu santuario asolado (...) Oye, Señor, oh, Señor, perdona; presta oído, Señor, y hazlo (...) por amor de ti mismo».*[773]

8. Mas, no sólo el pueblo de Dios nos enseña a buscar al Señor por medio del ayuno y la oración cuando ha sido provocado a ira, sino también los paganos. Cuando Jonás proclamó: *«De aquí a cuarenta días Nínive será destruida»*, los habitantes de Nínive pregonaron ayuno, y vistiéronse de sacos desde el mayor hasta el menor de ellos. El rey de Nínive *se levantó de su silla, se despojó de su vestido, y se cubrió de cilicio y se sentó sobre ceniza. E hizo proclamar y anunciar en Nínive: (...) hombres y animales, bueyes y ovejas, no gusten cosa alguna, no se les dé alimento, ni beban agua* (lo que no quiere decir que las bestias hubieran pecado ni que se pudiesen arrepentir, sino que con su ejemplo se amonestase a los hombres, tomando en consideración que por sus pecados la ira

---

[772] Cf. 1 R. 21.25, 27-29.
[773] Dn. 9.3, 16-19.

de Dios colgaba sobre todas las criaturas). *¿Quién sabe si volverá y arrepentirá Dios, y se apartará del furor de su ira, y no pereceremos?* Sus esfuerzos no fueron en vano: la ira terrible de Dios se volvió de ellos. *Y vio Dios lo que hicieron* (los frutos del arrepentimiento y la fe, que por medio de su profeta, él había obrado en ellos); *y se arrepintió del mal que había dicho les haría, y no lo hizo.*[774]

9. El ayuno es no sólo un medio de apartar la ira de Dios, sino también de obtener las bendiciones que más necesitamos. Así, cuando las demás tribus fueron derribadas delante de los hijos de Benjamín, *todos los hijos de Israel (...) vinieron a la casa de Dios, y lloraron (...) y ayunaron aquel día hasta la noche*, y entonces Jehová dijo: *«Subid, porque mañana yo os los entregaré».* Durante la esclavitud bajo los filisteos, Samuel reunió a todo Israel, y ayunaron aquel día delante de Jehová. Y cuando los filisteos llegaron para pelear con los hijos de Israel, *Jehová tronó aquel día con gran estruendo sobre los filisteos, y los atemorizó, y fueron vencidos delante de Israel75.*[775] Esdras dice: *«Publiqué ayuno allí junto al río de Ahava, para afligirlos delante de nuestro Dios, para solicitar de él camino derecho para nosotros, y para nuestros niños (...) y él nos fue propicio».*[776] Nehemías escribe: *«Ayuné y oré delante del Dios de los cielos y dije (...) Concede ahora buen éxito a tu siervo, y dale gracia delante de aquel varón».*[777] Y Dios le concedió favor en presencia del rey.

---

[774] Jon. 3.4-7, 9, 10.
[775] 1 S. 7.5, 6.10.
[776] Esd. 8.21, 23.
[777] Neh. 1.4, 11.

10. Del mismo modo los apóstoles siempre[778] unían el ayuno a la oración, cuando deseaban la bendición de Dios sobre alguna empresa importante. Así que leemos: *«Había entonces en la iglesia que estaba en Antioquía, profetas y maestros (...) ministrando (...) y ayunando»*, indudablemente pidiendo la dirección divina en este mismo asunto, *«dijo el Espíritu Santo: Apartadme a Bernabé y a Saulo para la obra a la que los he llamado. Entonces habiendo* (por segunda vez) *ayunado y orado, les impusieron las manos y los despidieron».*[779]

Los mismos Pablo y Bernabé, según leemos en el capítulo siguiente, cuando volvieron a Listra, a Iconio y a Antioquía, confirmando los ánimos de los discípulos (...) y constituyeron ancianos en cada iglesia, y habiendo orado con ayunos, los encomendaron al Señor.[780]

Que las bendiciones que en el uso de este medio han de obtenerse no se pueden conseguir de otro modo, lo declara nuestro Señor claramente en respuesta a la pregunta de sus discípulos: *«¿Por qué nosotros no pudimos echarlos fuera?».* Jesús les dijo: *«Por vuestra incredulidad; porque de cierto os digo, que si tuviereis fe como un grano de mostaza, diréis a este monte: Pásate de aquí allá, y se pasará; y nada os será imposible. Pero este género»* -- de demonios-- *«no sale sino por oración y ayuno».*[781] Estos son los medios designados para obtener esa fe, por medio de la cual aun los demonios quedan sujetos.

11. Estos, pues, eran los medios *designados*. Porque no sólo debido a la luz de la razón o de la conciencia

---

[778] Cf. Mt. 17.21; Mr. 9.19; Lc. 2.37; Hch. 14.23; 1 Co. 7.5.
[779] Hch. 13.1-13.
[780] Hch. 14.21-23.
[781] Mt. 17.19-21.

natural (así llamada), se ha enseñado al pueblo de Dios en todas las edades a que use del ayuno como un medio hacia estos fines. Sino que de tiempo en tiempo Dios mismo, con las revelaciones claras de su voluntad, nos lo ha enseñado. Tales son esas palabras tan notables del profeta Joel: *«Por eso pues, ahora, dice Jehová, convertíos a mí con todo vuestro corazón, con ayuno y lloro y lamento...¿Quién sabe si volverá y se arrepentirá, y dejará bendición tras de él? (...) Tocad trompeta en Sión, pregonad ayuno, convocad a asamblea. Y Jehová solícito por su tierra, perdonará a su pueblo. Responderá Jehová y dirá a su pueblo: He aquí yo os envío pan y mosto, y aceite...y nunca más os pondré en oprobio entre las gentes».*[782]

No sólo bendiciones temporales Dios enseña a su pueblo a buscar por el uso de este medio. Dios promete a los que le busquen con ayuno, llanto y lamentación: *«Os restituiré los años que comió la oruga, el saltón, el revoltón y la langosta, mi gran ejército»*, e inmediatamente añade: *«comeréis hasta saciaros, y alabaréis el nombre de Jehová vuestro Dios».*[783] Pero luego sigue la promesa del Evangelio: *«Derramaré mi Espíritu sobre toda carne; y profetizarán vuestros hijos y vuestras hijas; vuestros ancianos soñarán sueños y vuestros jóvenes verán visiones. Y también sobre los siervos y sobre las siervas derramaré mi Espíritu en aquellos días».*[784]

12. Ahora bien, las razones que existieron para impulsar a los de aquellos tiempos al cumplimiento celoso y constante de este deber, existen hoy día con igual fuerza para animarnos. Pero tenemos, sobre todo, otra

---

[782] J1.2.12, 14, 15, 18-19.
[783] J1.2.25-27.
[784] J1.2.28-29.

razón especial para ayunar con frecuencia,[785] a saber: el mandamiento de aquel cuyo nombre llevamos. A la verdad, en este lugar no manda *expresamente* ayunar, hacer limosna u orar, pero sus direcciones de *cómo* se ha de ayunar, dar limosna y orar, tienen tanta fuerza como si fuesen mandatos, puesto que el mandar una cosa de *tal o cual manera*, equivale indudablemente a mandarnos que la hagamos, siendo que es imposible hacerla de cierto modo, sin cumplirla. En consecuencia, decir: dad limosna, orad, ayunad de *tal manera*, es claramente un mandamiento de que debemos hacer tal cosa, lo mismo que de la *manera* en que debemos ejecutarla y que no perderá en modo alguno su recompensa.

Este es, además, un motivo más para alentarse en el desempeño de dicho deber, es decir, la promesa que nuestro Señor tan misericordiosamente hace a los que cumplen fielmente: *«Tu Padre que ve en lo secreto, te recompensará en público».*[786] Tales son los fundamentos, razones y fines del ayuno; tal nuestro estímulo para continuar practicándolo, a pesar de las muchas objeciones que personas, más sabias que su Señor, siempre han presentado en contra.

III.1. Paso a considerar la más plausible de estas objeciones. En primer lugar, se dice con frecuencia: «Que se abstenga el cristiano de cometer pecado y no de tomar alimento: esto es lo que Dios requiere de él.»[787] Es muy cierto, pero también requiere el ayuno;

---

[785] 2 Co. 11.17.

[786] Mt. 6.18.

[787] Probablemente esto se refiera a las objeciones de los moravos contra el ayuno.

por consiguiente, lo uno debe hacerse y lo otro no se debe dejar de hacer.

Examinemos el argumento en toda su plenitud, y fácilmente apreciaremos su fuerza:

Si los cristianos se deben abstener del pecado, entonces no deben abstenerse de tomar alimentos;

Pero los cristianos deben abstenerse del pecado; Luego no deben abstenerse de tomar alimento.

Que los cristianos deban abstenerse del pecado es una cosa muy cierta. Pero, ¿cómo se sigue de esto que no deban abstenerse de tomar alimento? Que se abstengan de lo uno y de lo otro. Que se abstengan siempre, mediante la gracia de Dios, del pecado. Que se abstengan con frecuencia de tomar alimento, por las razones y los motivos que la Escritura y la experiencia claramente demuestran que se explican de este modo.

2. «Pero, ¿no es mejor»--como se ha objetado en segundo lugar--«abstenerse del orgullo y la vanidad, de deseos torpes y dañinos,[788] del mal genio, la cólera y el descontento, que de tomar alimento?» Indudablemente que lo es. Pero en este punto hemos de recordar otra vez las palabras de nuestro Señor: *«Esto es necesario hacer, sin dejar de hacer aquello».*[789] Y en verdad, lo último es sólo para hacer lo primero; es el medio hacia ese gran fin. Nos abstenemos del alimento con esto en vista, que por medio de la gracia de Dios, nuestras almas reciban al usar de ese medio exterior, juntamente con todos los demás conductos de su gracia que él

---

[788] 1 Ti. 6.9.
[789] Mt. 23.23, Lc. 11.42.

ha establecido, el poder abstenernos de toda pasión y temperamento que no sea agradable en su presencia. Nos abstenemos de lo primero para que, investidos de poder de lo alto,[790] podamos abstenernos de lo otro. De manera que su argumento prueba todo lo contrario de lo que se propone. Prueba que debemos ayunar. Pues si hemos de abstenernos del mal genio y los malos deseos, entonces debemos de abstenernos de tomar alimentos, puesto que estas pequeñas muestras de auto negación son las vías que Dios ha escogido para conceder su gran salvación.

3. «Pero, según nuestra experiencia, esto no es un hecho.» Esta es la tercera objeción. «Hemos ayunado mucho y con gran frecuencia, pero ¿de qué nos ha servido? No hemos mejorado nada; ninguna bendición hemos alcanzado por ese medio. Más bien nos ha sido una rémora más que una ayuda. En lugar de evitar la ira, o el mal humor, por ejemplo, ha sido el medio de aumentar esto males hasta el grado que no podíamos aguantar a los demás ni a nosotros mismos.» Muy probablemente tal sea el caso. Es posible ayunar u orar de tal manera que uno se vuelva peor que antes, más desgraciado y más inicuo. Y sin embargo, la culpa no está en el medio, sino en el *modo* con que se usa. Sigan usándolo, pero de diferente modo. Hagan lo que Dios manda *como* él lo manda, y entonces no cabe duda de que se cumplirá su promesa; no se tardará más su bendición, sino que cuando ayunéis en secreto. Aquel *«que ve en lo secreto, te recompensará en público»*.

---

[790] Lc. 24.49.

4. «Pero ¿no es una mera superstición»--se objeta en cuarto lugar--«el imaginarse que Dios se ocupa de estas pequeñeces?» Si dicen que lo es, condenan todas las generaciones de los hijos de Dios. ¿Fueron todas ellas personas supersticiosas? ¿Son tan duros que pueden afirmar esto de Moisés y Josué, de Samuel y David, de Josafat, Esdras, Nehemías y todos los profetas, más aún, de uno más grande que todos ellos, el mismo Hijo de Dios? Cosa muy cierta es que tanto el Maestro como sus siervos creyeron que el ayuno no es cualquier cosa, y que el Altísimo no lo desprecia.[791] Indudablemente que los apóstoles fueron de la misma opinión después que fueron *llenos del Espíritu Santo y de sabiduría.*[792] Cuando tuvieron *la unción del Santo,*[793] y conocieron *todas las cosas,*[794] aun probáronse ser ministros de Dios con ayunos, lo mismo que *con armas de justicia a diestra y siniestra.*[795] Después que el Esposo fue quitado de en medio de ellos, ayunaron en aquellos días.[796] No hacían otra cosa alguna (como ya hemos visto), que tuviera que ver con la gloria de Dios, como por ejemplo, enviar trabajadores a la mies, sin observar antes el ayuno solemne lo mismo que la oración.

5. «Pero si el ayuno tiene importancia tan grande y recibe semejantes bendiciones, ¿no sería mejor»--dicen algunos, en quinto lugar--«ayunar siempre? ¿No de

---

[791] Ec. 5.8.
[792] Cf. Hch. 6.3.
[793] Cf. 1 Jn. 2.20.
[794] Cf. Jn. 14.26.
[795] Cf. 2 Co. 6.4, 5-7.
[796] Cf. Mt. 2.20.

cuando en cuando sino constantemente? ¿Abstenernos en todo tiempo hasta donde las fuerzas de nuestro
cuerpo lo permitan?» Que ninguno se abstenga de
hacer la prueba. Tomen pocos alimentos, y sencillos.
Ejercítense en negarse a ustedes mismo todo lo que
puedan, en todo tiempo y hasta donde lo permitan las
fuerzas de sus cuerpos. Esto puede conducir, mediante la bendición de Dios, a varios de los grandes fines
arriba mencionados. Puede ser una considerable ayuda
no sólo para la castidad, sino también para lograr una
mente celestial, para apartar las afecciones de las cosas
terrenales, y ubicarla en las cosas de arriba.[797] Pero esto
no es el ayuno bíblico, y nunca se le da este nombre
en toda la Biblia. Hasta cierto punto responde a los
fines del ayuno, pero, sin embargo es una cosa muy
diferente. Practíquenlo de todos modos, pero no al
extremo de hacer a un lado un mandamiento de Dios,
y un medio establecido de evitar juicios y así obtener
las bendiciones de sus hijos.

6. Usen, pues, continuamente toda la abstinencia
que puedan, que en este sentido, no es otra cosa sino
la templanza cristiana. Esto no debe estorbar en lo
absoluto su observancia del ayuno y la oración en
tiempos solemnes. Por ejemplo: la templanza o abstinencia habitual no evitarán que ayunen en secreto, si
repentinamente se viesen abrumados de un gran pesar
y remordimiento, y de un temor y desmayo terribles.
Semejante estado de la mente casi les obligaría al
ayuno. Aborrecerían su alimento cotidiano; apenas

---

[797] Col. 3.2.

podrían tomar lo necesario para sustentar el cuerpo, hasta que Dios los saque del lago de miseria, ponga sus pies sobre la peña y enderece sus pasos.[798] Lo mismo sería si estuvieran en agonía de deseos, luchando enérgicamente con Dios para que les diese su bendición.[799] No habría necesidad de que ninguno les enseñase que no deberían comer pan, hasta que hayan obtenido la petición de sus labios.

7. Además, si hubieran estado en la ciudad de Nínive, cuando por toda la ciudad se proclamó: «Hombres y animales, bueyes y ovejas, no gusten cosa alguna: no se les de alimento ni beban agua; y clamen a Dios frecuentemente»,[800] ¿habría sido su ayuno continuo razón para que no tomasen parte en la humillación general? Indudablemente que no, su obligación habría sido lo mismo que la de cualquiera otro, el no probar alimento en aquel día.

La abstinencia u observancia de un ayuno continuo no eximía a ninguno de los hijos de Israel de ayunar el día diez del mes séptimo, el gran día anual de la expiación. Ninguna excepción se hacía para ellos en aquel solemne decreto: *«Toda persona que no se afligiere»*, que no ayunare, *«en este mismo día, será cortada de su pueblo».*[801]

Por último: si hubiesen estado con los hermanos en Antioquía, al tiempo que se encontraban orando y ayunando, antes de enviar a Bernabé y a Saulo, ¿habría sido su templanza o abstinencia suficiente causa para

---

[798] Cf. Sal. 40.2.
[799] Cf. Gn. 32.24-32.
[800] Jon. 3.7-8.
[801] Lv. 23.29.

no ayunar lo mismo que los demás? No cabe duda de que si se hubiesen negado, los habrían separado de la comunión cristiana. Habrían sido expulsados, y con razón, por introducir desorden en la iglesia de Dios.

IV.1. Paso, en conclusión, a mencionar de qué modo debemos ayunar, a fin de que el ayuno sea un servicio aceptable al Señor. En primer lugar, debe hacerse *para el Señor*, con nuestra mirada fija en él. Que nuestra intención sea ésta, y ésta únicamente: glorificar a nuestro Padre que está en los cielos; expresar nuestra vergüenza y dolor por las muchas transgresiones en contra de su santa ley; esperar un aumento de la gracia que purifica, fijando nuestros afectos en las cosas de arriba; añadir seriedad y honestidad a nuestras oraciones; apartar la ira de Dios y obtener todas las grandes y preciosas promesas que nos ha hecho por medio de Cristo Jesús.

Cuidemos de no burlarnos de Dios, convirtiendo nuestro ayuno lo mismo que nuestras oraciones, en abominación ante el Señor al mezclar cualquier deseo temporal, sobre todo el de buscar las alabanzas de la gente. Contra esto nos amonesta muy especialmente nuestro Señor en las palabras del texto: *«Y cuando ayunéis...no seáis como los hipócritas»* (como eran muchos entre los llamados parte del pueblo de Dios) austeros, agrios, tristes por afectación, asumiendo cierto aire peculiar en sus semblantes. *«Porque ellos demudan sus rostros»*, no sólo con gestos que no son naturales, sino también echándose polvo y ceniza, *«para mostrar a los hombres que ayunan»*, siendo éste, si no el único, su principal objeto. *«De cierto os digo que ya tienen su recompensa»*:

la admiración y la alabanza de los seres humanos. *«Pero tú, cuando ayunes, unge tu cabeza y lava tu rostro»*--haz lo que acostumbras hacer en todos tiempos--*«para no mostrar a los hombres que ayunas»*. (Que no sea esto parte de tu intención. Si lo llegan a saber sin que tú lo desees, no importa, no eres mejor ni peor.) Ayunas, no mirando a los hombres, *«sino a tu Padre que está en secreto, que ve en lo secreto, te recompensará en público»*.[802]

2. Pero si deseamos obtener esta recompensa, cuidémonos, en segundo lugar, de no imaginarnos que por razón de nuestro ayuno *merecemos* alguna cosa de Dios. No se nos puede advertir demasiado respecto de esto, pues que el deseo de establecer nuestra propia justicia,[803] el procurar la salvación por *deuda* y no por *gracia*, está tan profundamente arraigado en nuestros corazones. El ayuno sólo es un modo que Dios ha ordenado, por el cual aguardamos su no *merecida* misericordia, y en el que, sin mérito alguno por parte nuestra, ha prometido *libremente* darnos su bendición.

3. No debemos imaginarnos que el cumplimiento del mero acto exterior atraerá la bendición de Dios. ¿Es tal el ayuno que yo escogí, que de día aflija el hombre su alma, que incline su cabeza como junco, y haga cama de cilicio y ceniza? ¿Son estos actos externos, por muy fielmente que se hagan, todo lo que quiere significar con las palabras «aflija el hombre su alma?» ¿Llamaréis esto ayuno y día agradable a Jehová?[804] Indudablemente no. Si no es más que servicio exterior, no es sino traba-

---

[802] Mt. 6. 16-18.
[803] Cf. Ro. 10.3.
[804] Is. 58.5.

jo perdido, semejante obra tal vez aflija al cuerpo. Mas en cuanto al alma, de nada vale.

4. Algunas veces puede afligirse el cuerpo demasiado, hasta el grado de imposibilitarlo para el cumplimiento de nuestros deberes. Esto también debemos procurar evitar diligentemente, porque debemos preservar nuestra salud como un don de Dios. Por consiguiente, debemos tener cuidado, siempre que ayunemos, de hacerlo conforme a nuestras fuerzas, puesto que no hemos de ofrecer a Dios el homicidio en sacrificio, ni destruir nuestros cuerpos para ayudar a nuestras almas.

Pero en estas ocasiones solemnes debemos procurar, aun sufriendo gran debilidad de cuerpo, evitar el otro extremo, por el cual Dios condena a los antiguos que protestaban porque no aceptaba sus ayunos. *«¿Por qué»*, dicen, *«ayunamos, y no hiciste caso?»...He aquí que en el día de vuestro ayuno buscáis vuestro propio gusto, dice Jehová.*[805] Si no podemos abstenernos por completo de tomar alimentos, al menos podemos abstenernos de tomar alimento placentero, y entonces no en vano buscaremos su rostro.

5. Procuraremos, pues, afligir nuestras almas, lo mismo que nuestros cuerpos.[806] Que todas las épocas de ayuno, ya público, ya privado, sean otras tantas oportunidades de ejercitar todos esos santos afectos que atañen a un corazón arrepentido y contrito. Que sean épocas de devota lamentación, de dolor santo por

---

[805] Is. 58.3.
[806] Cf. Lv. 23.27-32; Is. 58.5.

el pecado: tal como el dolor de los corintios, respecto del cual el Apóstol dijo: «*Me gozo, no porque hayáis sido contristados según Dios, para que ninguna pérdida padecieses por nuestra parte*».[807] *Porque la tristeza que es según Dios (he [gàr] katà theón lúpe)*, la cual es un don precioso de su Espíritu, que eleva el alma al Dios de quien mana), *produce arrepentimiento para salvación, del que no hay de qué arrepentirse.*[808] Que nuestra tristeza de una manera santa obre en nosotros el mismo arrepentimiento interior y exterior, el mismo cambio completo de corazón, renovado según la imagen de Dios,[809] en justicia y verdadera santidad,[810] e idéntico cambio de vida, hasta que seamos santos como él es santo, en toda nuestra manera de vivir.[811] Que obre en nosotros la misma *vigilancia* que en él existe, sin mancha ni culpa;[812] la misma purificación de nosotros mismos,[813] en nuestras vidas más bien que con nuestras palabras, evitando toda especie de mal;[814] la misma *indignación*, odio vehemente de todo pecado; el mismo *temor* de nuestros engañosos corazones; el mismo deseo de ser en todas las cosas según el deseo santo y aceptable a Dios;[815] el mismo *celo* en todo lo que pueda redundar en su gloria, y en el desarrollo de nuestro conocimiento del Señor Jesucristo, e idéntica *vergüenza* en

---

[807] 2 Co. 7.9.
[808] 2 Co. 7.10.
[809] Cf. Col. 3.10.
[810] Cf. Ef. 4.24.
[811] Cf. 1 P. 1.15.
[812] Cf. 2 P. 3.14.
[813] Cf. 2 Co. 7.11.
[814] Cf. 1 Ts. 5.22.
[815] Cf. Ro. 12.1.

contra de Satanás y todas sus obras y en contra de toda impureza de cuerpo y alma.[816]

6. Al ayuno debemos añadir la oración ferviente, derramando ante Dios toda nuestra alma, confesando nuestros pecados con todas las circunstancias agravantes, humillándonos bajo su poderosa mano,[817] mostrándole todas nuestras necesidades, nuestra culpabilidad y desamparo. Esta es una época a propósito para aumentar nuestras oraciones, tanto por nuestros hermanos como por nosotros mismos. Lamentemos ahora las transgresiones de nuestro pueblo y clamemos en alta voz por la ciudad de nuestro Dios, para que el Señor edifique a Sión y su faz alumbre sobre nuestras desolaciones.[818] Haremos observar que los siervos de Dios en tiempos antiguos acostumbraban siempre juntar la oración y el ayuno; así lo hicieron los apóstoles en todos los ejemplos arriba mencionados; y así el Señor une estos dos medios en el discurso que hemos considerado.

7. A fin de observar el ayuno aceptable a nuestro Señor, sólo falta que añadamos nuestras limosnas, obras de misericordia, según nuestras fuerzas, tanto a los cuerpos como a las almas de los seres humanos. De tales sacrificios también, Dios se agrada.[819] Así el ángel anuncia a Cornelio, que estaba orando y ayunando en su casa: *«Tus oraciones y tus limosnas han subido para memoria*

---

[816] Cf. 2 Co. 7.9-10.
[817] Cf. 1P. 5.6.
[818] Cf. Dn. 9.16-18.
[819] Cf. He. 13.16.

delante de Dios»[820] Y así lo declara expresa y plenamente Dios mismo: *«¿No es más bien el ayuno que yo escogí, desatar las ligaduras de impiedad, soltar las cargas de opresión, y dejar ir libres a los quebrantados, y que rompáis todo yugo? ¿No es que partas tu pan con el hambriento, y a los pobres errantes albergues en casa; que cuando veas al desnudo lo cubras y no te escondas de tu hermano? Entonces nacerá tu luz como el alba y tu salvación se dejará ver pronto; e irá tu justicia delante de ti, y la gloria de Jehová será tu retaguardia. Entonces invocarás y te oirá Jehová; clamarás y dirá él: Heme aquí...Si»,* cuando ayunas, *«dieres tu pan al hambriento, y saciareis el alma afligida, en las tinieblas nacerá tu luz, y tu oscuridad será como el medio día. Jehová te pastoreará siempre, y en las sequías saciará tu alma, y dará vigor a tus huesos; y serás como huerta de riego, y como manantial de aguas, cuyas aguas nunca faltan».*[821]

---

[820] Hch. 10.4.
[821] Is. 58.6-11.

Comentario del Sermón 27
Sobre el sermón de nuestro Señor en la montaña
Sétimo Discurso
Mateo 6:16-18

La reprensión de Jesús hacia aquellos que participan en manifes-
taciones de piedad pública, está dirigida principalmente a quienes
fingen ser lo que no son. Lo que importa es lo que hay dentro.

Paula Huston
Oblata Benedictina Camaldulense

El sermón 27 de Wesley, su sétimo discurso sobre el
Sermón de la montaña, se enfoca únicamente en el
ayuno. Sin embargo, Wesley presenta sus pensamientos de tal manera que pueden aplicarse a todos los
demás actos externos de piedad cristiana. Tal como lo
ha enfatizado anteriormente, el centro de su comentario es el reconocimiento de la importante diferencia
entre la religión interna y la externa. Los cristianos son
muy capaces de realizar deberes externos de fe, pero
podrían no prestar atención a ser internamente justos.
Los actos externos en sí mismos son incapaces de
hacernos justos. La justicia viene solo en relación con
el Cristo que vive dentro del creyente y es algo que
viene como una dádiva, no como algo que se gana
haciendo actos de piedad o de misericordia. Los actos
de piedad y misericordia son genuinos solo cuando
fluyen de la religión interior.

La religión interna, la religión del corazón, es el fruto de la justicia que viene por la fe (la confianza en la

gracia salvadora de Dios). Nunca se gana ni se produce en nosotros por las obras, sino que la religión interna nos llega como una dádiva de Dios recibida por la fe. Ser "justo" no es producto de nuestra propia acción, sino que somos "contados" (considerados) como justos porque hemos sido justificados (perdonados) por Dios a través de la cruz de Cristo. Nuestra "rectitud" (justicia) se basa en lo que Dios ha hecho. Nunca es producto de nuestra propia acción. Las obras de piedad y misericordia pueden abrir la puerta a que tomemos conciencia de la gracia justificadora (perdonadora) de Dios, y pueden iluminarnos y alentarnos a recibir la gracia de Dios, pero estas obras nunca son la razón de nuestra justificación. La justificación que nos lleva a ser instrumentos activos de la justicia de Dios nunca es el resultado de nuestras obras, sino únicamente una dádiva de Dios.

La descripción teológica que hace el apóstol Pablo de esta verdad se resume en pasajes como Romanos 4: "Porque ¿qué dice la Escritura? Creyó Abraham a Dios, y le fue contado por justicia. Pero, al que obra, no se le cuenta el salario como gracia, sino como deuda; mas al que no obra, sino que cree en aquel que justifica al impío, su fe le es contada por justicia . . . Porque no por la ley fue dada a Abraham o a su descendencia la promesa de que sería heredero del mundo, sino por la justicia de la fe . . . Por tanto, es por fe, para que sea por gracia . . ." (3-5, 13, 16a).

Wesley afirma que las "buenas obras" no son "la causa de nuestra justificación" ni tampoco "la completa religión de Jesucristo". Reconoce que algunas personas ponen tanto énfasis en las ordenanzas de la iglesia, como las oraciones, la Cena del Señor y los sermones, que descuidan el amor a Dios y al prójimo. Y otros enfatizan lo contrario, descuidando las ordenanzas y considerándolas sin importancia.

Sin embargo, en el caso de las obras de misericordia y las de piedad, que con demasiada frecuencia se consideran en competencia unas contra las otras, en lugar de mantenerse en equilibrio, Wesley entiende que ambas se muestran en su mejor expresión cuando se hacen como fruto de la pureza de corazón, manando de la fe justificadora . Son el fruto de la fe y no el camino a la fe.

Sin embargo, en otros lugares, Wesley afirma que las obras de misericordia y piedad son esenciales para el crecimiento de la fe (santificación), a medida que la fe se perfecciona a través del amor a Dios y al prójimo.

Lo que Jesús dice sobre el ayuno en Mateo 6:16-18, ofrece un excelente ejemplo para Wesley. La importancia del ayuno se encuentra en algún punto entre la postura de quienes lo exaltan y la de aquellos que lo ignoran. Para aclarar esto aún más, Wesley aborda cuatro puntos: la naturaleza del ayuno, las razones y los fines del ayuno, cómo abordar las objeciones al ayuno y de qué manera ayunar.

Primero, ayunar es no comer durante cierto período de tiempo, como desde la mañana hasta la noche. También puede ser por períodos de días. Si no se puede ayunar por completo, tal vez por motivos de salud o enfermedad, entonces se puede abstener de ciertos alimentos y bebidas o ingerir una cantidad menor. Otro tipo de ayuno es la abstención de "cosas agradables al paladar". Es por eso que algunas personas durante la Cuaresma se abstienen del chocolate o de todos los postres. Y mientras que los "dulces" pueden ser "agradables" para algunos, para otros puede ser la carne lo que les brinde placer.

En segundo lugar, las razones y los fines del ayuno son variados. Una persona puede ayunar "naturalmente" porque está pasando por una angustia emocional y, por lo tanto, simplemente no tiene hambre. Podría ser pena por el pecado, o dolor, o temor y ansiedad. La "profunda aflicción" puede hacer que el cuerpo no quiera comer ni beber.

Además, una persona puede ayunar por remordimiento por el pecado relacionado con los apetitos sensuales personales. Una persona puede llegar a darse cuenta (por la gracia de Dios al despertar a esa persona) de que está abusando de la comida o la bebida, o que se está excediendo en otros apetitos sensuales incluso en detrimento de la salud. Estos excesos a menudo conducen a lo que Wesley llama "inestabilidad de espíritu" y "embriaguez del alma". La indulgencia excesiva de las cosas físicas con frecuencia puede tener efectos negativos en la mente y el espíritu, así como, por supuesto, en el cuerpo. El ayuno ayuda a eliminar "los incentivos de los deseos torpes y dañinos".

Otro motivo para ayunar puede ser castigarse a uno mismo por haber abusado de las buenas dádivas de Dios. Con una mayor conciencia de la excesiva indulgencia de nuestros apetitos sensuales, podemos dedicar el tiempo que solíamos utilizar, para satisfacer ahora nuestros apetitos durante largos períodos de oración privada. En Marcos 9:29, Jesús vincula la oración con el ayuno (como se lee en algunos manuscritos); y en Hechos 14:23, Pablo y Bernabé "oraron con ayunos". Wesley señala que estos dos, la oración y el ayuno, a menudo se unían cuando se deseaba "la bendición de Dios sobre alguna empresa importante".

En tercer lugar, Wesley aborda las objeciones al ayuno. Estas objeciones incluyen el argumento de que debemos abstenernos de otras cosas en lugar de solo comida; como el pecado en general, y más específicamente del "orgullo y la vanidad, de deseos torpes y dañinos, del mal genio, la cólera y el descontento". ¡Sí! Todas estas son actitudes y comportamientos de los cuales debemos "ayunar". Sin embargo, argumenta Wesley, mientras estemos ayunando de estos, no hay razón para no ayunar de la comida. De hecho, deberíamos ayunar "siempre" de las actitudes y acciones pecaminosas, pero también con "gran frecuencia" ayunar de la comida. El ayuno de los alimentos es un medio para desarrollar la fuerza de la abnegación a través de la cual también podemos ayunar del "mal genio y los malos deseos".

Algunas personas que han ayunado dicen que ayunar "es más una rémora que una ayuda"; que lo intentaron pero descubrieron que no los mejoraba en absoluto. Ante esta objeción, Wesley está de acuerdo en que puede haber momentos en que el ayuno sin comida puede hacer que uno se sienta mal o malhumorado. Aquí el problema puede estar en la "manera" en que uno ayuna. Uno debe ayunar como respuesta al mandato de Dios de ayunar y, al hacerlo, a menudo se recibirán las bendiciones del ayuno. Eso no quiere decir que uno debe ayunar más para recibir más bendiciones de Dios. Pero en respuesta a este argumento, Wesley dice que uno debe ayunar en la medida en que tal auto negación sea útil, pero ciertamente no en la medida en que sea perjudicial para el cuerpo.

En cuarto lugar, Wesley habla de la "manera" en la que debemos ayunar para que sea "un servicio aceptable al Señor". La manera principal es que ayunamos con intención pura, de forma que lo estemos haciendo para la gloria de Dios y no para la gloria de nosotros mismos. Si ayunamos para buscar principalmente la alabanza de las personas que nos rodean, entonces nos burlamos de Dios. Somos hipócritas porque estamos realizando un acto religioso con un propósito irreligioso.

Esto significa que en la manera de hacer nuestro ayuno deberíamos estar atentos a que no estamos tratando de merecer algo de Dios.

Cuando buscamos algún mérito de Dios, estamos tratando de "procurar la salvación por deuda, y no por gracia". No beneficia nuestra alma si nuestro ayuno es solo un acto de servicio externo. Además, como dijo Wesley anteriormente, debemos hacer todo lo posible para mantenernos saludables mientras ayunamos. Debemos ayunar de acuerdo con nuestra fuerza corporal y bienestar físico, porque nuestra salud es "un don de Dios". No debemos "destruir nuestros cuerpos para ayudar a nuestras almas".

Al concluir este sermón, Wesley nuevamente enfatiza la importancia de unir el ayuno y la oración. Además, al ayuno también debemos unir la limosna. Las obras de misericordia deben agregarse a la obra de piedad en el ayuno. Dios declara: "¿No es más bien el ayuno que yo escogí, desatar las ligaduras de la impiedad, soltar las cargas de la opresión, y dejar ir libres a los quebrantados, y que rompáis todo yugo? ¿No es que partas tu pan con el hambriento, y a los pobres errantes albergues en casa . . . ? (Isaías 58: 6-7).

Tengo dos recuerdos relacionados con mi padre que se relacionan con este sermón. El primero es cuando estábamos en Filipinas y yo tenía unos siete años. Era un Viernes Santo y estaba con mi padre en algún lugar de Manila donde fui testigo de una procesión. No recuerdo mucho al respecto, pero sí recuerdo a los "flagelantes", devotos católicos que en este santo día cristiano hacían expiación por sus pecados al caminar en público y azotarse en la espalda con palos de bambú hasta el punto de sangrar. En algunos lugares de las Filipinas, los devotos llegaban al punto de ser clavados en una cruz. Estas cosas dejan una marca indeleble en la memoria de un niño pequeño. ¿Por qué la exhibición pública? Si necesitas participar en este tipo de penitencia como un acto de sufrimiento con Jesús, ¿por qué no hacerlo en la privacidad de tu propia casa, en tu "armario" privado? Siempre me he preguntado, ¿sufrían solo para ser vistos por las demás personas, o fue en realidad lo que estaban haciendo el acto de un corazón arrepentido?

El otro recuerdo que tengo es cuando presencié por primera vez el ayuno. Fue mi padre. No recuerdo que lo anunciara, ni que hablara de ello, ni que lo fomentara. Pero debido a que comíamos juntos como familia, lo presenciamos y lo entendimos como un acto de fe para él. Mi padre no ayunaba para ser visto, pero, como en todo lo que hizo, sus actos de fe eran una expresión natural del Cristo que vivía en él. El ayuno de intención pura proviene de la religión del corazón.

Sermón 28
Sobre el sermón de nuestro Señor
en la montaña
Octavo discurso
Mateo 6.19-23

No os hagáis tesoros en la tierra, donde la polilla y el orín corrompen, y donde ladrones minan y hurtan;

Sino haceos tesoros en cielo, donde ni la polilla ni el orín corrompen, y donde los ladrones no minan ni hurtan.

Porque donde esté vuestro tesoro, allí estará también vuestro corazón.

La lámpara del cuerpo es el ojo; así que, si tu ojo es bueno, todo tu cuerpo estará lleno de luz;

Pero si tu ojo es maligno, todo tu cuerpo estará en tinieblas. Así que si la luz que en ti hay es tinieblas, ¿cuántas no serán las mismas tinieblas?

1. De los hechos que por lo general se llaman «acciones religiosas», que son verdaderas ramas de la religión cuando nacen de una intención pura y santa, y son hechos de una manera consecuente, pasa nuestro Señor a los hechos de la «vida común», y demuestra que en nuestras vocaciones ordinarias es tan necesaria la pureza de intención como en el dar limosna, ayunar, u orar.

Sin duda alguna la misma pureza de intención...

...que hace nuestras limosnas y devociones aceptables, debe también convertir nuestro trabajo o empleo en una ofrenda apropiada ante Dios. Si un hombre (...) sigue sus negocios con el fin de elevarse y tener riquezas en el mundo, no sirve a Dios en su empleo, (...) ni tiene más derecho a esperar una recompensa del Señor, que quien da limosna para ser *visto*, u ora para ser *escuchado* de los hombres. Porque así como estos designios vanos no deben afectar nuestras limosnas y devociones, tampoco deben entrar en nuestras ocupaciones. (...) No sólo son malos cuando leudan nuestras obras, nuestros actos religiosos, sino que tienen la misma mala índole (...) cuando se mezclan en los negocios diarios de nuestros trabajos. Si fuere lícito tenerlos en nuestras ocupaciones terrenales, lo sería también retenerlos en nuestras devociones. Pero así como nuestras limosnas y devociones no son aceptables sino cuando resultan de una intención pura, de la misma manera nuestro empleo diario no puede considerarse como un servicio al Señor, sino cuando se cumple con la misma piedad del corazón.[822]

2. Esto lo declara nuestro bendito Señor de la manera más decidida, con esas palabras tan comprensivas como enérgicas, que él mismo aplica y desarrolla en el curso de este capítulo. *«La lámpara del cuerpo es el ojo; así que, si tu ojo es bueno, todo tu cuerpo estará lleno de luz; mas si tu ojo es maligno, todo tu cuerpo estará en tinieblas.»* El ojo es la intención: lo que el ojo es al cuerpo, la intención es al alma. Así como el uno guía todos los movimientos del cuerpo, la otra dirige los del alma. Se dice que el ojo del alma es bueno cuando se fija en una sola cosa, cuando no tenemos otro designio sino conocer a Dios

---

[822] Cita, con algunas alteraciones, de la obra de William Law, *A Serious Call to a Devout and Holy Life* (1729).

y a Jesucristo a quien él mandó;[823] conocerle con afectos dignos, amándole como él nos amó; agradar a Dios en todas las cosas; servir a Dios (pues le amamos) de todo nuestro corazón, mente, alma y fuerzas,[824] y gozar a Dios en todo y sobre todas las cosas, en esta vida y por la eternidad.

3. *«Si tu ojo es bueno»* de este modo, fijándose así en Dios, *«todo tu cuerpo estará lleno de luz»*. *«Todo tu cuerpo»*--todo lo que guía la intención, como el ojo guía el cuerpo. Todo lo que eres, todo lo que haces, tus deseos, genio, afectos; tus pensamientos, palabras y acciones. Todo esto *«estará lleno de luz»*, lleno de conocimiento verdadero y divino. Este es el primer significado que aquí tiene el término luz. En su luz verás luz.[825] Aquel *que mandó que de las tinieblas resplandeciese la luz*...resplandecerá en tu corazón;[826] iluminará la vista de tu inteligencia con el conocimiento[827] de la gloria de Dios. Su Espíritu te revelará las cosas profundas de Dios.[828] La inspiración del Santo te dará comprensión y te hará tener sabiduría en secreto. Más aún, el ungimiento que has recibido de él permanecerá en ti y te enseñará todas las cosas.[829]

¿Cómo confirma esto la experiencia? Aun después que Dios ha abierto los ojos de nuestra inteligencia, si buscamos o deseamos cualquiera cosa fuera de Dios, ¡qué pronto se obscurece nuestro torpe corazón! Las nubes se

---

[823] Cf. Jn. 17.3.
[824] Cf. Mr. 12.30.
[825] Cf. Sal. 36.9.
[826] Cf. 2 Co. 4.6.
[827] Cf. Ef. 1.18.
[828] Cf. 1 Co. 2.10.
[829] Cf. 1 Jn. 2.27.

agrupan otra vez en torno de nuestras almas. Dudas y temores nos abruman de nuevo. Somos arrojados de aquí para allá, y no sabemos qué hacer ni cuál sea el camino que debamos seguir. Pero cuando sólo deseamos y buscamos a Dios, las nubes y los temores se desvanecen; nosotros, que en un tiempo fuimos obscuridad, somos ahora *luz en el Señor*.[830] *La noche resplandece ahora como el día*,[831] y sabemos que *la senda de los justos es como la luz*.[832] El Señor nos muestra el camino que debemos tomar y claramente nos enseña la vía ante nuestro rostro.[833]

4. El segundo significado que tiene la «luz» en este asunto, es el de santidad. Al buscar a Dios en todo, le encontrarás en todas las cosas, fuente de toda santidad, llenándote constantemente de su semejanza, justicia, misericordia y verdad. Al mirar a Jesús, y al él sólo, serás lleno del sentir que estaba en él;[834] se renovará tu alma de día en día, según la imagen del que la creó. Si no quitas de tu mente la mirada en él; si permaneces *viendo al Invisible*[835] sin buscar nada más en el cielo y en la tierra, entonces al contemplar la gloria de Dios, será transformado *de gloria en gloria en la misma imagen como por el Espíritu del Señor*.[836]

Otra cosa que también experimentamos diariamente es que *por gracia* somos *salvos por la fe*.[837] Por medio

---

[830] Cf. Ef. 5.8.
[831] Cf. Sal. 139.12.
[832] Cf. Pr. 4.18.
[833] Cf. Sal. 5.8.
[834] Cf. Fil. 2.5.
[835] He. 11.27.
[836] 2 Co. 3.18.
[837] Cf. Ef. 2.8.

de la fe se abre la vista de la mente para ver la luz del amor glorioso de Dios. En tanto la mirada permanece fija en Dios, en Cristo, quien está *reconciliando consigo al mundo*,[838] nos llenamos más y más del amor de Dios y de los humanos; de mansedumbre, afabilidad, clemencia; de todos los frutos de santidad que vienen del Señor Jesús para la gloria de Dios Padre.

5. Esta luz de que está lleno aquel cuyo ojo es bueno, significa, en tercer lugar, felicidad lo mismo que santidad. *Suave ciertamente es la luz y agradable a los ojos ver el sol.*[839] Pero ¡cuánto más placentero es ver el sol de justicia resplandeciendo constantemente en el alma! Si existe algún alivio en Cristo, *algún consuelo de amor*,[840] alguna paz que sobrepasa todo entendimiento,[841] algún regocijo en la esperanza de la gloria de Dios,[842] todo esto pertenece a aquel cuyo ojo es bueno. Cuyo cuerpo, por lo tanto, está lleno de luz.[843] Anda en la luz, con Dios está en luz,[844] regocijándose siempre y en todo dando gracias; *gozando* cualquiera sea la voluntad de Dios respecto de él en Jesucristo.[845]

6. *«Pero si tu ojo es maligno, todo tu cuerpo estará en tinieblas».*[846] *«Si tu ojo es maligno»*. Como se ve, no existe término medio entre el ojo bueno y el tenebroso; si no

---

[838] Cf. 2 Co. 5.19.
[839] Ec. 11.7.
[840] Fil. 2.1.
[841] Fil. 4.7.
[842] Ro. 5.2.
[843] Mt. 6.22.
[844] Cf. 1 Jn. 1.7.
[845] Cf. 1 Ts. 5.16-18.
[846] Mt. 6.23.

es lo uno, tiene que ser lo otro. Si la intención que tenemos al hacer cualquier cosa no es puramente la de servir a Dios; si nos proponemos cualquier otro fin, entonces quedan manchadas nuestra mente y nuestra conciencia.[847]

Por consiguiente, nuestro ojo estará en tinieblas si al hacer cualquier cosa tenemos otro fin fuera de Dios; si nos proponemos algo además de conocer y amar a Dios, agradarle y servirle en todas las cosas; si nuestro designio no es sólo gozar de Dios, encontrar en él nuestra felicidad en esta vida y en la eternidad.

7. Si tu ojo no se fija sinceramente en Dios, *«todo tu cuerpo estará en tinieblas»*; el velo permanecerá en tu corazón; *el dios de este siglo* cegará tu mente más aún, no sea que la luz del Evangelio glorioso de Cristo te alumbre.[848] Lleno de ignorancia y errores respecto de las cosas de Dios, no podrás recibirlas ni discernirlas. Y cuando tengas algún deseo de servir a Dios, tu voluntad estará cargada de incertidumbre respecto del modo como deberías servirle, encontrando dudas y dificultades por todos lados, y no sabiendo cómo escapar.

En efecto, si tu ojo no fuere bueno, si procuras cualquiera de las cosas terrenales, estarás lleno de injusticia e impiedad, tus deseos, genio, afectos, estarán fuera de lugar; serán todos tenebrosos, y viles y vanos. Tu conversación siendo mala como tu corazón y no estando *sazonada con sal*[849] no será digna *de dar gracia a*

---

[847] Cf. Tit. 1.15.
[848] Cf. 2 Co. 4.4.
[849] Col. 4.6.

los oyentes,[850] sino inútil, ociosa, corrompida, que contristará al Espíritu de Dios.

8. Tanto la destrucción como la desventura se encuentran en tu camino, porque el camino de paz no has conocido.[851] No hay paz, sólida y duradera paz, para los que no conocen a Dios. No hay verdadero ni durable contentamiento para los que no le buscan con todo su corazón. Mientras que busques las cosas que perecen, todo lo que habrá será vanidad,[852] y no sólo vanidad, sino *aflicción de espíritu*[853] y eso tanto al buscar como al gozar de dichas cosas. En verdad que andas en una sombra vana y en balde te inquietas.[854] Andas en la obscuridad que puede sentirse.[855] Sigue durmiendo, de nada te sirve, porque no te sentirás descansado.[856] Bien sabes que los sueños de la vida pueden dar dolor y nunca dan descanso. No hay descanso en este mundo o en el venidero, sino sólo en Dios, que es el centro de los espíritus.

«Si la luz que hay en ti son tinieblas, ¿cuántas no serán las mismas tinieblas?» Si la intención que debe iluminar toda alma, llenarla de conocimiento, amor y paz, y la que en efecto hace todo esto mientras permanece buena, mientras no procura otra cosa sino a Dios, si ésta es tinieblas; si busca otra cosa fuera de Dios y por consiguiente llena el alma de obscuridad en lugar de luz, de

---

850 Ef. 4.29.
851 Cf. Ro. 3.16-17.
852 Cf. Ec. 11.8.
853 Cf. Ec. 1.14, etc.
854 Cf. Sal. 39.6.
855 Cf. Ex. 10.21.
856 Cf. Mt. 26.45.

ignorancia y error, de pecado y miseria, ¡cuán grandes serán esas tinieblas! ¡Es el humo mismo que sube desde lo profundo![857] ¡Es la noche negra que reina en lo más profundo, en la tierra de las sombras de muerte![858]

9. Por consiguiente, «no os hagáis tesoros en la tierra, donde la polilla y el orín corrompen, donde ladrones minan y hurtan».[859] Si lo haces, claro está que tu ojo es malo, que no se fija únicamente en Dios.

Respecto de los mandamientos de Dios, ya se refieran al corazón ya a la vida, los paganos en África o en América[860] cumplen tanto como los que se llaman cristianos. Pues con pocas excepciones, estos los observan tanto como los paganos. Por ejemplo, la mayoría de los súbditos ingleses, llamados comúnmente cristianos, son tan sobrios y templados como la generalidad de los paganos cerca del Cabo de Buena Esperanza. Así también los cristianos en Alemania o Francia son tan humildes y castos como los indios choctow o cheroquíes. Al comparar la mayor parte de las acciones de Europa con las de América, no es fácil decir de qué parte está la superioridad. Al menos las de América no llevan gran ventaja.

Esta aserción, sin embargo, no es cierta respecto del mandamiento que estamos considerando. En esto los

---

[857] Cf. Ap. 11.7; 17.8.
[858] Cf. Is. 9.1-2; Mt. 4.16.
[859] Mt. 6.19.
[860] La mayor parte de lo que Wesley supo de África le llegó a través de narraciones de viajeros por el extremo sur del continente. De los nativos americanos tenía alguna experiencia personal. Su propósito aquí es avergonzar a los cristianos británicos, que se creían superiores.

paganos cumplen mucho mejor.[861] No desean ni procuran otra cosa sino alimentos sencillos, ropa modesta con qué vestirse, y esto lo buscan sólo para el día. Con excepción de tanto maíz en una temporada que ocupe hasta la próxima cosecha, no guardan ni atesoran nada. Sin saberlo, pues, los paganos obedecen este mandamiento constantemente y con eficacia. No se hacen tesoros en la tierra, tesoros de púrpura y lino fino, de oro y plata, que la polilla y el orín corrompan, o los ladrones minen y hurten. Mas, ¿de qué manera observan los cristianos lo que profesan haber recibido como un mandamiento del Dios altísimo? No lo observan en ninguna manera. Obran como si jamás se hubiese dado semejante mandamiento a los humanos. Aun aquellos que, en su opinión y la de otras personas, son *buenos* cristianos, no cumplen con esto de modo alguno. Bien pudiera estar aún perdido en el original griego, puesto que no hacen de él ningún caso.

¿En qué ciudad cristiana podréis encontrar un hombre de cada quinientos, que tenga el menor escrúpulo de atesorar todo lo que pueda? ¿De aumentar sus posesiones hasta donde le sea posible? Es bien cierto que muchos no lo hacen ilícitamente; muchos no estafan ni roban; algunos no engañan al prójimo, no se valen de su ignorancia o de su necesidad. Pero éste es otro asunto. Aun estos sólo tienen escrúpulos respec-

---

[861] A través de todo su ministerio, Wesley se opuso a la acumulación de riquezas, y mucho más hacia el final de su vida. Este fue uno de los pecados que más le preocuparon cuando empezaron a aparecer entre los metodistas, y contra él escribió y predicó repetidamente.

to del método; no de hacerse tesoros sobre la tierra, sino de reunirlos por medios ilícitos.

No les asusta desobedecer a Cristo, sin quebrantar la moralidad pagana. De manera que aun los hombres honrados no obedecen este mandamiento más que los asaltantes de caminos o ladrones de casas. Más aún, jamás intentan obedecerlo. Desde su juventud en adelante nunca han pensado en tal cosa. Fueron criados por sus padres, maestros y amigos cristianos, pero nunca les enseñaron este mandamiento, a no ser para quebrantarlo luego y tanto como pudieran, y continuar quebrantándolo hasta el fin de sus días.

10. No existe otro ejemplo de fatuidad espiritual, en todo el mundo, más sorprendente que éste. La mayor parte de estas mismas personas leen o escuchan la lectura de la Biblia, muchos en el día del Señor. Han leído o escuchado estas palabras cientos de veces. Sin embargo, jamás sospechan que dichas palabras los condenan más que las que prohíben a los padres ofrecer a sus hijos a Moloc.

Pluguiese a Dios hablar a estos miserables pecadores con su voz, su poderosa voz, para que se salven al fin de esta trampa del diablo,[862] y caigan las escamas de sus ojos.[863]

11. Preguntas, ¿qué cosa es hacerse tesoros en la tierra? Es necesario examinar esto detenidamente. En primer lugar, a fin de poder discernirlo claramente, hagamos observar qué cosas no se prohíben en este mandamiento.

---

[862] Cf. 2 Ti. 2.26.
[863] Cf. Hch. 9.18.

Primeramente, en este mandamiento no se prohíbe procurar lo bueno *delante de todos los hombres*,[864] procurar con qué darles aquello a que tienen derecho,[865] todo lo que justamente pueden esperar de nosotros. Tan lejos está de Dios prohibir esto, que nos manda que no debamos *a nadie nada*.[866] Debemos, por consiguiente, ser muy diligentes en nuestro trabajo a fin de no deber a nadie nada; siendo ésta una ley común de justicia que nuestro Señor no vino a destruir, *sino para cumplir*.[867]

Ni se prohíbe, en segundo lugar, que nos proveamos de las cosas necesarias para el cuerpo: alimentos suficientes, sencillos y sanos qué comer y vestimenta aseada qué ponernos. Es además nuestro deber, puesto que Dios nos da la facultad de hacerlo, proveernos de estas cosas, a fin de que comamos nuestro *propio pan*[868] y no seamos gravosos a nadie.[869]

Ni se prohíbe, en tercer lugar, que proveamos para nuestros hijos y los de nuestra casa. También esto es nuestro deber, aun según los principios de la moral pagana. Todo ser humano debe proveer las cosas necesarias de la vida para los miembros de su familia, y hacer que estos aprendan a ganar estas cosas para que puedan mantenerse cuando él les falte y ya no exista. Digo que deben aprender a proveer *estas* cosas, las cosas sencillas y necesarias de la vida (no cosas delica-

---

[864] Cf. 2 Co. 8.21.
[865] Cf. Ro. 13.7.
[866] Ro. 13.8.
[867] Mt. 5.17.
[868] Cf. 2 Ts. 3.12.
[869] Cf. 2 Co. 11.9.

das y superfluas), con su *trabajo diligente*, porque ningún ser humano está obligado a proveer para sí mismo ni para los suyos los medios de ser extravagantes y estar ociosos. Si alguno deja de proveer para sus hijos (lo mismo que para las viudas que haya en su casa,[870] de quienes Pablo habla especialmente en las palabras tan conocidas que dirige a Timoteo), prácticamente ha *negado la fe, y es peor que un incrédulo*,[871] o pagano.

Por último, no se nos prohíbe en estas palabras que de tiempo en tiempo vayamos guardando lo que fuere necesario para la consecución de nuestros negocios, hasta tal grado o punto que podamos llenar los objetivos siguientes: en primer lugar, no deber *a nadie nada*;[872] en segundo, procurarnos las cosas necesarias para la vida; y en tercero, proveer lo necesario para nuestra familia mientras vivimos, y enseñarles a ganar el pan para que sepan sostenerse cuando Dios nos llame a su presencia.

12. Podemos ahora discernir claramente (a no ser que no deseemos hacerlo), qué cosa es la que se nos prohíbe aquí. Es el procurar proveerse de más de lo necesario para satisfacer los fines ya mencionados. El trabajar por obtener más riquezas, más plata y oro. El guardar más de lo que se requiere para satisfacer las necesidades, esto es lo que aquí se prohíbe clara y absolutamente. Si las palabras tienen algún significado, sin duda que esto es lo que quieren decir, pues ninguna otra cosa pueden expresar. Por consiguiente, cual-

---

[870] Cf. 1 Ti. 5.3,8.
[871] 1 Ti. 5.8.
[872] Ro. 13.8.

quiera que no debe nada a nadie, que tiene el alimento y la vestimenta necesarios para sí mismos y su familia, y que además de esto posee suficiencia para continuar sus negocios y satisfacer todas estas justas necesidades; quienquiera, digo, que se halle en tales circunstancias y, sin embargo, esté procurando hacerse de mayores posesiones, vive abierta y habitualmente negando al Señor que le rescató. Prácticamente ha negado la fe, y *es peor que un incrédulo*, ya sea de África o de América.

13. Ustedes que viven en el mundo y que son del mundo en que viven, escúchenme. Tal vez sean estimados en mucho por la gente, pero delante de Dios son abominación.[873] ¿Hasta cuándo estará abatida hasta el polvo su alma?[874] ¿Hasta cuándo se cargarán ustedes con grueso lodo?[875] ¿Cuándo despertarán y verán que los paganos que piensan seriamente están más cercanos al reino de los cielos que ustedes? ¿Cuándo se convencerán de que su obligación es escoger la mejor parte, aquella que nadie puede quitarnos?[876] ¿Cuándo procurarán hacerse sólo *«tesoros en el cielo»*,[877] renunciando, evitando y aborreciendo todo lo demás? Si están procurando hacerse sólo *«tesoros en la tierra»*,[878] ¿no están perdiendo el tiempo y gastando sus fuerzas en ganar algo que no es el pan?[879] Porque, ¿cuáles serán los frutos si tienen buen éxito? ¡Habrán asesinado

---

[873] Cf. Lc. 16.15.
[874] Cf. Sal. 119.25.
[875] Cf. Hab. 2.6.
[876] Cf. Lc. 10.42.
[877] Mt. 6.20.
[878] Mt. 6.19.
[879] Cf. Is. 55.2.

su propia alma! ¡Habrán apagado la última chispa de su vida espiritual! ¡Ahora mismo, en medio de la vida, están en la muerte! ¡Personas vivas, pero cristianos muertos! Porque *«donde esté vuestro tesoro, allí estará también vuestro corazón».*[880] Sumergidos en el polvo están sus corazones. Sus almas están por el suelo.[881] Sus afectos no están *en las cosas de arriba,* sino *en las de la tierra,*[882] en algarrobas que envenenarán, mas nunca podrán satisfacer un espíritu inmortal creado para Dios. Su amor, gozo y deseo consisten en las cosas que perecen al usarlas. Han perdido el tesoro del cielo: Dios y Cristo se les han perdido. ¡Han ganado riquezas y el fuego del infierno!

14. *¡Cuán difícilmente entrarán en el reino de Dios los que tienen riquezas!*[883] Cuando los discípulos se sorprendieron al oír a nuestro Señor hablar así, lejos de retractarse él repitió la misma verdad importante en términos más enérgicos: *«Más fácil es pasar un camello por el ojo de una aguja, que entrar un rico en el reino de Dios».*[884] ¡Cuán difícil es para aquellos cuyas palabras todas reciben aplausos, no considerarse como sabios! ¡Cuán difícil es dejar de creer que son mejores que esa muchedumbre de personas pobres, bajas, sin educación! ¡Qué difícil no buscar la felicidad en las riquezas, o en las cosas que dependen de ellas; no gratificar los deseos de la

---

[880] Mt. 6.21.
[881] Cf. Sal. 119.25.
[882] Col. 3.2.
[883] Mr. 10.23.
[884] Mr. 10.25.

carne, los de ojo, o las vanidades de la vida![885] Oh ricos, *¿cómo escaparéis de la condenación del infierno?*[886] ¡Sólo para con Dios todas las cosas son posibles![887]

15. Y aun cuando no tengan éxito, ¿qué fruto sacan de *procurar* tesoros en la tierra? *Porque los que quieren enriquecerse* (los que lo desean o procuran ya sea que tengan éxito o no) *caen en tentación y lazo* (una treta, una trampa que el diablo pone) *y en muchas codiciosas necias y dañosas*, deseos con los que la razón nada tiene que ver; deseos que en realidad de verdad no son propios de seres racionales e inmortales, sino de las bestias brutas que carecen de inteligencia; deseos que *hunden a los hombres en destrucción y perdición*,[888] en la miseria presente y eterna. No necesitamos sino abrir los ojos para ver diariamente las tristes pruebas de todo esto: personas que, anhelando y procurando hacerse ricas, codiciando el dinero, que es la raíz de todo mal, han traspasado sus corazones *de muchos dolores*[889] y anticipado el infierno a donde se encaminan.

Es de observarse la cautela con que el Apóstol se expresa en este pasaje. No afirma esto absolutamente *de los ricos*, puesto que una persona puede ser rica sin haberlo procurado debido a la Providencia que todo lo rige, y que no le ha dejado escoger. Pero sí lo afirma de quienes desean o procuran hacerse ricos. Las riquezas, a pesar de que son peligrosas, no siempre *hunden a*

---

[885] Cf. 1 Jn. 2.16.
[886] Mt. 23.33.
[887] Cf. Mt. 19.26.
[888] 1 Ti. 6.9.
[889] Cf. 1 Ti. 6.10.

los hombres en destrucción y perdición. Pero *el deseo de las riquezas* sí: los que con toda conciencia las desean y deliberadamente procuran obtenerlas, ya sea que ganen el mundo o no, infaliblemente pierden sus propias almas. Esos son los que venden en unas cuantas piezas de plata u oro[890] al que los rescató con su sangre; esos los que hacen un pacto con la muerte y el infierno, el cual pacto permanecerá. Pues diariamente se están haciendo dignos partícipes de la herencia del diablo y sus ángeles.[891]

16. ¿Quién amonestará a esta generación de víboras a huir de la ira venidera?[892] Ciertamente que no serán los que esperan a sus puertas, o los que adulan con bajeza deseando alimentarse de las migajas que caen de sus mesas,[893] ni los que buscan su aprobación o temen sus enojos; ninguno de aquellos que se ocupan de cosas terrenales. Empero si hay en la tierra algún cristiano, si hay alguna persona que haya vencido al mundo, que sólo desee a Dios y no tema sino a aquel que puede matar el cuerpo y echar el alma en el infierno,[894] tú, oh hombre de Dios, clama a voz en cuello, no te detengas, alza tu voz como trompeta.[895] Grita en voz alta y muestra a estos honorables pecadores la condición tan desesperada en que están. Tal vez si haya un alma entre mil que quiera escuchar, que se

---

[890] Cf. Mt. 26.14-15.
[891] Cf. Mt. 25.41.
[892] Cf. Mt. 3.7.
[893] Cf. Lc. 16.20.21.
[894] Cf. Mt. 10.28.
[895] Is. 58.1.

levante y sacuda el polvo; que rompa esas cadenas que ahora la sujetan a la tierra y al fin se haga tesoros en el cielo.

17. Si acaso sucede que una de esas almas, que debido al omnipotente poder de Dios se levante y pregunte: *«¿Qué debo hacer para ser salvo?»*[896] la respuesta según los oráculos de Dios es clara, plena y cabal. Dios no te dice: *«Vende todo lo que tienes».*[897] A la verdad que quien mira en el corazón de los seres humanos, vio que era necesario imponer esto en un caso especial, el del *joven rico.* Pero ese mandato nunca lo dio como una regla general para todos los ricos, de todas las generaciones venideras. La dirección general que da es: *«No te ensordezcas».*[898] Dios no ve como los humanos ven.[899] El no te aprecia por razón de tus riquezas, por tu grandeza o apariencia, por cualquier calidad o conocimiento que directa o indirectamente se deban a tu riqueza, que se puedan comprar u obtener con dinero. Todo esto es ante su presencia como la basura y la escoria: que tu opinión sea la misma. Ten cuidado de no creerte un ápice más sabio o mejor con motivo de estas cosas. Pésate en otra balanza; mídete sólo con la medida de la fe y el amor que Dios te ha dado. Si tienes más conocimiento y amor de Dios que el pastor que acompañado de sus perros cuida de sus ovejas,[900] por sólo este hecho y por ninguna razón, eres más

---

[896] Hch. 16.30.
[897] Lc. 18.22.
[898] Ro. 11.20.
[899] Cf. 1 S. 16.7.
[900] Cf. Job 30.1.

sabio y mejor, de mayor valor y honra. Pero si no posees este tesoro, entonces eres más torpe, más vil, más despreciable, no diré ya que el último de tus siervos bajo tu techo, sino que el mendigo lleno de llagas que esté tirado a la puerta de tu casa.[901]

18. En segundo lugar, no confíes en las riquezas inciertas.[902] No esperes ayuda de ellas, ni les confíes tu felicidad.

Primero, no busques en ellas ninguna ayuda. Te equivocas miserablemente si es que estás buscando ayuda en el oro o en la plata. No pueden ponerte por encima del mundo ni tampoco del diablo. Sabe, pues, que tanto el mundo como el príncipe de este mundo[903] se ríen de semejantes preparativos contra ellos. De muy poco valdrán cuando vengan los problemas--si es que permanecen en la hora de prueba. Pero no es seguro que permanecerán, porque ¡cuán a menudo se hacen alas y vuelan![904] Y aun cuando no fuere así, ¿de qué valdrán en las aflicciones comunes de la vida? Si el deleite de tus ojos,[905] la esposa de tu juventud,[906] tu hijo, el único hijo que tienes, el amigo íntimo de tu alma,[907] caen de un solo golpe,[908] ¿podrán tus riquezas reanimar el cuerpo sin aliento, o llamar al espíritu que antes habitaba en él? ¿Te podrán defender de las en-

---

[901] Lc. 16.20.
[902] Cf. 1 Ti. 6.17.
[903] Jn. 14.30; 16.11.
[904] Cf. Pr. 23.5.
[905] Ez. 24.16, 21.
[906] Pr. 5.18; Mal. 2.14.
[907] Cf. Dt. 13.6; 1 S. 18.3.
[908] Ex. 24.16.

fermedades, dolencia y penas? ¿Acaso afligen estas cosas sólo a los pobres? Muy al contrario: tu siervo que pastorea tus ganados o que labra la tierra sufre menos enfermedades y dolores que tú. Estos mal deseados huéspedes le visitan menos: y si acaso llegaran, es más fácil expulsarlos de la humilde cabaña que de los grandes palacios. Durante las horas en que tu cuerpo sufre el castigo de los dolores, o que le consume la enfermedad, ¿de qué te sirven los tesoros? Deja que te responda el pobre pagano:

Como a la vista enferma la pintura,
Como a la gota el ser muy fomentada,
O como al oído la cítara destemplada.[909]

19. Pero te espera una aflicción mayor que todo esto. ¡Tienes que morir! Te has de sumergir en el polvo de la tierra. Volverás al polvo de donde fuiste hecho, a mezclarte con la tierra común. *Tu* cuerpo volverá a la tierra tal cual fue en su origen, y tu espíritu volverá a Dios que lo creó.[910] Y el tiempo vuela: los años se van deslizando con un paso rápido y silencioso. Tal vez tus días toquen a su fin: el mediodía de tu vida pasó, y las sombras de la noche comienzan a posarse sobre ti. En ti mismo sientes acercarse la inevitable decadencia; las fuentes de vida se secan al mismo tiempo. Ahora bien, ¿de qué te sirven las riquezas? ¿Endulzan acaso

---

[909] Cf. Horacio, *Epístolas*, I, ii, 52-53. Wesley, quien no gustaba de la obra de Horacio, no obstante le cita veintinueve veces en sus Sermones.
[910] Ec. 12.7.

el trance de la muerte? ¿Hacen que esa hora solemne sea deseable? Todo lo contrario. ¡Cuán amarga eres, oh muerte, al hombre que vive tranquilo en sus posesiones![911] ¡Qué poco aceptable le es aquella sentencia: «*Esta noche vienen a pedirte tu alma*»[912] ¿Evitarán acaso el indeseado golpe, o retardarán la terrible hora? ¿Pueden librar tu alma de probar la muerte?[913] ¿Podrán devolverte los años que pasaron? ¿Les será posible añadir al tiempo que se te ha fijado un momento, un mes, un día, una hora? ¿O te seguirán acaso más allá de la tumba, las cosas buenas que aquí has escogido? Nada de eso: desnudo viniste al mundo y desnudo saldrás de él.[914]

El morir es natural, todo lo has de dejar.
Terrenos, mansiones, tu amada esposa.
De todos los árboles que has sabido cultivar,
Sólo te ha de esperar el ciprés, junto a la rosa.[915]

Por cierto, que si estas verdades no fuesen demasiado claras para *entenderse* (como lo son para *negarse*) ninguna persona por morir pondría su esperanza en la ayuda de las riquezas inciertas.[916]

20. No busques en ellas la felicidad. En esto también descubrirás que son como pesas engañosas,[917] lo

---

[911] Cf. *Eclesiástico* 41.1.
[912] Cf. Lc. 12.20.
[913] Cf. Sal. 33.19.
[914] Cf. Job 1.21.
[915] Horacio, *Odas*, II xiv, 21-24.
[916] 1 Ti. 6.17.
[917] Sal. 62.9.

que ciertamente toda persona reflexiva debe inferir de lo que llevamos expuesto. Porque si la mucha plata y oro, y las ventajas y placeres que proporcionan, nos pueden librar de ser miserables, es claro que tampoco podrían hacernos felices. ¿Qué felicidad pueden proporcionar al que en medio de todos sus placeres, se sienta constreñido a exclamar: *Aun en mis nuevos palacios tristes pensamientos me persiguen; Y bajo mis dorados techos los cuidados me atormentan.*[918]

A la verdad que la experiencia respecto de esto es tan abundante, manifiesta e innegable, que vuelve enteramente superfluos todos los demás argumentos. Apelamos, por consiguiente, a los hechos. ¿Son los ricos y los grandes los únicos felices? ¿Son felices en realidad de verdad? ¡Casi estuve a punto de decir que son las personas más miserables![919] Oh tú, rico, al menos habla la verdad según te la dicte tu corazón. Habla, por ti y por tus hermanos.

Aun en medio de la abundancia
Sentimos que algo nos falta,
Y la ausencia de ese algo
Disipa toda complacencia.[920]

Y así será, hasta que la noche de la muerte absorba los días de la vanidad.

Por cierto, la mayor torpeza que puede cometerse en la vida es buscar la felicidad en las riquezas. ¿No

---

[918] Versos que Wesley adapta de Matthew Prior.
[919] 1 Co. 15.19.
[920] Otros versos adaptados de Matthew Prior.

estás persuadido de esto? ¿Será posible que aun esperes encontrar la felicidad en el dinero o en las cosas que proporciona? ¿Podrán acaso la plata, el oro, las comidas y las bebidas, los caballos, los sirvientes, los ropajes deslumbrantes, las diversiones y los placeres (así llamados) hacerte feliz? ¡No pueden darte la felicidad como no pueden hacerte inmortal!

21. No son más que vana pompa. No te preocupes por ella. Pon tu confianza *en el Dios viviente*[921] y estarás seguro bajo la sombra del Todopoderoso.[922] Su felicidad y verdad serán tu escudo y adarga.[923] El es una ayuda presente en todo tiempo de problemas,[924] ayuda que nunca puede fallar. Aunque todos los amigos desaparezcan podrás decir: *«¡Viva Jehová...y enaltecido sea el Dios de mi salvación!»*[925] El se acordará de ti cuando estés enfermo y en cama,[926] en la hora cuando es vana la ayuda humana,[927] cuando todas las coas del mundo de nada te sirvan. El mullirá tu cama en toda tu enfermedad.[928] El endulzará tu sufrimiento. La contemplación del Señor hará que aplaudas en medio de las llamas. Y en la hora en que esta habitación de tierra[929] esté pron-

---

[921] 1 Ti. 4.10.

[922] Sal. 91.1.

[923] Sal. 91.4.

[924] Cf. Sal. 46.1.

[925] Cf. Sal. 18.47.

[926] Cf. Sal. 41.3.

[927] Cf. Sal. 60.11; 108.12.

[928] Cf. Sal. 41.3.

[929] El cabal dualismo de Wesley se refleja en la repetida metáfora sobre el cuerpo terrenal como un habitáculo provisional del alma. Sus fuentes bíblicas incluirían Job 4.19 (casa de barro) y 2 Co. 5.1 (la morada terrestre, este tabernáculo).

ta a desplomarse, a caer reducida en polvo, él te enseñará a decir: *«¿Donde está, oh muerte, tu aguijón? ¿Dónde oh
sepulcro, tu victoria?...Mas gracias sean dadas a Dios, que nos
da la victoria por medio de nuestro Señor Jesucristo».*[930]

¡Confíen en él tanto para la felicidad como para toda ayuda! Todas las fuentes de felicidad son suyas.
Confíen en aquel *que nos da todas las cosas en abundancia
para que las disfrutemos,*[931] quien, movido de su abundante y amorosa misericordia, nos da estas cosas con su
propia mano a fin de que al recibirlas como dones
suyos y primicias de su amor, gocemos de todo aquello que nos pertenece. Su amor santifica cuanto pro-
bamos, infunde vida y dulzura en todo. Cada una de
sus criaturas nos guía al gran Creador, y toda la tierra
es una escala al cielo. El transmite los goces que están
en su poder a todo lo que da a sus hijos agradecidos,
quienes, teniendo comunión *con el Padre y con su Hijo
Jesucristo,*[932] le gozan en todo y sobre todas las cosas.

22. En tercer lugar, no procures *aumentar tus riquezas. «No os hagáis tesoros en la tierra»,*[933] es un mandamiento claro y positivo como el que dice: *«No cometerás
adulterio».*[934] ¿Cómo podrá una persona rica hacerse
más rica, sin negar al Señor que la rescató? Más claro,
¿cómo podrá una persona que ya tiene las cosas necesarias para la vida, ganar o procurar más sin hacerse
culpable? *«No os hagáis»* --dice el Señor-- *«tesoros en la*

---

[930] 1 Co. 15.55-57.
[931] Cf. 1 Ti. 6.17.
[932] Cf. 1 Jn. 1.3.
[933] Mt. 6.19.
[934] Ex. 20.14.

tierra». Si a pesar de esto atesoras dinero y posesiones que *«la polilla y el orín corrompen»*, y que *«ladrones minan y hurtan»*,[935] si has de comprar más y más fincas y terrenos,[936] ¿por qué te llamas cristiano? Tú no obedeces a Jesucristo. Ni tienes la intención de seguir su precepto, ¿con qué derecho te apropias su nombre? *¿Por qué me llamáis, Señor, Señor, y no hacéis lo que digo?*[937]

23. Si preguntas: «Pero, ¿qué debemos hacer con nuestros bienes, si es que no los hemos de atesorar, viendo que tenemos más de lo que necesitamos? ¿Los hemos de tirar?» Te respondo: que si los echas en el mar o en el fuego para ser consumidos, estarían mucho mejor dispensados que lo que ahora están. No puedes imaginar un modo más eficaz de desperdiciarlos que atesorarlos para tu posteridad, o guardarlo para ti tonta y superfluamente. De entre todas maneras posibles de desprenderse de ellos, estas dos son las peores, las más opuestas al Evangelio de Cristo y las más perniciosas a tu alma.

Un escritor ya fallecido ha demostrado muy eficazmente cuán pernicioso es esto a vuestras almas:

Si despreciamos nuestro dinero, no sólo incurrimos en la culpa de desperdiciar uno de los talentos que Dios nos ha dado, (...) sino que nos hacemos este otro mal: convertimos este talento útil en un medio poderoso de corrompernos, porque en el hecho mismo de emplearlo mal satisfacemos con él alguna mala pasión y complacemos deseos injustos y vanos a los que como cristianos debemos renunciar.

---

[935] Cf. Mt. 6.19.
[936] Cf. Is. 5.8.
[937] Lc. 6.46.

Así como se puede abusar de un chiste y de los gracejos, y los que abusan de ellos se exponen a mayores torpezas, así también el dinero no sólo puede malgastarse, sino que, si no se emplea conforme a la razón y a la religión, hará que la gente lleve una vida más torpe y extravagante de la que habría llevado sin él. Por consiguiente, quien no gasta su dinero para hacer bien a los demás lo emplea en perjudicarse a sí mismo. Obra como el que rehúsa dar una medicina a su amigo enfermo, cuando él mismo no puede beberla sin correr el peligro de inflamar su sangre. Este es el caso del dinero superfluo: si lo das a los que lo quieren, es como un veneno; si lo gastas en ti mismo en algo que no necesitas, sólo inflama y desarregla tu mente (...).

Al usar de las riquezas cuando no tienen uso real, ni existe verdadera necesidad, sólo las usamos en perjuicio nuestro creando deseos irracionales, alimentando malas disposiciones, satisfaciendo pasiones torpes y sustentando la vanidad de la mente. Porque el mucho beber y comer, la ropa fina y las casas magníficas, el aparato y la pompa, los placeres y diversiones amenos, son cosas malas y nocivas para el corazón. Son la comida y el alimento de toda la torpeza y debilidad de nuestra naturaleza (...). Son el sostén de algo que no debería respaldarse. Son contrarias a esa sobriedad y piedad del corazón que se alimenta de cosas divinas. Son como otras tantas cargas en la mente, que debilitan nuestra inclinación a elevar los pensamientos y afectos hacia las cosas de arriba.

Así que el dinero que de este modo se gasta no sólo se pierde y desperdicia sino que se emplea en malos fines y con pésimos resultados para la corrupción y el desorden de nuestros corazones; nos vuelve incapaces de seguir las doctrinas sublimes del Evangelio. Es como quien se guarda de dar dinero a los pobres a fin de comprar veneno para sí.[938]

24. Igualmente inexcusables son los que guardan lo que no necesitan para propósito razonable alguno:

Si alguien tuviera manos, ojos y pies, que podría dar a los que quisieran, y los guarda en un cofre (...) en lugar de dárselos a sus hermanos ciegos y cojos, ¿no tendríamos razón de considerarle miserable y cruel? Si en lugar de dar esas manos, ojos y pies a los que los necesitan, y asegurar así un premio eterno, prefiriese enterrar esos miembros, ¿no haríamos bien en tenerle por loco?

Ahora bien, el dinero es como los ojos o los pies. En consecuencia, si guardamos el dinero en cofres (...) al mismo tiempo que algunos hermanos pobres y afligidos lo necesitan para darle uso (...) nuestra crueldad es semejante a la del hombre que pudiendo dar unos ojos, manos y pies a los ciegos, mancos y cojos, prefiere guardar esos miembros. Si preferimos guardar el dinero en lugar de usarlo bien y asegurar un premio eterno, somos tan locos como el quien teniendo ojos y manos que dar los guarda bajo llave, en lugar de obtener una bendición eterna dándoselos a los que los necesitan.[939]

25. ¿No será esta otra razón por la que apenas podrán entrar los ricos en el reino de los cielos?[940] La gran

---

[938] Wesley cita a William Law, *Óp. cit.*
[939] Otra cita de William Law, *ibíd.*
[940] Cf. Mt. 19.23.

mayoría de ellos están bajo una maldición, la maldición especial de Dios, puesto que según el tenor general de sus vidas no sólo están robando a Dios, malgastando y desperdiciando los bienes del Señor, y con esos mismos medios corrompiendo sus almas, sino también robando a los pobres, los hambrientos, los desnudos, cometiendo injusticia contra las viudas y los huérfanos, y haciéndose responsables de todas las necesidades, aflicciones y sufrimientos que pueden pero no quieren remediar. La sangre de los que perecen por la avaricia de quienes guardan el dinero o lo desperdician ¿no clamará contra ellos desde la tierra?[941] ¿Qué cuenta darán al que ha de juzgar a los vivos y a los muertos?[942]

26. El mejor modo de emplear aquello de lo que no tengas necesidad lo puedes aprender, en cuarto lugar, de las palabras de nuestro Señor que son el complemento de las que dijo antes: «*haceos tesoros en el cielo donde ni la polilla ni el orín corrompe, y donde ladrones no minan, ni hurtan*».[943] Emplea todos tus ahorros en algo que preste mayor seguridad que la de este mundo. Pon tus tesoros en el banco del cielo, y Dios te los devolverá en el gran día. *A Jehová presta el que da al pobre, y... [él] se lo volverá a pagar*[944] «*Ponlo a mi cuenta*», dice el Apóstol, «*yo lo pagaré...por no decirte que aun tú mismo te me debes también*».[945]

Da a los pobres con intención pura, con rectitud de corazón y anota: «Tanto dado a Dios», porque *en cuan-*

---

[941] Cf. Gn. 4.10.
[942] Cf. 1 Pe. 4.5.
[943] Mt. 6.20.
[944] Pro. 19.17.
[945] Flm. 18-19.

to lo hicisteis a uno de estos mis hermanos más pequeños, a mí lo hicisteis.[946]

Esta es la parte de un *mayordomo fiel y prudente:*[947] no vender su casa o sus terrenos ni sus valores a no ser que esté obligado por razones muy poderosas; no desear ni procurar aumentarlos, ni desperdiciarlos en vanidades, sino emplearlos enteramente con fines sabios y racionales para los cuales el Señor los ha puesto en sus manos. El mayordomo prudente después de haber provisto para su propia familia con todo lo necesario para la vida y la piedad,[948]948 se hace amigos con lo que de tiempo en tiempo queda de la *riquezas de injusticia, para que cuando éstas falten (le) reciban en las moradas eternas;*[949] para que cuando se disuelva éste su tabernáculo terreno, los que hayan sido llevados y estén reclinados en el seno de Abraham,[950] los que hayan comido su pan y vestido con las ropas que él les haya dado, y alabado a Dios por el consuelo recibido, le den la bienvenida al paraíso y a la casa de Dios, *eterna en los cielos.*[951]

27. A ustedes pues, *los ricos de este siglo,*[952] les mandamos, puesto que tenemos autoridad de nuestro gran Señor y Maestro, que perseveren en hacer el bien; que constantemente hagan buenas obras.[953] Sean *misericordio-*

---

[946] Cf. Mt. 25.40.
[947] Lc. 12.42.
[948] Cf. 2 P. 1.3.
[949] Cf. Lc. 16.9.
[950] Cf. Lc. 16.22.
[951] 2 Co. 5.1.
[952] Cf. 1 Ti. 6.17.
[953] Cf. 1 Ti. 6.18.

sos, como también vuestro Padre es misericordioso,[954] quien hace el bien y no se cansa. ¿Hasta dónde deben ser misericordiosos? Hasta donde alcancen sus fuerzas, con todo el poder que Dios les haya dado. Sea ésta su única norma para hacer el bien y no las vanas máximas y costumbres del mundo. Les mandamos, *que sean ricos en buenas obras*.[955] Si poseen mucho, den con abundancia: *de gracia recibisteis, dad de gracia*,[956] atesorando sólo en el cielo. Sean prontos para repartir[957] a cada cual de acuerdo a sus necesidades. Distribuyan, den a los pobres, den pan al hambriento,[958] vistan al desnudo,[959] hospeden al extranjero,[960] lleven o manden auxilios al que está en la cárcel. Curen al enfermo, no por milagros, sino por la bendición de Dios sobre la oportuna ayuda que ustedes presten. Permite que la bendición de aquel que estaba listo a morir de necesidad te alcance.[961] Defiende al oprimido, aboga por la causa de los huérfanos y haz que se alegre el corazón de la viuda.[962]

28. Les exhortamos, en el nombre de nuestro Señor Jesucristo, a que compartan con buena voluntad, *koinonikoús eînai*,[963] que tengan el mismo espíritu (si bien no la misma condición exterior) de aquellos creyentes de los

---

[954] Lc. 6.36.
[955] Cf. 1 Ti. 6.17-18.
[956] Mt. 10.8.
[957] 1 Ti. 6.18.
[958] Cf. Is. 58.7.
[959] Cf. Ez. 18.7.
[960] Cf. He. 13.2.
[961] Job 29.13.
[962] Ibíd.
[963] Cf 1 Ti. 6.18.

tiempos antiguos, quienes perseveraban firmes *en tê koinonía*, en esa bendita y santa comunión,[964] en la que *ninguno decía ser suyo propio nada de lo que poseía, sino que tenían todas las cosas en común.*[965] Sean mayordomos buenos y fieles[966] de Dios y de los pobres, diferenciándose de ellos sólo en estas dos circunstancias, que tienen todas sus necesidades satisfechas con la parte que les ha tocado de los bienes del Señor, y que además tienen la bendición de dar. Atesoren, pues, buen fundamento, no para el mundo presente, sino para el tiempo *por venir, echen mano a la vida eterna.*[967] En verdad, el gran fundamento de todas las bendiciones de Dios, bien temporales ya eternas, es el Señor Jesucristo, su justicia, su sangre, lo que ha hecho y sufrido por nosotros, y *nadie puede poner otro fundamento que el que está puesto*[968] en este sentido, ni un apóstol, ni un ángel del cielo.[969] Pero debido a sus méritos, cualquier cosa que hagamos en su nombre es un fundamento que merecerá buena recompensa en aquel día en que *cada uno recibirá su recompensa conforme a su labor.*[970] Por consiguiente, *trabajad, no por la comida que perece, sino por la comida que a vida eterna permanece.*[971] Por tanto, *todo lo que les viniere a la mano por hacer, háganlo según sus fuerzas.*[972] Por consiguiente,

---

964 Hch. 2.42.
965 Hch. 4.32.
966 Cf. Lc. 12.42.
967 Cf. 1 Ti. 6.19.
968 1 Co. 3.11.
969 Cf. Gá. 1.8.
970 1 Co. 3.8.
971 Jn. 6.27.
972 Ec. 9.10.

No dejes pasar la oportunidad;
Aprovecha los preciosos instantes,
Y en los años que pasan veloces
Asegura la eternidad.[973]

Perseverando en bien hacer, busca su *gloria, y honra e in-mortalidad.*[974] Haciendo constantemente y con celo toda clase de buenas obras,[975] espera esa hora feliz cuando el Rey habrá de decirte: «Tuve hambre, y me disteis de comer; tuve sed y me disteis de beber; fui forastero y me recogisteis; desnudo, y me cubristeis; enfermo y me visitasteis; en la cárcel, y vinisteis a mí».[976] «Venid, benditos de mi Padre, heredad el reino preparado para vosotros desde la fundación del mundo».[977]

---

[973] Adaptación de un texto de Samuel Wesley, «On the Death of Mr. Morgan...»; en *Poems* (1736), pág. 108.
[974] Ro. 2.7.
[975] Cf. Tit. 2.14.
[976] Mt. 25.34-36.
[977] Mt. 25.34.

Comentario del Sermón 28
Sobre el sermón de nuestro Señor en la montaña
Octavo Discurso
Mateo 6:19-23

Hay muchas sendas hacia la iluminación. Asegúrate de tomar la que tiene corazón.

Lao Tzu
Tao Te Ching

Mi padre apreciaría mucho esta cita de Lao Tzu que se encuentra en un libro que incluye reflexiones sobre su vida y ministerio. Si bien la especialidad educativa de mi padre era la teología cristiana, con un interés particular en la teología wesleyana, también estaba sumamente interesado y enseñaba cursos sobre religiones mundiales. Durante los años que pasamos en Filipinas, con visitas frecuentes a Hong Kong y otros países, nuestra familia desarrolló afecto por la cultura oriental y asiática. Mi madre aprendió el arte de la pincelada china y mi hermano estudió mandarín. En el tiempo que pasamos juntos en familia y en nuestros viajes aprendimos y llegamos a apreciar las religiones del taoísmo, el budismo, el hinduismo, el sijismo y el confucianismo. Estos intereses continuaron con nosotros a medida que crecimos en edad, así como en nuestra fe cristiana. Aprendimos a respetar otras religiones y la manera en que estas otras religiones pueden mejorar nuestra propia fe.

La mayoría de las principales religiones del mundo ponen énfasis en lo espiritual por encima de lo material. De hecho, muchos reconocen que lo material a menudo impide lo espiritual. Lao Tzu enseñó que "el Maestro no tiene posesiones. Cuanto más hace por los demás, más feliz es. Cuanto más da a los demás, más rico es ". Jesús enseñó: "Porque donde esté vuestro tesoro, allí estará también vuestro corazón". Helen Keller, quien era ciega e inspiró a otros a conocer al mundo por medio del corazón en lugar de los sentidos físicos, se le atribuye decir "La mejores y más bellas cosas en el mundo no se pueden ver ni siquiera tocar – sino deben sentirse con *el corazón*. Juan Wesley habló frecuentemente acerca de "la religión del corazón".

En el Sermón 28, el octavo discurso, Juan Wesley analiza la enseñanza de nuestro Señor sobre el acaparamiento de tesoros terrenales y cómo las cosas materiales distraen nuestros *corazones* del cielo. Wesley comienza donde a menudo lo hace, es decir, definiendo la verdadera religión como aquella que brota "de una intención pura y santa". Ya sea que se trate de la oración, el ayuno o la limosna, la forma en que participamos de estos actos se mide por cuán íntimamente somos conscientes y guiados por el Cristo vivo *en nuestros corazones*. Si tales actos no fluyen de la vida de Cristo *en nosotros*, entonces son meramente actos externos sin intención pura. Tales actos se convierten en formas de satisfacer nuestros propios egos, o de exhibir nuestra "fe" delante de otras personas con el propósito de ser reconocidos y admirados.

Lo mismo sucede con respecto a nuestro trabajo o empleo. Wesley dice: "Si una [persona] sigue sus negocios con el fin de elevarse y tener riquezas en el mundo, ya no sirve a Dios en su empleo". En todo aquello en que participamos en este mundo, debería ser fruto de la "piedad del *corazón*". Esta verdad es afirmada por la enseñanza de Jesús de que "la lámpara del cuerpo es el ojo; así que, si tu ojo es bueno, todo tu cuerpo estará lleno de luz; pero si tu ojo es maligno, todo tu cuerpo estará en tinieblas. Así que, si la luz que hay en ti es tinieblas, ¿cuántas no serán las mismas tinieblas?" (Mateo 6:22-23). "Todo tu cuerpo" es una referencia a todo lo que está involucrado en nuestra vida diaria. Estar llenos del conocimiento de Dios, llena cada aspecto de nuestra vida con un entendimiento divinamente iluminado.

Además, a medida que "los ojos de nuestro entendimiento" (Efesios 1:18) se iluminan cada vez más por el amor y la verdad de Dios, más santos nos volvemos. Cuanto más nos llenamos con la semejanza de Dios, con la justicia, la misericordia y la verdad de Dios, con el amor a Dios y al prójimo, con mansedumbre, afabilidad, paciencia y todos los frutos de la santidad, más se llena todo nuestro ser de perfecto amor.

Cuando la mirada se enfoca únicamente en Cristo, nos llenamos de la "comprensión" y la "santidad" de Dios, y, en tercer lugar, también encontramos la "felicidad". Cuando todo el cuerpo está lleno de la luz de Dios, nos encontramos "disfrutando cualquiera sea la voluntad de Dios respecto de él en Jesucristo". Nuestra vida diaria está llena de regocijo, de oración sin cesar y de acción de gracias constante. Cuando nuestro ojo no se fija sinceramente en Dios, nuestra mente y nuestro corazón quedan cegados por los dioses de este mundo. Nos preocupamos por buscar las cosas de este mundo que nos llevan a los deseos y afectos de impiedad e injusticia.

Sin la comprensión y la santidad que un enfoque único en Dios produce, estamos insatisfechos, infelices y sin paz. No hay descanso en este mundo a menos que lo encontremos en Dios. San Agustín, cuyas *Confesiones* Wesley conocía bien y aceptaba con acuerdo, dijo: "Nos hiciste para Ti, oh Señor, y nuestro corazón está inquieto hasta que descanse en Ti" (*Confesiones*, Libro 1).

Existe una tendencia humana a acumular "tesoros" terrenales como una forma de encontrar satisfacción y felicidad. Una casa más grande, un auto de lujo, ropa de diseñador, etc., son tentaciones para una vida terrenal "mejor"; quizás porque creemos que nos brindan comodidad y placer, y, también, nos traen la admiración de quienes nos rodean. Incluso puede haber un falso sentido de "santidad" en estas cosas terrenales si sostenemos un "evangelio de la prosperidad" en el que creemos que tales tesoros humanos son una bendición de Dios.

Wesley afirma que la posesión de cosas terrenales es necesaria en esta vida con el fin de proveer para nuestras propias necesidades, así como las de nuestro hogar, nuestro cónyuge e hijos. El trabajo honesto debe proveer para las necesidades de la vida, pero debemos protegernos contra la indulgencia excesiva; es decir, acumulando lo que Wesley llamó las cosas "superfluas" y "delicadas" que van más allá de lo esencial para la vida diaria. Wesley limitó sus gastos para tener más para dar a los pobres. Se dice que cuando Wesley murió, el único dinero que le quedaba era unos centavos para pagar a los portadores del féretro que llevaron su cuerpo al cementerio. Wesley creía que con el aumento de los ingresos, el nivel de donación del cristiano debería aumentar, no el nivel de vida. A medida que aumentaron sus ingresos, Wesley dio más a los pobres.

Durante los últimos dos años de vida de mi padre, le preocupaba que se gastara demasiado dinero en su cuidado físico, especialmente a medida que se debilitaba mental y físicamente. Le molestaba el dinero que se gastaba en él para auxiliares de enfermería, etc., porque quería que hubiera suficiente dinero de sus ahorros para asegurar el cuidado de mi madre después de su muerte; y también deseaba que hubiera recursos para apoyar el ministerio de la *Wesley Heritage Foundation*, una prioridad que dejó en claro en su última voluntad y testamento. Mientras estuvo en su sano juicio, mi padre se resistió a las medidas médicas extraordinarias para prolongar su vida física que se extinguía, como la medicina experimental o los dispositivos médicos que abordaban las necesidades no esenciales. Expresamente hizo saber que al final de su vida no quería cosas como antibióticos que pudieran obstaculizar la disposición de su cuerpo y su espíritu a morir; y que también "desperdiciarían dinero" y prolongaría su sufrimiento. Vivía con una confianza inquebrantable en Aquel que le había dado la vida y que lo recibiría en la vida eterna.

En su documento de "deseos finales", mi padre, de su propio puño y letra, escribió lo siguiente: "Como discípulo de Cristo, acepto la muerte como una porción bendita del propósito de Dios en la creación. La prolongación artificial del proceso de muerte es inconsistente con el diseño de Dios. La muerte cristiana no es sumisión a un destino inevitable, sino la anticipación confiada de compartir la resurrección de Cristo en la nueva creación de Dios y el gozo eterno de la comunidad de Dios".

Mi padre, que admiraba a Juan Wesley como un testigo cristiano para ser emulado, nunca puso sus afectos o prioridades en las cosas de esta tierra, sino principalmente en las cosas de arriba. Si había algo en este mundo que mi padre disfrutaba era el amor a su esposa y familia, el compromiso con la iglesia de Cristo, el deseo de instruir a la próxima generación en la vida cristiana fiel y la jardinería (el disfrute de la buena creación de Dios aquí en la tierra). Cultivó frutas, verduras y flores y aprendió "naturalmente" a hacer prosperar la buena creación de Dios; desde podar vides hasta estratificar higueras y hortensias para propagar más plantas. Estas son las cosas que trajeron gozo a la vida de mi padre, las cosas naturales de la buena creación de Dios, no las cosas materiales que hacen prosperar la codicia humana. Como Wesley afirma en este sermón, mi padre no confiaba "en las riquezas para obtener ayuda ni felicidad".

Si bien mi padre fue frugal a lo largo de su vida con sus recursos materiales y, debido a esta frugalidad, acumuló algunos ahorros monetarios principalmente teniendo en cuenta el futuro cuidado de su esposa, siguió siendo generoso al dar a la iglesia, a la *Wesley Heritage Foundation* y a personas necesitadas. Al hacerlo, también acumuló tesoros en el cielo donde ni la polilla ni el orín pueden corromper. En sus oraciones, casi siempre oraba para que "seamos buenos mayordomos de todo lo que Dios nos ha dado". Fue un sabio administrador de los recursos que obtuvo trabajando arduamente, ahorró para las necesidades de su hogar, especialmente su esposa y dio generosamente para apoyar el ministerio de Cristo en el mundo. Cuando murió a la edad de 96 años, había acumulado una gran cantidad de tesoros en el cielo, porque allí siempre estaba su corazón. ¡Gracias a Dios!

Sermón 29
Sobre el sermón de nuestro Señor en la montaña
Noveno discurso
Mateo 6:24-34

Ninguno puede servir a dos señores; porque o aborrecerá al uno y amará al otro, o estimará al uno y menospreciará al otro. No podéis servir a Dios y a las riquezas.

Por tanto os digo: No os afanéis por vuestra vida, qué habéis de comer o qué habéis de beber; ni por vuestro cuerpo, qué habéis de vestir. ¿No es la vida más que el alimento, y el cuerpo más que el vestido?

Mirad las aves del cielo, que no siembran, ni siegan, ni recogen en graneros; y vuestro Padre celestial las alimenta. ¿No valéis vosotros mucho más que ellas?

¿Y quién de vosotros podrá, por mucho que se afane añadir a su estatura un codo?

Y por el vestido, ¿por qué os afanáis? Considerad los lirios del campo, cómo crecen: no trabajan ni hilan; pero os digo, que ni aun Salomón con toda su gloria se vistió así como uno de ellos.

Y si la hierba del campo que hoy es, y mañana se echa en el horno, Dios la viste así, ¿no hará mucho más a vosotros, hombres de poca fe?

No os afanéis, pues, diciendo: ¿Qué comeremos, o qué beberemos, o qué vestiremos?

Porque los gentiles buscan todas estas cosas; pero vuestro Padre celestial sabe que tenéis necesidad de todas estas cosas.

Mas buscad primeramente el reino de Dios y su justicia, y todas estas cosas os serán añadidas.

Así que, no os afanéis por el día de mañana, porque el día de mañana traerá su afán. Basta a cada día su propio mal.

1. Sabemos que las naciones a las cuales el rey de Asiria, luego de haber llevado cautivo a Israel, estableció en ciudades de Samaria *temían a Jehová, y honraban a sus dioses.*[978] Estas naciones *temieron a Jehová*, dice el escritor inspirado, le rindieron culto exterior (lo cual prueba que tenían temor de Dios, *aunque no conforme a ciencia*)[979] y *al mismo tiempo sirvieron a sus ídolos; y también sus hijos y sus nietos, según como hicieron sus padres, así hacen hasta hoy.*

¡Cuánto se asemeja la práctica de la mayoría de los cristianos modernos a la de estos antiguos paganos! *Temen al Señor*: le rinden culto exterior, y de este modo muestran que tienen temor de Dios; pero asimismo *honran sus propios dioses*. Hay quienes *les enseñan* (de la misma manera que había quienes les enseñaban a los asirios) *la ley del Dios del país*;[980] el Dios que da nombre al país hasta el día de hoy, y que en un tiempo había sido adorado en santidad en ese mismo lugar. Sin embargo, no le sirven sólo a él, no le temen lo suficiente sino que *cada nación se hizo sus dioses, cada nación en su ciudad donde habitaba.*[981] Estas naciones *temían a Jehová*, no se habían apartado del culto exterior, mas *al mismo tiempo servían a sus ídolos*, la plata y el oro, fabricados por mano humana. El dinero, el placer y el halago, los dioses de este mundo, comparten, y más que compar-

---

[978] 2 R. 17.33, 41.
[979] Ro. 10.2.
[980] 2 R. 17.27.
[981] 2 R. 17.29.

ten, su culto con el Dios de Israel. Esta ha sido la norma para *sus hijos y sus nietos, según como hicieron sus padres, así hacen hasta hoy.*

2. Si bien hablando con ligereza, a la manera de los humanos, se decía que esos pobres paganos «*temían a Jehová*», vemos que el Espíritu Santo inmediatamente añade, hablando según la verdad y la real naturaleza de las cosas: «*ni temen a Jehová, ni guardan sus estatutos ni sus ordenanzas, ni hacen según la ley y los mandamientos que prescribió Jehová a los hijos de Jacob; con los cuales Jehová había hecho pacto, y les mandó diciendo: No temeréis a otros dioses, ni los adoraréis ... mas temed a Jehová vuestro Dios, y él os librará de mano de todos vuestros enemigos».*[982]

Según el infalible Espíritu de Dios, y según todos aquellos a quienes él haya *abierto los ojos del entendimiento*[983] para discernir las cosas de Dios, el mismo juicio les corresponde a estos pobres cristianos, como comúnmente se los llama. Si hablamos de acuerdo con la verdad y la real naturaleza de las cosas, *ni temen a Jehová, ni lo sirven.* No guardan *el pacto que el Señor había hecho con ellos, ni guardan la ley y los mandamientos que él prescribió* diciendo: «*Al Señor tu Dios adorarás, y a él sólo servirás*».[984] *Sirven dioses ajenos*[985] hasta el día de hoy. Y *ninguno puede servir a dos señores.*[986]

3. ¡Cuán inútil es para cualquier persona ese propósito, intentar servir a dos señores! ¿Acaso no es fácil

---

[982] 2 R. 17.34,35,39.
[983] Ef. 1.18.
[984] Lc. 4.8.
[985] Dt. 7.4.
[986] Mt. 6.24.

prever cuál será la consecuencia inevitable de semejante intento? *«Porque o aborrecerá al uno y amará al otro, o estimará al uno y menospreciará al otro».*[987] Las dos partes de esta oración, aunque son proposiciones diferentes, deben entenderse en conexión una con la otra ya que la última es consecuencia de la primera. Naturalmente la persona se entregará a aquél a quien ama. Se aferrará a él y lo servirá de corazón, con lealtad y diligencia. Y al mismo tiempo llegará a despreciar al señor que aborrece de tal suerte que tendrá en poca estima sus mandamientos, y aun cuando llegará a obedecerlos, lo hará con ligereza y descuido. Por tanto, sin importar lo que puedan creer los sabios de este mundo, *no podéis servir a Dios y a mamón.*[988]

4. Mamón era el nombre de uno de los dioses paganos cuyo dominio eran las riquezas. En este contexto debemos entenderlo como la riqueza en sí, oro y plata, o como dinero en general, que en sentido figurado incluye todo lo que el dinero puede comprar: comodidad, honor y placer sensual.

Pero ¿qué debemos entender por *servir a Dios* y qué por *servir a mamón*?

No podemos *servir a Dios* si no creemos en él. Este es el único y verdadero fundamento de nuestra adoración. Por lo tanto, creer *que Dios estaba en Cristo reconci-*

---

[987] Ibíd.
[988] Mt. 6.24; Lc. 16.13. Aunque se ha dicho que «Mamón» era el nombre de un dios sirio, el hecho es que se trata de una palabra de origen arameo que sencillamente quiere decir «riquezas». Por ello, aunque hemos conservado el término «mamón», que Wesley emplea, la RVR y otras versiones recientes dicen «riquezas».

liando consigo al mundo,[989] creer en él como un Dios de amor y perdón, es el primer gran paso para adorarle.

Y así creer en Dios significa confiar que él es nuestra fortaleza, que *separados de él nada podemos hacer.*[990] El es quien a cada instante nos concede el poder de lo alto sin el cual nos resultaría imposible complacerle. El es nuestro auxilio, nuestro único auxilio en tiempo de tribulación; *nos rodea con cánticos de liberación.*[991] El es nuestro escudo, nuestro defensor. *El levantará nuestra cabeza sobre los enemigos que nos rodean.*[992]

Creer en Dios significa confiar en él como nuestra alegría; como el centro de todo espíritu, el único descanso para nuestras almas, el único bien para todas nuestras capacidades, quien puede satisfacer todos los deseos que él mismo ha puesto en nosotros.

Significa (en estrecha relación con lo anterior) confiar en Dios como nuestro fin; dirigir nuestra mirada a él en todas las cosas; utilizar todas las cosas sólo para deleitarlo; dondequiera estemos, hagamos lo que hagamos, sentir su presencia invisible mirándonos complacido, y presentarle todo a él en Cristo Jesús.

5. De modo que lo primero que debemos entender como parte de nuestro servicio a Dios es creer en él. Lo segundo es amarlo.

Ahora bien, amar a Dios según lo describen las escrituras, según Dios mismo lo exige de nosotros (y al exigirlo él mismo se compromete a trabajar en noso-

---

[989] 2 Co. 5.19.
[990] Jn. 15.5.
[991] Sal. 32.7.
[992] Sal. 27.6.

tros), significa amarlo como único Dios, es decir *con todo tu corazón, y con toda tu alma, y con toda tu mente y con todas tus fuerzas.*[993] Es dirigir todo nuestro deseo hacia él, y no desear nada fuera de él; deleitarnos en el Señor; no sólo buscar sino encontrar la felicidad en él; gozarnos en él como en el *señalado entre diez mil;*[994] descansar en él como nuestro Dios y nuestro universo; en una palabra, poseer de tal manera a Dios que nuestra felicidad sea por siempre.

6. El tercer elemento que debemos entender por «servir a Dios» es imitarlo o parecernos a él.

Así lo expresó uno de los Padres de la antigüedad: *Optimus Dei Cultus, imitari quem colis*--«La mejor forma de adorar o servir a Dios, lo adoramos para imitarlo».

Nos referimos aquí a imitarlo o parecernos a él *en el espíritu de nuestra mente.*[995] Aquí comienza la verdadera imitación de Dios del cristiano. Dios es espíritu, y los que lo imitan o se asemejan a él deben hacerlo *en espíritu y en verdad.*[996]

Dios es amor, por consiguiente quienes se asemejen a él en el espíritu de sus mentes son transformados conforme a su imagen, *son misericordiosos como también él es misericordioso.*[997] Su alma es toda amor. Son bondadosos, benevolentes, compasivos, afectuosos; y no sólo con aquellos que son buenos y cordiales, sino también con los adversarios. Sí, al igual que él *buenos*

---

[993] Mr. 12.30.
[994] Cnt. 5.10.
[995] Ef. 4.23.
[996] Jn. 4.24.
[997] Lc. 6.36.

para con todos,[998] y su misericordia se extiende a todas sus obras.

7. Hay algo más que debemos entender como parte de nuestro «servir a Dios»: obedecerle, *glorificarlo con nuestro cuerpo y con nuestro espíritu;*[999] guardar sus mandamientos; cumplir celosamente con lo que él nos ordenó; cuidadosamente apartarnos de todo aquello que él prohibió; hacerlo todo con corazón puro y sin segundas intenciones-- ofrendando todos nuestros actos como muestra de amor, en santidad y fervor, como sacrificio a Dios en Cristo Jesús.

8. Ahora detengámonos a analizar qué debemos entender por «servir a mamón». En primer lugar, significa *confiar* en las riquezas, en el dinero, o en las cosas que él nos permite comprar, como nuestra fortaleza, como el medio a través del cual realizaremos cualquier tarea que tengamos entre manos; confiar en que él es nuestro auxilio, nuestro consuelo o quien nos libera del peligro.

Significa confiar en la felicidad que ofrece el mundo; suponer que *la vida del hombre* (el consuelo para su vida) *consiste en la abundancia de los bienes que posee;*[1000] buscar el descanso en las cosas que se ven; el contentamiento en la abundancia visible; esperar que las cosas del mundo nos brinden esa satisfacción que sólo puede encontrarse en Dios.

Y si hacemos esto no haremos mas que transformar al mundo en nuestro fin; nuestro fin último, si no

---

[998] Sal. 145.9.
[999] 1 Co. 6.20.
[1000] Lc. 12.15.

de todos al menos de muchos de nuestros emprendimientos, de muchas de nuestras acciones y planes--en
los cuales sólo buscaremos aumentar nuestra riqueza,
obtener placer o halagos, obtener una mayor cantidad
de bienes temporales, sin tener en cuenta los bienes
eternos.

9. «Servir a mamón» significa, en segundo lugar,
amar el mundo; dirigir nuestros deseos a él; gozarnos
en las cosas que él ofrece y tener nuestro corazón
puesto en ellas. Buscar (lo que ciertamente será imposible) nuestra felicidad allí; confiar con toda nuestra
alma *en ese báculo de caña frágil*, aunque la experiencia
cotidiana nos enseña que no podrá sostenernos sino
que *entrará por nuestra mano y la atravesará*.[1001]

10. Parecerse, conformarse al mundo, es la tercera
cosa que debemos entender por «servir a mamón». No
sólo que nuestros designios se acomoden a los del
mundo, sino también nuestros deseos, inclinaciones y
afectos; tener una mentalidad mundana, buscar sólo el
placer, estar encadenado a las cosas terrenas. Significa
ser obstinados, sentir un exagerado amor por nosotros
mismos, tener en alta estima nuestros propios logros;
anhelar y deleitarnos en el halago de las demás personas; temer, huir y odiar la crítica; mostrarnos impa-
cientes frente a la amonestación; sensibles ante cualquier provocación, prontos a devolver mal por mal.

11. Por último, «servir a mamón» es obedecer al
mundo, siguiendo sus preceptos y costumbres; andar
como el resto de las personas, seguir su mismo sende-

[1001] Is. 36.6.

ro, transitar el camino ancho, fácil, por todos bien conocido. Significa estar a la moda, seguir a la multitud; hacer lo que hacen las demás personas a nuestro alrededor, es decir, obrar según la voluntad de la carne y de la mente, satisfacer nuestros apetitos e inclinaciones--sacrificarlo todo a nosotros mismos, tener una única meta: nuestro propio placer y comodidad en todas nuestras palabras y acciones.

Ahora bien, ¿es posible encontrar algo más indiscutiblemente cierto que el hecho de que «no podemos servir a Dios y a mamón»?

12. ¿Acaso existe alguien incapaz de ver que no se puede servir a ambos? ¿Que tratar de complacer a Dios y al mundo sólo nos conduce a la decepción, y a no encontrar paz ni en uno ni en otro? ¡Qué difícil situación la de quien conoce el temor de Dios pero no su amor, y sirviéndole, mas no de todo corazón, sólo soporta las cargas pero no conoce el gozo de la religión! Lo que conoce acerca de la religión le alcanza para sentirse desdichado, mas no le alcanza para sentirse feliz. Su religión no le permitirá disfrutar del mundo, y el mundo no le permitirá disfrutar de Dios. Y así, dudando entre ambos pierde a ambos, y no encuentra paz ni en Dios ni en el mundo.

13. ¿Acaso existe alguien incapaz de ver que no se puede servir a ambos y ser *coherente* con uno mismo? ¡Contradicción más flagrante es imposible imaginar! Comportarse todo el tiempo como si tratara de servir a ambos señores, esforzándose por «servir a Dios y a mamón». Quien así vive es sin duda *un pecador que va*

por senda doble[1002]--un paso hacia adelante y otro hacia atrás. No hace más que destruir con una mano lo que construyó con la otra. Ama el pecado, y odia el pecado; permanentemente busca a Dios y permanentemente huye de él. Quiere y no quiere. No es la misma persona ni por un día, no, ni siquiera por una hora. Es una increíble mezcla de toda suerte de contradicciones; un cúmulo de contrariedades. ¡Sé coherente contigo mismo! ya sea en una dirección o en otra. *Ve a la diestra o a la siniestra.*[1003] *Si mamón es Dios, síguele a él; y si el Señor, ve en pos de él.*[1004] Pero nunca pienses en servir a ninguno de los dos a menos que estés dispuesto a hacerlo con todo tu corazón.

14. ¿Acaso existe algún ser pensante y razonable que sea incapaz de ver que es *imposible* «servir a Dios y a mamón»? Porque entre ellos existe la oposición más absoluta, la enemistad más irreconciliable. La oposición entre los extremos más antagónicos en la tierra, entre el fuego y el agua, la oscuridad y la luz, es nada comparada con la oposición entre Dios y mamón. De modo que en cualquier sentido que obedezcamos a uno, debemos necesariamente abandonar al otro. ¿Crees en Dios por medio de Cristo? ¿Confías que él es tu fortaleza, tu auxilio, *tu escudo, tu gran galardón*?[1005] ¿Que él es tu felicidad, tu único fin en todo y por sobre todas las cosas? Entonces no puedes *confiar* en las riquezas. En tanto tengas esta fe en Dios es imposible

---

[1002] Eclo. 2.12.
[1003] Gn. 24.49.
[1004] 1 R. 18.21.
[1005] Gn. 15.1.

que llegues a poner tu confianza en ellas. ¿Tienes tu *confianza puesta en las riquezas?*[1006] Entonces *has negado la fe.*[1007] No confías en *el Dios viviente.*[1008] *¿Amas* a Dios? ¿Buscas y encuentras felicidad en él? Entonces no puedes amar al mundo, ni las cosas del mundo. *Estás crucificado para el mundo y el mundo está crucificado para ti.*[1009] *¿Amas el mundo?*[1010] *¿Pones tu mira en las cosas de la tierra?*[1011] ¿Buscas la felicidad en las cosas terrenales? Entonces es imposible que ames a Dios. Entonces el amor del Padre no está en ti. ¿Eres *imagen y semejanza* de Dios? *¿Eres misericordioso como tu Padre es misericordioso?*[1012] ¿Has sido *transformado por medio de la renovación de tu entendimiento*[1013] para ser imagen de aquel que te creó? Entonces *no te conformes al mundo presente.*[1014] Has renunciado a todas sus ataduras y pasiones. ¿Te has conformado al mundo? ¿Tu alma aún *lleva la imagen del terrenal?*[1015] Entonces no *te has renovado en el espíritu de tu mente.*[1016] ¿Verdaderamente *obedeces* a Dios? ¿Eres celoso de que se cumpla su voluntad aquí en la tierra como los ángeles lo son en el cielo? Entonces es imposible que puedas *obedecer a mamón.* Entonces desafías al mundo. Pisoteas sus prácticas y preceptos; no las si-

---

[1006] Mr. 10.24.
[1007] 1 Ti. 5.8.
[1008] 1 Ti. 4.10; 6.17.
[1009] Gá. 6.14.
[1010] 1 Jn. 2.15.
[1011] Col. 3.2.
[1012] Lc. 6.36.
[1013] Ro. 12.2.
[1014] Ibíd.
[1015] 1 Co. 15.49.
[1016] Ef. 4.23.

gues ni te dejas guiar por ellas. ¿Vas en pos del mundo? ¿Buscas el favor de las demás personas? ¿Te interesa complacer a los demás? ¿Buscas la autocomplacencia? Entonces no puedes ser servidor de Dios. Ustedes *son de vuestro padre y señor, el diablo.*[1017]

15. Por tanto, *al Señor tu Dios adorarás, y a él solo servirás.*[1018] Harás a un lado todo pensamiento acerca de obedecer a dos señores, de servir a Dios y a mamón. No tendrás como propósito otra meta, otro auxilio, otra felicidad sino Dios. No buscarás nada en la tierra o en el cielo sino él; no será tu propósito otro que el de conocerle, amarle y regocijarte en él. Y porque ésta es tu única ocupación aquí abajo, la única visión que razonablemente puedes tener, el único designio que debes perseguir en todas las cosas, *«Por tanto os digo:»* (así continúa la predicación de nuestro Señor) *«No os afanéis por vuestra vida, qué habéis de comer o qué habéis de beber; ni por vuestro cuerpo, qué habéis de vestir».*[1019] Un mandato profundo y significativo, que es necesario considerar con atención y entender cabalmente.

16. Nuestro Señor no nos está pidiendo que tengamos una actitud de total despreocupación, sin interesarnos por los problemas de esta vida. Un temperamento inconstante y desatento está en el extremo opuesto de la religión de Jesucristo. Tampoco nos pide que seamos *perezosos en la diligencia,*[1020] ni lerdos ni indolentes. Esto también es contrario al espíritu y al

---

[1017] Jn. 8.44.
[1018] Lc. 4.8.
[1019] Mt. 6.25.
[1020] Ro. 12.11.

don de su religión. Un cristiano odia la pereza tanto como odia la ebriedad, y huye de la holgazanería como del adulterio. Bien sabe que existe una forma de pensar y de obrar que agrada a Dios, lo cual resulta imprescindible para una correcta realización de esas obras visibles que la providencia de Dios le ha llamado a hacer.

Es la voluntad de Dios que cada persona debe trabajar para *comer su propio pan*;[1021] sí, y que cada persona pueda proveer para sí mismo y para los de su casa. Es también su voluntad que *no debamos a nadie nada*,[1022] sino que *procuremos lo bueno delante de todos los hombres*.[1023] Pero no es posible hacer esto si no pensamos cómo hacerlo, si no nos preocupamos; sí, con frecuencia debemos pensar larga y seriamente, debemos poner toda dedicación y cuidado. Por consiguiente, esta preocupación por proveer lo necesario para nosotros y nuestra familia, el pensar cómo satisfacer todos sus reclamos, nuestro bendito Padre no lo condena; *esto es bueno y agradable delante de Dios nuestro Salvador*.[1024]

Es bueno y agradable a Dios que reflexionemos acerca de cualquier tarea que tengamos entre manos para tener claridad acerca de qué vamos a hacer, y planificar las actividades antes de embarcarnos en ellas. Y es correcto detenernos a pensar de vez en cuando cuáles serán los pasos siguientes, del mismo modo que debemos preparar todas las cosas con ante-

---

[1021] 2 Ts. 3.12.
[1022] Ro. 13.8.
[1023] Ro. 12.17
[1024] 1 Ti.2.3.

lación para llevarlas a cabo de la manera más efectiva. Esta preocupación, que algunos han llamado «las preocupaciones de la mente», nuestro Señor nunca tuvo en sus designios condenarla.

17. Lo que sí condena en este texto es «las preocupaciones del corazón»: la ansiedad, el desasosiego; las preocupaciones que nos atormentan, toda preocupación que lastima nuestra alma o nuestro cuerpo. El prohíbe esa preocupación que por triste experiencia sabemos que nos quita la vida y seca nuestro espíritu, que es un anticipo de toda la miseria que tememos, y que viene a atormentarnos antes de tiempo. El sólo prohíbe esa preocupación que contamina las bendiciones del día de hoy por temor a lo que pueda ocurrir mañana; que no nos permite disfrutar la abundancia del presente por miedo a lo que nos pueda faltar en el futuro. Esta clase de preocupación es mucho más que una dolorosa enfermedad, una penosa dolencia del alma. Es una terrible ofensa a Dios, un pecado de los más abominables. Es una grave afrenta a quien con su gracia gobierna y con sabiduría dispone de todas las cosas, ya que necesariamente implica que el Juez Supremo no *hace lo que es justo*,[1025] que no *lo ha hecho todo bien*.[1026] Lisa y llanamente implica que o bien le falta sabiduría, si no sabe qué cosas necesitamos, o le falta bondad, si no provee lo necesario a quienes depositaron su confianza en él. Estemos alerta, entonces, de no sucumbir ante esta clase de pensamiento. *Por nada*

[1025] Gn.18.25.
[1026] Mr. 7.37.

estemos afanosos.[1027] No estemos ansiosos. Esta es una norma cierta y sencilla--si nuestra preocupación es sinónimo de *ansiedad*, entonces es *ilegítima*. Con la mirada puesta sólo en Dios, hagamos todo lo que esté a nuestro alcance para *procurar lo bueno delante de todos los hombres.*[1028] Y luego pongamos todo en mejores manos: confiemos todo a Dios.

18. No se afanen por nada, no estén ansiosos, ni aún por sus vidas, qué habrán de comer, o qué habrán de beber; ni por su cuerpo, qué habrán de vestir. ¿No es la vida más que el alimento, y el cuerpo más que el vestido? Si Dios les dio la vida, el más grande don, ¿no les dará comida para mantenerla? Si les ha dado un cuerpo, ¿cómo pueden dudar de que les dará ropa para cubrirlo? Especialmente si se entregan a él y le sirven de todo corazón. Levanten su vista, miren las aves del cielo que no siembran, ni siegan, ni recogen en graneros; sin embargo, no les falta nada, nuestro Padre celestial las alimenta. ¿No valen ustedes mucho más que ellas? Ustedes que son criaturas capaces de conocer a Dios, ¿no creen que tienen mucho más valor a los ojos de Dios? ¿que son seres de una escala superior? ¿Y quién de ustedes podrá, por mucho que se afane, añadir a su estatura un codo?[1029] ¿Qué provecho obtienen de tanta ansiedad? Es esfuerzo estéril y vano.

Y por el vestido, ¿por qué se afanan? ¿No tienen pruebas suficientes a diario cuando miran a su alrededor? Consideren los lirios del campo, cómo crecen: no

---

[1027] Ef. 4.6.
[1028] Ro. 12.17.
[1029] Mt. 6.27.

trabajan ni hilan; pero les digo que ni aun Salomón con toda su gloria se vistió así como uno de ellos. Y si la hierba del campo que hoy es, y mañana se echa en el horno, Dios la viste así, ¿no hará mucho más a vosotros hombres de poca fe? ¿No hará mucho más por ustedes, a quienes creó incorruptibles? ¡Imagen de su propia eternidad![1030] En verdad tienen poca fe. De otro modo no podrían dudar de su amor y cuidados; no, ni siquiera por un instante.

19. *No se afanen, pues, diciendo: ¿Qué comeremos,* si no tenemos tesoros en la tierra? *¿o qué beberemos* si servimos a Dios con todas nuestras fuerzas, si tenemos nuestra vista sólo fija en él? *¿o qué vestiremos,* si no nos conformamos a este mundo, si desairamos a aquellos de quienes podríamos obtener provecho? *Porque los gentiles buscan todas estas cosas,* los paganos que no conocen a Dios. En cambio ustedes sean sensatos, porque *su Padre celestial sabe que tienen necesidad de todas estas cosas.* Y les ha enseñado cuál es el modo infalible para estar siempre provistos de todo lo necesario: *Buscad primeramente el reino de Dios y su justicia, y todas estas cosas os serán añadidas.*

20. *Buscad primeramente el reino de Dios.* Antes de albergar cualquier otro pensamiento o preocupación, deja que tu única preocupación sea que el Dios Padre de nuestro Señor Jesucristo, quien *dio a su hijo unigénito, para que todo aquel que en él crea no se pierda, mas tenga vida eterna,*[1031] reine en tu corazón, sea manifiesto en tu alma, more y gobierne en ella, de modo que pueda *derri-*

1030 Sab. 2.23.
1031 Jn. 3.16.

bar los argumentos y toda altivez que se levanta contra el conocimiento de Dios, y lleve cautivo todo pensamiento a la obediencia a Cristo.[1032] Deja que Dios sea el único que tenga dominio sobre ti. Deja que él reine sin rivales. Deja que él posea tu corazón, y que gobierne sólo él. Deja que él sea tu único deseo, tu gozo, tu amor; de modo tal que todo tu ser constantemente proclame: «*¡El Señor nuestro Dios Todopoderoso reina!*»[1033]

Buscad el reino de Dios y su justicia. La justicia es fruto de que Dios reine en tu corazón, y la justicia no es otra cosa que amor. El amor de Dios y de toda la humanidad, que nace de nuestra fe en Cristo Jesús, y que nos hace humildes en nuestros pensamientos, mansos, cordiales, sufridos, pacientes, muertos para las cosas del mundo.[1034] Un amor que nos hace estar bien predispuestos hacia Dios y hacia las demás personas; un amor que produce obras de santidad, *todo lo amable, todo lo que es de buen nombre,*[1035] toda *obra de vuestra fe y trabajo de vuestro amor*[1036] es agradable a Dios y beneficioso para el humano.

Su justicia. En realidad, toda justicia es *suya*, sin embargo nos la da como un *don*, a través de Jesucristo el justo,[1037] el único que pudo comprarla para nosotros. Y es su *obra*; él solo obró en nosotros por inspiración del Espíritu Santo.

[1032] 2 Co. 10.5.

[1033] Ap. 19.6.

[1034] Gá. 5.22-23; Col. 3.12.

[1035] Fil. 4.8.

[1036] 1 Ts. 1.3.

[1037] 1 Jn. 2.1.

21. Tal vez haciendo un análisis cuidadoso podamos arrojar luz sobre otros textos que no siempre hemos comprendido con claridad. San Pablo, al referirse a los judíos incrédulos en su epístola a los Romanos, dijo: «*porque ignorando la justicia de Dios, y procurando establecer la suya propia, no se han sujetado a la justicia de Dios.*»[1038] Creo que éste puede ser uno de los significados de estas palabras: *ignoraban la justicia de Dios*, no sólo la justificación por medio de Jesucristo, que le corresponde a todo creyente, por la cual se borran todos sus pecados, y se reconcilia con el favor de Dios, sino que además (lo que parece querer decir aquí) ellos desconocían esa justicia interior, esa santidad de corazón, lo que con toda propiedad se denomina *«la justicia de Dios»*, que es un don que nos entregó en Cristo, y al mismo tiempo, su obra en nosotros por medio de su Espíritu todopoderoso. Y por ignorar todo esto, *procuraron establecer su propia justicia.* Se esforzaron por establecer esa justicia exterior que bien podríamos calificar como «la suya propia», ya que no había sido forjada por el Espíritu de Dios, ni pertenecía a él, ni la habían recibido de él. La habían fabricado ellos mismos, con sus propias fuerzas; y su obra, una vez terminada, resultó repulsiva para Dios. Sin embargo, confiaban en esto y no estaban dispuestos a *sujetarse a la justicia de Dios.* Se habían endurecido contra la única fe que les hubiera permitido acceder a ella, *porque el fin de la ley es Cristo, para justicia a todo aquel que cree».*[1039]

[1038] Ro. 10.3.
[1039] Ro. 10.4.

Cuando Cristo dijo *«Consumado es»*,[1040] puso fin a esa clase de ley--la ley exterior, la ley de ritos y ceremonias--para poder *introducir una mejor justicia*[1041] con su sangre, por medio de esa ofrenda de sí mismo una vez entregada, la imagen misma de Dios, puesta en lo más profundo del alma de todo aquel que cree.

22. Las palabras del apóstol en su epístola a los Filipenses guardan estrecha relación con esto: *«Lo he perdido todo, y lo tengo por basura, para ganar a Cristo»*, para entrar en su reino eterno, *«y ser hallado en él»*; confiar en él, *«no teniendo mi propia justicia, que es por la ley, sino la que es por la fe de Cristo, la justicia que es de Dios por la fe».*[1042] «No teniendo mi propia justicia, que es por la ley», una justicia puramente externa, la religión exterior que tenía antes cuando esperaba ser aceptado por Dios porque era *en lo que a la justicia por la ley se refiere, irreprensible*[1043]*--sino que ahora tengo aquella justicia que es por la fe de Cristo, la justicia que es de Dios por la fe*, esa santidad de corazón, esa transformación del alma en sus anhelos, pasiones y afectos. Todo esto *es de Dios*. Todo esto es obra de Dios, no del ser humano. Se logra *por la fe*, por medio de la fe en Cristo, *por revelación de Jesucristo*[1044] y *por medio de la fe en su sangre*,[1045] de donde obtenemos la remisión de nuestros pecados, y la *herencia con todos los santificados.*[1046]

[1040] Jn. 19.30.
[1041] He. 7.19.
[1042] Fil. 3.8-9.
[1043] Fil. 3.6.
[1044] Gá. 1.12.
[1045] Ro. 3.25.
[1046] Hch. 20.32.

23. «*Buscad primeramente*» este «*reino de Dios*» en vuestros corazones, esta «*justicia*» que es don y obra de Dios, imagen renovada de Dios en vuestros corazones, "*y todas estas cosas os serán añadidas*»--todas las cosas que el cuerpo necesita, todas según la medida que Dios considera más apropiada para el acercamiento de su reino. Todo esto *será añadido*, se derramará sobre ustedes desde lo alto. Al buscar la paz y el amor de Dios no sólo podrán satisfacer sus necesidades más inmediatas, incluso el reino que es permanente; sino que alcanzarán cosas que no se habían propuesto buscar, al menos no por ellas mismas, pero que están vinculadas a lo demás. En el camino hacia el reino encontrarán todas las cosas materiales, sólo en la medida en que sean realmente necesarias para ustedes. Dios mismo se ha encargado de esto; *descarguen toda su ansiedad en él.*[1047] El conoce nuestras necesidades, y aquello que nos haga falta él no dejará de proporcionarlo.

24. «*Así que no os afanéis por el día de mañana.*»[1048] No sólo no deben preocuparse por acumular tesoros en la tierra, o por incrementar los bienes materiales; tampoco se preocupen por conseguir más comida que la que pueden comer, o más vestidos que los que se pueden poner, o más dinero del que se requiere día a día simplemente para cubrir de manera razonable necesidades vitales. Más aun, no estén *ansiosos* ni siquiera por aquellas cosas que son absolutamente necesarias para la vida. No se preocupen ahora pensando qué harán en

---

[1047] 1 P. 5.7.
[1048] Mt. 6.34.

un tiempo que está aún lejano. Quizás ese tiempo nunca llegue, o ya no les corresponda a ustedes preocuparse--para ese momento ya habrán atravesado otros mares y desembarcado en la eternidad. Todas esas visiones de futuro no les pertenecen a ustedes, que no son sino criaturas de un día. Tampoco tienen que ver con «el mañana» en sentido estricto. ¿Por qué atormentarse sin necesidad? Dios provee para este día lo necesario para preservar la vida que él te ha dado. Eso es suficiente. Entrégate en sus manos. Si vives otro día más él nuevamente proveerá lo que necesites.

25. Por sobre todas las cosas, no hagas de tu preocupación por el futuro una excusa para desatender tus responsabilidades presentes. Esta es la peor manera de «afanarse por el día de mañana». ¡Y con qué frecuencia lo vemos! Muchas personas, si las exhortamos a *tener siempre una conciencia sin ofensa ante Dios*,[1049] a que se abstengan de aquello que a conciencia saben que está mal, no tienen reparos en responder: «¿Cómo debemos vivir entonces? ¿Acaso no debemos cuidar de nosotros mismos y de nuestras familias?» Y suponen que esto es razón suficiente para continuar en pecado deliberadamente, a sabiendas. Dicen, y probablemente así lo piensen, que estarían dispuestos a servir a Dios ahora si no fuera porque ello implicaría quedarse sin pan. Estarían dispuestos a prepararse para la vida eterna, pero tienen miedo de que les falte lo necesario para vivir. Así que se entregan al diablo por un bocado de pan, se precipitan al infierno por temor a la necesidad;

[1049] Hch. 24.16.

desperdician sus pobres almas por miedo a que en algún momento les pueda faltar algo para su cuerpo.

No es extraño que quienes de este modo retiran sus asuntos de las manos de Dios, resulten a menudo completamente defraudados con las cosas que ellos mismos buscaron. Desechan el cielo para asegurarse las cosas de la tierra; así pierden el primero, pero no llegan a ganar lo segundo. Dios, que en su sabiduría y providencia es un Dios celoso, sufre por esto. De este modo, quienes no depositan sus preocupaciones en Dios; quienes desesperados por las cosas temporales descuidan las cosas eternas, acaban perdiendo incluso aquello que habían elegido. Existe una visible condena en todos sus emprendimientos: hagan lo que hagan sus obras no prosperan. Tan es así que luego de haber abandonado a Dios por el mundo acaban perdiendo aquello que tanto buscaban, y también lo que no buscaban. No alcanzan el reino de Dios y su justicia, pero tampoco obtienen todo lo demás.

26. Existe otra manera de «afanarse por el día de mañana», que está igualmente prohibida. Es posible preocuparse equivocadamente aun respecto de las cosas espirituales. Podemos ser tan meticulosos con respecto a lo que puede ocurrir más adelante, que descuidamos la responsabilidad que ahora tenemos en nuestras manos. ¡Con cuánta insensatez caemos en esto si no *velamos continuamente en oración!*[1050] ¡Con qué facilidad nos dejamos llevar por una especie de ensueño, haciendo proyectos para un futuro distante, dando

---

[1050] 1 P. 4.7.

vida a hermosas escenas en nuestra imaginación! Pensamos en las cosas buenas que haremos cuando estemos en tal lugar, o cuando llegue determinado momento. ¡Qué útiles seremos! ¡Cuán numerosas nuestras buenas obras cuando las circunstancias así lo permitan! ¡Con cuánta dedicación serviremos a Dios una vez superados los obstáculos!

Tal vez en este momento te encuentres desanimado; Dios, así parece, esconde su rostro de ti. No llegas a ver la luz de su presencia; no puedes gustar su amor redentor. Sintiéndote de este modo, es natural pensar «¡Oh, cómo alabaré a Dios cuando la luz de su presencia *resplandezca nuevamente sobre mí*.[1051] ¡Cómo exhortaré a otros a alabarle *cuando su amor haya sido derramado en mi corazón*![1052] Luego haré esto y aquello; hablaré acerca de Dios en todo lugar; *no me avergonzaré del evangelio de Cristo*.[1053] Entonces *aprovecharé bien el tiempo*,[1054] explotaré al máximo cada talento recibido.» No te engañes. No lo harás entonces si no lo haces ahora. *El que es fiel en lo muy poco*, sea lo que fuere, bienes materiales o el temor o el amor de Dios, *también en lo más es fiel*.[1055] Pero si *escondiste un talento en la tierra*, luego esconderás cinco.[1056] Si es que te los dan, desde luego; aunque es muy poco probable que lo hagan. En verdad, *a cualquiera que tiene*, es decir, a quien utiliza lo que tiene, *se le dará y*

[1051] Nm. 6.26.
[1052] Ro. 5.5.
[1053] Ro. 1.16.
[1054] Ef. 5.16.
[1055] Lc. 16.10.
[1056] Mt. 25.18.

tendrá más; pero al que no tiene, es decir, a quien no utiliza la gracia que ha recibido, en pequeña o en gran medida, *aun lo que tiene le será quitado.*[1057]

27. Y no «sientas afán» por las tentaciones del día de mañana. Esto también es una trampa peligrosa. No debes pensar «Cuando deba enfrentar tal tentación, ¿qué haré? ¿cómo me sostendré? Siento que no tengo poder para resistir; no soy capaz de dominar esa clase de enemigo.» Ciertamente, no tienes *en este momento* un poder que *en este momento* no necesitas. *Ahora* no te sientes capaz de dominar ese enemigo, pero él *ahora* no te está atacando. Con la gracia que te es dada ahora no podrías enfrentar tentaciones que no tienes. Pero cuando la tentación llegue, recibirás la gracia. Cuanto mayor sea la prueba, mayor será tu fuerza. Cuando abunde el sufrimiento, el consuelo de Dios abundará en la misma proporción. De modo que en cada situación la *gracia de Dios te bastará.*[1058] El no permite que hoy *seas tentado más de lo que puedes resistir. Y te dará juntamente con la tentación la salida.*[1059] *Como tus días serán tus fuerzas.*[1060]

28. Por tanto, deja que el día de mañana traiga su propio afán. Es decir, cuando ese mañana llegue, entonces preocúpate por él. Tú vive el hoy. Que sea tu más sentida preocupación mejorar el momento presente. Este momento es tuyo, y es todo lo que tienes. El pasado no cuenta, es como si no hubiese existido.

[1057] Mt. 13.12.
[1058] 2 Co. 12.9.
[1059] 1 Co. 10.13.
[1060] Dt. 33.25.

El futuro no significa nada para ti. No es tuyo, y tal vez nunca llegue a serlo. De nada vale depender de lo que está por venir, *porque no sabes qué dará de sí el día.*[1061] Por tanto vive hoy; no pierdas ni una hora; aprovecha este momento; ésta es la parte que te toca. *¿Quién conoce las cosas que fueron antes que él,*[1062] *o qué será después de él debajo del sol?*[1063] Las generaciones que vivieron desde el comienzo del mundo, ¿dónde están ahora? Desaparecidas, olvidadas. *Existieron,* vivieron su día; luego fueron arrancadas de la tierra, como hojas desprendidas de un árbol. Se convirtieron en polvo. Una generación sucedió a otra, luego *entraron en la generación de sus padres, y nunca más vieron la luz.*[1064] Ahora es tu turno sobre la tierra. *Alégrate, joven, en tu juventud.*[1065] Disfruta el aquí y ahora, gozándote en aquel *cuyos años no acabarán.*[1066] Fija tu vista solamente en él, *en el cual no hay mudanza ni sombra de variación.*[1067] Entrégale tu corazón, aférrate a él; *sé santo como él es santo.*[1068] Ahora aférrate a la oportunidad de hacer *su voluntad, agradable y perfecta.*[1069] Ahora regocíjate *de perderlo todo para ganar a Cristo.*[1070]

29. Con alegría soporta hoy, por amor de su nombre, lo que él permita que te sobrevenga. Pero no te

---

[1061] Pr. 27.1.

[1062] Eclo. 23.20.

[1063] Ec. 6.12.

[1064] Sal. 49.19.

[1065] Ec. 11.9.

[1066] He. 1.12.

[1067] Stg. 1.17.

[1068] 1 P. 1.15,16.

[1069] Ro. 12.2.

[1070] Fil. 3.8.

fijes en el sufrimiento del día de mañana. *Basta a cada día su propio mal.*[1071] Algo malo será, según el hablar humano; ya sea crítica o necesidad, dolor o enfermedad. Pero según el lenguaje de Dios, todo es bendición; *será un excelente bálsamo,*[1072] preparado por Dios en su sabiduría y repartido entre sus hijos según las dolencias de sus almas. Y él nos da cada día lo necesario para ese día, calculado según las fuerzas y la necesidad del paciente. Por tanto si arrebataras hoy lo que pertenece al mañana, si lo agregaras a lo que ya te ha sido dado, tendrás más de lo que puedes soportar. Así no sanará tu alma sino que se destruirá. Toma, entonces, tanto como él te ofrece hoy. Hoy debes sobrellevar y hacer su voluntad. Hoy entrégate, entrega tu cuerpo, alma y espíritu a Dios en Cristo Jesús, no deseando otra cosa sino glorificar a Dios en todo lo que eres, en todo lo que haces, en todo lo que soportas; no buscando sino conocer a Dios, y a su hijo Jesucristo por medio de su Espíritu Eterno; no teniendo otro propósito que amarle, servirle, gozarte en él, ahora y por toda la eternidad.

Y ahora a Dios el Padre, quien me hizo e hizo todo el universo; a Dios el Hijo, quien me redimió y redimió a toda la humanidad; a Dios el Espíritu Santo, quien me santificó y santificó a todo el pueblo elegido de Dios, sea el honor, la alabanza, la majestad y el poder, por todos los siglos. Amén.

[1071] Mt. 6.34.
[1072] Sal. 141.5.

Comentario del Sermón 29
Sobre el sermón de nuestro Señor en la montaña
Noveno Discurso
Mateo 6:24-34

La luz y la oscuridad no pueden existir juntas. Dios mismo es la verdad.

Cuando él entra en el templo saca la ignorancia y la oscuridad, y se revela en luz y verdad.

Entonces, cuando la verdad es conocida los mercaderes se tienen que ir, ¡porque la verdad no desea ningún mercantilismo!

Meister Eckhart
Místico alemán

Los estudiosos de Wesley han notado que este sermón, el noveno discurso, fue el primero o el segundo sermón que Juan Wesley predicó después de su ordenación como diácono en la Iglesia de Inglaterra. Wesley fue ordenado diácono el 25 de septiembre de 1725, que era un martes. ¿Predicó este sermón inmediatamente el domingo siguiente? Hay poca evidencia para saberlo con certeza. Además, probablemente no fue este sermón exacto, sino uno similar, basado en Mateo 6:33 y titulado "Buscad primeramente".

Ciertamente tiene sentido que este pasaje de Mateo ocupara un lugar central justo después de la ordenación de Wesley: "Mas buscad primeramente el reino de Dios y su justicia" (6:33a). Estas palabras de Jesús afirman lo dicho anteriormente en esta perícopa (6:24) que "ninguno puede servir a dos señores; porque o aborrecerá al uno y amará al otro, o estimará al uno y menospreciará al otro. No podéis servir a Dios y a Mamón". Mamón, dice Wesley, es 'riquezas, dinero o las cosas que se pueden comprar a través de estos medios'.

En la mayor parte de este sermón, Wesley compara la diferencia entre servir a Dios y servir a mamón. Tanto en el caso de Dios como de mamón, Wesley habla de "servir" en el contexto de cuatro cosas: *confiar, amar, imitar y obedecer.*

La primera, *confiar* en Dios, se entiende como fe o creencia en el sentido de comprender que Dios es la fuente de nuestra fuerza, que "separados de él nada podemos hacer". Dios es nuestra ayuda en todas las áreas de la vida y es quien satisface todos nuestros deseos. Cuando confiamos en Dios para todo, Dios se convierte en nuestra fuente de felicidad. Todo lo que hacemos se convierte en un medio para disfrutar de Dios.

Este fue ciertamente el caso de mi padre en cuanto a si era su familia, su esposa, su vocación de enseñanza o su jardinería. . . en todas estas cosas disfrutó a Dios a través de estos compromisos. Mi padre encontró tanto gozo en su esposa y su familia porque los entendió como dádivas de Dios. Interpretó su vocación a la predicación y la enseñanza como un llamado de Dios, de ninguna manera su propia decisión. Mientras cultivaba nuevas plantas en su jardín y cosechaba vegetales y frutas, sabía que Dios era la fuente no solo de la cosecha sino también del gozo que encontraba en el pasatiempo de la jardinería. Su confianza en Dios estaba arraigada en su conciencia de que Dios era la fuente de todas estas cosas.

Si servimos a mamón confiando en el dinero y las riquezas, podríamos encontrar felicidad temporal en la abundancia de las cosas que poseemos. Sin embargo, si encontramos nuestra felicidad al obtener cosas temporales de este mundo, en última instancia, esas cosas llegarán a su fin y no conoceremos el gozo de las cosas eternas.

En segundo lugar, Wesley habla sobre servir a Dios en términos de *amar* a Dios. Como Jesús enseña, "amarás al Señor tu Dios con todo tu corazón, y con toda tu alma, y con toda tu mente y con todas tus fuerzas". En este amor por Dios también encontramos nuestra mayor felicidad. Por otro lado, al confiar en mamón, también llegamos a amar a mamón, engañándonos a nosotros mismos al pretender que nuestras alegrías provienen de las cosas de este mundo. Mi madre dijo una vez que mi padre "amaba a Dios más que a ella". Lo dijo como algo bueno y afirmativo. Nunca se sintió menos amada debido al amor prioritario de mi padre por Dios. De hecho, ella creía que era su profundo amor por Dios lo que aumentaba su amor por ella. De hecho, el amor a Dios por encima de todo en este mundo es muy bueno y es la fuente para encontrar gozo en todas las cosas.

En tercer lugar, servir a Dios es *imitar* a Dios. En Efesios 4:20-24 leemos: "Por eso, ya no vivan ni se conduzcan como antes, cuando los malos deseos dirigían su manera de vivir. Ustedes deben cambiar completamente su manera de pensar, y ser honestos y santos de verdad, como corresponde a personas que Dios ha vuelto a crear, para ser como él" (Traducción en Lenguaje Actual). Servir a Dios es ser amorosos y mi-

sericordiosos como Dios es; ser "bondadosos, benevolentes, compasivos, afectuosos".

Pero si servimos a mamón, nos volvemos como mamón en que nuestras mentes son principalmente terrenales y sensuales. Nuestros deseos y afectos se vuelven
como los del mundo, es decir, nos amamos más que a
Dios y nos deleitamos en ser alabados por los demás.

En cuarto o último lugar, servimos a Dios cuando le
obedecemos. Servimos a Dios y no a mamón cuando guardamos los mandamientos de Dios y evitamos todo lo
que Dios prohíbe. Ciertamente, esto incluye los Diez
Mandamientos, pero también el mandamiento que Jesús
consideró como el más importante: "Amarás al Señor tu
Dios . . . y el segundo es semejante . . . amarás a tu prójimo como a ti mismo" (Mateo 22:36-40). Servir a mamón es obedecer los caminos del mundo: conformarse a
las costumbres del mundo, seguir a la multitud de este
mundo, hacer como muchos a nuestro alrededor que
satisfacen sus apetitos y tentaciones terrenales, buscar
nuestras propias comodidades y placeres sin tener en
cuenta a Dios o a nuestro prójimo.

No hay forma de que podamos servir por igual a
Dios y a mamón. Uno u otro generalmente ganará.
Comenzaremos a amar a uno y odiar al otro debido al
conflicto que causan en nuestra vida. Es incómodo,
incluso miserable, cuando el mundo consume nuestro
amor o lealtad y nuestro corazón está inquieto por
Dios. Y cuando nos quedamos atrapados entre los dos
(Dios y mamón) no podemos encontrar la paz ni en
Dios ni en el mundo. ¿Por qué? Porque vivimos en un
desorden de contradicciones debido a la enemistad

irreconciliable entre Dios y mamón. Solo podemos servir a Dios si estamos totalmente comprometidos, solo si amamos con todo nuestro corazón.

Si estamos preocupados por lo que preferimos o deseamos comer o beber; o preocupado por la ropa que usamos; o con otras cosas mundanas, entonces servimos a mamón en lugar de a Dios. Esto no significa que no debamos preocuparnos en absoluto por estas cosas mundanas, ya que esto podría llevarnos a una actitud negligente donde descuidamos nuestro propio bienestar físico o el bienestar de la familia y de los demás. La comida y la ropa pueden ser buenas y aceptables a los ojos de Dios, siempre que no controlen nuestro comportamiento al punto de descuidar las cosas de Dios.

De hecho, Dios sabe que hay cosas de este mundo que necesitamos, como comida, vestido y refugio. Pero estas cosas no deberían ocupar un primer lugar en nuestra vida. Más bien, debemos "buscar primero el reino de Dios y su justicia" y todas las demás cosas nos serán dadas.

Mi padre era muy "desapegado" de muchas cosas materiales, como la comida y el vestido. Raramente compraba ropa nueva para él y más bien usaba la misma vestimenta durante muchos años. Pero le gustaba salir y comprar un suéter especial para el cumpleaños de mi madre.

En cuanto a la comida, mis padres cultivaban mucho, pero también se abstuvieron de comer en restaurantes, por considerarlo un desperdicio de recursos. Mis padres "reciclaron" sus tarjetas de cumpleaños y aniversario, dándose mutuamente las mismas tarjetas año tras año, solo agregando una fecha de otro año en el interior y, a veces, una o dos palabras adicionales. ¡Cuánto dinero deben haber ahorrado solo en eso! Cuando se mudaron a Croasdaile Retirement Village a los 90 años de edad, se preocuparon mucho por la cantidad de alimentos que se desperdiciaron en ese tipo de vida "institucional".

Es una cuestión de prioridad. Mucho más importante que la comida y la bebida, el vestido y el refugio, y otras cosas materiales de la vida, son los frutos de la justicia de Dios en nuestra vida: pobreza de espíritu, mansedumbre, gentileza y paciencia, "predispuestos hacia Dios y hacia las demás personas". Esta justicia es la justicia de Dios, de ninguna manera la nuestra.

En Filipenses, el apóstol Pablo escribe: ". . . todo lo considero pérdida por razón del incomparable valor de conocer a Cristo Jesús, mi Señor. Por él lo he perdido todo, y lo tengo por estiércol, a fin de ganar a Cristo y encontrarme unido a él. No quiero mi propia justicia que procede de la ley, sino lo que se obtiene mediante la fe en Cristo . . ." (3:8-9). Wesley dice: "cualquier justicia en nosotros es el don y obra de Dios en nuestros corazones, la imagen renovada de Dios en [nuestras] almas". Dios nuestro Creador provee a las aves del cielo y viste los lirios y la hierba de los campos, entonces Dios proveerá mucho más lo que necesitamos; de hecho, no solo lo esencial de este mundo, sino también la justicia por la cual podemos amar a Dios y a nuestro prójimo con todos los frutos del Espíritu.

La gracia de Dios en cada situación de la vida es suficiente para nosotros. Recibiremos de Dios lo que necesitamos para cada día. En esta confianza estamos llamados a vivir cada día. El pasado ya pasó y no hay nada que podamos hacer al respecto. Y si bien podemos soñar con el mañana, con todo lo que podamos lograr o llevar a cabo, ni siquiera sabemos si tendremos ese mañana. Por lo tanto, sugiere Wesley, centrémonos en el hoy, en el tiempo presente que se nos ha dado, y usémoslo para amar a Dios y al prójimo, y para ser fieles con lo que se nos ha dado para el hoy. Al final de este sermón, escribe: "Vive el hoy. Que sea tu más sentida preocupación mejorar el momento presente . . . El pasado no cuenta, es como si no hubiese existido. El futuro no significa nada para ti. No es tuyo, y tal vez nunca llegue a serlo . . . Por tanto vive hoy . . . aprovecha este momento; ésta es la parte que te toca".

Las palabras finales de este sermón enfatizan que cada día que se nos da (¡el hoy!) no se debe desperdiciar, sino más bien, ser recibido y vivido plenamente para la gloria de Dios: "Hoy entrégate, entrega tu cuerpo, alma y espíritu a Dios en Cristo Jesús, no deseando otra cosa sino glorificar a Dios en todo lo que eres, en todo lo que haces, en todo lo que soportas; no buscando sino conocer a Dios, y a su hijo Jesucristo por medio de su Espíritu Eterno; no teniendo otro propósito que amarle, servirle, gozarte en él, ahora y por toda la eternidad".

* Hay otros sermones en los que Juan Wesley predica sobre mamón. Véase especialmente el sermón de Wesley sobre "El uso del dinero", sermón 50 en el Tomo 3 de las *Obras de Wesley*.

Sermón 30
Sobre el sermón de nuestro Señor en la montaña
Décimo discurso
Mateo 7:1-12

No juzguéis, para que no seáis juzgados.

Porque con el juicio con que juzgáis, seréis juzgados, y con la medida con que medís, os será medido.

¿Y por qué miras la paja que está en el ojo de tu hermano, y no echas de ver la viga que está en tu propio ojo?

¿O cómo dirás a tu hermano: Déjame sacar la paja de tu ojo, y he aquí la viga en el ojo tuyo?

¡Hipócrita! saca primero la viga de tu propio ojo, y entonces verás bien para sacar la paja del ojo de tu hermano.

No deis lo santo a los perros, ni echéis vuestras perlas delante de los cerdos, no sea que las pisoteen, y se vuelvan y os despedacen.

Pedid, y se os dará; buscad, y hallaréis; llamad, y se os abrirá.

Porque todo aquel que pide, recibe; y el que busca, halla; y al que llama, se le abrirá.

¿Qué hombre hay de vosotros, que si su hijo le pide pan, le dará una piedra? ¿O si le pide un pescado, le dará una serpiente?

Pues si vosotros, siendo malos, sabéis dar buenas dádivas a vuestros hijos, ¿cuánto más vuestro Padre que está en los cielos dará buenas cosas a los que le pidan?

Así que, todas las cosas que queráis que los hombres hagan con vosotros, así también haced vosotros con ellos; porque esto es la ley y los profetas.

1. Nuestro bendito Señor, una vez cumplido su principal propósito que era, en primer lugar, explicar la esencia de la religión verdadera, nos alertó en contra de las falsas interpretaciones de humanas que dejarían sin efecto la palabra de Dios. Luego fijó las reglas con respecto a las buenas intenciones que deben guiar todas nuestras acciones, y por último, procedió a señalar los principales obstáculos con que tropieza esta religión para concluir con una conveniente aplicación práctica.

2. En el capítulo quinto nuestro gran Maestro describió detalladamente los diferentes aspectos de la religión interior. Expuso ante nosotros cuáles son las cualidades del alma de un cristiano auténtico; las actitudes que conforman esa santidad *sin la cual nadie verá al Señor*,[1073] y los sentimientos que son intrínseca y esencialmente buenos y aceptables delante de Dios cuando nacen de la fuente verdadera, de una fe viva en Dios por medio de Cristo Jesús. En el capítulo sexto nos enseñó cómo todas nuestras obras, aun aquellas que por naturaleza son indiferentes, pueden llegar a ser santas, buenas, y aceptables para Dios, si las hacemos con intención pura y santa. Todo lo que hagamos movidos por otro interés, carece de valor delante de Dios; mientras que toda obra consagrada a Dios, él la valora grandemente.

3. En la primera parte de este capítulo, Jesús señala cuáles son los obstáculos más serios y frecuentes para alcanzar esta santidad. En la última parte, nos exhorta

---

[1073] He. 12.14.

de diferentes maneras a vencer todos los obstáculos para alcanzar *el premio del supremo llamamiento de Dios.*[1074]

4. El primer obstáculo contra el cual nos alerta es el juzgar a otros: «*No juzguéis, para que no seáis juzgados*». No juzgues a otros para que el Señor no te juzgue a ti, para que la venganza no caiga sobre tu propia cabeza. «*Porque con el juicio con que juzgáis, seréis juzgados, y con la medida con que medís, os será medido*»--por medio de esta regla simple y equitativa Dios permite que nosotros mismos determinemos cómo nos tratará Dios el día del juicio.

5. Contando desde el instante en que por primera vez nos arrepentimos y creímos en el evangelio hasta el momento en que llegamos a ser perfeccionados en el amor, no existe período ni etapa en la vida en que algún hijo de Dios pueda prescindir de esta advertencia. Nunca faltan ocasiones propicias para juzgar a otros y las tentaciones que se presentan son innumerables. Muchas de ellas aparecen tan hábilmente disfrazadas que caemos en pecado sin siquiera haber sospechado el riesgo, y los daños que esto provoca son imposibles de enumerar. Siempre resulta dañado el que juzga a otro, porque al hacerlo hiere su alma y se expone al juicio de Dios; pero a menudo también resultan dañados quienes son juzgados, porque bajan los brazos, pierden las fuerzas y ven obstaculizado su camino; tal vez a causa de esto *salgan completamente del camino*[1075] y retrocedan hasta su perdición. Sí, con fre-

---

[1074] Fil. 3.14.
[1075] He. 12.13.

cuencia cuando *brota alguna raíz de amargura muchos son contaminados*[1076]*--por causa de los cuales el camino de la verdad es blasfemado,*[1077] y también es blasfemado el preciado nombre por el cual fuimos llamados.

6. Sin embargo, no parece que nuestro Señor hizo esta advertencia única o principalmente para los hijos de Dios, sino más bien para los hijos de este mundo, para aquellas personas que no conocen a Dios. Tales personas no pueden evitar escuchar acerca de otra gente que no es del mundo, hombres y mujeres que siguen la religión descrita anteriormente y se esfuerzan por ser humildes, responsables, amables, misericordiosos y puros de corazón. Saben que existen quienes desean fervientemente alcanzar la santidad, y mientras tanto hacen el bien a todos y soportan pacientemente sus males. Quien alcanza tal calidad de vida, no puede pasar desapercibido, así como *una ciudad asentada sobre un monte no se puede esconder.*[1078] ¿Y por qué aquellos que *ven sus buenas obras* no *glorifican a su Padre que está en los cielos?*[1079] ¿Qué excusa ponen para no seguir sus pasos ni su ejemplo, para no imitarlos así *como ellos imitan a Cristo?*[1080] Pues lo que hacen es condenar a quienes deberían imitar a fin de justificarse a sí mismos. Dedican su tiempo a descubrir faltas en su prójimo en lugar de corregir las suyas propias. Se preocupan tanto por otras personas que se desvían del camino, que ellos

---

[1076] He. 12.15.
[1077] 2 P. 2.2.
[1078] Mt. 5.14.
[1079] Mt. 5.16.
[1080] 1 Co. 11.1.

mismos nunca llegan a transitarlo, o al menos nunca avanzan, nunca van más allá de una apariencia de piedad; una piedad muerta, sin fuerza.[1081]

7. A ellos fundamentalmente están dirigidas las palabras de nuestro Señor *«¿Y por qué miras la paja que está en el ojo de tu hermano?»*, las inseguridades, los errores, la imprudencia, la debilidad de los hijos de Dios, *«y no echas de ver la viga que está en tu propio ojo?»* No te das cuenta de esa condenable falta de penitencia, de esa soberbia satánica, esa maldita obstinación, ese idolátrico amor por el mundo que están dentro tuyo, y que hacen que toda tu vida sea abominable para el Señor. Pero lo más importante, ¡con qué irresponsabilidad e indiferencia bailas al borde mismo de la boca del infierno! Y cómo, luego, con qué autoridad, decencia o modestia *dirás a tu hermano: Déjame sacar la paja de tu ojo*--el excesivo celo de Dios, el absoluto renunciamiento, el desentenderse de preocupaciones y trabajos mundanos, el deseo de estar en oración noche y día, o de escuchar palabras de vida eterna--*¡Y he aquí la viga en el ojo tuyo!* No una «paja» como alguna de estas mencionadas. *¡Hipócrita!* Pretendes preocuparte por los demás y no te preocupas ni por tu propia alma; haces alarde de tu celo por la causa de Dios, cuando en verdad ni le amas ni le temes. *Saca primero la viga de tu propio ojo.* Saca la «viga» de la impenitencia. Conócete a ti mismo. Reconoce que eres un pecador; que *tus entrañas son maldad,*[1082] que *eres corrupto y abominable*[1083] y que *la ira de Dios*

[1081] 2 Ti. 3.5.
[1082] Sal. 5.9.
[1083] Sal. 53.1.

está sobre ti.[1084] Saca la «viga» de la soberbia. Aborrécete a ti mismo; húndete en polvo y ceniza. Considera lo pequeño, mezquino, malo y vil que eres. Saca la «viga» de la obstinación. Aprende qué significan las palabras *«Si alguno quiere venir en pos de mí, niéguese a sí mismo».* Niégate a ti mismo y *toma tu cruz cada día.*[1085] Exclama con toda tu alma *«He descendido del cielo»* (porque en verdad así fue; tu espíritu es eterno aunque tú no lo sepas) *«no para hacer mi voluntad, sino la voluntad del que me envió».*[1086] Saca la «viga» del amor al mundo. *No ames al mundo, ni las cosas que están en el mundo.*[1087] *Tú estás crucificado para el mundo, y el mundo está crucificado en ti.*[1088] *Utiliza* las cosas del mundo, pero *disfruta* sólo de Dios; encuentra en él toda tu felicidad. Pero, por sobre todas las cosas, saca la «viga» más importante: la apatía y la indiferencia. Piensa seriamente que *«sólo una cosa es necesaria»*, y precisamente en «esa cosa» tú rara vez has pensado. ¡Reconoce que eres un pobre y vil gusano arrastrándote con tus culpas sobre el borde de un abismo! ¿Quieres saber qué eres? Un pecador nacido para morir, una hoja que se lleva el viento; eres como vapor pronto a desaparecer, apenas aparece se disipa en el aire y ya no se lo ve más.[1089] Primero debes ver todas estas cosas *y entonces verás bien para sacar la paja del ojo de tu hermano.* Sólo cuando te hayas librado de

---

[1084] Jn. 3.36.
[1085] Lc. 9.23.
[1086] Jn. 6.38.
[1087] 1 Jn. 2.15.
[1088] Gá. 6.14.
[1089] Sab. 5.9-14.

tus propios males, entonces sabrás cómo corregir a tu hermano.

8. Pero, ¿qué significa exactamente *«no juzguéis»*? ¿Qué tipo de *enjuiciamiento* es el que prohíbe este texto? En primer lugar, no es lo mismo que hablar mal de una persona, aunque a menudo ambas cosas van unidas. La diferencia radica en que «hablar mal» es contar algo malo acerca de una persona que está ausente, mientras que se puede juzgar a alguien que esté ausente o presente de manera indistinta, y para ello ni siquiera es necesario hablar; basta con *pensar mal* de otro. Aunque tampoco debemos creer que nuestro Señor condena todo mal pensamiento que podamos tener de los otros. Si veo a una persona cometer un robo o un asesinato, o la escucho blasfemar el nombre de Dios, no puedo evitar pensar mal del ladrón o del asesino. Esto no es juzgar mal; no hay pecado en esto, ni nada que sea contrario a una relación de afecto.

9. Lo que aquí se condena es la clase de juicio que implica pensar algo acerca de otra persona que sea contrario al amor. Esto puede hacerse de varias maneras: podemos pensar, por ejemplo, que alguien es culpable cuando en realidad no lo es. Podemos echarle la culpa (aunque sólo sea mentalmente) de cosas que nunca hizo --palabras que nunca pronunció, acciones que nunca llevó a cabo. O podemos pensar que su *forma de actuar* era equivocada cuando en verdad no lo era. Y aun en el caso de que no haya nada condenable ni en la acción en sí ni en su forma de actuar, podemos suponer que su *intención* no era buena, y condenarle por ello, al tiempo que quien escudriña los cora-

zones ve que esta persona obraba con *sencillez y sinceridad de Dios.*[1090]

10. En segundo lugar, no sólo podemos pecar por juzgar y condenar al inocente, sino por condenar al culpable con más severidad que la que merece. Esta clase de juicio es al mismo tiempo una ofensa contra la justicia y contra la misericordia; y sólo el más poderoso y tierno afecto puede librarnos de ella. Sin este amor estamos prontos a suponer que aquél que sabemos en falta es más culpable de lo que en realidad es. Subestimamos cualquier cosa buena que haya en él. Sí, una vez que encontramos algo malo en una persona, nos resulta muy difícil llegar a creer que todavía queden cosas buenas en ella.

11. Todo esto pone de manifiesto cuánto nos falta para alcanzar ese amor *ou logizetai kakón,* que *no tiene malos pensamientos,*[1091] que nunca saca conclusiones injustas o despiadadas, no importa qué indicios haya. El amor no presupone que porque una persona cayó en pecado una vez, eso significa que es culpable de hacerlo habitualmente. Y aun cuando haya sido culpable de hacerlo habitualmente en el pasado, el amor no concluye que todavía siga siendo culpable; mucho menos que por ser culpable de esto, también sea culpable de otros pecados. Esta clase de razonamiento corresponde a la manera errada de juzgar a los demás contra la cual nos advierte nuestro Señor. Si amamos a Dios, si amamos nuestras propias almas, debemos evitar caer en esto por todos los medios a nuestro alcance.

[1090] 2 Co. 1.12.
[1091] 1 Co. 13.5. La RVR dice: «no guarda rencor», pues es a esos «malos pensamientos» que parece referirse el texto.

12. Pero supongamos que no condenamos al inocente, ni condenamos al culpable más allá de lo que merece; aun así es probable que no nos hayamos librado de la trampa. Es que existe una tercera clase de juicio errado: condenar a una persona sin contar con evidencia suficiente. Aun cuando lo que nosotros creíamos resultara cierto, eso no nos absuelve. No alcanzaba con creerlo, sino que los hechos debían ser probados, y hasta tanto no lo fueran no debimos haber juzgado. Digo «hasta tanto no lo fueran», porque aun cuando los hechos fuesen luego bien probados, no tenemos disculpa a menos que las pruebas hayan sido anteriores al juicio y corroboradas con la evidencia presentada por la otra parte. Tampoco tenemos disculpa si alguna vez llegamos a dictar sentencia antes de darle oportunidad al acusado de que se defienda. Aun un judío podría enseñarnos esto, como una simple lección de justicia, independientemente de la misericordia o amor fraternal. Recordemos lo que dijo Nicodemo, «¿Juzga acaso nuestra ley a un hombre si primero no le oye, y sabe lo que ha hecho?»[1092] También lo que dijo Festo, un pagano, cuando el jefe de la nación judía quiso que se sentenciara a Pablo, su prisionero, *«No es costumbre de los romanos entregar alguno a la muerte antes que el acusado tenga delante a sus acusadores, y pueda defenderse de la acusación.»*[1093]

13. No caeríamos tan fácilmente en el pecado de juzgar a otros si tan solo siguiéramos la norma que

---

[1092] Jn. 7.51.
[1093] Hch. 25.16.

otro romano pagano afirmó poner en práctica él mismo, *«Tal es la distancia que me separa de creer con ligereza la evidencia que presenten todos los hombres o un hombre cualquiera en contra de otro, que ni siquiera creo fácilmente o en forma inmediata la evidencia que un hombre presenta contra sí mismo. Siempre le doy la oportunidad de recapacitar, y muchas veces también le doy consejo.»*[1094] Tú, que eres cristiano, ve y haz lo mismo, no sea que *los paganos se levanten en el juicio y te condenen.*[1095]

14. Si nos dejáramos guiar por la norma clara y expresa que nos enseñó nuestro Señor, rara vez nos juzgaríamos o condenaríamos unos a otros, y aun cuando llegáramos a hacerlo, al menos podríamos reparar el mal inmediatamente. *«Si tu hermano peca contra ti»*, (o si eso es lo que oíste, o lo que crees) *«ve y repréndele estando tú y él solos.»* Este es el primer paso a seguir. *«Mas si no te oyere, toma contigo a uno o dos, para que en boca de dos o tres testigos conste toda palabra.»* Este es el segundo paso. *«Si no los oyere a ellos, dilo a la iglesia»*,[1096] ya sea a los veedores o a toda la congregación. Entonces habrás cumplido con tu parte. Encomienda todo a Dios y no pienses más en ello.

15. Pero supongamos que por la gracia de Dios tú has podido «sacar la viga de tu propio ojo» y ahora «ves bien para sacar la paja del ojo de tu hermano», aun así debes cuidarte de no resultar lastimado por tratar de ayudarlo. *No des lo santo a los perros,*[1097] y aun-

---

[1094] Según Wesley, la cita es de Séneca.
[1095] Mt. 12.41-42.
[1096] Mt. 18.15-17.
[1097] Mt. 7.6.

que no debes apresurarte a catalogar a nadie como tal, si resulta evidente que estas personas merecen tal apelativo, entonces recuerda que *no debes echar perlas delante de los cerdos*. Guárdate de *tener celo de Dios que no es conforme a ciencia,*[1098] ya que éste es otro gran obstáculo en el camino de quienes anhelan ser *perfectos como el Padre que está en los cielos es perfecto.*[1099] Quienes tienen este anhelo no pueden sino desear que toda la humanidad sea partícipe de esta bendición. Y cuando nosotros mismos participamos por primera vez del don celestial, de la divina *convicción de lo que no se ve,*[1100] nos preguntamos por qué el resto de la humanidad no ve aquello que nosotros vemos con tanta claridad; y no dudamos en absoluto que podremos abrir los ojos de todas las personas con quienes nos relacionamos. De allí que, sin demora, nos lancemos al ataque de cuanta persona encontramos, instándolas a ver, quieran o no. Y por el fracaso de nuestro celo incontenible, a menudo provocamos sufrimiento a nuestra propia alma. Para evitar que derrochemos nuestras fuerzas en vano nuestro Señor agrega esta advertencia (útil para todos, pero muy especialmente para quienes ahora están viviendo el primer amor de su conversión):«*No des lo santo a los perros, ni eches tus perlas delante de los cerdos, no sea que las pisoteen, y se vuelvan y te despedacen*».[1101]

16. «*No des lo santo a los perros*». Ten cuidado de no pensar que alguien merece este apelativo hasta que

---

[1098] Ro. 10.2.
[1099] Mt. 5.48.
[1100] He. 11.1.
[1101] Mt. 7.6.

tengas prueba plena, irrefutable, hasta tal punto que ya no puedas negarlo. Pero una vez que se ha probado clara e indiscutiblemente que se trata de personas impuras y malvadas, que no sólo desconocen sino que son enemigos de Dios, de toda *justicia y santidad de la verdad*.[1102] A tales personas *no des lo santo, tò ágion,* lo santo, llamado así enfáticamente. La santa doctrina del evangelio --algo tan especial-- *el misterio que había estado oculto desde los siglos y edades*[1103] y que ahora nos es dado a conocer sólo por revelación de Jesucristo y por la inspiración de su Santo Espíritu, no debe prostituirse con personas que *ni siquiera han oído si hay Espíritu Santo.*[1104] Por cierto los embajadores de Cristo no pueden evitar predicar el evangelio ante la congregación, donde es posible que haya alguna de estas personas, ya que es nuestro deber *hablar, escuchen o dejen de escuchar.*[1105] Pero este no es el caso de los cristianos en forma individual. Ellos no tienen esa tremenda responsabilidad. De ninguna manera están obligados a imponer estas grandes y gloriosas verdades a quienes las contradicen y blasfeman, a quienes tienen una arraigada enemistad hacia ellas. No, no deberían tratar de hacer esto sino más bien sobrellevarlos de la mejor manera posible. No discurran con estas personas acerca de la remisión de pecados y el don del Espíritu Santo; en cambio háblenles a su modo, y según sus propios principios. Al racional, honorable e injusto epicúreo háblale *acerca de*

[1102] Ef. 4.24.
[1103] Col. 1.26.
[1104] Hch. 19.2.
[1105] Ez. 2.5,7; 3.11.

la justicia, del dominio propio y del juicio venidero.[1106] Probablemente esta sea la mejor fórmula para que *Félix se espante.*[1107] Reserva los temas más elevados para personas que hayan alcanzado un nivel más alto.

17. *«Ni echéis vuestras perlas delante de los cerdos».* En principio, muéstrate reacio a hacer tremendo juicio con respecto a otra persona. Pero si los hechos son claros e irrefutables, si es obvio más allá de toda discusión; si los cerdos no tratan de ocultar lo que son sino, por el contrario, se vanaglorian de su vergüenza; si ni siquiera tratan de aparentar pureza de corazón o de vida, sino que *cometen con avidez toda clase de impureza,*[1108] entonces, no eches tus perlas delante de ellos: No les cuentes acerca de los misterios del reino, acerca de *cosas que ojo no vio, ni oído oyó,*[1109] porque a causa de *la ignorancia que hay en ellos y por haber perdido toda sensibilidad,* estas cosas no pueden penetrar sus corazones; no pueden comprenderlas. No les cuentes acerca de las *preciosas y grandísimas promesas*[1110] que Dios nos ha dado en el Hijo de su amor. ¿Qué pueden saber acerca de *ser partícipes de la naturaleza divina* quienes ni siquiera sienten deseos de *huir de la corrupción que hay en el mundo a causa de la concupiscencia?*[1111] Tanto como los cerdos saben acerca de las perlas, y tanto como el entusiasmo que sienten los cerdos por ellas, así es el deseo que

---

[1106] Hch. 24.25.
[1107] Hch. 24.25.
[1108] Ef. 4.19.
[1109] 1 Co. 2.9.
[1110] 2 P. 1.4.
[1111] Ibíd.

sienten ellos por conocer *lo profundo de Dios*.[1112] Y así es también el conocimiento de los misterios del evangelio que tienen quienes están inmersos en el barro de este mundo, en los placeres, deseos y preocupaciones mundanas. *No eches* estas *perlas* delante de ellos, *no sea que las pisoteen*, no sea que desprecien por completo lo que no llegan a entender, y hablen mal de cosas que no conocen. Probablemente éste no sería el único inconveniente: no sería extraño que, por su naturaleza, *se volvieran y te despedazaran*, devolviéndote mal por bien, maldición por bendición y odio por buenos deseos. Hasta ese punto llega *la enemistad de la carne contra Dios* y contra todas las cosas de Dios. Tal es el trato que puedes esperar de estas personas si les haces la imperdonable afrenta de tratar *de salvar de muerte su alma*,[1113] *de arrebatarlos como tizones del fuego*.[1114]

18. Y sin embargo, no debes perder completamente la esperanza ni aun por quienes ahora *se vuelven contra ti y te despedazan*. Si todos tus argumentos y toda tu persuasión fracasan, aun queda otro recurso, un recurso que suele resultar eficaz cuando ningún otro método da buenos resultados. Es la oración. Por lo tanto cualquier cosa que desees o necesites, ya sea para otros o para tu propia alma, *Pide, y se te dará; busca, y hallarás; llama, y se te abrirá*.[1115] Ignorar esto es el tercer gran obstáculo en nuestro camino hacia la santidad. Aun así *no*

[1112] 1 Co. 2.10.
[1113] Stg. 5.20.
[1114] Am. 4.11; Zac. 3.2.
[1115] Mt. 7.7.

tenemos porque no pedimos.[1116] ¡Cuánto más tolerantes y amables, cuánto más humildes de corazón podríamos haber sido este día si tan sólo lo hubiésemos pedido! ¡Cuánto más amor hubiéramos brindado a Dios y a las demás personas si nos hubiésemos mantenido *constantes en la oración!*[1117] Así que ahora, al menos *pide, y se te dará. Pide* poder experimentar plenamente y practicar con perfección la religión que nuestro Señor describió de modo tan bello. *Y se te dará* la posibilidad de *ser santo como él es santo, en toda tu manera de vivir.*[1118] *Busca* de la manera que él nos instruyó, escudriñando las escrituras, escuchando su Palabra, meditando en ella, haciendo ayuno, participando de la Cena del Señor, y seguramente *hallarás.* Hallarás *una perla preciosa,*[1119] *esa fe que ha vencido al mundo,*[1120] *esa paz que el mundo no puede dar,*[1121] *las arras de nuestra herencia.*[1122] *Golpea:* continúa en oración, y cumple con todas las cosas que el Señor instruyó. No dejes que tu mente se canse o desfallezca. *Prosigue a la meta.*[1123] No te rindas ante una negativa; *no le dejes ir si no te bendice.*[1124] Y te serán abiertas las puertas de la misericordia, de la santidad, del cielo mismo.

19. Compadeciéndose de la dureza de nuestros corazones, tan remisos a creer en la bondad de Dios,

---

[1116] Stg. 4.2.
[1117] Ro. 12.12.
[1118] 1 P. 1.15.
[1119] Mt. 13.46.
[1120] 1 Jn. 5.4.
[1121] Jn. 14.27.
[1122] Ef. 1.14.
[1123] Fil. 3.14.
[1124] Gn. 32.26.

nuestro Señor tuvo a bien extenderse sobre este punto, repitiendo y confirmando lo que ya había dicho: *«Porque todo aquél que pide, recibe»*, de modo que nadie quede fuera del alcance de su bendición; *«y el que busca»*, todo aquel que busca, *«halla»* el amor y el rostro de Dios. *«Y al que llama»*, a todo aquel que llama, *se le abrirán las puertas de la justicia.*[1125] No hay aquí, pues, motivo para que alguien se desanime pensando que pedirá, buscará o golpeará en vano. Sólo debemos recordar que es necesario *orar siempre*, buscar, golpear, *y no desmayar.*[1126] Entonces la promesa se mantendrá firme, tan firme como las columnas del cielo, o más firme aun porque *el cielo y la tierra pasarán, pero sus palabras no pasarán.*[1127]

20. A fin de eliminar cualquier pretexto de incredulidad, en los versículos siguientes nuestro bendito Señor apeló a nuestros propios sentimientos para explicar mejor lo que ya había dicho. *«¿Qué hombre hay de vosotros»*, preguntó Jesús, *«que si su hijo le pide pan, le dará una piedra?»* Piensen en el cariño que ustedes sienten naturalmente, ¿creen que podrían rehusar una petición razonable de alguien a quien aman? *¿que si les pide un pescado le darían una serpiente?*[1128] ¿Seríamos capaces de darle algo que le lastime en lugar de darle algo de provecho? De modo que por lo que nosotros mismos sentimos y hacemos podemos tener la más absoluta certeza de que por una parte, ningún mal podrá sobrevenirnos a consecuencia de nuestra petición, y por

---

[1125] Sal. 118.19.
[1126] Lc. 18.1.
[1127] Mt. 24.35.
[1128] Mt. 7.10.

otra, que será atendida de manera efectiva, supliendo todas nuestras necesidades. *Pues si nosotros, siendo malos, sabemos dar buenas dádivas a nuestros hijos, ¡cuánto más nuestro Padre que está en los cielos*, que es todo bondad, que es la esencia misma de la bondad, *dará buenas cosas a los que le pidan!* O como lo expresó en otra ocasión: «*dará el Espíritu Santo a los que se lo pidan!*»[1129] En él están contenidas todas las cosas buenas: toda sabiduría, paz, gozo, amor; todos los tesoros de la santidad y la felicidad; todas las cosas *que Dios ha preparado para los que le aman.*[1130]

21. Pero para que tu oración tenga valor delante de Dios, procura tener una relación de caridad con todas las demás personas; de otro modo, es más probable que acabes por echar una maldición y no una bendición sobre tu cabeza. No puedes esperar que el Señor te bendiga si no eres caritativo con tu prójimo. Por tanto, preocúpate por salvar este escollo cuanto antes. Reafirma tu amor al prójimo y a toda la humanidad. Y ámalos a todos, *no sólo de palabra, sino de hecho y en verdad.*[1131] 1131 *Así que, todas las cosas que queráis que los hombres hagan con vosotros, así también haced vosotros con ellos; porque esto es la ley y los profetas.*[1132]

22. Esta es la ley real, la regla de oro que contiene a la vez misericordia y justicia. Es esa ley que aun un emperador pagano ordenó escribir sobre el portal de

---

[1129] Lc. 11.13.
[1130] 1 Co. 2.9.
[1131] 1 Jn. 3.18.
[1132] Mt. 7.12.

su palacio;[1133] una regla que muchos creen que está grabada en la mente de toda persona que *viene al mundo*.[1134] Y hay mucho de cierto en esto, ya que tan pronto un ser humano la escucha, reconoce su valor y la incorpora a su conciencia y entendimiento. Tan es así que ninguna persona puede a sabiendas quebrantarla sin sentirse condenado por su propia conciencia.

23. *Esto es la ley y los profetas.* Todo lo que está escrito en la ley que Dios reveló a la humanidad desde tiempos remotos, y todos los preceptos que Dios dio a conocer *por boca de sus santos profetas que fueron desde el principio*,[1135] todo está resumido en estas pocas palabras, todo está contenido en esta breve norma. Si la entendemos correctamente, ella encierra toda la religión que nuestro Señor vino a establecer aquí en la tierra.

24. Podemos entenderla en sentido positivo o en sentido negativo. Si la entendemos en sentido negativo, el significado sería: «Aquello que no quieres que los demás te hagan a ti, no lo hagas tú a ellos.» He aquí una norma sencilla, para tener siempre a mano, siempre fácil de aplicar. En todos los casos en que esté involucrado tu prójimo, haz de cuenta que se trata de ti mismo. Imagina que las circunstancias han cambiado y que tú te encuentras exactamente en la posición en que está él. Cuida, entonces, de no encolerizarte o pensar mal,

---

[1133] Se trata de Alejandro Severo, emperador de inclinaciones sincretistas que, según algunos autores antiguos, reverenciaba a Jesús como un gran filósofo y maestro, y quien persiguió a los cristianos precisamente por negarse a colocar a Cristo como uno más en el panteón de los dioses.

[1134] Jn. 1.9.

[1135] Lc. 1.70.

que tus labios no emitan palabra, no hagas nada que hubieses condenado en él si las circunstancias realmente hubiesen cambiado. Si entendemos la regla en sentido positivo, significa simplemente, «Todo lo que razonablemente esperarías de él, suponiendo que tú estuvieras en su lugar, pues eso mismo haz tú, empeñando toda la fuerza de que seas capaz, con todos.»

25. Veamos uno o dos casos de aplicación práctica. Está claro en la conciencia de todo ser humano que no deseamos que otros nos *juzguen*, que piensen mal de nosotros sin razón o con ligereza, mucho menos que hablen mal de nosotros, que hagan público nuestros defectos o debilidades. Pues bien, aplica esto a tu propia vida. No hagas a otros lo que no quisieras que te hicieran a ti, y nunca más juzgarás a tu prójimo, nunca volverás a pensar mal sin razón o con ligereza, y mucho menos hablarás mal de él. Nunca mencionarás los defectos de una persona ausente, aun cuando sean reales, a menos que estés convencido que es absolutamente necesario para beneficio de otras almas.

26. Además, nos gustaría que toda persona nos apreciara y amara, y que nos tratara con justicia, misericordia y verdad. Y podemos desear razonablemente que nos hagan todo el bien que esté a su alcance sin perjudicarse ellos mismos. En lo que respecta a las cosas materiales (según la norma que conocemos) deberían renunciar a las cosas superfluas para darnos cosas que nos sean de utilidad, a las cosas que les son de utilidad para satisfacer nuestras necesidades, y a las cosas que les son necesarias para satisfacer una situación extrema. Ahora bien, sigamos nosotros la misma

regla: hagamos a los demás como quisiéramos que ellos hicieran con nosotros. Amemos y respetemos a todas las personas; que la justicia, la misericordia y la verdad gobiernen nuestro pensamiento y nuestra acción. Renunciemos a las cosas superfluas para dar a nuestro prójimo cosas que le sean de utilidad (¿y entonces quién quedará con cosas superfluas?); renunciemos a cosas que nos sean de utilidad para responder a las necesidades de nuestro prójimo; renunciemos a nuestras necesidades para atender situaciones extremas de nuestro prójimo.

27. Esta es la moral pura y auténtica. *Haz esto y vivirás.*[1136] *Y a todos los que anden conforme a esta regla, paz y misericordia sea a ellos, y al Israel de Dios.*[1137] Pero es necesario señalar que nadie puede vivir conforme a esta regla (nadie ha podido hacerlo desde el principio del mundo), nadie puede amar a su prójimo como a sí mismo, si no ama primero a Dios. Y nadie puede amar a Dios si no cree en Cristo, si no es *redimido por su sangre,*[1138] y *el Espíritu mismo da testimonio a su espíritu de que es hijo de Dios.*[1139] La fe sigue siendo, por tanto, la raíz de toda salvación, presente y futura. Sin embargo, debemos decir a todo pecador: *«Cree en el Señor Jesucristo, y serás salvo.»*[1140] Serás salvo ahora, para que seas salvo por toda la eternidad; salvo en la tierra, para que seas

---

[1136] Lc. 10.28.
[1137] Gá. 6.16.
[1138] Ef. 1.7; Col. 1.14.
[1139] Ro. 8.16.
[1140] Hch. 16.31.

salvo en el cielo. Cree en él, y *la fe obrará por el amor.*[1141] Amarás al Señor tu Dios porque él te amó primero; amarás a tu prójimo como a ti mismo. Y luego será tu gloria y tu gozo poner en práctica y aumentar este amor, no sólo absteniéndote de hacer lo que sea contrario a él --todo pensamiento, palabra o acción que no sea bondadoso-- sino mostrando a toda persona la misma bondad que quisieras que te mostraran a ti.

[1141] Gá. 5.6.

Comentario del Sermón 30
Sobre el sermón de nuestro Señor en la montaña
Décimo Discurso
Mateo 7:1-12

"Deberíamos ser rigurosos al juzgarnos a nosotros mismos y misericordiosos al juzgar a los demás."

Juan Wesley

Durante cuarenta y cinco años como pastor, con veintinueve años como pastor metodista unido en los Estados Unidos, descubrí que los cristianos a menudo parecen ser las personas más faltas de perdón. Muchas personas que asisten a la iglesia parecen disfrutar el juzgar a los demás como su pasatiempo favorito. Y, sin embargo, el perdón estaba en el centro mismo de lo que Jesús quiso decir con la palabra amor.

Jesús a menudo habló sobre el perdón, perdonó a quienes pecaron contra otras personas, perdonó a los que pecaron contra él y le pidió a la iglesia que continuara con su ministerio de sanidad. Jesús enseñó: ". . . si perdonan a otros sus ofensas, también los perdonará su Padre celestial" (Mateo 6:14). Pedro le preguntó a Jesús con qué frecuencia es necesario perdonar, y Jesús respondió: "Setenta y siete veces" (Mateo 18:22), un número que debe tomarse simbólicamente, no literalmente, por la forma ilimitada en que debemos perdonar.

A Jesús le gustaba usar parábolas para ilustrar varios aspectos del perdón. Durante su conversación con Pedro, Jesús contó la parábola del siervo falto de perdón (Mateo 18:23-35). El evangelio de Lucas tiene una serie de cinco parábolas de perdón: la higuera estéril (Lucas 13:6-9); la mujer encorvada (Lucas 13:10-13); la oveja perdida (Lucas 15:4-7); la moneda perdida (Lucas 15:8-10); y la parábola más importante de todas sobre el perdón, el hijo pródigo (Lucas 15:11-32).

Jesús fue extremadamente amable y misericordioso en la forma en que perdonó a los que pecaron contra otras personas. Jesús le dijo al paralítico: "Hijo, tus pecados te son perdonados" (Marcos 2:5). Cuando una mujer pecadora enjugó los pies de Jesús con sus lágrimas y se los secó con el pelo, Jesús dijo: "Tus pecados te son perdonados" (Lucas 7:48). Cuando una mujer sorprendida en adulterio fue presentada ante él, dijo: "Ni yo te condeno" (Juan 8:11); y mientras Jesús colgaba de la cruz le dijo al criminal arrepentido: "hoy estarás conmigo en el paraíso" (Lucas 23:43).

Conozco a un teólogo y ministro ordenado, cuya "pericia" era el "perdón"; es decir, escribió ampliamente sobre el perdón y fue publicitado como "experto" en el perdón. También era el líder de un seminario y, por lo tanto, considerado como ejemplo para el liderazgo cristiano. A una persona que enseñaba ese seminario, se le consideró que había cometido un "error". Este líder nunca le contactó para discutirlo, sino que solo sacó sus propias conclusiones, emitió un juicio y le dijo en una carta que ya no podía enseñar allí. Esta persona escuchó a través de otros que el líder había hablado de él a sus espaldas, persiguiéndole de una manera "silenciosa" para él pero pública para los demás. Supongo que es común que lo que predicamos o enseñamos no lo hagamos nosotros mismos. He sido culpable de lo mismo. Esta es la razón por la cual Juan Wesley nos instó a ser "rigurosos al juzgarnos a nosotros mismos y amables al juzgar a los demás."

En esta sección del Sermón de nuestro Señor en la montaña, Mateo 7:1-12, Wesley ofrece una breve reseña de los capítulos 5 y 6 de Mateo. Dice que en el capítulo 5, Jesús enseña sobre la naturaleza de la religión interna, "las cualidades del alma de un cristiano auténtico". En el capítulo 6, Jesús enseña sobre esas obras externas que, para ser aceptables ante Dios, deben fluir de "intención pura y santa". Ahora en el capítulo 7 de Mateo, Jesús enseña acerca de aquellas cosas que son "obstáculos" para nuestra vida de santidad; como sabemos, la santidad para Wesley se entiende como semejanza con Cristo, siendo perfeccionados en el amor en esta vida terrenal.

Estos obstáculos a nuestra santidad son los siguientes: primero, juzgar; y, en segundo lugar, evangelizar causando daño a nuestra propia alma (aquí, "evangelizar" es un término que uso yo, no Wesley). Estos obstáculos, dice Wesley, son "más comunes y más fatales."

La tentación de juzgar a los demás es frecuente y numerosa; a menudo caemos en juicio antes de que nos demos cuenta de ello. Puede suceder cuando estamos en una conversación ociosa o social con nuestro vecino o un miembro de la familia y somos prontos para hablar sobre los "faltas" de otra persona; tal vez sobre algo que vimos a una persona hacer o que escuchamos sobre lo que alguien estaba haciendo. Es frecuente que hablemos mal de los demás cuando no están presentes, e incluso si no hablamos de ellos, a menudo pensamos mal de ellos en nuestra mente.

Tenemos la tendencia pecaminosa de ver la "paja" en los ojos de otra persona, sin tener en cuenta la "viga" que está en el nuestro, y mucho menos intentamos corregir nuestras propias faltas. Será de mucha ayuda el abstenernos de juzgar a los demás si, ante todo, tomamos el tiempo para conocernos a nosotros mismos y "reconocer y sentir que soy un pecador".

Hay varias maneras de juzgar a los demás. Wesley las describe de la siguiente forma:

Primero, podemos culpar a alguien por algo que en realidad no hizo. O podemos condenar a otra persona por actuar de manera equivocada cuando en realidad no lo estaba, o cuando el contexto de una acción no se entendió completamente.

En segundo lugar, podemos condenar a otra persona como culpable con "mayor severidad que la que merece"; juzgamos que la persona "es más culpable de lo que en realidad es", y al hacerlo "subestimamos cualquier cosa buena que haya en [ella]". Además, si nos abstenemos de pensar mal de otras personas, entonces podemos considerar que alguien que alguna vez fue "culpable de hacerlo habitualmente", no necesariamente sigue siendo culpable. Si amamos en lugar de juzgar, entonces podemos llegar a considerar a alguien que alguna vez fue culpable, ahora como redimido o cambiado.

En tercer lugar, debemos tener mucho cuidado de no juzgar a una persona cuando no hay pruebas suficientes para emitir un juicio. Los rumores, los chismes o las pruebas falsas han arruinado la vida de muchas personas. Yo mismo he sufrido falsas acusaciones. Sin embargo, descubrí que quienes te aman y te conocen mejor son quienes te apoyan y te defienden en tales circunstancias. Experimenté este tipo de amor en mi padre. Incluso cuando puede haber cierto grado de verdad en una acusación, los que aman con el amor de Cristo también saben perdonar, porque el perdón es el corazón del amor de Cristo.

En los últimos años, en los Estados Unidos, se ha producido un aumento en la formación de Comisiones de Inocencia, convocadas para reexaminar los casos legales de personas para las cuales había pruebas débiles de su condena y encarcelamiento. En este proceso hay muchos que han sido encontrados no culpables. La evidencia débil o las acusaciones falsas, impulsadas por prejuicios o deseos de venganza, han arruinado muchas vidas. Incluso el movimiento *#MeToo* (#yo-también), iniciado con fines buenos y justos, ha provocado la caída de buenas personas para quienes las pruebas eran insuficientes, o acusaciones hechas para justificar la propia inmoralidad o para apaciguar la culpa. Algunas veces se hacen juicios contra otros cuando deberíamos hacerlos contra nosotros mismos.

El segundo obstáculo a la santidad que Wesley aborda en este sermón, comienza con la enseñanza de Jesús: "no deis lo santo a los perros, ni echéis vuestras perlas delante de los cerdos". Anteriormente describí este obstáculo en mis propias palabras, en términos de ser cautelosos sobre "evangelizar" a otros con tanta pasión o devoción que pones en peligro tu propia alma, e incluso provoques un comportamiento violento en tu contra. Por evangelizar me refiero a compartir el evangelio de Cristo en palabras o hechos para traer sanidad y plenitud a la vida de otra persona. Wesley habla de esto en términos de hablar de los misterios o verdades de Dios a "quienes tienen una arraigada enemistad hacia ellas".

Hay muchas ocasiones en nuestro ministerio que uno quiere ayudar a alguien cuya vida parece estar en condiciones horribles. Sin embargo, durante muchos años de ministerio, experimenté que hubo momentos en que intenté compartir el evangelio del amor de Cristo, pero mis esfuerzos se volvieron en mi contra y me lastimaron. Esto sucedió porque la persona que buscaba ayudar era engañosamente perversa. Mis esfuerzos no solo me lastimaron a mí, sino también a los seres queridos y amigos que me rodeaban. Debido a nuestro celo por hacer el bien, a veces no percibimos completamente a los "perros" o "cerdos" que están a nuestra puerta. En esos momentos resulta que el bien que se intenta regresa como mal. Aquí en Mateo 7:6 Jesús enseña: "No deis lo santo a los perros, ni echéis vuestras perlas delante de los cerdos, no sea que las pisoteen, y se vuelvan y os despedacen".

Dice Wesley que cuándo y dónde reconozcas que al buscar hacer el bien por otra persona o personas es probable que regrese a ti de una manera malvada, aún así puedes orar por ellas. No te desanimes por no poder ayudarlos o "salvarlos", sino que ora, busca y llama para que la puerta de la gracia de Dios se abra a esta persona o personas; porque lo que no somos capaces de lograr, Dios lo puede hacer. Además, continúa amando a aquellas personas que sabes que no puede ayudar.

Finalmente, Wesley concluye este sermón con una fuerte afirmación de la "ley real" o lo que también llama la "regla de oro de la misericordia": "Así que, todas las cosas que queráis que los hombres hagan con vosotros, así también haced vosotros con ellos; porque esto es la ley y los profetas."

Wesley sugiere que si cumplimos con esta regla de oro nunca juzgaremos a otra persona. Si no hacemos a los demás lo que no quisiéramos que nos hicieran, entonces no pensaríamos ni hablaríamos mal de los demás, ni los juzgaríamos. ¿Desearía que alguna vez alguien hiciera juicios falsos sobre mí o hablara mal de mí a mis espaldas? ¡Por supuesto no! Entonces, tampoco debería hacerlo con respecto a las demás personas.

Al final de este sermón, Wesley predica: "Esta es la moral pura y auténtica". Si no pensamos y tratamos a los demás como malvados, entonces no los juzgaremos, ni siquiera de manera equivocada. Además, oramos para que otros hagan lo mismo por nosotros. Si primero amamos a Dios con intención pura y santa, entonces también podemos amar a nuestro prójimo con la misma intención.

Puedo decir honestamente que nunca conocí a nadie a quien mi padre considerara como una persona mala. Siempre dio a todos el beneficio de la duda. Incluso si alguien hizo algo malo contra él, no asumió que esa persona continuaría comportándose de esta manera. Consideró altamente las siguientes palabras del reverendo Dr. Martin Luther King, Jr.: "Debemos desarrollar y conservar la capacidad de perdonar. Quien carece del poder de perdonar, también carece del poder de amar. Hay algo bueno hasta en el peor de nosotros y algo malo en el mejor de nosotros. Cuando descubrimos esto, somos menos propensos a odiar a nuestros enemigos."

Sermón 31
Sobre el sermón de nuestro Señor
en la montaña
Undécimo discurso
Mateo 7:13-14

Entrad por la puerta estrecha; porque ancha es la puerta, y es-
pacioso el camino que lleva a la perdición, y muchos son los que
entran por ella;
    Porque estrecha es la puerta y angosto el camino que lleva a
la vida, y pocos son los que la hallan.

1. Nuestro Señor nos advirtió acerca de los peligros que
nos acechan cuando nos acercamos por primera vez a
la religión, los obstáculos que surgen naturalmente de
nuestro interior, de la maldad de nuestros corazones.
Pasa ahora a advertirnos acerca de los obstáculos exteriores, fundamentalmente el mal ejemplo y los malos
consejos. Por causa de uno u otro miles que alguna vez
estuvieron en el buen camino volvieron a perderse. Sí,
muchos que no eran nuevos en la religión, personas
que ya habían avanzado en el camino de la justicia. Por
tal motivo, nos hace llegar su advertencia con todo
fervor y lo repite una y otra vez utilizando una variedad
de expresiones, para que de ningún modo lo pasemos
por alto. Para prevenirnos efectivamente acerca del
primero, dijo *«Entrad por la puerta estrecha; porque ancha es*
la puerta, y espacioso el camino que lleva a la perdición, y muchos
son los que entran por ella; porque estrecha es la puerta, y angosto
el camino que lleva a la vida, y pocos son los que la hallan.» Para
protegernos en contra de lo segundo--los malos conse-

jos--dijo: «*Guardaos de los falsos profetas*»[1142] Aquí consideraremos sólo el primer aspecto.

2. Dijo nuestro bendito Señor, «Entrad por la puerta estrecha; porque ancha es la puerta, y espacioso el camino que lleva a la perdición, y muchos son los que entran por ella; porque estrecha es la puerta, y angosto el camino que lleva a la vida, y pocos son los que la hallan.»

3. En primer lugar podemos advertir las características inseparables del camino al infierno: *ancha es la puerta y espacioso el camino que lleva a perdición, y muchos son los que entran por ella.* Y en segundo lugar, las características inseparables del camino al cielo: *estrecha es la puerta, y angosto el camino que lleva a la vida, y pocos son los que la hallan.*

I.1. Observemos, en primer lugar, las características inseparables del camino al infierno: ancha es la puerta, y espacioso el camino que lleva a perdición, y muchos son los que entran por ella.

2. ¡Es en verdad ancha la puerta y espacioso el camino que conducen a perdición! La puerta del infierno no es otra cosa que el pecado, y la maldad es el camino a la perdición. ¡Y qué puerta tan ancha la del pecado! ¡Qué amplio el camino de la perdición! El *mandamiento de Dios es amplio sobremanera,*[1143] ya que alcanza no sólo todas nuestras acciones, sino toda palabra que pronuncian nuestros labios, y más aún, cada pensamiento que viene a nuestra mente. Y el pecado es igualmente amplio con respecto al mandamiento si consideramos que todo incumplimiento del mandamiento es pecado. En

---

[1142] Mt. 7.15.
[1143] Sal. 119.96.

realidad es mil veces más amplio, porque existe una sola manera de guardar el mandamiento: sólo lo guardamos debidamente cuando lo que hacemos, la forma en que lo hacemos y todas las circunstancias que lo rodean son correctas. En cambio, existen mil maneras de quebrantar cada mandamiento, así que esta es la puerta ancha sin lugar a dudas.

3. Consideremos esto más detenidamente. ¡Qué enorme alcance tienen esos pecados originales, de los cuales derivan todos los demás, *esos designios carnales que son enemigos de Dios*,[1144] la soberbia, la obstinación y el amor por el mundo! ¿Es posible fijar sus límites? ¿Acaso no se encuentran diseminados en todos nuestros pensamientos, no forman parte de todas nuestras actitudes? ¿No son la levadura que, en mayor o menor medida, leuda toda la masa de nuestros afectos? Cuando nos examinamos detenida y honestamente, ¿no descubrimos *raíces de amargura que brotan*[1145] continuamente contaminando y arruinando todo lo que hacemos? ¡Y cuán innumerables sus consecuencias en todo tiempo y nación! Suficientes para cubrir toda la tierra de *lugares tenebrosos llenos de habitaciones de violencia*.[1146]

4. ¿Alguien sería capaz de contabilizar todos los malos frutos que ha dado, de contar todos los pecados cometidos contra Dios o contra el prójimo (y no me refiero a pecados imaginarios sino a los que son producto de nuestra triste experiencia cotidiana)? No sería necesario recorrer toda la tierra para encontrarlos.

[1144] Ro. 8.7.
[1145] He. 12.15.
[1146] Sal. 74.20.

Visita un reino cualquiera, cualquier país, ciudad o pueblo y verás ¡qué abundante cosecha! Y no es necesario que sea una nación donde todavía reinan las tinieblas de los mahometanos o paganos; bien puede ser una nación que conoce el nombre de Cristo, una nación que confiesa ver *la luz del evangelio de la gloria de Cristo*.[1147] Busca aquí mismo, en este reino, en esta ciudad donde ahora vivimos. Nos llamamos cristianos, sí, de la mejor clase: ¡somos protestantes, cristianos reformados! Pero ¡ay! ¿Quién hará que la concepción reformada que alcanzó nuestro pensamiento se encarne en nuestros corazones y en nuestras vidas? ¿No sería esto necesario? ¡Cuán numerosos son nuestros pecados! ¡Y qué tremendos! ¿Acaso no es verdad que día a día vemos cómo abundan a nuestro alrededor toda clase de hechos manifiestamente abominables? Pecados de todo tipo cubren la tierra *como las aguas cubren el mar*.[1148] ¿Quién puede contarlos? Antes bien, ve y cuenta las gotas de lluvia, o las arenas a la orilla del mar. Así de *ancha es la puerta*, así de *espacioso es el camino que lleva a perdición.*

5. *Y muchos son los que entran por* esa puerta, muchos van por ese camino--casi tantos como los que entran por la puerta de la muerte, como los que se hunden *en las cámaras de la muerte*.[1149] No podemos negar, tampoco podemos aceptarlo sino con pena y vergüenza, que aun en este país que se considera cristiano, la mayoría de las personas de todo sexo y edad, de toda profesión

---

[1147] 2 Co. 4.4.
[1148] Is. 11.9.; Hab. 2.14.
[1149] Pr. 7.27.

y ocupación, de toda posición y nivel, alto y bajo, ricos y pobres, están siguiendo el camino de la perdición. La gran mayoría de los habitantes de esta ciudad viven en pecado en el momento presente, quebrantando visible y habitualmente la misma ley que confiesan observar. Quebrantan la ley abiertamente; están obvia y visiblemente alejados de la piedad y de la justicia. Es evidente cómo faltan a su deber para con Dios y con el prójimo. Nadie puede negar, entonces, que todas estas personas están en el camino que conduce a perdición. Debemos agregar a este grupo aquellos que *tienen nombre de que viven,*[1150] pero nunca han vivido para Dios,[1151] aquellos que *por fuera se muestran hermosos* ante las demás personas, *pero por dentro están llenos de inmundicia,*[1152] llenos de soberbia o vanidad, de enojo o venganza, de ambición o codicia. Esta clase de personas se aman a sí mismas, aman al mundo, y *aman el placer más de lo que aman a Dios.*[1153] Es muy probable que el mundo les tenga en alta estima, pero para Dios son abominación. ¡Cómo engrosarán estos santos del mundo las filas de los hijos del infierno! También debemos agregar a todos aquellos que, sin importar lo que sean con respecto a otras cosas, o si tienen una cierta *apariencia de piedad,*[1154] *ignoran la justicia de Dios y procuran establecer la suya propia* como la base de su reconciliación con Dios y para ser aceptados por él, y *no se han sujetado a*

[1150] Ap. 3.1.
[1151] Ro. 6.11.
[1152] Mt. 23.27.
[1153] 2 Ti. 3.2-4.
[1154] 2 Ti. 3.5.

la justicia de Dios.[1155] Si consideramos todos estos elementos en su conjunto, cuán terriblemente cierta es la afirmación de nuestro Señor *«Ancha es la puerta y espacioso el camino que lleva a la perdición, y muchos son los que entran por ella.»*

6. No se refiere esto solamente al vulgo, a los pobres, a la parte vil y necia de la humanidad, sino también a hombres eminentes en el mundo, hombres que poseen muchos campos y numerosas yuntas de bueyes. Por el contrario, muchos que el mundo juzga *sabios según la carne, muchos poderosos* que poseen poder, coraje, riquezas, *muchos nobles*[1156] son llamados. Son llamados a transitar el camino ancho por el mundo, la carne y el diablo, y no desoyen ese llamado. Sí, cuanto más alto se elevan en poder y fortuna, más bajo se hunden en la maldad. Cuantas más bendiciones reciben del Señor, más pecados cometen. No utilizan su honor, sus riquezas, conocimientos o sabiduría como instrumento para trabajar por su salvación, sino para destacarse en el vicio y así asegurar su perdición.

II.1. Y la razón por la cual muchos de ellos se sienten tan seguros en el «camino ancho» es precisamente porque es ancho; pero no tienen en cuenta que esto es inseparable de su carácter de perdición. Dijo el Señor: «Muchos son los que transitan por él» precisamente por la misma razón por la cual deberían huir de él, *porque estrecha es la puerta, y angosto el camino que lleva a la vida, y pocos son los que la hallan.*

[1155] Ro. 10.3.
[1156] 1 Co. 1.26.

2. Esta es una característica inseparable del camino al cielo. Tan angosto es el camino que conduce a la vida, a la vida eterna, tan estrecha la puerta, que nada sucio, nada impuro puede entrar. Ningún pecador puede atravesar esa puerta hasta tanto haya sido salvado de su pecado. No sólo de su pecado exterior, de *su manera de vivir, la cual recibió de sus padres.*[1157] No alcanza con que haya *dejado de hacer lo malo* y *aprendido a hacer el bien.*[1158] No sólo debe ser salvo de todo obrar pecaminoso y de todo hablar mal y en vano, sino que debe cambiar en su interior, *renovarse* completamente *en el espíritu de su mente.*[1159] De otro modo no podrá atravesar la puerta de la vida, no podrá entrar en la gloria.

3. Porque *angosto es el camino que lleva a la vida*--el camino a la santidad universal. Es sin duda angosto el camino hacia la *pobreza de espíritu, la mansedumbre, el hambre y la sed de justicia.*[1160] Es angosto el camino de la misericordia, del amor verdadero, de la pureza de corazón, de la pacificación, de soportar toda clase de mal por causa de la justicia.[1161]

4. *Pocos son los que lo hallan.* ¡Ay, cuán pocos encuentran siquiera el camino de la justicia de los paganos! ¡Cuán pocos hay dispuestos a *no hacer a otros lo que no quieren que les hagan a ellos!*[1162] ¡Cuán pocos pueden presentarse ante Dios libres de toda injusticia o falta de

---

[1157] 1 P. 1.18.
[1158] Is. 1.16,17.
[1159] Ef. 4.23.
[1160] Mt. 5.3-6.
[1161] Mt. 5.7-8,10.
[1162] Mt. 7.12.

amor! ¡Cuán pocos son los que no *han pecado con su lengua*,[1163] que no han hablado iniquidad, que no han dicho mentira! ¡Qué pequeña parte de la humanidad puede considerarse inocente de transgresiones manifiestas! ¡Y cuánto más pequeña la proporción de los rectos de corazón, los puros y santos delante de Dios! ¿Dónde están los que pueden aparecer verdaderamente humildes ante sus ojos, los que *se aborrecen y se arrepienten en polvo y ceniza*[1164] delante de Dios su Salvador? ¿Dónde los que son firmes y constantes en sus responsabilidades, conscientes de sus necesidades, los que *pasan en temor todo el tiempo de su peregrinación*?[1165] ¿Dónde están los verdaderamente mansos y cordiales, los que *nunca se dejan vencer por el mal, sino que vencen con el bien el mal*?[1166] ¿Dónde los que *tienen sed de Dios y continuamente claman*[1167] para ser renovados según su imagen? ¡Cuán pocos seres hay sobre la tierra con el alma rebosante de amor por toda la humanidad, seres que amen a Dios con todas sus fuerzas, que le hayan entregado su corazón y que *fuera de él nada deseen en la tierra*![1168] ¡Cuán pocos son los que amando a Dios y a la humanidad dedican todas sus fuerzas a *hacer el bien a todos*,[1169] y están dispuestos a sufrirlo todo, incluso la muerte, a fin de salvar un alma de la perdición eterna!

5. Son tan pocos los que se encuentran en el ca-

1163 Eclo. 19.16.
1164 Job 42.6.
1165 1 P. 1.17.
1166 Ro. 12.21.
1167 Sal. 42.1-2.
1168 Sal. 73.25.
1169 Gá. 6.10.

mino de la vida, y tan numerosos los que están en el camino de la perdición, que existe un gran riesgo de que el mal ejemplo nos arrastre con la fuerza de un torrente. Un solo ejemplo basta, si lo tenemos siempre presente, para causar una fuerte impresión en nosotros; particularmente si va bien con nuestra naturaleza, si coincide con nuestras propias inclinaciones. ¡Cuánto más fuerte ha de ser el impacto de tantísimos ejemplos, continuamente delante de nuestros ojos, todos ellos conspirando junto con nuestros corazones para arrastrarnos con la corriente! ¡Qué difícil resistir la corriente y *guardarnos sin mancha del mundo*![1170]

6. Lo que acrecienta la dificultad es que no son las personas torpes e ignorantes, o al menos no son sólo ellas, las que nos dan el mal ejemplo, las que se agolpan en el camino de la caída, sino personas amables, bien educadas, distinguidas; los sabios, los conocedores del mundo, los entendidos en las profundas y variadas ramas del saber, los racionales, los elocuentes. Todos ellos, o casi todos, están en contra nuestro. ¿Cómo podremos resistir su ataque si son tan hábiles que pueden hacernos creer que lo peor es lo mejor? ¿Acaso no conocen el arte de la persuasión? Sí, también saben mucho de lógica, y son versados en el arte de discutir y presentar controversias. Es por tanto sencillo para ellos probar que el camino *ancho*, precisamente por ser *ancho*, es el camino *correcto*. Dirán que quien sigue a la mayoría no puede hacer el mal,[1171]

[1170] Stg. 1.27.
[1171] Ex. 23.2.

sino sólo quien no la sigue; que tu camino es *equivocado* porque es *angosto* y porque tan poca gente transita por él. Te demostrarán que el mal es el bien y que el bien es el mal, que el camino a la santidad es el camino a la perdición y que el camino del mundo es el único camino al cielo.

7. ¿Cómo podrán defender su causa personas ignorantes, que no han estudiado, frente a tales oponentes? Es una lucha desigual y, además, no son estas las únicas personas que deben enfrentar. Hay muchos hombres poderosos, nobles e influyentes, también sabios, en el camino que lleva a la perdición. Y utilizan un método más sencillo para refutar, que no es la razón ni los argumentos. Por lo general no apelan al entendimiento sino al temor de cualquiera que se opone a ellos, un método que siempre resulta eficaz, aun en los casos en que una discusión no resultaría provechosa. Porque el miedo pone a todos al mismo nivel: toda persona puede sentir miedo, tenga o no capacidad para razonar. Y todos aquellos que no crean firmemente en Dios, que no tengan una absoluta confianza en su poder y en su amor, no pueden menos que sentirse atemorizados ante la posibilidad de ofender a quienes tienen el poder del mundo en sus manos. No es de extrañar, entonces, que su ejemplo se convierta en ley para quienes no conocen a Dios.

8. También muchos ricos se encuentran en el camino ancho. Estos apelan a la esperanza humana, y a todos los vanos deseos con tanta fuerza y eficacia como los nobles y poderosos apelan al miedo. Así que difícilmente puedes permanecer en el camino del reino

a menos que te consideres muerto para las cosas terrenales, a menos que *estés crucificado para el mundo y que el mundo esté crucificado para ti*,[1172] y que tu único deseo sea Dios mismo.

9. ¡Qué oscuras, qué incómodas, qué amenazantes las perspectivas en el camino opuesto! ¡Una puerta estrecha que muy pocos encuentran! ¡Un camino angosto que muy pocos transitan! Además, esos pocos no son sabios, ni estudiosos ni elocuentes. No pueden argumentar de manera clara o contundente; no pueden aventajar a su opositor en una discusión. Tampoco saben cómo probar aquello en lo que creen, o explicar siquiera las cosas que experimentan. Ciertamente, abogados de esta clase jamás conseguirán promover, sino más bien desacreditar, la causa que han abrazado.

10. A esto debe agregarse el hecho de que no son nobles ni honorables; si lo fueran, tal vez podríamos tolerar sus tonterías. Se trata de personas que no tienen importancia ni autoridad, que no cuentan para el mundo. Son seres inferiores, de baja clase social, y no tienen ningún poder para hacerte daño aun cuando quisieran hacerlo. Por lo tanto, no hay razón alguna para tener miedo de ellos. Tampoco puedes esperar mucho de ellos ya que la mayoría probablemente te responda: *«No tengo plata ni oro»*,[1173] o tienen muy poco. Algunos de ellos apenas tienen qué comer o qué vestir. En razón de esto, y también porque no viven de la misma manera que las demás personas, se habla mal

---

[1172] Gá. 6.14.
[1173] Hch. 3.6.

de ellos en todas partes, los desprecian, *los difaman, padecen persecución y se los trata como la escoria del mundo, el desecho de todos.*[1174] Así es que tus temores, tus esperanzas, y todos tus deseos (excepto aquellos que vienen directamente de Dios), sí, todas tus pasiones continuamente te impulsan a retomar el camino ancho.

III.1. Es por eso que el Señor nos exhorta con tanto fervor: *«Entrad por la puerta estrecha».* O, como lo expresa otro texto: *«Esfuérzate a entrar por la puerta angosta»* (*agoonízesthe eiselthéîn*) lucha con todas las fuerzas de que seas capaz. *«Porque muchos»* dijo el Señor, *«procurarán entrar»*-- intentarán pero sin esforzarse--*«y no podrán».*[1175]

2. Es cierto que las palabras que siguen parecen sugerir que existe otra razón para que «no puedan entrar». Después de haber dicho: «Les digo que muchos procurarán entrar, y no podrán», agregó *«Después que el padre de familia se haya levantado y cerrado la puerta, y estando fuera empiecen a llamar a la puerta,* (*árxeesthe éxoo estánai,* lo cual quiere decir «estén a la puerta», pues (*árxeesthe* solamente está ahí para darle fuerza y elegancia a la frase) *diciendo: Señor, Señor, ábrenos, él respondiendo les dirá: No sé de dónde sois. Apártense de mí todos ustedes, hacedores de maldad.»*[1176]

3. Podría parecer a primera vista que su demora para buscar, más que la forma en que lo hicieron, fue la razón por la cual no pudieron entrar. Pero en realidad, da igual. Por eso se les ordena alejarse, porque habían sido *hacedores de maldad,* porque habían

---

[1174] 1 Co. 4.13.
[1175] Lc. 13.24.
[1176] Lc. 13.24-27.

transitado el camino ancho. Dicho de otra forma, porque no habían luchado hasta la agonía para entrar por la puerta estrecha. Probablemente habían *buscado* antes de que cerraran la puerta, pero eso no era suficiente. Y sí se *esforzaron* después de que la cerraron, pero ya era muy tarde.

4. Por lo tanto, tú «esfuérzate» ahora, en este tu día, «a entrar por la puerta angosta». Y para lograrlo, grábalo en tu corazón y ten siempre presente, como primordial pensamiento, que si estás en el camino ancho, estás en el camino que conduce a perdición. Si los que van contigo son muchos, tan cierto como que Dios es verdad, tú y ellos, todos, van camino al infierno. Si estás caminando como camina la mayoría de las personas, estás caminando hacia el abismo más profundo. ¿Viajan contigo muchos *sabios, muchos ricos, muchos nobles y poderosos?*[1177] Esta es la señal, no necesitas ninguna otra, de que no lleva a la vida. Antes de entrar en detalles, he aquí una regla breve, simple e infalible: en cualquier cosa que te propongas hacer, si no eres diferente serás condenado. El camino al infierno no tiene nada especial, pero el camino al cielo es algo muy diferente. Si te acercas tan solo un paso hacia Dios ya *no eres como las demás personas.* Pero no te preocupes por esto, pues es preferible quedar solo que caer al abismo. *Corre con paciencia la carrera que tienes por delante,*[1178] aunque tus compañeros sean pocos. No siempre ha de ser así. Dentro de poco estarás *en la compañía de muchos*

[1177] 1 Co. 1.26.
[1178] He. 12.1.

millares de ángeles, de la congregación de los primogénitos, de los espíritus de los justos hechos perfectos.[1179]

5. Ahora entonces, «esfuérzate por entrar en la puerta angosta», profundamente convencido acerca del inmenso peligro en que se encuentra tu alma si estás en el camino ancho, si no tienes pobreza de espíritu y no vives esa religión interior que la multitud, los ricos, los sabios tienen por locura. «Esfuérzate por entrar», sintiéndote atravesado por el dolor y la vergüenza de haber corrido durante tanto tiempo con esa multitud irresponsable, ignorando por completo, acaso despreciando, *la santidad sin la cual nadie verá al Señor.*[1180] *Esfuérzate* hasta la agonía con un temor santo, *no sea que permaneciendo aún la promesa de entrar en su reposo,*[1181] aun ese *reposo que queda para el pueblo de Dios,*[1182] *tú no puedas alcanzarlo.*[1183] Esfuérzate con todo fervor, *con gemidos indecibles.*[1184] Esfuérzate *orando sin cesar,*[1185] en todo tiempo, en todo lugar eleva tu corazón a Dios, y no le dejes descansar hasta que *estés satisfecho cuando despiertes a su semejanza.*[1186]

6. En conclusión: «Esfuérzate por entrar por la puerta estrecha», no sólo por medio de esta agonía del alma, con convicción, pena, vergüenza, deseo, temor,

---

[1179] He. 12.22-23.
[1180] He. 12.14.
[1181] He. 4.1.
[1182] He. 4.9.
[1183] He. 4.1.
[1184] Ro. 8.26.
[1185] 1 Ts. 5.17.
[1186] Sal. 17.15.

orando sin cesar, sino también *ordenando tu camino*,[1187] esforzándote por andar en los caminos del Señor, el camino de la inocencia, la piedad y la misericordia. *Abstente de toda especie de mal*,[1188] *haz bien a todos*,[1189] *niégate a ti mismo*, deja de lado tu voluntad en todo, *y toma tu cruz cada día*.[1190] Debes estar preparado para *cortar tu mano derecha, sacar tu ojo derecho y echarlos de ti*;[1191] para perder todos tus bienes, amigos, salud, todas las cosas que hay en la tierra, y así podrás entrar en el reino de los cielos.

[1187] Sal. 50.23.
[1188] 1 Ts. 5.22.
[1189] Gá. 6.10.
[1190] Lc. 9.23.
[1191] Mt. 5.29; 18.9.

Comentario del Sermón 31
Sobre el sermón de nuestro Señor en la montaña
Undécimo Discurso
Mateo 7:13-14

El esfuerzo infinito por ser el mejor es el deber del hombre; es su propia recompensa. Todo lo demás está en manos de Dios.
Mahatma Gandhi

He tratado de continuar con mi esfuerzo porque es la única esperanza que tengo de lograr algo que valga la pena y sea duradero.
Arthur Ashe
Jugador profesional de Tenis

A mi padre le gustaba jugar al tenis y él me lo enseñó. Intentó ser lo mejor que pudo, no solo en el tenis sino en todo lo que hizo. Mi padre era entusiasta de Arthur Ashe porque rompió la "barrera del color" en el tenis profesional masculino. Y aunque mi padre trabajó duro en todo lo que hizo, también sabía que mucho de lo que logró en la vida fue por la gracia de Dios (en palabras de Gandhi, "en manos de Dios"). Mi padre reconoció que sus habilidades naturales y su inteligencia, y muchos otros factores en su vida, fueron dones del Espíritu de Dios.

En 1 Corintios 9:27, el apóstol Pablo escribe: ". . . pongo mi cuerpo bajo disciplina y lo hago obedecer; no sea que, después de haber predicado a otros, yo mismo venga a ser descalificado". Y en 2 Timoteo 4:7 leemos estas palabras: "He peleado la buena batalla, he acabado la carrera; he guardado la fe". Y en Hechos 20:24 escuchamos estas palabras de Pablo, ". . . considero que mi vida carece de valor para mí mismo, con tal de que termine mi carrera y lleve a cabo el servicio que me ha encomendado el Señor Jesús . . .".

En estas referencias de las Escrituras escuchamos la afirmación de que nosotros, los que seguimos el camino de Cristo, debemos trabajar duro en ello. No podemos decir que la gracia de Dios es gratuita y, por lo tanto, no hay nada más que debamos hacer. Tal perspectiva hace que la gracia de Dios sea barata. Debemos trabajar duro para ser buenos administradores de todo lo que Dios nos ha dado. Al igual que el mayordomo fiel de Mateo 25 y Lucas 16, no podemos ser perezosos con los dones que Dios nos ha dado. Dios nos llama a disciplinar nuestros cuerpos y mentes, a trabajar arduamente para lograr las cosas que Dios nos ha dado para que hagamos y "luchar" por la justicia de Dios en este mundo.

Para ello debemos "esforzarnos" por entrar por la puerta angosta (Lucas 13:24). En esta enseñanza de Jesús, el Evangelio de Lucas usa la palabra para "esforzaos", pero Mateo solo dice: "Entrad por la puerta angosta". Como Wesley está predicando de Mateo, se centra principalmente en lo que significa "entrad por la puerta angosta", pero en la última parte de este sermón enfatiza las palabras paralelas de nuestro Señor en Lucas, a saber, "esforzarse por entrar."

Al hablar sobre el camino que conduce a la destrucción y el camino que lleva a la vida, Wesley compara "las características inseparables" de cada camino:

el camino hacia la destrucción es "una puerta ancha y un camino espacioso" y el camino hacia la vida es una "puerta estrecha y un camino angosto". La puerta de la destrucción es ancha porque "existen mil maneras de quebrantar cada mandamiento". Es ancha y espaciosa en lo que respecta a los pecados contra Dios y unos contra otros. Los pecados de la humanidad son tantos, dice Wesley, que sería como tratar de contar "las gotas de lluvia, o las arenas a la orilla del mar". Estas formas de destrucción incluyen el orgullo, la vanidad, la ira, la venganza, la ambición, la codicia, el amor egoísta, el amor al mundo, el amor a los placeres, los actos de injusticia y crueldad, la maledicencia, y la lista sigue y sigue.

Estas formas de destrucción pueden ser engañosas porque a menudo están vinculadas con personas de nobleza y riqueza, con personas que tienen poder, honor y fortuna. La vida de estas personas tan estimadas nos engaña haciéndonos creer que deben estar caminando en el camino de la vida cuando en realidad están caminando en el camino de la destrucción. Tales personas son un "gran riesgo" para nosotros, dice Wesley, porque su ejemplo es una tentación para que les sigamos. Son conversadores convincentes que usan la persuasión delicada y nos atraen a su senda. Incluso nos dicen que nuestro camino angosto no debe ser el correcto, porque la mayoría de las personas son como son y que solo unos pocos piensan que el camino angosto es el correcto. ¡Hasta aquí llegó la democracia! La mayoría no siempre va a votar por el camino "correcto" o santo, el camino que conduce a la vida.

La puerta estrecha y el camino angosto que conducen a la vida se basan en la disposición del corazón, la religión interna, el corazón en el que mora profundamente el Cristo vivo, guiando nuestros pensamientos, palabras y acciones. Donde el corazón es recto y está en sintonía con Dios, hay pureza de intención, pobreza de espíritu, mansedumbre, hambre y sed de la justicia de Dios, y un profundo deseo de no hacer a los demás lo que no quisiéramos que nos hagan a nosotros (la regla de oro). Hay muchas personas ricas, nobles y muy admiradas que terminan en el camino de la destrucción.

Por el contrario, aquellos que transitan en el camino de la vida a menudo no son sabios según los estándares terrenales, y no son ricos, ni eruditos , ni considerados en gran estima. Aquellos en el camino a la vida son a menudo personas que "no cuentan para el mundo". En palabras de Wesley, son "de baja clase social y no tienen ningún poder". Él continúa diciendo: ". . . algunos apenas tienen qué comer o qué vestir."

¡Mi padre animaría estos pensamientos! Si bien, por su educación, mi padre era lo que la academia llamaba un "teólogo sistemático", con los años se convirtió en un defensor de la teología de la liberación. Afirmó vigorosamente los pensamientos de personas como Martin Luther King, Jr., Gustavo Gutiérrez y José Míguez Bonino, quienes aseveraban que Dios tiene una "opción preferencial por los pobres". Leornado y Clodovis Boff escribieron: "La teología de la liberación es una nueva forma de ser teólogo . . . La teología (no el teólogo) viene después; la práctica liberadora es lo primero" (*Introducing Liberation Theology*, 1987).[*] No hay duda en mi mente, ni hubo en la de mi padre, de que Juan Wesley se habría alineado estrechamente con la teología de la liberación.

En las primeras etapas del diseño del proyecto de las *Obras de Wesley*, discutimos la posibilidad de hacer la traducción de las obras con anotaciones. Algunos de nuestros consultores recomendaron un comentario que se inclinaba hacia la teología de la liberación. Si bien todos los miembros del equipo de consulta y diseño afirmamos mucho el movimiento de la teología de la liberación, optamos por no proporcionar ningún comentario para la traducción de las *Obras de Wesley*, sino solo ofrecer el Wesley "puro" (la traducción sin ningún comentario). Todavía creo que esta fue una buena decisión. Creo, además, que la mayoría de los que lean los sermones, diarios y cartas de Wesley, saldrán afirmando cuán profunda y apasionadamente Wesley entendió la afirmación de la Biblia de que Dios tiene una opción preferencial por los pobres; y, además, que este debe ser el enfoque principal de la iglesia de Cristo. Después de todo, aquellos a quienes el movimiento Wesley atrajo fueron las personas "comunes" de Inglaterra.

Aquí, en este Discurso, el undécimo del Sermón de nuestro Señor en la montaña, Wesley predica con firmeza que quienes ingresan por el camino angosto hacia la vida, suelen ser los pobres, los desposeídos social y financieramente, y los que la mayoría del mundo considera que "no cuentan". Mis padres nunca se impresionaron con regalos materiales caros o únicos. Si bien mis padres siempre fueron amables al recibir esos regalos, por la humildad de sus corazones, no los consideraban en gran estima. Las cosas que apreciaban eran del corazón, las verdades de Dios en Cristo, no las cosas de este mundo terrenal.

Finalmente, Wesley concluye este sermón con la ferviente exclamación: "¡Entrad por la puerta estrecha!". Y aquí retoma Lucas 13:24, el pasaje paralelo a Mateo 7:13, donde están las palabras de nuestro Señor: "Esfuérzate a entrar . . ." De hecho, no podemos ser indolentes al respecto. Tenemos que trabajar en ello. Tenemos que hacer todo lo posible para cooperar con la gracia redentora de Dios a través de Cristo. Como señalé al comienzo del comentario sobre este sermón, si bien la gracia de Dios es gratuita, eso no significa que no debamos ser buenos administradores de esa gracia. La gracia de Dios nos es dada con el propósito de que la empleemos por amor a Dios y al prójimo.

Es urgente que estemos "enfocados" en la disposición interna de nuestros corazones y en nuestras acciones externas. Eso significa que a menudo podríamos estar solos, o solo con unos pocos. Pero incluso como unos pocos, no debemos desanimarnos o comenzar a pensar que podemos estar yendo por el camino equivocado. En lugar de ello, debemos permanecer incesantes en la oración, rigurosos en nuestros deseos y esfuerzos por "andar en los caminos del Señor", en todos nuestros actos de piedad y misericordia. Debemos "abstenernos de toda especie de mal y hacer todo el bien posible a todas las personas". En las palabras de nuestro Señor, necesitamos "tomar la cruz" diariamente.

* Publicado en español bajo el título, *Cómo hacer teología*, Ediciones Paulinas, 1985.

Sermón 32
Sobre el sermón de nuestro Señor en la montaña
Duodécimo discurso
Mateo 7:15-20

Guardaos de los falsos profetas, que vienen a vosotros con vestidos de ovejas, pero por dentro son lobos rapaces.

Por sus frutos los conoceréis. ¿Acaso se recogen uvas de los espinos, o higos de los abrojos?

Así, todo buen árbol da buenos frutos, pero el árbol malo da frutos malos.

No puede el buen árbol dar malos frutos, ni el árbol malo dar frutos buenos.

Todo árbol que da buen fruto, es cortado y echado en el fuego. Así que, por sus frutos los conoceréis.

1. Resulta casi imposible concebir o expresar con palabras cuán grande es la multitud de almas que se precipitan hacia su destrucción porque no logran convencerse de andar por el camino *angosto*, aun cuando este sea el camino a la salvación eterna. Y esto es algo que vemos a diario. Hasta tal punto llega la insensatez y la locura de la humanidad que miles de personas se lanzan camino al infierno sólo porque ese camino es ancho. Andan en él porque otros lo hacen; porque muchos perecen ellos también se sumarán a ese número ¡Es sorprendente la influencia que tiene el mal ejemplo sobre los débiles y miserables seres humanos! Por él se pueblan continuamente las regiones de muerte y se hunden en la perdición eterna infinidad de almas.

2. A fin de advertir a la humanidad acerca de esto, para proteger a cuantos sea posible de este mal contagioso, Dios encomendó a sus atalayas que alcen su voz y anuncien al pueblo el peligro que les acecha.[1192] Con este fin él ha enviado a sus siervos, los profetas, generación tras generación, para señalar el camino angosto y exhortar a hombres y mujeres a *no conformarse a este mundo*.[1193] Pero, ¿qué sucederá si los mismos atalayas caen en la trampa contra la cual deben advertir a otros? ¿Qué sucederá si *los profetas profetizan mentiras*,[1194] si *hacen errar al pueblo*?[1195] ¿Qué ocurrirá si señalan como camino a la vida eterna lo que en verdad es el camino a la muerte eterna? ¿Y si exhortan a los demás a que anden, al igual que ellos, en el camino ancho y no el angosto?

3. ¿Es esto algo nunca visto, es algo raro? No, Dios sabe que no lo es. Los casos son innumerables. Los encontramos en todo tiempo y nación. Pero aun así, ¡qué terrible! ¡Qué terrible que los embajadores de Dios se vuelvan agentes del demonio! ¡Los encargados de enseñar a la humanidad el camino al cielo acaban por enseñarle el camino al infierno! Se asemejan a las langostas de Egipto *que comen lo que escapó, lo que quedó del granizo*.[1196] Devoran aun el resto de las personas que habían logrado escapar, las que no habían sido destruidas por el mal ejemplo. No es por tanto en vano que nuestro sabio maestro nos advierte en contra de ellos tan solemnemen-

---

[1192] Is. 58.1.
[1193] Ro. 12.2.
[1194] Is. 30.10.
[1195] Jer. 23.13, 32.
[1196] Ex. 10.5.

te: *«Guardaos»* dijo Jesús, *«de los falsos profetas, que vienen a vosotros con vestidos de ovejas, pero por dentro son lobos rapaces.»*

4. Una advertencia de fundamental importancia. Para que quede firmemente grabada en nuestros corazones, averigüemos, en primer lugar, quiénes son estos falsos profetas; luego, qué apariencia tienen, y por último, cómo podemos saber lo que verdaderamente son, sin importar su noble apariencia.

I.1. Primero debemos averiguar quiénes son estos falsos profetas. Y es necesario que hagamos esto con la mayor diligencia puesto que estas personas se han ocupado de *torcer las Escrituras para su propia* (aunque no sólo para la suya) *destrucción.*[1197] Para evitar toda disputa, no haré escándalo (como acostumbran algunos) ni utilizaré exclamaciones vanas o retóricas que puedan engañar a los corazones sencillos. Simplemente diré verdades lisas y llanas, que nadie que se precie de tener algo de entendimiento o modestia pueda negar. Estas verdades están estrechamente relacionadas con el discurso anterior, aunque muchos han querido interpretar estas palabras sin tener en cuenta todo lo dicho anteriormente, como si ellas no guardaran relación alguna con el sermón donde están registradas.

2. La palabra «profeta» en este texto (como en muchos otros de la Escritura, especialmente en el Nuevo Testamento) no se refiere a quienes predicen lo que ha de suceder sino a quienes hablan en nombre del Señor; quienes confiesan haber sido enviados por Dios para enseñar a otros el camino al cielo.

[1197] 2 P. 3.16.

«Falsos profetas» son aquellos que enseñan un camino falso al cielo, un camino que no conduce allí, o (lo que es lo mismo) son los que no enseñan la verdad.

3. Todo camino ancho es indefectiblemente falso. Por lo cual, una regla segura y sencilla es: «Quienes enseñan a las personas a andar por el camino ancho, un camino por el que muchos transitan, son falsos profetas.»

Una vez más, el verdadero camino al cielo es el camino angosto. Por lo cual, otra regla segura y sencilla es: «Quienes no enseñan a las personas a andar por el camino angosto, a ser singulares, son falsos profetas.»

4. Para ser más específico: el único verdadero camino al cielo es el que se señala en el sermón anterior. Por tanto, son falsos profetas quienes no enseñan a la gente a andar por *este camino*.

Ahora bien, el camino al cielo descrito en el sermón anterior es el camino de la humildad, el llanto, la mansedumbre, el deseo santo, el amor a Dios y al prójimo, hacer el bien y soportar el mal por causa de Cristo. En consecuencia, son falsos profetas quienes nos enseñan un camino al cielo diferente de *éste*.

5. No importa qué nombre le den a ese otro camino. Pueden llamarlo «fe», o «buenas obras», o «fe y obras», o «arrepentimiento», o «arrepentimiento, fe y nueva obediencia». Todas estas son buenas palabras. Pero si con estas, o con cualquier otra palabra, enseñan a la gente un camino diferente de *éste*, son falsos profetas sin ninguna duda.

6. ¡Cuánto más expuestos a condenación están quienes hablan mal de este buen camino! Pero, sobre todo, los que enseñan el camino exactamente opuesto-

-el camino de la soberbia, de la liviandad, de la pasión, de los deseos mundanos, de amar el placer más que a Dios, de falta de amor al prójimo, de falta de interés por las buenas obras, de no sufrir persecución ni nada malo por causa de la justicia.

7. Si alguien preguntara: «¿Quién ha enseñado esto alguna vez?» o «¿Quién enseña que ese es el camino al cielo?», yo responderé: «Miles de hombres sabios y honorables; todos aquellos que--sin importar a qué denominación pertenecen--alientan al soberbio, al frívolo, al intempestivo, al amante del mundo y del placer, al injusto o despiadado, a la criatura irresponsable, inofensiva pero inútil y a quien no sufre persecución por causa de la justicia, a suponer que está en el camino que conduce al cielo. Estos son falsos profetas en el sentido más categórico de la palabra. Traicionan a Dios y a los humanos. No son otra cosa que los primogénitos de Satanás, los hijos mayores de Apolión, el exterminador.[1198] Son mucho peor que un vulgar asesino porque aniquilan el alma de las personas. Continuamente pueblan las regiones de tinieblas, y en cuanto vayan tras las pobres almas que ellos mismos destruyeron, *el infierno abajo despertará muertos que saldrán a recibirlos.*[1199]

II.1. Pero, ¿acaso se presentarán tal cual son? De ninguna manera. Si así fuera perderían su capacidad de destrucción puesto que tú estarías alerta y escaparías para salvar tu vida. Por tal motivo, se presentan bajo

---

[1198] Ap. 9.11.
[1199] Is. 14.9.

una apariencia completamente diferente. Y este es el segundo punto a considerar: *«vienen a vosotros vestidos de ovejas, pero por dentro son lobos rapaces.»*

2. *«Vienen a vosotros vestidos de ovejas»*, es decir presentando una imagen de que no causan daño a nadie. Se acercan del modo más gentil, más inofensivo, sin la menor señal de enemistad. ¿Quién podría imaginar que estas apacibles criaturas llegasen a lastimar a alguien? Tal vez no sean tan consagrados o activos para hacer el bien como uno desearía, sin embargo, no se encuentra razón para sospechar que tengan siquiera el deseo de hacer daño. Pero esto no es todo.

3. En segundo lugar, se presentan bajo una apariencia de servicio. Sin duda para esto han sido llamados especialmente, para hacer el bien. Fueron apartados con este propósito. Se les ha encomendado especialmente la misión de velar por tu alma, y de capacitarte para la vida eterna. Todo su trabajo se resume en *andar haciendo el bien y sanando a todos los oprimidos por el diablo.*[1200] Y tú te has acostumbrado a verlos de este modo, como mensajeros de Dios enviados para traer bendición a tu vida.

4. En tercer lugar, se presentan bajo una apariencia religiosa. ¡Todo lo hacen a causa de su conciencia! Hacen aparecer a Dios como mentiroso pero aseguran que lo que hacen es fruto de su celo por Dios. Son capaces de destruir hasta las raíces mismas de la religión y asegurar que sólo los mueve un genuino interés. Todo lo que dicen es consecuencia de su amor a la

---

[1200] Hch. 10.38.

verdad y del temor de que ésta se vea relegada. Es posible que también digan que es consecuencia de su preocupación por la iglesia y su deseo de defenderla de todos sus enemigos.

5. Sobre todo, se presentan bajo una apariencia de amor. Se toman todas estas molestias sólo por *tu* bien. No deberían preocuparse tanto, pero es que realmente se interesan por ti. Harán largas exposiciones acerca de su buena voluntad, de su preocupación por ti y por el peligro en que te encuentras; de su sincero deseo de evitar que cometas equivocaciones o de que te veas enredado en nuevas y engañosas doctrinas. Lamentarían mucho ver que alguien con tan buenas *intenciones* adoptara una posición extrema, confundido por ideas extrañas e incomprensibles, o cegado por el entusiasmo. Por ello te aconsejan quedarte a mitad de camino, y cuidarte de *ser demasiado justo* para que no *llegues a destruirte*.[1201]

III.1. Pero, ¿cómo podemos saber qué son en realidad, a pesar de su noble apariencia? Este era el tercer punto que debíamos analizar.

Nuestro bendito Señor vio cuán necesario era que todas las personas reconocieran a los falsos profetas aunque estuvieran muy bien disfrazados. También vio qué difícil le resultaba a la mayoría de las personas llegar a la verdad a partir del análisis de una serie de hechos concatenados. Por ello nos ofrece una regla breve y simple, fácil de entender aun para las personas cuya inteligencia es muy limitada, y fácil de aplicar en toda ocasión: «*Por sus frutos los conoceréis.*»

[1201] Ec. 7.16.

2. Esta regla es fácilmente aplicable en toda situación. Para poder determinar si una persona que habla en nombre de Dios es o no un falso profeta, debemos observar en primer lugar qué frutos ha dado su doctrina en ellos mismos, qué efecto ha tenido sobre sus propias vidas. ¿Son santos y sin mancha en todas las cosas? ¿Qué influencia ha tenido esta doctrina en su corazón? ¿Se nota por el tenor de su conversación que tienen un carácter santo, celestial, divino, que hay en ellos *ese sentir que hubo también en Cristo Jesús?*[1202] ¿Son mansos y humildes, aman pacientemente a Dios y a los humanos? ¿Son *celosos de buenas obras?*[1203]

3. En segundo lugar, es fácil observar cuáles son los frutos de su doctrina en quienes los escuchan, si no en todos al menos en muchos de ellos, ya que los apóstoles no convirtieron a todo el que los escuchaba. ¿Se ve en ellos *el mismo sentir que hubo también en Cristo Jesús?*[1204] ¿Fue a causa de su predicación que comenzaron a hacerlo? ¿Eran malvados interior y exteriormente hasta que los escucharon? De ser así, esto es prueba fehaciente de que son verdaderos profetas, maestros enviados por Dios. Pero si no fuera así, si no fueran capaces de enseñarse a sí mismos o a otros a amar y servir a Dios, esto es prueba fehaciente de que son falsos profetas, de que no son enviados de Dios.

4. *Dura es esta palabra; ¿quién la puede oír?*[1205] Nuestro Señor tenía conocimiento de esto, y por eso accedió a

---

[1202] Fil. 2.5.
[1203] Tit. 2.14.
[1204] Fil. 2.5.
[1205] Jn. 6.60.

dar numerosas pruebas por medio de varios argumentos claros y contundentes: *«¿Acaso»*, preguntó Jesús, *«se recogen uvas de los espinos, o higos de los abrojos?»* ¿Creen ustedes que estos hombres inicuos podrían dar buenos frutos? ¡También podrían creer que los espinos dan uvas, o que crecen higos en los abrojos! *«Todo buen árbol da buenos frutos, pero el árbol malo da frutos malos.»* Todo verdadero profeta, todo maestro enviado por mí, da frutos de santidad. Pero un falso profeta, un maestro que no ha sido enviado por mí, sólo puede dar frutos de pecado y maldad. *«No puede el buen árbol dar malos frutos, ni el árbol malo dar frutos buenos.»* Un verdadero profeta, un maestro enviado por Dios, no produce frutos buenos de vez en cuando sino siempre; no es algo casual, sino una suerte de necesidad. De igual modo, un falso profeta, uno que no ha sido enviado por Dios, no produce malos frutos en forma accidental o esporádica, sino continua y necesariamente. *«Todo árbol que da buen fruto, es cortado y echado en el fuego.»* Ese será el destino irremediable de los profetas que no dan buenos frutos, que no salvan las almas del pecado, que no hacen que los pecadores se arrepientan de su pecado. *«Así que»* tengamos esto por regla eterna: *«Por sus frutos los conoceréis».* Aquellos que verdaderamente convierten a los soberbios, a los apasionados e insensibles amantes del mundo en seres humildes, sensibles, amantes de Dios y de las demás personas, esos son los profetas verdaderos; son enviados de Dios quien confirmará su palabra. Asimismo, aquellos cuyos seguidores continúan siendo tan injustos como lo eran antes de escucharlos, o tienen una *justicia que no es mayor que la de los escribas y fariseos,*[1206] esos son falsos profetas; no son enviados de Dios y su palabra no prospera. Y a menos que ocurra un milagro de gracia, tanto ellos como los que los escuchan caerán en el abismo.

5. *Guárdate de estos falsos profetas, que vienen vestidos de ovejas pero por dentro son lobos rapaces.* No hacen otra cosa sino destruir y devorar la manada, y si no hallan alguien dispuesto a ayudar, acaban despedazándola. Ellos no te guiarán, no pueden guiarte, en el camino al cielo. ¿Cómo podrían hacerlo si ellos mismos no lo conocen? Cuídate para que no te desvíen del camino y por su causa *pierdas el fruto de tu trabajo.*[1207]

6. Pero tal vez ustedes se pregunten: «Si son tan peligrosos, ¿no sería mejor no escucharlos?» Esta no es una pregunta sencilla y merece ser considerada con detenimiento. Sólo deberíamos responder después de haberla meditado con calma y reflexionado profundamente. Durante muchos años he sentido cierto temor de hablar respecto de este tema, sintiéndome incapaz de decidir si debía o no hacerlo, si debía dar a conocer mi opinión. Vienen a mi mente muchas razones que me impulsarían a decir: «No, no los escuchen.» Sin embargo, nuestro Señor parece haber dicho lo contrario con referencia a los falsos profetas de su tiempo. *«Entonces habló Jesús a la gente y a sus discípulos, diciendo: En la cátedra de Moisés se sientan los escribas y los fariseos»*, son los maestros con autoridad que encontramos comúnmente en las iglesias. *«Así que, todo lo que os digan que guardéis, guar-*

[1206] Mt. 5.20.
[1207] 2 Jn. 8.

dadlo y hacedlo; mas no hagáis conforme a sus obras, porque dicen, y no hacen.»[1208] Que estos eran falsos profetas en el sentido más profundo de la palabra, nuestro Señor lo demostró a lo largo de todo su ministerio como lo hizo al pronunciar estas palabras: *«Dicen y no hacen».* Por lo tanto, por sus frutos los discípulos no podían menos que conocerlos, ya que estaban a la vista de toda persona. Al mismo tiempo les advierte una y otra vez que se «cuiden» de estos «falsos profetas». Sin embargo, no les prohíbe que los escuchen. En realidad les ordena que lo hagan cuando les dice: *«Todo lo que os digan que guardéis, guardadlo y hacedlo.»* Porque a menos que los escucharan no podrían saber, mucho menos «guardar» todo lo que ellos les ordenaran guardar. En este pasaje nuestro Señor dio claras instrucciones, tanto a sus apóstoles como a toda la multitud, de que en ciertas circunstancias se debe escuchar aun a esos profetas que son reconocidamente falsos.

7. Quizás alguien pueda decir que sólo les indicó que los escucharan cuando leían las Escrituras a la congregación. Debo decir que después de leer generalmente hacían una exposición acerca de lo leído. Y no hay ningún tipo de indicación de que debían escuchar una cosa y no la otra. La misma expresión *«Todo lo que os digan que guardéis»* excluye tal limitación.

8. Además, (y esto causa pena decirlo porque estas cosas no deberían ocurrir) frecuentemente se confía a profetas falsos, de probada falsedad, la administración de los sacramentos. Por lo tanto, instruir a la gente

---

[1208] Mt. 23.1-3.

para que no los escuche significaría separarlos de la ordenanza de Dios. Pero esto no nos atrevemos a hacer, porque consideramos que la validez de la ordenanza no depende de la bondad de quien administra, sino en la fidelidad de aquél que la instituyó y que sale, y saldrá, a nuestro encuentro en las formas que él mismo prescribió. Esta es la razón por la cual tengo reparos en decir «No escuchen los falsos profetas». Aun por intermedio de estos que están bajo maldición Dios puede bendecirnos, y de hecho lo hace. El pan que ellos parten nosotros sabemos que es *la comunión en el cuerpo de Cristo*, y la copa que Dios bendijo, aun cuando sus labios son impuros, es para nosotros «*la comunión en la sangre de Cristo*».[1209]

9. Todo cuanto puedo decir es: en cada caso esperen en Dios orando con fervor y humildad, y luego obren según su más claro entendimiento. Actúen de acuerdo con lo que ustedes crean que será más beneficioso para su vida espiritual. Cuídense de no hacer juicios apresurados; no cataloguen fácilmente a alguien como falso profeta. Cuando tengan pruebas irrefutables de que esa persona verdaderamente lo es, cuídense de no albergar sentimientos de enojo o desprecio hacia ella. Luego, en presencia y temor de Dios, decidan ustedes mismos. Sólo puedo decir que si por experiencia se dan cuenta de que les hace mal escucharlos, entonces no los escuchen. Por el contrario, si escucharles no les afecta, entonces pueden hacerlo. So-

---

[1209] 1 Co. 10.16.

lamente *miren cómo oyen.*[1210] Cuídense de ellos y de su doctrina. Escuchen con temor y temblor para que no resulten engañados y dados a ilusión. Como mezclan todo el tiempo verdad y mentira, es muy fácil aceptar ambas como ciertas. Al escucharlos oren ferviente y continuamente a aquél que es el único que puede enseñar al ser humano sabiduría. Y preocúpense por someter todo lo que escuchen *a la ley y el testimonio.*[1211] No acepten nada sin ponerlo a prueba, hasta que lo hayan evaluado según los criterios de santidad. No crean nada a menos que se encuentre confirmado de manera clara y explícita en pasajes de las Sagradas Escrituras. Rechacen categóricamente todo cuanto se aparte de ellas, todo aquello que no pueda corroborarse por medio de ellas. Muy especialmente rechacen con el mayor de los desprecios cualquier descripción del camino a la salvación que muestre un camino diferente, o que no tenga el mismo nivel de exigencia que nuestro Señor señaló en el discurso anterior.

10. No puedo concluir sin antes dirigirme abiertamente a aquellos de quienes hemos estado hablando: Ustedes, falsos profetas, *huesos secos, oíd palabra de Jehová.*[1212] ¿Hasta cuándo seguirán mintiendo en el nombre de Dios, diciendo que Dios ha hablado siendo que Dios no habló por boca de ustedes?[1213] ¿Hasta cuándo *trastornarán los caminos rectos del Señor,*[1214] *haciendo de la luz*

[1210] Lc. 8.18.
[1211] Is. 8.20.
[1212] Ez. 37.4.
[1213] Ez. 13.6-7.
[1214] Hch. 13.10.

tinieblas y de las tinieblas luz?[1215] ¿Hasta cuándo enseñarán el camino de la muerte llamándolo camino de la vida? ¿Hasta cuándo entregarán a Satanás las almas que dicen llevar a Dios?

11. ¡Ay de vosotros, ciegos guías de ciegos![1216] Porque cerráis el reino de los cielos delante de los hombres; pues ni entráis vosotros, ni dejáis entrar a los que están entrando.[1217] A aquellos que se esfuerzan por entrar por la puerta estrecha, ustedes los hacen regresar al camino ancho. A aquellos que apenas han avanzado un paso en los caminos de Dios, ustedes maliciosamente les advierten que no «deben ir demasiado lejos». A aquellos que recién comienzan a sentir hambre y sed de justicia, ustedes les advierten que no sean demasiado justos.[1218] De este modo los hacen tropezar en el umbral mismo; caen y ya no se levantan.[1219] ¿Por qué hacen esto? ¿Qué provecho hay en su muerte cuando desciendan a la sepultura?[1220] ¡Qué ganancia tan miserable! Ellos morirán por su maldad, pero su sangre Dios demandará de tu mano.[1221]

12. ¿Dónde tienen los ojos? ¿Dónde está su entendimiento? ¿Han engañado tanto a otros que han acabado por engañarse a ustedes mismos? ¿Quién les encomendó que *enseñaran* un camino que ustedes jamás *conocieron*? ¿Están tan entregados a tan fuerte en-

---

[1215] Is. 5.20.
[1216] Mt. 23.16; 15.14.
[1217] Mt. 23.13.
[1218] Ec. 7.16.
[1219] Jer. 25.27.
[1220] Sal. 30.9.
[1221] Ez. 3.18; 33.8.

gaño que no sólo enseñan sino también *creen la menti-ra?*[1222] ¿Es posible que crean que Dios los envió, que ustedes son *sus* mensajeros? De ningún modo, si Dios los hubiese enviado *la voluntad del Señor prosperaría en vuestras manos.*[1223] Si ustedes fuesen mensajeros de Dios, él *confirmaría la palabra de sus mensajeros.*[1224] Pero la obra del Señor no prospera en sus manos; ustedes no hacen que los pecadores se arrepientan. El Señor no confirma su palabra porque ustedes no salvan a nadie de la muerte.

13. ¿Cómo pueden llegar a evadir la fuerza de la palabra de nuestro Señor --tan completa, tan fuerte, tan categórica? ¿Cómo pueden evitar *conocerse a ustedes mismos por sus propios frutos?* Árbol malo da mal fruto, y no podría ser de otra manera. *¿Acaso se recogen uvas de los espinos, o higos de los abrojos?* Escuchen estas palabras que a ustedes pertenecen: *«Árboles estériles, ¿para qué inutili-zan la tierra?»*[1225] *Todo árbol bueno da buen fruto.* ¿No se dan cuenta de que no hay excepción? Sépanlo, enton-ces, ustedes no son árboles buenos porque no dan buenos frutos. En cambio, *un árbol malo da malos frutos,* y eso es lo que han hecho ustedes desde un principio. Todo lo que predican como si fuera palabra de Dios, no ha hecho más que reafirmar en quienes los escu-chan las cualidades, si no las obras, del diablo. Hagan caso de la advertencia de aquél en cuyo nombre uste-des hablan, antes de que se cumpla la sentencia que ha

---

[1222] 2 Ts. 2.11; cf. Sal. 81.12.
[1223] Is. 53.10.
[1224] Ez. 13.6.
[1225] Lc. 13.7.

pronunciado. *Todo árbol que no da buen fruto, es cortado y echado en el fuego.*

14. Amados hermanos, *no endurezcáis vuestro corazón.*[1226] Han cerrado sus ojos a la luz durante mucho tiempo. Ábranlos ahora, antes de que sea demasiado tarde; *antes de que sean echados a las tinieblas de afuera.*[1227] No permitan que ninguna preocupación temporal sea más importante para ustedes, porque lo que está en riesgo es la vida eterna. Se han lanzado a correr antes de haber sido enviados. No sigan adelante. No persistan en algo que será condenación para ustedes y para quienes los escuchan. No obtienen fruto alguno de su trabajo. ¿Por qué? Pues porque el Señor no está con ustedes. *¿Quién fue jamás soldado a sus propias expensas?*[1228] No es posible hacerlo. Humíllense delante de él. Clamen a él desde el polvo para que pueda vivificar sus almas, darles una fe que se manifieste en obras de amor, en humildad y mansedumbre, en pureza y misericordia, *celosa de buenas obras;*[1229] una fe que se goce en la tribulación, en la difamación, en el dolor y en la persecución por causa de la justicia. Porque así *reposará sobre vosotros el glorioso Espíritu de Dios,*[1230] y todos verán que han sido enviados por Dios. Así que si verdaderamente *haces obra de evangelista y cumples con tu ministerio,*[1231] entonces la palabra de Dios será en tu boca *como*

[1226] Sal. 95.8; He. 3.8.
[1227] Mt. 8.12; 22.13.
[1228] 1 Co. 9.7.
[1229] Tit. 2.14.
[1230] 1 P. 4.14.
[1231] 2 Ti. 4.5.

martillo que quebranta la piedra.[1232] Todos conocerán por tus frutos, incluso por los hijos que Dios te ha dado,[1233] que eres profeta del Señor. Y habiendo *enseñado la justicia a la multitud, ¡resplandecerás ... como las estrellas a perpetua eternidad!*[1234]

[1232] Jer. 23.29.
[1233] Is. 8.18.
[1234] Dn. 12.3.

Comentario del Sermón 32
Sobre el sermón de nuestro Señor en la montaña
Duodécimo Discurso
Mateo 7:15-20

La fecundidad de nuestras vidas depende en gran medida de nuestra capacidad para dudar de nuestras propias palabras y cuestionar el valor de nuestra obra. La [persona] que confía completamente en su propia estima está condenada a la esterilidad.

Thomas Merton
Monge trapista, teólogo, activista

Mi padre disfrutaba mucho del cultivo de árboles frutales. De hecho, mi esposa, Beth, y yo tenemos una conexión de larga data con este deleite que él tenía, el cual fue un gusto que también tuvo el abuelo de Beth. Sus abuelos, V. Earl y Cora Light, vivían en la misma ciudad donde nosotros vivíamos. El abuelo Earl enseñó en la misma universidad donde enseñó mi padre (Lebanon Valley College en Annville, Pennsylvania). Aquí es donde mi esposa y yo nos conocimos, en cuarto grado, 1963, poco después de que mi familia regresó del servicio misionero en Filipinas. Nos establecimos en este lugar y es allí donde pasé mis años de juventud.

El Dr. Light tenía un hermoso bosque de cerezos y otros tipos de árboles frutales, y también una huerta. Cuando visitábamos a los Light podíamos conseguir algunas de sus deliciosas cerezas. Sé que mi padre se inspiró en el Dr. Light y plantó todo nuestro patio trasero en Annville con varios árboles frutales; ¡Nuestro patio trasero era una combinación de una plantación de árboles frutales, una huerta y jardines de flores! Creo que fue la reproducción humilde y gozosa que hizo mi padre del Jardín del Edén.

Después de que mi padre volvía por las tardes de la universidad, a la cual caminaba la mayoría de las veces, podía trabajar en sus jardines. A veces me animaba para que le ayudara y aprendí de él. Ayudó a formar en mí el mismo amor por la jardinería. Por mucho que intentó enseñarme, nunca pude dominar la poda de las vides que él plantó para mí en nuestra casa en Lake Gaston, un lugar al que ambos disfrutábamos ir y trabajar juntos en el patio. Era un "maestro jardinero" por derecho propio, nunca "certificado", sino que había aprendido sobre plantas de otras personas que tenían mayor experiencia, de sus propios fracasos y éxitos, de lecciones aprendidas, y por sabiduría natural. Sé que hablaba con sus plantas, formando una amistad íntima con ellas que hacía prosperar su crecimiento.

Una de las bromas favoritas de mi padre era sobre el hombre que con frecuencia pasaba al lado del jardín delantero de otro hombre que vivía en la misma calle. Este hombre tenía hermosas flores en el jardín. Un día, cuando esta otra persona estaba caminando, se detuvo para conversar con el hombre que hacía jardinería y le dijo cuánto admiraba sus hermosas flores. Con un tono teológico, el hombre le dijo al jardinero: "¿No es asombroso lo que Dios puede hacer?" Este le respondió: "¡Deberías haber visto este lugar cuando solo Dios lo tenía y antes de yo que empezara a cuidarlo!"

¡Quizás sea así! Dios ciertamente da el crecimiento, pero nos llama a plantar y cultivar. Seguramente el jardín de aquel hombre habría sido solo maleza si no hubiera aplicado su sabiduría dada por Dios, su energía y lecciones aprendidas para cultivar flores hermosas.

Apreciaba mucho mi padre este pasaje del Sermón en la montaña, donde nuestro Señor declara: ". . . Por sus frutos los conoceréis". Mucha gente conocía bien a mi padre por los frutos que dio a lo largo de su vida y ministerio, así como por su vocación de jardinero. Sin embargo, de acuerdo con la cita anterior de Thomas Merton, y de acuerdo con el pensamiento y la espiritualidad de Juan Wesley, mi padre confió íntimamente en la gracia de Dios, reconociendo que los frutos de su propia vida no eran de su propia cosecha. Fue fructífero en su amor y en su trabajo porque confiaba no principalmente en sí mismo, sino en Aquel que lo creó y lo salvó, Aquel que crea y recrea, Aquel que hace que todo sea fructífero.

Al reflexionar sobre Mateo 7:15-20, Wesley comienza este sermón retomando el anterior, enfatizando la facilidad con la que todos somos persuadidos o tentados a caminar en el camino espacioso de la destrucción, siguiendo a los muchos que lo hacen. El ejemplo de las muchas personas que caminan en el camino de la destrucción es muy tentador.

Mientras escribo este libro en los primeros meses del año 2020, el mundo está tratando de salvarse de la horrible propagación y devastación de COVID-19, un virus que infecta a las personas rápidamente y que se ha extendido velozmente por todo el mundo. Al momento de escribir este libro, durante la cuarta semana de Cuaresma, del año 2020, ya hay más de 410,000 casos y 18,000 muertes en todo el mundo por este coronavirus; y el número continúa aumentando rápidamente. Si Wesley estuviera vivo ahora, probablemente compararía el camino de destrucción (el pecado humano) con este tipo de virus. Aquí, en la apertura del Duodécimo Discurso, se refiere a las multitudes que corren hacia la destrucción como un "mal contagioso". La diferencia, por supuesto, es que a menudo no podemos escapar de un virus, incluso si tenemos cuidado de evitarlo, pero podemos escapar muy conscientemente del camino de la destrucción espiritual.

Tenemos que "guardarnos de los falsos profetas", dice Jesús. Son los que nos llaman y nos tientan a caminar en el camino de la destrucción. Es por eso que Dios envía siervos y profetas para señalar el camino angosto que conduce a la vida. Pero debemos ser muy exigentes con los "profetas" entre nosotros porque algunos de ellos parecen ovejas externamente, pero internamente son lobos voraces. Esto es especialmente trágico cuando hay personas en la iglesia que se conforman al mundo y comienzan a profetizar engañosamente. ¡Esto sucede más a menudo de lo que quisiéramos creer! Dice Wesley, 'es algo terrible' cuando "¡los embajadores de Dios se vuelven agentes del demonio!"

Seguidamente, Wesley habla sobre quiénes son los falsos profetas, qué aspecto tienen y cómo podemos reconocer que son falsos a pesar de su buena apariencia. Hay muchos a nuestro alrededor, dentro y fuera de la iglesia, que afirman ser enviados de Dios y que hablan en nombre de Dios. Como Wesley enfatizó en su sermón anterior, el Undécimo Discurso, los falsos profetas son aquellos que enseñan a otros a caminar en el camino amplio que conduce a la destrucción, en lugar del camino angosto que lleva a la vida.

Los que predican un evangelio de *prosperidad* son un buen ejemplo. Son aquellos que enseñan el camino del orgullo, de seguir las pasiones terrenales y los deseos mundanos, de amar el placer más que de Dios, de tratar mal al prójimo y de no preocuparse por las buenas obras.

Los que enseñan tales cosas son los falsos profetas, mientras que los verdaderos profetas son aquellos que practican el camino de la humildad, la mansedumbre, la pobreza de espíritu, el amor a Dios y al prójimo, haciendo el bien y sufriendo por causa de Cristo.

A los falsos profetas les gusta parecer como si fueran enviados por Dios, en el sentido de que dan la apariencia de ser inofensivos, fingen ser útiles, practican una religión externa y se visten de un amor fingido. Por lo tanto, en la medida en que los falsos profetas a menudo parecen ser genuinos en sus acciones y palabras, ¿cómo distinguimos lo falso de lo verdadero?

Wesley sugiere que podemos reconocer lo verdadero de lo falso de dos maneras principales: por los frutos de sus enseñanzas, que deben mostrarse en sus propias vidas y en las vidas de los demás. ¿Exhiben claramente en su vida diaria un corazón amoroso y compasivo, caminando como lo hizo nuestro Señor? Y aquellos que los escuchan y que los siguen, ¿muestran que tienen la mente de Cristo? Si son corruptos, entonces no pueden dar buenos frutos.

Aquí en los Estados Unidos, en la década de 1970 y hasta el presente, ha habido un evangelista cristiano llamado Jim Bakker. Él y su esposa, Tammy, tuvieron un programa de televisión llamado el Club PTL (PTL significa "alaba al Señor", por sus siglas en inglés), y también desarrollaron una iglesia y ministerios de extensión. Ganaron millones de dólares en donaciones y, posteriormente, Bakker fue condenado por fraude financiero, incluidos cargos por delitos graves. Al mismo tiempo, se descubrió que había pagado con donaciones una gran suma de dinero a la secretaria de su iglesia, quien afirmó que la había drogado y violado. Bakker estuvo cerca de cinco años en prisión y se divorció durante ese tiempo. Fue liberado de prisión en 1994. Desde entonces, ha vuelto a "evangelizar" y recaudar dinero para su ministerio, especialmente enfocándose en la preparación para el "fin de los tiempos". Bakker es un excelente ejemplo de un falso profeta. Los peores son aquellos que operan dentro de la iglesia cristiana, que visten ropa de oveja pero son como lobos voraces.

Al mismo tiempo, ¡debo tener cuidado al contar esas historias! Porque Wesley continúa diciendo que no debemos juzgar precipitadamente a alguien que creemos que es un falso profeta. Creo que con respecto a Jimmy Bakker hay evidencia indiscutible. Sin embargo, como se señaló anteriormente, Wesley nos insta a ser amables al juzgar a los demás y más rigurosos al juzgarnos a nosotros mismos.

Si estamos en presencia de falsos profetas y descubrimos que escucharlos es perjudicial para nuestra alma, entonces debemos abstenernos de escuchar. Además, hay algunos líderes en la iglesia a quienes se puede considerar como falsos profetas y que ofrecen el sacramento de la santa comunión. ¿Deberías recibirla por parte de ellos? En este caso, dice Wesley, está bien hacerlo, porque la eficacia del sacramento no depende de quien lo sirve, sino que tiene poder por sí mismo debido a la presencia de Cristo en el sacramento.

Espero que el lector se haya tomado el tiempo o se tome el tiempo para leer los homenajes iniciales a mi padre en este libro. En estos homenajes, de personas de diversos ámbitos de la vida, hay testimonio de los buenos frutos que dio mi padre. ¡Por los buenos frutos de mi padre, en su vida y vocación, y por los buenos frutos que dieron otros que fueron influenciados por él, a Dios sea la gloria!

Sermón 33
Sobre el sermón de nuestro Señor en la montaña
Decimotercer discurso
Mateo 7:21-27

No todo el que me dice: Señor, Señor, entrará en el reino de los cielos, sino el que hace la voluntad de mi Padre que está en los cielos.

Muchos me dirán en aquel día: Señor, Señor, ¿no profetizamos en tu nombre, y en tu nombre echamos fuera demonios, y en tu nombre hicimos muchos milagros?

Y entonces les declararé: Nunca os conocí; apartaos de mí, hacedores de maldad.

Cualquiera, pues, que me oye estas palabras, y las hace, le compararé a un hombre prudente, que edificó su casa sobre la roca.

Descendió lluvia, y vinieron ríos, y soplaron vientos, y golpearon contra aquella casa; y no cayó, porque estaba fundada sobre la roca.

Pero cualquiera que me oye estas palabras y no las hace, le compararé a un hombre insensato, que edificó su casa sobre la arena;

Y descendió lluvia, y vinieron ríos, y soplaron vientos, y dieron con ímpetu contra aquella casa; y cayó, y fue grande su ruina.

1. Nuestro divino Maestro, después de haber explicado todas las enseñanzas de Dios con respecto al camino de la salvación, y de haber señalado el mayor obstáculo que deben sortear los que ansían andar en él, ahora concluye con estas palabras tan profundas por medio de las cuales parece sellar su profecía, a la vez que impone todo el peso de su autoridad a lo di-

cho anteriormente para que permanezca firme por todas las generaciones.

2. Para que nadie jamás pueda creer que existe otro camino fuera de éste, así dijo el Señor: «No todo el que me dice: Señor, Señor, entrará en el reino de los cielos, sino el que hace la voluntad de mi Padre que está en los cielos. Muchos me dirán en aquel día: Señor, Señor, ¿no profetizamos en tu nombre, y en tu nombre echamos fuera demonios, y en tu nombre hicimos muchos milagros? Y entonces les declararé: Nunca os conocí; apartaos de mí, hacedores de maldad. ...cualquiera que oyere estas palabras y no las hace, le compararé a un hombre insensato, que edificó su casa sobre la arena; y descendió lluvia, y vinieron ríos, y soplaron vientos, y dieron con ímpetu contra aquella casa; y cayó, y fue grande su ruina.»

3. Me propongo en primer lugar, considerar el caso del hombre que construye su casa sobre la arena; en segundo lugar, mostrar la sabiduría de quien construye sobre la roca, y por último, finalizar con una aplicación práctica.

I.1. Primeramente voy a considerar el caso de quien construye su casa sobre la arena. Refiriéndose a él, el Señor dijo: *No todo el que me dice: Señor, Señor, entrará en el reino de los cielos. Y esta es una ley que no caduca, una ley que no será quebrantada.*[1235] Es sumamente importante que comprendamos en toda su magnitud la fuerza de estas palabras. ¿Cómo debemos entender la expresión *«el que me dice: Señor, Señor»*? Significa, sin lugar a dudas,

---

[1235] Sal. 148.6.

«el que cree llegar al cielo por un camino diferente del que acabo de señalar». Comenzando por el nivel más bajo, se refiere a todas las buenas palabras, la religión verbal. Incluye todos los credos que practicamos, las profesiones de fe que hacemos, las oraciones que repetimos, las acciones de gracias que leemos o decimos delante de Dios. Podemos alabar su nombre, y declarar su *misericordia para con los hijos de los hombres.*[1236] Podemos hablar de sus obras poderosas, y contar día tras día la historia de su salvación. *Acomodando lo espiritual a lo espiritual,*[1237] podemos enseñar qué significan los oráculos de Dios. Podemos explicar los misterios de su reino, *que habían estado ocultos desde los siglos y edades.*[1238] Podemos hablar *con lenguas angélicas*[1239] más que con lenguas humanas en lo concerniente a los asuntos de Dios. Podemos anunciar a los pecadores: *«He aquí el Cordero de Dios, que quita el pecado del mundo.»*[1240] Sí, podemos hacer todo esto con tal poder de Dios y tal demostración de su Espíritu que *salvemos muchas almas de la muerte,*[1241] y *cubramos multitud de pecados.*[1242] Sin embargo, es muy posible que todo esto no sea más que decir «¡Señor, Señor!» Después de haber predicado a otros con éxito, *yo mismo puedo ser eliminado.*[1243] Es posible que como instrumento de Dios arrebate muchas

---

[1236] Sal. 107.8,15,21,31.
[1237] 1 Co. 2.13.
[1238] Col. 1.26.
[1239] 1 Co. 13.1.
[1240] Jn. 1.29.
[1241] Stg. 5.20.
[1242] 1 P. 4.8.
[1243] 1 Co. 9.27.

almas del infierno, y después de haberlo hecho, yo mismo caiga en él. Puedo guiar a muchos al reino de los cielos y sin embargo, yo mismo nunca entrar en él. Estimado lector, si alguna vez Dios ha bendecido en tu alma la palabra que yo he predicado, pídele que tenga misericordia de mí, hombre pecador.[1244]

2. En segundo lugar, decir «¡Señor, Señor!» puede implicar no causar daño a nadie. Podemos abstenernos de todo pecado manifiesto, de toda clase de maldad exterior. Podemos abstenernos de toda acción o palabra que las Sagradas Escrituras prohíban. Podemos estar en condiciones de decir a quienes nos rodean: *«¿Quién de vosotros me redarguye de pecado?»*[1245] Podemos tener *una conciencia sin ofensa ante Dios y ante los hombres.*[1246] Podemos estar limpios de todo pecado, impureza e injusticia en cuanto a nuestros actos exteriores, o como el apóstol testifica de sí mismo: *«en cuanto a la justicia que es en la ley, irreprensible»,*[1247] (haciendo referencia a la justicia exterior), pero esto no significa que estemos justificados. Todo esto no es más que un decir «¡Señor, Señor!» Y si no vamos más allá, jamás entraremos en el reino de los cielos.

3. En tercer lugar, decir «¡Señor, Señor!» puede referirse a lo que habitualmente conocemos como buenas obras. Una persona puede participar de la Cena del Señor, escuchar numerosos sermones de excelente contenido, y no pasar por alto ninguna oportunidad de

---

[1244] Lc. 18.13.
[1245] Jn. 8.46.
[1246] Hch. 24.16.
[1247] Fil. 3.6.

cumplir con las demás ordenanzas de Dios. Puedo hacer el bien a mi prójimo, partir mi pan con el hambriento, y vestir al desnudo. Puedo ser tan celoso de realizar buenas obras hasta el punto de *repartir todos mis bienes para dar de comer a los pobres.*[1248] Es más, puedo hacer todo esto con el deseo de agradar a Dios y verdaderamente convencido de agradarle (tal es el caso de quienes nuestro Señor presenta diciéndole «¡Señor, Señor!»), y aun así, es posible que no tenga parte *en la gloria venidera.*[1249]

4. Si alguien se sorprende ante esto, debe admitir que es totalmente ajeno a la religión de Jesucristo y, en particular, a esta perfecta descripción de la misma que él expuso ante nosotros en este sermón. Porque ¡qué lejos está todo esto de *la justicia y santidad de la verdad*[1250] que él describe! ¡Qué enorme distancia lo separa de ese reino de los cielos interior que ahora es posible en el alma del creyente! Ese reino que primero se siembra en el corazón *como una semilla de mostaza, pero luego se hace árbol,*[1251] y en él crecen *todos los frutos de justicia,*[1252] toda buena cualidad y palabra y obra.

5. A pesar de haber afirmado esto con la misma frecuencia con que repitió que ninguno que no tuviera este reino dentro suyo entraría en el reino de los cielos, nuestro Señor sabía muy bien que muchos no aceptarían esto, razón por la cual lo reafirmó una vez

---

[1248] 1 Co. 13.3.
[1249] Ro. 8.18.
[1250] Ef. 4.24.
[1251] Mt. 13.31-32.
[1252] Fil. 1.11.

más. Dijo: *«Muchos* (no uno ni unos pocos; no se trata de un caso extraño, fuera de lo común) *me dirán en aquel día»*: No sólo hemos dicho nuestras oraciones; te hemos alabado, nos abstuvimos de todo mal y practicamos el bien, sino algo mucho más importante que esto: *«profetizamos en tu nombre. En tu nombre echamos fuera demonios, y en tu nombre hicimos muchos milagros».* «Hemos profetizado», dimos a conocer tu voluntad a toda la humanidad; mostramos a los pecadores el camino a la paz y a la gloria. Y esto lo hicimos «en tu nombre», según la verdad de tu evangelio. Y con tu autoridad, porque tú confirmaste la Palabra con el Espíritu Santo que enviaste desde el cielo. «En tu nombre», por el poder de tu Palabra y de tu Espíritu «echamos fuera demonios», fuera de las almas que durante mucho tiempo habían considerado como suyas, y de las cuales tenían completa e inalterable posesión. «Y en tu nombre», con tu poder, no con el nuestro, «hicimos muchos milagros», tanto que hasta *los muertos oyeron la voz del Hijo de Dios*[1253] hablando a través nuestro, y vivieron. *«Y entonces les declararé*, aun a estos, *«nunca os conocí».* No, no los conocí entonces, cuando echaban demonios en mi nombre. Ni siquiera entonces los reconocí como míos, porque sus corazones no eran rectos delante de Dios. Ustedes no eran mansos y humildes, no amaban a Dios y a la humanidad, *no estaban renovados conforme a la imagen de Dios.*[1254] Ustedes no son santos como yo soy santo.[1255] *«Apártense de mí»* todos ustedes,

---

[1253] Jn. 5.25.
[1254] Col. 3.10.
[1255] 1 P. 1.16.

porque a pesar de todo esto que dicen, son «*hacedores de maldad*» (*anomía*) son transgresores de mi ley, la ley del amor santo y perfecto.

6. Para colocar todo esto más allá de toda posibilidad de discusión, nuestro Señor lo confirma por medio de una comparación negativa. Dijo el Señor: *«Cualquiera que me oye estas palabras y no las hace, le compararé a un hombre insensato, que edificó su casa sobre la arena. Y descendió lluvia, y vinieron ríos, y soplaron vientos, y dieron con ímpetu contra aquella casa».* Como seguramente ocurrirá, tarde o temprano, en el alma de cada ser humano. Vendrán ríos de aflicción desde el exterior, o de tentación desde su interior; se levantarán tormentas de orgullo, enojo, miedo o deseo. *«Y cayó, y fue grande su ruina.»* Sucumbió para siempre. Así será la suerte de todos los que confían en cualquier otra cosa que no sea la religión anteriormente descrita. Y su caída será tanto más grande, puesto que *oyeron su palabra, pero no la hicieron.*

II.1. En segundo lugar, trataré de demostrar la sabiduría de quien *«edificó su casa sobre la roca».* Obviamente obra con sabiduría quien *hace la voluntad de su Padre que está en los cielos.* Es verdaderamente sabio aquel cuya *justicia es mayor que la de los escribas y fariseos,*[1256] aquel que es *pobre en espíritu,*[1257] quien se conoce a sí mismo *como fue conocido.*[1258] Es una persona capaz de ver y sentir todo su pecado, toda su culpa, hasta que queda limpio por la sangre redentora. Tiene conciencia de su condi-

---

[1256] Mt. 5.20.
[1257] Mt. 5.3.
[1258] 1 Co. 13.12.

ción pecadora, de que *la ira de Dios está sobre él,*[1259]1259 y de su total incapacidad de ayudarse a sí mismo hasta tanto su corazón se llene *de paz y gozo en el Espíritu Santo.*[1260]1260 Es manso y cordial, paciente con todos. Nunca *devuelve mal por mal, ni maldición por maldición, sino por el contrario, bendición,*[1261]1261 hasta que logra *vencer el mal con el bien.*[1262]1262 Su alma sólo *tiene sed de Dios, del Dios vivo,*[1263]1263 no anhela otra cosa sobre la tierra. Siente un amor entrañable hacia toda la humanidad y está dispuesto a dar su vida por sus enemigos. *Ama al Señor su Dios con todo su corazón, y con toda su alma, y con toda su mente.*[1264]1264 Sólo entrarán al reino de los cielos quienes en este espíritu *hagan bien a todos los hombres,*[1265] y quienes por esta causa *sean despreciados y desechados entre los hombres,*[1266] aquellos que aun odiados, rechazados y perseguidos *se gozan y se alegran,*[1267] sabiendo *en quién han creído,*[1268] y con la certeza de que *esta leve tribulación momentánea producirá en ellos eterno peso de gloria.*[1269]

2. ¡Una persona así es verdaderamente sabia! Se conoce a sí misma, sabe que es un espíritu eterno nacido de Dios, que descendió *para habitar una casa de barro;*[1270]

[1259] Jn. 3.36.

[1260] Ro. 14.17.

[1261] 1 P. 3.9.

[1262] Ro. 12.21.

[1263] Sal. 42.2.

[1264] Mr. 12.30.

[1265] Gá. 6.10.

[1266] Is. 53.3.

[1267] Mt. 5.12.

[1268] 2 Ti. 1.12.

[1269] 2 Co. 4.17.

[1270] Job 4.19.

no para hacer su voluntad, sino la voluntad del que lo envió.[1271] Sabe qué cosa es el mundo: un lugar donde pasará unos cuantos días o años, no como un habitante sino como un extranjero y peregrino camino a *las moradas eternas.*[1272] Utiliza este mundo, pero sin abusar de él porque sabe que *la apariencia de este mundo se pasa.*[1273] Conoce a Dios, su Padre y amigo, dador de todo bien, el centro del espíritu de toda carne, la única felicidad de todo ser inteligente. Puede ver con mayor claridad que el sol del mediodía cuál es la finalidad de todo ser humano: glorificar a quien lo hizo para sí, y amarlo y gozarse en él por siempre. Y con igual claridad ve cuál es el medio para alcanzar tal fin, para gozar de Dios en la gloria: conocer a Dios desde ahora, amarlo e imitarlo, y creer en Jesucristo *a quien él envió.*[1274]

3. Una persona así es sabia aun en opinión de Dios, porque «*edificó su casa sobre la roca*», sobre la roca de todos los tiempos, la roca eterna, Jesucristo el Señor. Y es justo llamarlo así, *porque no cambia.*[1275] El es *el mismo ayer, y hoy, y por los siglos.*[1276] De él dan testimonio el salmista de la antigüedad y el apóstol que cita sus palabras: «*Tú, oh Señor, en el principio fundaste la tierra, y los cielos son obra de tus manos. Ellos perecerán, mas tú permaneces; y todos ellos se envejecerán como una vestidura, y como un vestido los envolverás, y serán mudados; pero tú eres el mismo, y*

[1271] Jn. 6.38.
[1272] Lc.16.9.
[1273] 1 Co. 7.31.
[1274] Jn. 6.29.
[1275] Mal. 3.6.
[1276] He. 13.8.

tus años no acabarán.»[1277] Sabia, pues, la persona que edifica en él, que tiene a Dios como único fundamento; sabio quien sólo construye afirmándose en su sangre y su justicia, en lo que él ha hecho y sufrido por nosotros. Esta es la piedra angular sobre la cual basa toda su fe, y en ella descansa todo el peso de su alma. Ha aprendido a decir: «Señor, he pecado; merezco el infierno más profundo. Pero soy *justificado gratuitamente por tu gracia, mediante la redención que es en Cristo Jesús.*[1278] *Y la vida que ahora vivo, la vivo en la fe de aquel que me amó y se entregó a sí mismo por mí.»*[1279] «La vida que ahora vivo», es decir, una vida divina, celestial; una vida que *está escondida con Cristo en Dios.*[1280] Aun en la carne, ahora vivo una vida de amor, de amor puro hacia Dios y hacia los demás; una vida de santidad y felicidad, alabando a Dios y haciéndolo todo para su gloria.

4. Sin embargo que nadie piense que ya no tendrá que luchar, que estará libre de tentación. Dios aún ha de probar la gracia que le ha dado, lo probará como *oro en el fuego.*[1281] Será tentado tanto como los que no creen, tal vez más, porque Satanás no dejará de probar al máximo a aquellos a quienes no puede destruir. Así pues *descenderá la lluvia* con ímpetu, pero sólo en el tiempo y forma en que lo crea conveniente aquel cuyo *reino domina sobre todos,*[1282] y no el príncipe del poder del

---

[1277] He. 1.10-12 [Sal. 102.25-27].
[1278] Ro. 3.24.
[1279] Gá. 2.20.
[1280] Col. 3.3.
[1281] Ap. 3.18.
[1282] Sal. 103.19.

aire. *Vendrán ríos* o torrentes, se levantarán olas que bramarán enfurecidas, pero *el Señor que preside en el diluvio, y se sienta como rey para siempre*[1283] les dirá: «*Hasta aquí llegarán, y no pasarán adelante, y ahí parará el orgullo de sus olas*».[1284] *Soplarán vientos y golpearán contra aquella casa* como si quisieran derrumbar hasta los mismos cimientos. Pero no prevalecerán; no caerá porque está edificada sobre la roca. Quien construye por medio de la fe y el amor en Cristo, no será abatido. *No temerá aunque la tierra sea removida, y se traspasen los montes al corazón del mar; aunque bramen y se turben sus aguas, y tiemblen los montes a causa de su braveza.*[1285] No temerá porque *habita al abrigo del Altísimo y mora bajo la sombra del omnipotente.*[1286]

III.1. ¡Buena cosa sería que todo ser humano aplicara estas cosas a su propia vida, que examinara detenidamente si está edificando sobre una roca o sobre la arena! ¿Verdaderamente te has ocupado de preguntarte: ¿Cuál es el fundamento de *mi* esperanza? ¿En qué se basa mi expectativa de entrar al reino de los cielos? ¿No estaré construyendo en la arena? ¿No estaré confiando en mi *ortodoxia* o recta doctrina (la cual he llamado *fe* gracias a un abuso de palabras), en un conjunto de ideas que supuestamente son más racionales o más bíblicas que las que muchos otros tienen? ¡Esto sería una locura! Sería estar construyendo sobre la arena, o más bien ¡sobre la espuma del mar! También deberías preguntarte: ¿No estaré construyendo mi

---

[1283] Sal. 29.10.
[1284] Job. 38.11.
[1285] Sal. 46.2-3.
[1286] Sal. 91.1.

esperanza sobre algo que es incapaz de sostenerla? Tal vez sobre el hecho de que pertenezco «a una iglesia tan excelsa, reformada según el verdadero modelo de las Escrituras; bendecida con la más pura de las doctrinas, la liturgia más antigua y la forma de gobierno más apostólica». Indudablemente todas estas son razones para alabar a Dios, y son también ayudas en el camino a la santidad. Pero no son la santidad misma. Y separadas de ella, de nada valen. Por el contrario, me dejarán sin excusa y expuesto a mayor condenación. De modo que si fundo mi esperanza en esto, estoy construyendo sobre la arena.

2. No puedes, no debes, descansar sobre esto. ¿En qué otra cosa entonces fundarás tu esperanza de ser salvo? ¿En tu inocencia? ¿En el hecho de que no causas daño, de que no haces mal ni lastimas a nadie? Bien, supongamos que esto es cierto. Eres justo en todos tus tratos; eres verdaderamente honrado, le das a cada persona lo que le corresponde, no engañas ni extorsionas a nadie; eres equitativo con todas las demás personas. Tienes una conciencia limpia delante de Dios, no vives en ninguna situación de pecado conocida. Hasta aquí todo está muy bien, pero aún falta lo más importante. Puedes llegar hasta este punto y, sin embargo, nunca entrar en el reino de los cielos. Cuando una persona no hace ningún mal como consecuencia de la correcta aplicación de sus principios, está cumpliendo con la parte *menos importante* de la religión. Pero en el caso de ustedes ni siquiera surge de la correcta aplicación de un principio, por lo tanto no forma parte de la religión en absoluto. Así, pues, si fun-

dan su esperanza de salvación en esto, están edificando en la arena.

3. ¿Puedes alegar más cosas en tu favor? Además de no hacer nada malo tal vez cumplas con todas las ordenanzas de Dios: participas de la Cena del Señor, oras en público y en privado, practicas el ayuno, escuchas y escudriñas las Escrituras, y meditas sobre ellas. Todas estas cosas deberías haber hecho desde el momento en que decidiste seguir el camino que lleva al cielo. Sin embargo, todas estas cosas por sí solas carecen de valor. No valen nada si no están acompañadas de *lo más importante de la ley*.[1287] Precisamente esto es lo que ustedes han olvidado, o al menos no lo experimentan en sus vidas: la misericordia, la fe y el amor a Dios; la santidad de corazón; el cielo abierto en el alma. Por consiguiente, aún están edificando sobre la arena.

4. Por sobre todas las cosas, ¿eres celoso de buenas obras?[1288] ¿Haces bien a todos según tengas oportunidad?[1289] ¿Das de comer al hambriento, vistes al desnudo y visitas a los huérfanos y a las viudas en sus tribulaciones?[1290] ¿Visitas a los enfermos y a los que están en prisión? ¿Eres hospitalario con los extranjeros? Amigo, sube más arriba. [1291] ¿Profetizas en el nombre del Señor?[1292] ¿Predicas la verdad que está en

---

[1287] Mt. 23.23.
[1288] Tit. 2.14.
[1289] Gá. 6.10.
[1290] Stg. 1.27.
[1291] Lc. 14.10.
[1292] Mt. 7.22.

Jesús?[1293] ¿Su Espíritu guía tu palabra y la transforma en poder de Dios para salvación?[1294] ¿Puedes con su ayuda convertir a los pecadores de las tinieblas a la luz, y de la potestad de Satanás a Dios?[1295] Entonces ve y aprende aquello que con tanta frecuencia has enseñado a otros: Por gracia sois salvos por medio de la fe.[1296] Nos salvó, no por obras de justicia que nosotros hubiéramos hecho, sino por su misericordia. [1297] Aprende a colgar desnudo en la cruz de Cristo, estimando todas las cosas como pérdida y basura.[1298] Clama a él en el mismo espíritu en que lo hizo el ladrón moribundo,[1299] o la ramera de quien había expulsado siete demonios.[1300] De lo contrario, aún estarás edificando en la arena; y después de haber salvado a otros perderás tu propia alma.

5. ¡Señor, aumenta mi fe si ya soy creyente! Y si no lo soy, ¡dame fe aunque sólo sea *como un grano de mostaza*![1301] Pero, *¿de qué aprovechará si alguno dice que tiene fe, y no tiene obras? ¿Podrá la fe salvarle?*[1302] Ciertamente que no. La fe sin obras, la fe que no produce santidad interior y exterior, que no graba la imagen de Dios en nuestro corazón, *purificándonos así como él es puro;*[1303] la fe

---

[1293] Ef. 4.21.
[1294] Ro. 1.16.
[1295] Hch. 26.18.
[1296] Ef. 2.8.
[1297] Tit. 3.5.
[1298] Fil. 3.8.
[1299] Ver Lc. 23.42.
[1300] Ver Mr. 16.9.
[1301] Mt. 17.20.
[1302] Stg. 2.14.
[1303] 1 Jn. 3.3.

que no da como fruto la totalidad de la religión descrita en los capítulos anteriores, no es la fe del evangelio, no es la fe cristiana, no es la fe que lleva a la gloria. De todas las trampas que tiende el diablo, cuídate especialmente de ésta: confiar en una fe que no es santa y que no trae salvación. Si descansas confiado en esto, estás perdido para siempre; has edificado tu casa sobre la arena. Cuando *descienda la lluvia y vengan ríos* seguramente *caerá, y grande será su caída.*

6. Edifica, pues, sobre la roca. Por la gracia de Dios, conócete a ti mismo. Debes saber y sentir que *en maldad has sido formado, y en pecado te concibió tu madre,*[1304] que has acumulado pecado sobre pecado porque no has sido capaz de discernir el bien del mal.[1305] Reconoce que eres culpable y merecedor de muerte eterna, y abandona toda esperanza de poder llegar a salvarte a ti mismo. Deposita toda tu esperanza en ser limpio por su sangre y purificado por su Espíritu *porque él mismo llevó nuestros pecados en su cuerpo sobre el madero.*[1306] Y si reconoces que él quitó tu pecado, entonces, con mucha más razón, humíllate delante de él sintiendo tu total dependencia hacia él para todo buen pensamiento, palabra y obra, y tu absoluta incapacidad de hacer el bien a menos que él *te riegue a cada momento.*[1307]

7. Ahora llora por tus pecados, y laméntate hasta que Dios convierta tus penas en alegría.[1308] Y aún en-

---

[1304] Sal. 51.5.
[1305] Ver He. 5.14.
[1306] 1 P. 2.24.
[1307] Is. 27.3.
[1308] Ver Stg. 4.9.

tonces *llora con los que lloran*,[1309] y por quienes no lloran. Laméntate por el pecado y la miseria de la humanidad. Ve, justo ante tus ojos, el inmenso océano de la eternidad, sin fondo ni orilla, que ya ha devorado millones de personas, y está listo para devorar a los que quedan. Mira, aquí la *casa de Dios, eterna en los cielos*;[1310] allí, *el infierno y la destrucción al descubierto, sin cobertura*.[1311] En consecuencia, aprende a valorar cada instante, que apenas es ¡y ya se fue para siempre!

8. Añade a tu responsabilidad la mansedumbre que da la sabiduría. Mantén todas tus pasiones controladas por igual, pero especialmente el enojo, la tristeza y el miedo. Acepta con serenidad la voluntad del Señor. *Aprende a contentarte, cualquiera sea tu situación*.[1312] Sé manso con los buenos, *amable para con todos*,[1313] pero especialmente con los malvados y desagradecidos. No sólo debes cuidarte de no manifestar tu enojo diciendo a tu hermano «*necio*» o «*fatuo*», sino de todo sentimiento contrario al amor, aunque no salga del corazón. Siente enojo ante el pecado porque es una afrenta a la majestad del cielo, pero ama al pecador, como hizo nuestro Señor con los fariseos cuando *miró a su alrededor con enojo, entristecido por la dureza de sus corazones*.[1314] Estaba triste por los pecadores, enojado contra el pecado. Así que, *enójate, pero no peques*.[1315]

[1309] Ro. 12.15.
[1310] 2 Co. 5.1.
[1311] Job 26.6.
[1312] Fil. 4.11.
[1313] 2 Ti. 2.24.
[1314] Mr. 3.5.
[1315] Ef. 4.26.

9. Siente hambre y sed, *no de la comida que perece, sino por la comida que a vida eterna permanece.*[1316] Siente desprecio por el mundo y por las cosas del mundo--toda riqueza, honor y placer. ¿Qué significa el mundo para ti? *Deja que los muertos entierren a sus muertos.*[1317] Tú continúa tratando de alcanzar la imagen de Dios. Y si ya sientes en tu alma esa sed bendita, no intentes aplacarla con lo que vulgarmente se denomina «religión» y no es más que una farsa lamentable y sin brillo, una mera formalidad, una manifestación puramente exterior que nos deja el corazón aprisionado en el polvo, tan *terrenal y animal*[1318] como siempre. No dejes que nada te satisfaga sino el poder de la piedad de una religión que es vida y espíritu; morar en Dios y que Dios more en ti, ser habitante de la eternidad; *penetrar hasta dentro del velo*[1319] por medio de *la sangre rociada,*[1320] y *sentarnos en los lugares celestiales con Cristo Jesús.*[1321]

10. Ahora, sabiendo que todo lo puedes en Cristo que te fortalece,[1322] sé misericordioso como también tu Padre es misericordioso.[1323] Ama a tu prójimo como a ti mismo.[1324] Ama a tus amigos y enemigos como a tu propia alma; que tu amor sea sufrido y paciente para

---

[1316] Jn. 6.27.
[1317] Mt. 8.22.
[1318] Stg. 3.15.
[1319] He. 6.19.
[1320] He. 12.24.
[1321] Ef. 2.6.
[1322] Fil. 4.13.
[1323] Lc. 6.36.
[1324] Lv. 19.18.

con todos,[1325] que sea bondadoso, afable, benigno, inspirando en ti la mayor cordialidad, y el afecto más tierno y ferviente. Un amor que se goza de la verdad,[1326] dondequiera ésta se encuentre, la verdad que es conforme a la piedad.[1327] Disfruta todo cuanto sea para la gloria de Dios y promueva la paz y la buena voluntad entre los seres humanos. «Cubre todas las cosas» con tu amor, no digas nada malo acerca de los muertos o los ausentes; cree todo aquello que pueda de alguna manera ayudar a la buena reputación de tu prójimo; espera siempre lo mejor en favor suyo. Sopórtalo todo y así triunfarás sobre toda oposición, porque el verdadero amor nunca deja de ser,[1328] ni este tiempo ni en la eternidad.

11. Ahora, pues, sé limpio de corazón, purificado de todo sentimiento impuro por medio de la fe, *limpiándote de toda contaminación de carne y de espíritu, perfeccionando la santidad en el temor de Dios.*[1329] El poder de su gracia te purificará, y por una profunda pobreza de espíritu quedarás limpio de toda soberbia; por la mansedumbre y la misericordia quedarás limpio de toda ira o pasión indigna; quedarás limpio de todo deseo que no sea el de agradar a Dios, gozarte en él y *sentir hambre y sed de su justicia.*[1330] Ahora *ama al Señor tu Dios con todo tu corazón y con todas tus fuerzas.*[1331]

[1325] 1 Ts. 5.14.
[1326] 1 Co. 13.6.
[1327] Ver 1 Ti. 6.3.
[1328] 1 Co. 13.7-8.
[1329] 2 Co. 7.1.
[1330] Mt. 5.6.
[1331] Mr. 12.30.

12. En una palabra, que tu religión sea la religión del corazón, que esté profundamente arraigada en lo más íntimo de tu alma. Considérate pequeño y bajo, vil y mezquino más de lo que se puede expresar con palabras, sintiendo humillación y admiración ante *el amor de Dios que es en Cristo Jesús.*[1332] Toma las cosas con seriedad. Que todos tus pensamientos, palabras y acciones surjan de una convicción profunda de que estás parado en el borde del abismo, tú y todos los humanos, listos a caer en la gloria eterna o en el fuego eterno.[1333] Deja que tu alma se llene de serenidad, amabilidad, paciencia y tolerancia para con todas las personas, al mismo tiempo que todo tu ser *siente sed de Dios, del Dios vivo,*[1334] anhelando despertar en su imagen y contentarte con ello. Sé un amante de Dios y de toda la humanidad. En este espíritu debes hacer y soportar todas las cosas. Así muestras tu fe a través de tus obras: *haciendo la voluntad de tu padre que está en los cielos.*[1335] Y tan cierto como ahora caminas con Dios sobre la tierra, así también reinarás con él en la gloria.

[1332] Ro. 8.39.
[1333] Ver Is. 33.14.
[1334] Sal. 42.2.
[1335] Mt. 7.21; 12.50.

Comentario del Sermón 33
Sobre el sermón de nuestro Señor en la montaña
Decimotercer Discurso
Mateo 7:21-27

La confianza es una roca sobre la que puedes edificar.

Richard Rohr

Franciscano y director espiritual

Cuando estaba en la escuela secundaria, alrededor del año 1969, encontré una roca en un arroyo cerca de nuestra casa en Annville, Pennsylvania. El arroyo estaba en un bosque donde casi todos los días después de la escuela iba a jugar, generalmente solo. Incluso descubrí una pequeña cueva en esos bosques. Le conté a mi padre sobre la roca. Era una gran roca caliza, de aproximadamente 1.2 metros de largo y 0.6 metros de ancho en su punto más ancho. Tenía un agujero "perfecto" en la parte media superior, en una parte más gruesa de la roca. Una hermosa roca con gran carácter. Mi padre fue conmigo a verla y diseñamos un plan para llevarla a casa. Lo logramos con una combinación de carretilla, cuerda y hacerla girar una y otra vez.

En el jardín delantero de nuestra casa, colocamos la parte inferior, para que la mayoría de la roca con el agujero al centro, fuera visible para todos los que pasaran. Al lado de la roca plantamos bambú. Mi padre la apodó la "Roca Dag Hammarskjöld".

Dag Hammarskjöld fue un economista y diplomático sueco que fungió como segundo Secretario General de las

Naciones Unidas. Fue la persona más joven en tener el cargo; tenía 47 años cuando fue nombrado. Su segundo periodo en el cargo fue truncado cuando murió en setiembre de 1961 en un accidente aéreo en el Congo mientras iba a negociar un cese de fuego durante un tiempo de crisis.

En la sede de las Naciones Unidas en la ciudad de Nueva York hay una sala llamada la Sala de Meditación. En el centro de esta sala, Dag Hammarskjöld, en 1957, encargó la construcción de un altar negro hecho de mineral de hierro llamado la "Piedra de la Luz". La gran piedra negra, de aproximadamente 1.2 metros de altura, es un imán natural que emite ondas magnéticas y está pulida en la parte superior para que produzca una placa de luces diminutas que brillan como miles de millones de pequeñas estrellas. La piedra va directamente al lecho de roca debajo del piso de la sala. La sala está tenuemente iluminada con solo un pequeño haz de luz proveniente del techo y que brilla sobre la piedra. Dag Hammarskjöld describió esta piedra central como "el símbolo del dios de todos".

Hammarskjöld escribió el siguiente texto para ser distribuido a los visitantes de la Sala de Meditación:

"Todos tenemos dentro de nosotros un centro de quietud rodeado de silencio.

Esta casa, dedicada al trabajo y al debate al servicio de la paz, debe tener una sala dedicada al silencio en el sentido externo y la quietud en el sentido interno.

El objetivo ha sido crear en esta pequeña sala un lugar donde las puertas puedan abrirse a las infinitas tierras del pensamiento y la oración.

Aquí se encontrarán personas de muchas confesiones y por esa razón ninguno de los símbolos a los que estamos acostumbrados en nuestra meditación podría usarse.

Sin embargo, hay cosas simples que nos hablan a todos con el mismo idioma. Hemos buscado tales cosas y creemos que las hemos encontrado en el haz de luz que golpea la superficie brillante de la roca sólida.

Así, en el centro de la sala, vemos un símbolo de cómo, diariamente, la luz de los cielos da vida a la tierra en la que nos encontramos, un símbolo para muchos de nosotros de cómo la luz del espíritu da vida a la materia.

Pero la piedra en el centro de la sala tiene más que contarnos. Podemos verla como un altar, vacío, no porque no haya Dios, no porque sea un altar a un dios desconocido, sino porque está dedicado al Dios a quien el hombre adora bajo muchos nombres y en muchas formas.

La piedra en el centro de la sala nos recuerda también lo firme y permanente de un mundo de movimiento y cambio. El bloque de mineral de hierro tiene el peso y la solidez de lo eterno. Es un recordatorio de esa piedra angular de la resistencia y la fe en las que deben basarse todos los esfuerzos humanos.

El material de la piedra lleva nuestros pensamientos a la necesidad de elegir entre destrucción y construcción, entre guerra y paz. Del hierro el hombre ha forjado sus espadas, del hierro también ha hecho sus arados. Del hierro ha construido tanques, pero del hierro también ha construido casas para el hombre. El bloque de mineral de hierro es parte de la riqueza que hemos heredado en esta tierra nuestra. ¿Cómo vamos a usarlo?

El haz de luz golpea la piedra en una sala de absoluta simplicidad. No hay otros símbolos, no hay nada que distraiga nuestra atención o interrumpa la quietud dentro de nosotros mismos.

Cuando nuestros ojos se desplazan desde estos símbolos a la pared frontal, se encuentran con un patrón simple que abre la habitación a la armonía, la libertad y el equilibrio del espacio.

Hay un antiguo refrán que dice que el significado de un recipiente no está en su cubierta sino en el vacío. Así es con esta sala. Es para que aquellos que vienen aquí llenen el vacío con lo que encuentran en su centro de quietud."

Mientras mi padre enseñaba en Lebanon Valley College, llevó grupos de estudiantes a la sede de las Naciones Unidas para aprender sobre la construcción de la paz y experimentar la importancia del trabajo de las Naciones Unidas. Me llevó en uno de esos viajes y fue una experiencia muy memorable. No es de extrañar que mi padre llamara a esa roca que colocamos en el patio, la Roca Dag Hammarskjöld. Aunque era piedra caliza y no de mineral de hierro, tenía para él una similitud con la Piedra de la Luz y a través del agujero en esa roca, la luz a menudo brillaba. Y todavía lo hace. Esa roca está ahora en nuestro patio en Lake Gaston, Carolina del Norte, donde ha estado durante unos 35 años, como un faro de paz y recordándome de ese día en que mi padre y yo erigimos esa roca con un propósito simbólico. Espero que permanezca cerca de mí cuando me entierren.

El cierre que hace nuestro Señor al Sermón de la montaña, como se registra en Mateo 7:21-27, se centra en la roca y los sabios que construyen sobre ella. "Descendió la lluvia, y vinieron ríos, y soplaron vientos, y golpearon contra aquella casa; y no cayó, porque estaba fundada sobre la roca". Cristo es la roca en quien confiamos. Y esa Roca es nuestra paz.

En este último discurso, el Decimotercer Discurso, Wesley afirma que aquí nuestro Señor concluye "todas las ordenanzas de Dios con respecto al camino de la salvación", con "palabras tan profundas"; dando a entender con esto, con palabras muy poderosas. Jesús pone gran autoridad en el Sermón de la montaña y explica claramente su mensaje al comparar al insensato que construye su casa sobre la arena con la persona sabia que construye sobre la roca.

El que construye sobre la arena puede consentir la religión verbal, confesar los credos y estar de acuerdo con las doctrinas de la iglesia. Esta persona puede profesar fe en Cristo, orar y proclamar la salvación de Dios; incluso puede explicar los misterios del reino de Dios y hablar con la lengua de los ángeles; incluso puede traer a otros a la fe; incluso puede abstenerse del mal y la maldad externa; incluso puede guardar todas las ordenanzas de la iglesia, asistir al culto regularmente, asistir a la Cena del Señor; incluso puede alimentar a los hambrientos y visitar a los encarcelados; pero, a pesar de todas estas cosas, éste aún puede estar destituido de la gloria de Dios, porque este no tiene el reino de los cielos en su interior . . . no ha sido renovado a imagen de Dios.

La persona sabia que construye sobre roca tiene una religión interna del corazón. La religión interna del corazón surge de la pobreza de espíritu, la profunda humildad que sabe que uno es totalmente incapaz de "ayudarse a sí mismo hasta tanto su corazón esté lleno de paz y gozo en el Espíritu Santo". Esta alma no tiene sed de nada en la tierra, excepto del Dios vivo. Esta persona ama a Dios con todo su corazón, mente, alma y fuerza. Esta persona sabia que construye sobre la roca sabe que todo el propósito de la vida es conocer a Dios, glorificarlo, amarlo y creer en Jesucristo a quien envió, imitándolo. En esto existe una vida de santidad y felicidad.

Esto no significa que la persona sabia no sea tentada. La persona sabia continuará siendo tentada mientras esté en esta tierra, quizás aún más que la persona que no conoce a Dios. Los vientos soplarán y golpearán su casa. Pero debido al fundamento en Cristo, la persona sabia puede prevalecer. Ésta "producirá santidad interior y exterior", obras de piedad y de misericordia, con total dependencia de Dios. Porque sabe que todo es posible por medio de Cristo que lo fortalece.

Wesley dice, "que tu religión sea la religión del corazón, que esté profundamente arraigada en lo más íntimo de tu alma".

Nueve años después de la muerte de Juan Wesley, en 1791, nació Edward Mote. Mote estaba en una categoría inusual para un escritor de himnos de la iglesia cristiana. Creció sin padres religiosos, quienes, de hecho, eran dueños de tabernas en una ciudad cerca de Londres, Inglaterra. Mote llegó a ser ebanista, sin embargo, tuvo algunas experiencias religiosas que lo llevaron a convertirse en ministro bautista a la edad de 55 años. Escribió muchos himnos, incluido uno titulado 'Mi esperanza firme está".* Este himno se basa en Mateo 7:24-27. Mote escribió estas palabras:

Mi esperanza firme está en la justicia de Jesús;
Y mis pecados borrará el sacrificio de la cruz.
Jesús será mi protección, la roca de mi salvación.

Mi padre conocía muy íntimamente la roca sólida que era Cristo. Su vida fue edificada sobre ese fundamento santo y eterno. Quizás esa es otra razón por la que se sentía tan atraído por la roca Dag Hammarskjöld. Y tal vez el agujero en el medio era una señal para él del amor eterno de Dios, un círculo sin fin.

Mi padre disfrutó mucho la expresión de la fe cristiana a través del canto y ciertamente el anterior himno de Edward Mote fue especial para él. A menudo cantaba "de memoria", sin abrir el himnario. Sobre todo, apreciaba profundamente los himnos de Carlos Wesley. Deseó que se cantara el himno de Wesley, "Solo excelso, amor divino",[**] en su funeral. Si bien hay tantas palabras en ese himno que podrían aplicarse a mi padre, creo que las palabras que lo dicen mejor son estas: "Amor divino . . . fija en nos tu hogar humilde . . . llévanos de gloria en gloria, a la celestial mansión, y ante ti allí postrados, te rindamos devoción".

Sé sin lugar a dudas que mi padre continúa cantando las alabanzas de Dios y viviendo el Sermón de la montaña de nuestro Señor, en la montaña celestial de arriba. A Dios sea la gloria.

---

[*] *Mil voces para celebrar, Himnario Metodista,* Abingdon Press, 1996. Himno #261.

[**] *Los Himnos de Carlos Wesley: Un corazón para adorar a Dios*, Wesley Heritage Foundation/Instituto de Estudios Wesleyanos, 2019. "Solo excelso, amor divino", traducción de Elida G. Falcón.

Apéndice 1
Obituario de Lewis Elbert Wethington
Nació el 1 de junio de 1922
Murió el 3 de marzo de 2019

Lewis Elbert Wethington, de 96 años, murió pacíficamente el 3 de marzo de 2019, lleno del amor de Cristo y de la confiada seguridad de compartir en la vida de resurrección de Cristo. A su lado siempre estuvo su esposa Lois, muy amorosa y fiel, que le apoyó en su vida y su trabajo durante sus 73 años de matrimonio, además de ser su compasiva cuidadora durante los últimos siete años de su demencia progresiva.

Elbert nació el 1 de junio de 1922 en el condado de Onslow, Carolina del Norte. Fue dotado por Dios con una mente brillante y una energía ilimitada. Fue hijo de Ola Riggs y Claude W. Wethington y el quinto de diez hijos. Su hermana menor, Helen Bunton de Winston Salem, es su única hermana sobreviviente.

Elbert creció en Pike Street en Durham, asistió a la Escuela Primaria de Lakewood y a la Escuela Secundaria de Durham, donde conoció a Lois en la orquesta de la escuela. Frecuentemente se ofrecía para "afinar" el violín de Lois, aunque él tocaba el corno francés. Mientras crecía en Durham a la edad de 6 años, un constructor le pagaba 5 centavos por limpiar 100 ladrillos al día, trabajó en un camión de leche de los 12 a los 15 años y luego entregaba el periódico de Durham de los 15 a los 18 años, y también trabajó en una tienda de comestibles. Durante su último año de secundaria, en 1941, participó en la obra musical y también ganó el campeonato estatal de lucha libre en su categoría de peso de 145 libras.

Elbert era miembro de la Tropa 11 de Boy Scouts, patrocinada por la Clase Bíblica de Hombres de la Iglesia Bautista del Templo, y en 1940 fue la segunda persona en Durham en recibir el rango de Scout Águila.

Elbert asistió al Wake Forest College (ahora Universidad) y fue elegido miembro del Phi Beta Kappa, se desempeñó como Presidente del Consejo de la Unión de Estudiantes Bautistas, recibió membresía honoraria en *Who's Who in American Universities and Colleges* (Quién es quién en las Universidades Estadounidenses) y se graduó en 1944 con un título de Bachillerato en Artes.

El 21 de noviembre de 1945, Elbert y Lois Ruppenthal se casaron en la Capilla de la Universidad de Duke. Fueron la decimotercera pareja en casarse allí. Juntos y por la gracia de Dios, construyeron una vida de servicio cristiano y dedicación a la familia. En el momento en que se casaron, Elbert era estudiante en la Escuela de Divinidades de Duke y se graduó en la primavera de 1946. Lois recibió su título de Bachillerato en Artes de la Facultad de Mujeres de la Universidad de Duke en enero de 1946.

Elbert recibió licencia para predicar en octubre de 1941 y luego fue ordenado el 14 de octubre de 1945 en la Iglesia Bautista de Lakewood, donde era miembro. Por un tiempo sirvió como pastor suplente en la Iglesia Bautista Lowes Grove.

Elbert recibió su grado de doctorado (Ph.D.) por parte de la Universidad de Duke, del Departamento de

Posgrado en Religión, en junio de 1949. Su disertación se tituló *"El papel de la naturaleza y la gracia en la concepción de la salvación de Fenelon"*.

Su primer puesto docente fue en 1949 en el Bucknell College en Lewisburg, PA, donde recibió diez cursos para enseñar, ¡una gran preparación para toda una vida de enseñanza! En 1951 aceptó un puesto docente como profesor asistente en la Escuela de Pregrado de la Universidad de Duke.

Mientras enseñaba en Duke, Elbert fue recibido en 1954 como Presbítero en la Iglesia Metodista y ese mismo año él y Lois respondieron a un llamado de la Junta de Misión Metodista para enseñar en el Seminario Teológico Unión en Manila, Filipinas, durante cuatro años. Poco después de que él, Lois y sus tres hijos llegaron a Manila, también se le pidió a Elbert que formara parte de la Junta del Hospital Metodista Mary Johnston y que hiciera planes para reconstruir su Escuela de Enfermería que había sufrido graves daños durante la Segunda Guerra Mundial. También enseñó y predicó en toda Filipinas, incluso a los Negritos en las montañas de Luzón. También viajó a varios países del este y sudeste asiático.

Durante su primer mandato en Filipinas, publicó *Seekers of the Way* (Buscadores del camino) y *Preaching through the Church Year* (Predicando a lo largo del año eclesiástico), siendo este último una de las primeras presentaciones académicas de la predicación del año litúrgico.

Al final de su mandato de cuatro años en Filipinas, Elbert, Lois y sus tres hijos pequeños viajaron durante ocho semanas en Asia, Oriente Medio y Europa, antes de regresar a los Estados Unidos para un período de licencia. Durante ese período de licencia de Filipinas en 1959, Elbert enseñó en la Escuela de Divinidades de Duke (*Duke Divinity School*) y pasó un tiempo en Fayetteville, Carolina del Norte, donde preparó el primer plan de estudios y catálogo para el recién creado *Methodist College*, hoy Universidad Metodista. En este momento trabajó con el Dr. Stacy Weaver, recién nombrado Presidente de la universidad.

En 1960, Elbert, con Lois y la familia, respondió a una solicitud para regresar al Seminario Teológico Unión en Manila. Allí permanecieron hasta 1963 cuando aceptó una invitación para regresar a los Estados Unidos y enseñar en el Lebanon Valley College en Annville, PA. Durante sus 20 años en LVC, enseñó y predicó ampliamente, y también sirvió una gran parte de ese tiempo como Director del Departamento de Religión.

Elbert fue un teólogo cristiano que siguió fielmente la vida y el ministerio de Jesús el Cristo. En su vida y vocación, fue un fuerte activista político y un defensor de la justicia de Dios, incluso sirvió como consejero para aquellos que buscaban la objeción de conciencia durante la Guerra de Vietnam. Fue un erudito excepcional y profesor de teología cristiana, de la Biblia y de las religiones mundiales. Incluso en tiempos recientes, algunos de sus estudiantes de años pasados se han mantenido en contacto con él, agradecidos por su devoción y cuidado.

Al retirarse de LVC en 1983, Elbert y Lois se mudaron a Oriental, Carolina del Norte, donde pronto se volvió muy activo. Fue responsable de reactivar el

Ministerium del Condado y un Comité Interracial del Condado. Presidió la primera y varias otras celebraciones anuales y programas educativos para conmemorar al reverendo Dr. Martin Luther King, Jr. Elbert también formó parte de una delegación a Rusia patrocinada por el Concilio de Iglesias de Carolina del Norte y pasó un tiempo considerable hablando a las iglesias de Carolina del Norte sobre la iglesia en Rusia. En 1990 - 1991 se le pidió que fuera profesor visitante en *Lenoir-Rhyne College* en Hickory, Carolina del Norte.

Elbert y Lois regresaron a Durham en 1991, pero él no estaba listo para la jubilación. Elbert y Lois fundaron la *Wesley Heritage Foundation, Inc.*, una organización sin fines de lucro para promover el pensamiento, la espiritualidad y la práctica de la tradición wesleyana entre los hablantes de español. Se desempeñó como el primer presidente de la Fundación durante 15 años. El primer gran proyecto de WHF fue la traducción, publicación y distribución de las *Obras de Wesley* en español, en catorce volúmenes. Este proyecto ha tenido un gran impacto en las iglesias wesleyanas de todo el continente americano, incluida Cuba, a las que se enviaron algunos de los primeros juegos de estas obras. Debido a esta contribución única y en reconocimiento a su ministerio cristiano de toda la vida, en 2010 Elbert recibió el premio de Alumno Distinguido de la Escuela de Divinidades de Duke (Duke Divinity School).

Desde 2012, Elbert y Lois han residido en la comunidad de jubilados de Croasdaile Village en Durham.

Elbert es sobrevivido por su amada esposa, Lois, quien lo cuidó muy fiel y compasivamente durante sus últimos años de demencia. También le sobreviven sus hijos: Olin (Nadine), Joyce (Rick) y Mark (Beth), así como 8 nietos y 5 bisnietos. Elbert amaba a su familia y siempre estuvo interesado e involucrado en sus actividades. Empujó los límites para promover el cambio y alentó a sus hijos y nietos a hacer lo mismo. Él era un ávido jardinero y su patio trasero en Pensilvania estaba lleno de árboles frutales enanos que cuidaba con ternura. A lo largo de los años, disfrutó del tenis, el ping pong, caminar, nadar y bucear, e hizo esquí acuático por primera vez a los 66 años. Aprendió a tocar el violonchelo a los 83 años.

La familia está muy agradecida con muchos amigos y personal de la Villa de Retiro de Croasdaile (*Croasdaile Retirement Village*). La familia agradece especialmente a *Croasdaile Village Home Health* por su atención, amor y apoyo las 24 horas del día en los últimos años. La familia también está muy agradecida con *Duke Home Health and Hospice* por su atención compasiva hacia Elbert durante su desafío con la demencia, y también por su cuidado extendido hacia Lois como su fiel cuidadora. Agradecemos especialmente a Rebecca Poe, quien como enfermera de hospicio brindó una atención muy cercana y compasiva a Elbert.

Se llevará a cabo un servicio de Muerte y Resurrección en la Capilla Few en la Villa de Retiro de Croasdaile (*Croasdaile Retirement Village*) el sábado 9 de marzo a la 1 pm. El entierro se hará seguidamente en el cementerio de Maplewood.

La familia solicita cualquier contribución en memoria de Elbert se haga a la Wesley Heritage Foundation, Inc., la organización sin fines de lucro que Elbert y Lois establecieron en su retiro para compartir el pensamiento y la espiritualidad del avivamiento wesleyano entre los hispanohablantes. Las contribuciones se pueden enviar a WHF, PO Box 76, Henrico, NC 27842 USA

Apéndice 2
Lewis Elbert Wethington
Un mensaje de resurrección 9 de marzo, 2019
Predicado por Mark W. Wethington

Pasaje del Evangelio: Juan 11:17-27

Oremos:

Oh Dios de gracia y gloria, recordamos ante ti en este día a tu hijo Elbert. Te agradecemos que nos lo hayas dado a nosotros, su familia y amigos, para conocerlo y amarlo como compañero en nuestro peregrinaje terrenal. En tu infinita compasión, consuélanos a quienes estamos de luto. Danos fe para ver en la muerte la puerta de la vida eterna, para que en tranquila confianza podamos continuar nuestra marcha en la tierra, hasta que, por tu llamado, nos reunamos con aquellos que nos han precedido. Dios Todopoderoso, cuyo amor nunca falla y que puedes convertir la sombra de la muerte en un amanecer: ayúdanos a recibir tu palabra con corazones creyentes, para que, al escuchar las promesas de las Escrituras, tengamos esperanza y seamos llevados de la oscuridad a la luz y a la paz de tu presencia; por Jesucristo nuestro Señor. Amén.

Damos gracias por esta reunión del pueblo santo de Dios mientras adoramos juntos, recordamos y damos gracias a Dios por la vida y ministerio de Lewis Elbert Wethington. No puedo ofrecer ninguna disculpa por llamar a este amado hombre "papá", ya que con menos frecuencia usaré su nombre "Elbert".

A partir de la lectura de hoy del Evangelio de Juan, sabemos que nuestro Señor Jesús fue capaz de realizar todo tipo de milagros que cambiaron vidas humanas; pero el milagro más grande de todos es el don que nos cambia de lo que es terrenal y temporal a lo que es eterno; tanto en esta vida como en la vida venidera. Jesús dijo: "Yo soy la resurrección y la vida; el que cree en mí, aunque esté muerto, vivirá. Y todo aquel que vive y cree en mí, no morirá eternamente". A Elbert se le ha dado el don de la vida de resurrección.

Papá murió el domingo 3 de marzo, que en el calendario litúrgico cristiano era el último domingo de Epifanía, el Domingo de la Transfiguración, la afirmación de la gloria de Cristo en la estación de la luz. Esa tarde, poco después de las 5, papá recibió su transfiguración final. En palabras de Carlos Wesley, 'somos' "transformados de gloria en gloria". . . hasta que en el "cielo" Elbert Lewis Wethington tomó su "lugar. . . absorto en asombro, amor y alabanza". Esta gran expresión fue la proclamación de Wesley de la gracia santificadora y perfeccionadora de Dios, que en la muerte y la resurrección es un don divino para Elbert en su totalidad.

En los últimos años, mi padre había escrito una declaración en su instrucción de voluntad médica que mi madre desea compartir porque expresa el corazón de la profunda fe de mi padre. Él escribió estas palabras de su propio puño y letra: "Como discípulo de Cristo, acepto la muerte como una porción bendita del propósito de Dios en la creación. La prolongación artificial del proceso de muerte es inconsistente con el diseño de Dios. La muerte cristiana no es sumisión a un destino inevitable, sino la anticipación confiada de

compartir la resurrección de Cristo en la nueva creación de Dios y el gozo eterno de la comunidad de
Dios".

Expreso mi gratitud a muchas personas que cuidaron de papá muy amorosa y compasivamente, especialmente durante los últimos años de su enfermedad.
Me es imposible nombrar a todos: esta comunidad de
Croasdaile, el Hospicio Duke, personal médico, cape-
llanes, pastores, amigos y familiares. Expreso mi gratitud a mis hermanos, a Olin y Joyce, a sus familias y a
todos los nietos y bisnietos que ofrecieron a su manera
un cuidado compasivo para nuestro padre en sus años
de deterioro de la salud. Expreso mi gratitud a mi esposa, Beth, quien dedicó una enorme cantidad de tiempo
y energía a mis padres de una manera desinteresada y
que los acogió como sus propios padres. A nuestra
madre, Lois,. . . las palabras nunca pueden expresar su
incansable devoción a su esposo, no solo durante tres
cuartos de siglo de vida, amor y ministerio compartidos,
sino particularmente durante estos últimos años desa-
fiantes. Mamá no podría haber sido más fiel a papá.
Ella le dio todo a él, todo lo que tenía, mientras acom-
pañaba a Papá gentil, amorosa y compasivamente al
don de la vida eterna. Expresamos nuestra más profunda gratitud y amor a nuestra madre.

Papá tuvo una batalla larga y bien librada contra el
lento deterioro causado por la demencia. Para un
hombre que era tan brillante como él, la demencia le
quitó gran parte del conocimiento que había adquirido
y desarrollado durante muchos años como estudiante
y profesor de filosofía y teología cristiana. Si bien la

demencia reclamó parte de su capacidad mental, fue incapaz de despojarlo de su profunda fe en Cristo y la presencia viva de Cristo en su interior. Es parte de la vida que ninguna enfermedad puede tocar. A medida que avanzaba la demencia y Papá tenía problemas para recordar un nombre o pensamientos que tanto deseaba expresar, su enfermedad no pudo privarlo de sus hábitos santos de fe, especialmente su oración.

Una de las citas más queridas de Papá era de Carlos Wesley, que era esta: "Unid al par por tanto tiempo desunido, el conocimiento y la piedad vital". Mi padre vivió esta expresión wesleyana de que el conocimiento y la piedad vital no deberían separarse porque uno informa al otro. Sin embargo, papá también entendió por qué Wesley no modificó el conocimiento sino que modificó la piedad con la palabra "vital". Es porque la piedad, los "ojos del corazón", sabe más que la mente humana. La mente puede ser engañosa, pero hay una verdad en el corazón que la mente nunca puede conocer. Papá es un gran testigo de esta verdad: que las enfermedades de este mundo pueden robarnos el conocimiento, pero nunca pueden robarnos la fe.

La profunda fe de Papá lo llevó suavemente a los brazos amorosos de su Señor. Al saber esta verdad, nuestro regocijo es mucho mayor que nuestro duelo.

En la vida de Papá, él desarrolló un hábito de santidad, una forma de vida que se encuentra en el corazón de la fe cristiana, y que está tan vívida y concretamente arraigada en la tradición espiritual y teológica wesleyana que él abrazó fervientemente. El hábito de la santidad quedó tan profundamente arraigado en el

ADN de Papá que continuó sin interrupción hasta el final de su vida. Incluso cuando no podía elegir hacerlo conscientemente, el hábito de la santidad persistía. Papá continuó haciendo y dando testimonio de lo que, por la gracia de Dios, él se había convertido en esta vida, incluso en medio de cualquier confusión mental causada por su enfermedad. Una vida de devoción, expresada especialmente en su vida de oración, se convirtió en la parte definitoria de quién era Papá. La devoción a Cristo no era algo que hacía Papá, era algo que definía quién era Papá. Bebió de la santidad de Cristo incluso en el valle de la sombra de muerte. En particular, tenía un reflejo de oración que nunca lo abandonó.

La última vez que recuerdo a Papá orando fue cuando nos sentamos juntos a la mesa en el apartamento de papá y mamá aquí en Croasdaile, hace unos dos meses. De hecho, decidí grabar su oración y atesoraré esta oración, la última que recuerdo que Papá oró en voz alta.

Había ideas teológicas particulares que Papá siempre incluía en sus oraciones y reflejaban quién era Papá y lo que él creía. Destacaré muy brevemente seis de esos pensamientos o frases, porque reflejan el corazón de la vida y la fe de Papá como discípulo de Jesucristo. Tomamos de las oraciones de Papá el carácter de su vida y ministerio:

1. Papá con frecuencia en sus oraciones hablaba del dominio de Dios. A menudo comenzaba una oración, como lo hizo en la última que grabé, "Dios miseri-

cordioso, en todo tu dominio. . .". Papá entendió que no hay mayor poder de sabiduría o amor que el de Dios que nos creó a su imagen. Nada en este mundo, ningún país, ningún reino, ninguna filosofía puede ganarle al dominio de Dios. Y por esta razón, mi madre a menudo afirmaba con razón que "Dios siempre fue el primero en la vida de Papá". Puede que no siempre sea fácil para una esposa reconocerlo. Sin embargo, Mamá podía hacerlo porque sabía que el profundo amor de Papá por Cristo, también se derramaba en su amor por ella también y por todas las personas. Papá enseñó con palabras y ejemplos que Cristo es el mejor ejemplo de cómo evitar el terror del amor egoísta. Con palabras y ejemplos, Papá siempre vivió para los demás más que para sí mismo, lo cual es el corazón de la vida cristiana.

2. Papá también oraba: "Te alabamos por tu amor y cuidado. Enséñanos a confiar en ti y a buscar tu voluntad". Papá conocía muy íntimamente el amor y el cuidado de Dios en su vida, incluso en sus últimos días de vida terrenal. Buscó la voluntad de Dios en todo lo que hizo y confió en Dios más allá de toda medida. Esta confianza es lo que lo sostuvo en todo momento difícil y es lo que le permitió regocijarse en tantos dones de la vida que disfrutó. El 30 de octubre del año pasado, oró así: "Oh Dios, siempre vas delante de nosotros, y estás allí con nosotros, incluso cuando queremos ir a otro lugar".

3. Papá también oraba: "Ayúdanos a ser mayordomos fieles de todo lo que nos confías". Nunca he conocido a nadie que fuera tan fiel mayordomo de aquello

con lo que fue bendecido como mi padre.

Bromeamos que Papá pensó que era prudente mudarse de su casa aquí en Durham a Croasdaile Village porque calculó que ahorraría alrededor de 5 centavos por día. Nunca ganó mucho dinero en su vida, pero era frugal; no frugal tan solo por serlo, pero era en gran medida frugal para poder compartir lo que tenía con los demás. Su frugalidad complementaba la generosidad de su vida cristiana.

4. Papá también oraba: "Te damos gracias, oh Dios, por tu reflejo en nuestra gloria terrenal". Papá veía la gloria de Dios reflejada en todas las personas, independientemente de su cultura, color, idioma, religión, orientación o género. Debido a esto, Papá dedicó tiempo y energía a la búsqueda de la justicia de Dios para las personas oprimidas, marginadas y pobres. Sabía que la fe estaba muerta sin obras.

5. Papá también oraba: "En todo lo que hacemos, ayúdanos a servirte y a preocuparnos por las necesidades de los demás". En los meses de su enfermedad avanzada, papá también practicó este hábito de santidad. A los cuidadores que lo ayudaron en estos últimos años, siempre y constantemente les decía "gracias". Cuando los cuidadores o cualquiera de nosotros se sentaba con Papá a la mesa y él recibía su plato de comida primero, siempre intentaba pasarlo, queriendo "que el último sea el primero", queriendo asegurarse de que los demás tuvieran lo que necesitaban antes que él. Por la noche, cuando Mamá lo besaba y lo ponía en la cama, él la miraba con frecuencia y le decía: "gracias por cuidarme". Y cuando tenía problemas para poner-

se en pie, intentaba hacerlo de todos modos cada vez que alguien entraba al apartamento, en parte como un gesto cristiano de hospitalidad, pero también porque nunca podía ni quería rechazar las raíces de su naturaleza de "caballero sureño".

6. Finalmente, papá oraba con frecuencia estas palabras: "Mantén a nuestros seres queridos bajo tu cuidado". Papá era verdaderamente un hombre de familia, uno que amaba a su esposa y a toda su familia con un amor incondicional. Honrémoslo amándonos unos a otros con el mismo tipo de amor incondicional.

Hace dos meses, cuando escuché por última vez a Papá orar en voz alta, sus palabras fueron: "Dios misericordioso, en todo tu dominio, nos regocijamos de que continúes compartiendo con nosotros todo lo que eres y todas las formas en que vivimos para servirnos unos a otros". Y agregó: "Que el reino de Cristo venga a este mundo". Papá vivió toda una vida buscando hacer su parte para traer el reino de Cristo a este mundo, un mundo que necesita desesperadamente ser redimido.

En 1961, en Manila, Filipinas, Papá publicó un libro que escribió titulado *Preaching Doctrine through the Church Year* (Predicando doctrina a lo largo del año eclesiástico), posiblemente el primero de su tipo que destacó la importancia del calendario litúrgico. Papá murió al final de la Epifanía y al comienzo de la temporada de Cuaresma. En la Transfiguración, los discípulos de Jesús reciben un asomo de la gloria que vendría en la resurrección de Cristo de la muerte. En el sufrimiento y la muerte de Jesús, él entra con nosotros en las realidades terrenales que conocemos muy bien. Papá escribió sobre estas verdades en este libro, y en el cierre de Epifanía, escribe estas palabras: "La Palabra Viviente irrumpe y destruye todos los intentos "piadosos", legalistas y farisaicos de "usar" la Biblia en beneficio propio. La visión bíblica de la revelación enfatiza no lo que el ser humano sabe acerca de Dios [a saber, el conocimiento humano], sino que Dios, la Palabra Viviente, conoce al ser humano en las profundidades de su ser [piedad vital]". (página 30).

Papá vivió una vida de humildad informada por el Cristo que habitaba en su corazón muy profundamente. El libro devocional de Thomas a Kempis, "La imitación de Cristo", fue muy influyente en Papá, como lo fue para Juan Wesley. En su disertación sobre Fenelon, Papá destaca la noción que se encuentra en "La imitación de Cristo" de *ama nesciri*, que se traduce como "el amor es desconocido". Es el amor que no ama exhibirse, sino el amor que ama con humildad.

Papá sabía que todo lo que él era, no era principalmente el resultado de sus propias acciones, sino el fruto de una vida entregada a la morada de Cristo en él. En palabras de Efesios 3:16-17: ". . . el ser fortalecidos con poder en el hombre interior por su Espíritu; . . . para que habite Cristo por la fe en vuestros corazones, a fin de que, [sean] arraigados y cimentados en amor". Y en palabras de Gálatas 2:20: ". . . y ya no vivo yo, mas vive Cristo en mí; y lo que ahora vivo en la carne, lo vivo en la fe del Hijo de Dios, el cual me amó y se entregó a sí mismo por mí". Y una de las frases bíblicas más preciadas de Papá también fue de

Gálatas, el quinto capítulo, el sexto versículo, donde el apóstol Pablo habla de "la fe que obra por el amor".

Si bien Papá era muy inclusivo con personas de todas las religiones, incluso con aquellas que podrían no tener fe, él sabía por sí mismo personalmente que no podía vivir fielmente en esta vida y que no podía servir de otra manera, que aceptando la santa morada de Jesús el Cristo. Esto lo hizo muy bien y esta vida de entrega a la voluntad de Dios lo llevó suavemente a la vida de resurrección.

Gracias a Dios. Amén.

Apéndice 3
Teología para bebés
Sermón por L. Elbert Wethington
Alrededor de 1960
(Con ediciones incluidas que mi padre hubiese deseado que hiciera)

Con frecuencia escuchas a los niños pequeños que cantan dulcemente: "Cristo me ama, bien lo sé, su Palabra me hacer ver; que los niños son de Aquel; aunque débiles fuerte es Él (quien es nuestro amigo fiel)".* Con demasiada frecuencia se descarta como inocencia infantil sin mucho significado real. Qué poco nos damos cuenta de que este canto contiene la doctrina cristiana más profunda. No sugerimos que los niños que cantan este canto tengan una profunda comprensión adulta de la doctrina cristiana, aunque probablemente estén absorbiendo mucha más verdad de lo que los padres nos damos cuenta. Pero lo que me gustaría sugerir es que este canto simple de los niños es una especie de credo cristiano, una declaración resumida de las verdades más esenciales de la tradición cristiana.

He querido usar este tema durante mucho tiempo. Una de las señales de vitalidad más alentadoras en toda la Iglesia hoy en día, es que tanto las personas laicas como los ministros están cada vez más conscientes de la importancia y la necesidad de pensar en el cristianismo, o de ver toda la vida desde la perspectiva de la revelación de Dios en Jesucristo.

CRISTO ME AMA . . .

Esta declaración enfoca la atención en el elemento central de la fe cristiana, Jesucristo como el amor de Dios. La afirmación central de la fe cristiana es: "Dios estaba en Cristo reconciliando consigo al mundo". El Evangelio es: "de tal manera amó Dios al mundo, que ha dado a su Hijo unigénito. . .".

En efecto, el hecho más importante de la existencia humana, el hecho sin el cual los seres humanos no tendrían sentido, es que Dios me ama y ama a toda persona. Toda verdad y el significado de la vida dependen del hecho de que Dios ama. Además, lo más importante no es que nosotros amamos a Dios, sino que Dios nos ama a nosotros. Leemos en 1 Juan: "En esto consiste el amor: no que hayamos amado a Dios, sino que él nos amó a nosotros".

El amor de Dios siempre precedió al amor [humano]. La religión no es la búsqueda [humana] de Dios; la religión es la forma en que [los hombres y las mujeres] responden a Dios quien [los] busca. Agustín dijo una vez: "Oh Señor, no te buscaríamos si no nos hubieras ya encontrado". Esto describe la esencia de la religión. Así como cada niño tiene que ser amado antes de amar, así como recibimos el amor de Dios estamos capacitados para amar a Dios y a nuestro prójimo, o enemigos.

¡Ah, dulce misterio de la vida! ¡Dios ama! Aquel que crea y sostiene todo el universo nos ama.

El amor es la única explicación de toda la creación; La motivación de Dios, la actividad sustentadora y redentora [de Dios] es el amor. El amor de Dios, como su sol y lluvia, se derrama sobre los buenos y los malos. Pero es un amor que es profundamente personal, que proviene del Dios Eterno hasta la criatura más pequeña. El amor es la realidad más personal del mundo. Dios ama, Dios es amor, por lo tanto, Dios es personal. Esto sugiere que la cualidad más importante del ser es la capacidad de amar. Si Dios es el Ser absoluto, [Dios] es Amor absoluto. Esto no es solo un sentimiento, sino también algo moral, porque Dios ama incluso a los que son difíciles de amar. De hecho, este es el clímax extático del Evangelio cristiano: "Dios muestra su amor para con nosotros, en que siendo aún pecadores, Cristo murió por nosotros". Esto significa que Dios es amor santo; es por eso que [Dios] mira nuestro pecado con el juicio más severo y, sin embargo, nos ama. Esta es la gracia maravillosa: que Dios me conozca como pecador, y aún así me ama. Ah, reconocer esto significa convertirse en un niño pequeño.

El único que puede amar a todos los pequeños de todos los tiempos es Dios y esto conlleva a afirmar nuestra creencia en Dios el Hijo, Jesucristo.

BIEN LO SÉ . . .

El amor da la evidencia más segura de sí mismo que el hombre puede conocer. El amor da un conocimiento sin el cual la mente no se comprometería.

El conocimiento que es real viene como conciencia inmediata o intuición. Esta no es solo la base de todo conocimiento, sino la piedra angular de cualquier certeza. La comprensión siempre sigue al amor o al interés, de modo que no hay conocimiento positivo aparte del amor o el interés. Los argumentos sobre la existencia de Dios son estériles y poco convincentes, aparte de la conciencia y la confesión de ser amado por Dios. Por eso es más importante que yo sepa que Dios me ama, que sepa que yo amo a Dios. Este énfasis del canto es completamente cristiano en el sentido de que le da la iniciativa a Dios. Dios nos conoce, muestra su amor por nosotros y, por lo tanto, llegamos a amarlo y conocerlo. El conocimiento viene a través de la experiencia. Sabemos que Dios nos ama no por especulación y argumentos teóricos; sabemos que nos ama porque ha demostrado su amor por nosotros. Esto es revelación, la auto-revelación de Dios. Dios no cuenta algo sobre sí mismo, como para satisfacer una mente curiosa pero no comprometida; más bien en la revelación, Dios se da a sí mismo. Y Dios ama tanto que se entregó *completamente* en Jesucristo.

Jesús me ama *bien lo sé*. San Agustín dijo que este es un tipo de amor divino que ilumina o alumbra todo nuestro ser y comprensión de la vida. [François] Fénelon dijo que "el amor llega lejos en el conocimiento". A menudo preguntamos: ¿de qué podemos estar seguros? Y entonces nos damos cuenta de que las verdades más valiosas no llevan consigo las "pruebas" más obvias. Si puedes dar argumentos a prueba de tontos, completamente racionales, sobre cómo amas a tus padres, (cónyuge) o amigos, no es un amor muy profundo. El esposo o la esposa y los padres o el hijo simplemente tienen que confesar que no entienden por qué se aman. Es aún más difícil entender por qué los demás nos aman.

Blaise Pascal, una gran mente cristiana, ha dicho que el corazón sabe lo que la mente no puede comprender. Los más grandes valores y verdades de la vida no pueden ser completamente comprendidos por [los humanos]. Pero podemos conocer con certeza, a pesar de que nuestro conocimiento sea "en parte". Esto bien lo sé. Es posible estar más seguros acerca de algo que de nuestra propia existencia. Quien abra su corazón y su mente a Dios en Jesucristo puede decir con la mayor certeza: Cristo me ama, bien lo sé

SU PALABRA ME HACE VER . . .

Esto significa que "su Palabra también me hace ver". El Registro de la revelación de Dios confirma nuestra propia experiencia interior. De hecho, nuestra base principal para creer que la Biblia es la sagrada escritura inspirada, es que encontramos su registro confirmado en nuestras propias vidas. El cristianismo es una experiencia entre Dios y [la humanidad] que forma un compañerismo y produce un registro inspirado que, con la dirección del Espíritu Santo, se convierte en una guía para la experiencia continua.

Los protestantes se refieren a esto como el principio de la autoridad de la Biblia. Pero la Biblia no es un "Papa de papel". Es autoritativa porque es el medio de la Palabra viva. La Palabra se hizo carne, por lo tanto, Jesucristo es la Palabra de Dios. El papel y la tinta, los escritos en la Biblia, simplemente conservan el registro de la Palabra, que es la revelación de Dios.

"Más allá de la página sagrada te busco, Señor,
Mi espíritu te ansía a ti, Oh Palabra viviente."

Sin embargo, la Biblia habla íntima y personalmente; eso bien lo sé. Pero las palabras están vacías sin la experiencia del amor de Dios. Entonces, la Biblia puede confirmar la experiencia del amor de Dios. La Biblia puede sugerirlo, puede estimular e inspirar al corazón a responder al amor de Dios, pero el Libro no tiene poder en sí mismo para brindar la experiencia. El libro lo elogia, asegura a toda la humanidad el amor de Dios, retrata el amor de Dios en la vida de los demás. Pero la experiencia del amor de Dios es inmediata y personal, aunque es mejor conocida en la comunidad del pueblo de Dios, la Iglesia.

La Biblia, por lo tanto, es el registro precioso e indispensable del amor de Dios, el cual confirma y guía nuestra propia experiencia individual y la de toda la Iglesia.

QUE LOS NIÑOS SON DE AQUEL . . .

Aquí está el segundo hecho más importante de la vida, reconocer que Dios es dueño de nuestras vidas. El primer hecho de la vida es el amor de Dios; el segundo es el reconocimiento [del ser humano o del hombre y la mujer] de que desde el principio pertenecemos a Dios. El amor de Dios valora al hombre y a la mujer como su posesión más preciosa, el mayor logro de su creación. El propósito o la meta de la historia es que todos los hijos de Dios sean llevados a la plena comunión con Él.

Nuestras vidas no son nuestras para hacer lo que queremos o lo que nos plazca. Toda nuestra creación y salvación es un don gratuito de Dios. [Nuestra] única responsabilidad es reconocer el derecho totalitario de Dios sobre nuestras vidas.

Pero solo los niños, los "pequeños", los verdaderamente humildes, son capaces de reconocer que Dios es dueño de sus vidas. Esto significa aceptar el amor de [Dios], confiar en [Dios], obedecer a [Dios]. Los "pequeños" pertenecen a Dios porque se dejan amar por [Dios]. Este tipo de aceptación agradecida del amor de Dios nos mantiene siendo niños pequeños. ¿Es sorprendente que Cristo dé tanto valor a la niñez? El Dios que entró en la historia como el Niñito de Belén y que como "siervo sufriente" se entregó a la muerte por las crueldades del pecado humano, este Dios Todopoderoso que se humilla a sí mismo, llama a las personas como niños pequeños a la comunión con él. "De cierto os digo, que el que no recibe el reino de Dios como un niño, no entrará en él". "Dejad a los niños venir a mí, y no se lo impidáis; porque de los tales es el reino de Dios". El reino de Dios es siempre un regalo; es algo que debe ser recibido, no construido por [los humanos]. Pero solo el corazón infantil es capaz de recibir. El reino pertenece a los "pequeños", los humildes, porque se dejan amar. Por lo tanto, responden con gratitud, confianza y gozo.

Tal es el significado de ser como niños; los pequeños, "los niños son de Aquel".

AUNQUE DÉBILES FUERTE ES ÉL . . .

Esto afirma la naturaleza de la salvación continua [de la humanidad]. Somos débiles, pero Él es fuerte. [Los humanos] nunca se salvan en el sentido de que podemos seguir solos. De hecho, la esencia misma del pecado es que [los humanos] quieren ir por la vida solos, separados de Dios. Pero el significado de la fe salvadora y la justicia es que nos entregamos en nuestra pecaminosidad y debilidad al fuerte amor de Dios en Cristo. La salvación no es que seamos algo en nosotros mismos, sino que hemos sido traídos a una relación correcta con Dios por medio de Jesucristo, quien dijo: "Yo soy la vid, vosotros los pámpanos . . . Permaneced en mí y yo en vosotros. Como el pámpano no puede llevar fruto por sí mismo, si no permanece en la vid, así tampoco vosotros, si no permanecéis en mí. Yo soy la vid, vosotros los pámpanos; el que permanece en mí, y yo en él, éste lleva mucho fruto; porque separados de mí nada podéis hacer". Nuestra salvación es un confiar de momento a momento en la gracia salvadora de Jesucristo. La salvación es estar en comunión con Dios. Esta comunión Dios la ha hecho posible en el Cuerpo de Cristo, la Iglesia, la comunidad de la gracia. Por lo tanto, no es posible ser salvados por Cristo fuera del cuerpo de Cristo, la Iglesia. El Cuerpo de Cristo es la madre y el hogar de nuestra salvación. A la Iglesia se le han confiado los medios de gracia: (1) El bautismo como el rito de iniciación por el cual entramos en la comunidad de la gracia, y (2) La Santa Comunión como la ocasión especial cuando Su presencia nos recuerda que el Cristo vivo es la fuerza de su Cuerpo, la iglesia.

La debilidad [humana] consiste en [nuestra] tendencia a confiar en [nosotros mismos] y rebelarnos contra el amor de Dios. La fuerza de Dios consiste en su gracia perdonadora y su poder transformador. La debilidad humana es la oportunidad de Dios, la gracia de Dios se perfecciona cuando reconocemos nuestra debilidad y recibimos su fortaleza.

"¿Quién nos separará del amor de Cristo?
¿Tribulación, o angustia, o persecución,
hambre, o desnudez, o peligro, o espada?...
Antes, en todas estas cosas somos más que
vencedores por medio de aquel que nos amó.
Por lo cual estoy seguro de que ni la muerte,
ni la vida, ni ángeles, ni principados, ni
potestades, ni lo presente, ni lo por venir, ni lo
alto, ni lo profundo, ni ninguna otra cosa
creada nos podrá separar del amor de Dios,
que es en Cristo Jesús Señor nuestro."
(Romanos 8:35-39)

Aquí les presento esta "teología para bebés", pensamiento inteligente sobre Dios para los pequeños, los que son verdaderamente humildes. Porque el reino de Dios pertenece solo a quienes son como niños, aquellos que reconocen su absoluta dependencia del amor de Dios y están dispuestos a dejarse amar por Dios.

Amén.

* Nota del traductor: en las tres primeras líneas, estamos siguiendo aquí el canto con la letra en español que tradicionalmente se ha usado por muchos años en la iglesia cristiana evangélica, porque coincide bien con el significado de la letra en inglés para efectos del sermón. Sin embargo, estamos haciendo una excepción con la última línea que requiere una traducción más literal del inglés porque la exposición del sermón así lo requiere. Hemos dejado entre paréntesis, como referencia, la traducción tradicional al español.

www.ingramcontent.com/pod-product-compliance
Lightning Source LLC
Chambersburg PA
CBHW021656120626
46545CB00004B/1267